叢書・ウニベルシタス　730

マキアヴェッリ

転換期の危機分析

ルネ・ケーニヒ
小川さくえ／片岡律子 訳

法政大学出版局

René König
NICCOLO MACHIAVELLI
Zur Krisenanalyse einer Zeitenwende

This book is published by arrangement
with Carl Hanser Verlag, München/Wien
through The Sakai Agency, Tokyo

エルンスト・ホーヴァルトを偲んで

目　次

サンタ・クローチェ……1
伝　説……17
実像への突破口……40
ルネサンスの危機構造……63
事実性のなかの生か、あるいは新しい遁世か……63
中世の統一的世界の解体とイタリアにおけるその政治的帰結……75
保証なき世界……91
人文主義の「借用された」秩序……102
事実性との妥協……109
政治的美学への途上で……115

事実性の実践……148
ルイ一二世あるいは権力……161
チェーザレ・ボルジアあるいは政治戦術の妙技……164
追　放……194
『ローマ史論』あるいは危機分析の構想……221
『君主論』あるいは自由なイタリアのユートピア……264
ヴィルトゥとフォルトゥナに関する附論……290
イロニーと武器……305
イロニー……307
武　器……311
終　焉……315
形式の問題……328
本書の成立について……347

訳者あとがき……355
参考文献……巻末⑨
人名索引……巻末①

サンタ・クローチェ

フィレンツェは、歴史が永遠の現在として存在する都市である。したがって、フィレンツェ人の遠い過去の生活を理解するために、仰々しい催しものは必要ない。目を凝らして街を散策すれば十分である。トスカーナの不滅の精神は、過去の幾世代の人びとが創造したすべてのものを絶妙のバランスで配置するすべを心得ていたので、散歩をすれば、この街のもっとも奥深い秘密のすぐそばに立っているような気持ちになる。そうした気持ちになるのは、ひとつはフィレンツェの息子たちが彼らの故郷をつつみこんだ愛情のせいかもしれない。その愛情のおかげで、ときには幾人かのフィレンツェ人が激しく、敵意をもって故郷を非難したにもかかわらず、彼らの生みだした作品はけっして滅びることがなかったのだ。それにしても人が非難するところには、かならず傷つけられた愛情が絡んでいる。だが大きく豊かな愛情が作品のなかに息づいている場合には、どんなに遠く離れた観察者さえも無関心ではいられない。そして観察者にみられることによって、永遠に変更の余地なく完成された作品の硬直したファサードが生気を取りもどし、澄みきったフォルムの奥に、いくつもの人間の顔がみえてくる。それらの顔は、やさしい気づかいや侵しがたい自負や自信にみちた誇りをもって、さらにはまた憔悴し悲しみに沈んだ心をもって、自分たちの作品を未来へと案内しつつ、幸福な瞬間には、じつに無邪気に観察者と対話をする。

たとえ現代のフィレンツェ人がどれほど多忙であろうとも、けっしてこの街の生き生きした奥深さを見る目も、また聞く耳ももたないほど忙しいわけではない。観察者とフィレンツェとのこうした関係にはもちろん讃嘆の念もかかわっている。ただし讃嘆は、あまりに頻繁に内的な対話を中止させる。現代のフィレンツェ人がいまなおダンテの言葉を話し、そのことによって「トスカーナ語」が威厳のみならず生命をも維持しているように、フィレンツェ人の讃嘆のなかには、周囲の世界との内的な親密さが保たれている。もしわれわれがフィレンツェ人であるニッコロ・マキアヴェッリに、こうしたフィレンツェの雰囲気にふさわしいやり方で近づこうと思うなら、フィレンツェの通りを歩くのがいちばんよい。ここには過去のたんなるがらくたはまったく存在せず、どの街角も生の豊かさによって見事に処理されている。そしてその生は、はるか以前の一時期にだけそうであった姿を、現在でも同じようにつつみかくさずみせている。

フィレンツェのシニョリーア広場から、ゴンディ通りに入り、つぎにグレッツィ通りを抜けて数分歩いたところに、長方形の大きなサンタ・クローチェ広場があり、広場の短辺の南東部分に、フランシスコ会の巨大なサンタ・クローチェ教会が立っている。この教会の聖歌隊側のいくつかの礼拝堂には、ジョット(1)とその弟子たちの手になるじつに見事なフレスコ画が飾られているが、なかでも特筆すべきなのは、フランシスコ会の修道士たちが聖者の死を嘆き悲しんでいるきわめて感動的な絵をはじめ、聖フランチェスコ(2)の生涯を描いたバルディ礼拝堂の一連の作品である。またこの教会には、第一回廊のゆきどまりに、ブルネレスキ(3)設計のパッツィ礼拝堂が置かれている。この礼拝堂は、じつに単純かつ幾何学的な比率をもつ厳格な集中式建築の最高傑作であって、のちにミケランジェロが、サン・ロレンツォ聖堂すなわちメディチ家の墓においてこれを模倣している。さらに一四世紀末以降、サンタ・クローチェ教会は、高名なフィレンツェ人たちの記念墓碑によって飾りたてられる。膨大な数の著名な名前でわれわれを圧倒するパンテオンである。このパンテオンを右の側廊に沿って歩けば、まずヴァザーリ[4]設計のミケランジェロの墓碑にゆきあたる。つぎに、教会前の広場の大理石の立像によってすでにその存在が暗示されていたダンテの記念碑があらわれる。台座には、彼が『神曲』の地獄篇で師ウェルギリウスに敬意を表した「最高の詩人をたたえよ」という言葉が彫りこんであるが、この言葉はいまではもうダンテ自身に向けられている。そしてヴィットーリオ・アルフィエーリ[5]の墓碑につづいて、ようやくマキアヴェッリの墓碑が姿をみせる。墓石自体はなんら特別なものではないが、墓碑銘のほうは違っている。

「そのひじょうな名声にふさわしい讃辞を受けなかった人」

いかなる讃美の表現も、これほどまでに名前をたたえることはできない。たしかにめったにないことだが、墓石が墓をあらわすしるしであるのみならず、死者に対して記憶のなかに生きつづけることを保証するというやり方で、後世の人びとが故人に敬意を表することのできた例もあるにはある。しかしここでは違う。尊敬の対象は「詩人」ではないし、また詩人はたんなる標識にすぎず、その標識の示す作品のほうに敬意が表されているというわけでもない。むしろここでは名声が、作品以上に大きくなっている。それどころか人相学的にいまだにまったく解明されていないマキアヴェッリという人間以上に大きくなっている。というのは、数少ない油絵のマキアヴェッリ像がまったく異なる人間を描いているとしか思えないように、フィレンツェにある彩色テラコッタの像も、マキアヴェッリの肖像としては十分ではない。ここ数年のあいだにいくつか出現したデスマスクも、まさに数の多さによって、それ自体に対するある種の疑わしさを呼び起こし、結局一五四〇年のトリノ版に掲載された小型の質素な木版画だけが残ったのであるが、この木版画にしても、彼の死後つくられたことはまちがいない。いわゆる「テスティーナ」版がのちにこの木版画を再掲載している。マキアヴェッリは、なにより名前として歴史に残り、それによって彼の現実が最初から伝説めいたヴェールにつつまれるという運命をもっていたのである。マキアヴェッリの生涯と創作の現実は、その顔とまったく同じようにとらえどころがない。彼の名前は、たびたび人びとの口にのぼり、讃美されたり、誹謗されたり、美化されたり、社会的に追放されたりしながら歴史のなかで生きてきた。つまりマキアヴェッリをたたえる者も裁く者も、彼の名前について論じるのにかまけて、彼の作品に注意することをすっかり忘れてしまったのである。これは、マキアヴェッリがまちがいなくイタリア語のもっとも傑出した散文作家のひとりであったことを思えば、いっそう奇異にみえる。しかしこのことすら、名前の誘惑力のまえでは見逃された。この名前は魔法の鏡のように後裔を呪縛したため、じつのところ人びとは、いまから一〇〇年ちょっとまえになってはじめて彼の作品を、すなわちひとりの男が自己の身分証明として歴史の法廷に持ちだすことができる唯一のものを手に取ったのだった。

われわれはこう自問せざるをえないだろう。雑草がはびこるように伝説がその現実を埋めつくすとは、いったいこの男は何者なのだろう、この作品の中身はなんなのだろうと。そのときわれわれは、マキアヴェッリの「秘密」について語る人びとの側に立つことになる。実際、秘密にみちた関係が無数にあって、サンタ・クローチェの廊下を通っただけでも、それらの関係は四方八方からわれわれに押し寄せてくる。中世からルネサンスへの転換期、まだまったく自由がきかぬまま、ダンテは大いなる災いが西洋とイタリアに迫ってくるのをみて、自分自身と後世のために、喪に服す未亡人ローマの像をつくりあげた。マキアヴェッリものちに、未亡人ローマをふたたび蘇らせようと試みた。聖フランチェスコは、小さな宗派のもつ信心深さによって、教会組織のなかで窒息していた宗教の生命を復活させた。この体験が、マキアヴェッリの思考の決定的な点に影響を与え、僧侶をひどく毛嫌いしていたにもかかわらず、彼のなかに、国家の生も宗教を手本とする新しい内面性によって救済できるという希望を呼び起こしたのである。一方ミケランジェロは、マキアヴェッリが未完成のまま放置せざるをえなかったフィレンツェの城塞を完成させた。マキアヴェッリは再三再四、内面性の高揚と防衛の意志の強化によってのみこの国は守られうるのであって、どんなに頑丈な城壁と塔を築いてもむだであると主張したにもかかわらず、皮肉なことに、城塞整備の監督に任命されたのだった。しかし運命によれば、イタリアが一九世紀を迎えるころ作家アルフィエーリが、不幸な国に数百年間のしかかっていた歴史の重い夜が明けたあと、マキアヴェッリをイタリア復活、すなわちリソルジメント（イタリア国家統一運動）(6)に組み入れるために決定的な言葉を発することになっていた。予言者や建築家や美化された聖者や詩人が一群をなし、彼らのなかに国家思想家マキアヴェッリがいる。そのような集団のなかで彼はなにをなすべきだったのか。結局ブルネレスキに対する関係はどのようなものだったのか、すなわちルネサンスの大いなる不安を静め、中世末期の人びとの危険なまでに剝きだしになった過敏さをやわらげた建築家、礼拝堂の上を、じつに単純かつ幾何学的均衡を保ちながら屹立する寺院の厳格な規律で覆ったブルネレスキに対する関係は。無数の疑問、無数の謎。マキアヴェッリの全体像のごく一般的な輪郭を、歴史と後世の人びとの解釈が彼のまわりに張った霧のなかから引きだすだけでも、かなりの苦労が必要である。

ただしマキアヴェッリの全体像といっても、それはイタリア史のいくつかの重要な段階に関連する一般的なマキアヴェッリ像にすぎない。ともかく作品を読みはじめると、この像はいっそう混乱の度合いを増す。マキアヴェッリの諸作品が相互に矛盾していることは、すでに幾度も指摘されてきた。たとえば『ティトゥス・リウィウスの初篇十章にもとづく論考』(7)［この表題を本書では以下『ローマ史論』と訳す」が自由主義的な政体である共和政を分析しているのに対し、『君主論』のほうは正真正銘の専政の分析だという指摘である。そこから、彼の関心はそもそもなにに向けられていたのかという疑問が生じる。マキアヴェッリは、周囲の世界を描写したかっただけなのか。当時の君主たちに指示を与えたのか。それとももしかすると、ルネサンスの多くの小君主たちの途方もない堕落ぶりに論争を挑みたかったのではないか。とくに『君主論』では文学の仮面をかぶってはいないだろうか。彼はただ「見よ、これがお前たちを支配している君主の姿だ」といいたかったのではないのか。ランケ(8)とマコーリ(9)以来よくいわれるように、ただ彼は時代と共に、時代のまん中で生きていただけなのか。あるいはまた、時代に逆って生きながら同時に彼の情熱的な心が有するありったけの力を注いで時代から逃走しようと試みたのではないのか。人文主義者として過去へ逃れるのか。それとも自由なイタリアの予言者として未来へ逃れるのか。マキアヴェッリは国家理性を主張するリアリストだったのか。中世の修道組織を刷新した聖フランチェスコや聖ドミニクス(10)のような隠遁生活者だったのか。どの問いからも、マキアヴェッリの作品に関するそれぞれ完璧な解釈体系ができあがるが、個々の問いが互いに矛盾するように、解釈も互いに矛盾する。いつも決まってそれらの解釈には、作品の一部しか生きていない。

マキアヴェッリに対して示されたこれらのひじょうに異なる見方のせいで、ひとつの像をつくりだすことは不可能なのだが、にもかかわらず彼は魅惑的な力を衰えることなく発散しつづけたため、人びとは繰り返し彼に引きよせられ、彼と対決した。とくに作品のなかで直接語りかけられた人びと、あらゆる時代とあらゆる国の支配者と君主たちが、特別の関心をもって彼に目を向けた。そのさい伝説的に偉大な君主、向こうみずで不埒な君主、あるいは一般的評価の定まっていない君主それぞれに応じて、多彩きわまりない光と影がマキアヴェッリ伝説の上に落ちたのだった。たとえばスペインのカール五世とその宮廷がマキアヴェッリを知っていて熱心に研究していたし、カトリーヌ・ド・メディシス[11]も同様だったと伝えられている。フランスのアンリ三世とアンリ四世については、殺害された当時マキアヴェッリの影響下にあったと報告されている。ただしまさにこの表現には注意しなければならない。なにしろ「マキアヴェッリの影響下にある」という表現が特定の時代には支配者特有の態度の表現以外のなにものでもなかったという点にも、その報告の伝説的性格があらわれているからだ——だがこの態度についてはここで詳述することはできない。また、アンリ四世の暗殺者ラヴァヤックもマキアヴェッリから着想を得たとみなされた。こうしてこの時点ですでにマキアヴェッリ伝説がいたるところで分不相応にふくらんでゆく。爾来、マキアヴェッリと名前が結びつけられる君主と政治家の列は果てしなくつづく。たとえば宗教改革後のイギリスの王たちや、リシュリュー[12]とその他大勢の人びと。一六八三年にアムステルダムで印刷された『君主論』のフランス語訳には、かつてのスウェーデン女王クリスティーナ[13]の手書きメモが残された一冊がある。クリスティーナが態度を決めかねたままだったのに対し、一八世紀のフリードリヒ大王[14]はとてつもない激情に駆られてマキアヴェッリを攻撃した。またフランス革命後は、ナポレオン一世が世論によってマキアヴェッリの教義の積極的な実行者とみなされた。逆に革命のさなかのフランスは、メッテルニヒ侯[15]の反動政治をマキアヴェリズムと称して非難する傾向があった。時代と状況によって名前は入れかわるが、こうした例は枚挙にいとまがない。しかしひとつの名前だけは、マキアヴェッリの教義をあらわす典型としてあらゆる時代を通じてあげられる。チェーザレ・ボルジアである。彼は、ひとりの人間の生命に、有名な白い粉の一服分よりも重要な意味を見いださなかった極悪非道の芸術家としてあらゆる時代に生きている。その白い粉でボルジア家の人びとは、敵をあの世へおくったのだった。マキアヴェッリの『君主論』の背後には、チェーザレ・ボルジアの姿が繰り返し浮かびあがる。すなわちつぎつぎに残虐行為を重ね、緑色の蛇の皮でできた剣帯を身につけて、腰の帯の部分に九個の黄金の蛇の頭を下げ、悠然と大またで歩く姿。そのあふれんばかりの悪魔的な魅力のせいで、人びとは、性病に侵された彼の顔すら忘れてしまうほどだった。ときどき、しかも明白に、マキアヴェッリはこのチェーザレ・ボルジアの助言者として姿をあらわす。

君主たちの助言者マキアヴェッリ――マキアヴェッリに対するなんという過大評価であろう。しかもまた、おそらくマキアヴェッリよりずっと以前から、策略と権力がなんたるかを知っていた君主たちに対するなんという過小評価であろう。マキアヴェリズムは、マキアヴェッリより古いのである。それに対して人びとはこう答えた。たしかにマキアヴェッリがマキアヴェリズムをつくりだしたわけではないが、しかしマキアヴェリズムを理論的に正当化したのは彼であって、そこに彼の罪があるのだと。至高の道徳的見地から判断すれば、つぎのようにいうことができよう。人間がどんな悪事を犯そうとも、いったいだれが、自分自身を告発することなく、その人間に有罪の判決をくだそうとするだろうかと。極悪非道の行為さえ、特別の状況をかんがみれば、必然的行為とみなされるかもしれない。ただしこれはすべて、その行動が黙ってなされた場合にだけあてはまる。しかるに、そのような行動が自分の意見を明言し、沈黙の行為の次元を超えてさらに言葉の次元に移行するやいなや、評価の観点が変わる。そうなるともはや行動の必然性の承認は問題ではなくなり、行動そのものが自己を弁護しはじめ、それどころか正当性を主張しはじめる。このような主張は危険である。それゆえマキアヴェッリのような人物に対する道徳的評価の観点は、晴れやかな無邪気さで天人ともに許さぬ悪事をおこなったほかならぬチェーザレ・ボルジアのような人間の残虐行為に対してよりも、たとえマキアヴェッリがまったく平凡な人生をおくったとしても、いっそう厳しいものであらねばならない。マキアヴェッリは、こういってよければ、君主たちの破廉恥さを理論的に正当化することによって彼らを堕落させたのだった。堕落させられたのは君主たちだけではないと、またべつの人びとが声を上げた。彼らの考えによれば、マキアヴェッリはそれまで慎重に守られてきた君主の秘密を白日のもとにさらし、虐げられた民衆の教えとすることによって、君主に反抗するよう民衆をそそのかしたのであり、彼の描いた君主像は偽装をほどこした攻撃にほかならない。この見解を特徴的に示しているのが、トライアノ・ボッカリーニの短い物語である。ボッカリーニは、マキアヴェッリがアポロのまえに連れてゆかれ、目前に迫った火刑の劫罰に対して弁明する様子を、われわれに描いてみせる。彼はマキアヴェッリにこういわせる。「わたしは、自分がなぜ有罪判決を受けなければならないのかわかりません。わたしは、君主たちのふるまいと行動を、歴史が彼らについて物語っているとおりに描写したにすぎません。君主たちがその行為によって罰せられないとしたら、彼らの行動をたんに描写しただけのわたしが火刑を宣告される理由がどこにあるでしょう」。この弁明のあと、マキアヴェッリは無罪判決を受けるはずだった。ところが告訴人がこう証言する。マキアヴェッリが一群の羊に犬の歯をつけようとしているところを夜なかに目撃した人たちがいます、そのため今後はもちろん、たったひとりの羊飼いに笛と鞭で羊の群れを見張らせることが不可能になりましたと。こうしてマキアヴェッリは結局有罪判決を受ける。この寓話の意味するところは容易に理解できる。

にもかかわらず根本的には、この話はたいしたことをいっていない。君主たちは、なにしろ権力をもっているのだから、みずからの行為の理論的弁明を必要としないし、民衆は羊ではないのだから、犬の歯をはやすためにマキアヴェッリのような人物を必要としないのである。したがってマキアヴェッリを道徳主義的に解釈したり、彼の諸作品から読み取ることのできるある種の助言の得失を勘案しても役にはたたないし、また西洋の国家論の発展のなかに彼の思想を杓子定規に分類しても、同じようにむだである。さらにまた彼が当時の概念で思考していたことをつきとめたとしても十分ではない。なぜならそれは、結局この時代について道徳的に肯定的もしくは否定的判断をくだすことによって道徳主義的見方に逆戻りする結果を導くか、さもなければ荒れ狂う歴史を背景にして不動のままくっきり浮かびあがる立像を描写するだけで終わってしまうからだ。前者の場合、評価はしょせん恣意的なものでしかなく、詳しく観察すればその評価は多かれ少なかれ陳腐である。なぜなら、とっくの昔に完結した歴史上の人物に対する道徳的評価がいったいなんの役にたつというのか。一方後者の場合われわれは、マキアヴェッリから輝きでる魅力を唯一説明しうるほかならぬ彼の秘密、彼の内面性の動きという決定的なものを逃してしまう。というのもマキアヴェッリが当時の格率すなわち行動を決める原理の編纂者にすぎなかったのであれば、彼はルネサンス時代にその当時の概念で国家と社会について考えた他の大勢の人びとと同じように、時代とともに消え去るほかはなかったであろう。しかし彼はそれ以上だったし、それ以上を欲していた。さらにまた、ルネサンス時代の多くの平凡なやじうまとは違っていたし、やじうま以上だった。もしマキアヴェッリが時代と「共に」生きたとある程度までいえるのであれば——ただしこの場合は彼において変化していったものしか把握できない——当然同じように、マキアヴェッリは時代に「逆らって」生きたと主張することも可能である。こう主張してはじめて彼の思考の深層が明らかになる。このことは彼に関していえるだけではなく、われわれがサンタ・クローチェで彼の周囲に葬られているのをみた、ダンテから聖フランチェスコを経てミケランジェロにいたるすべての著名人についてもいえる。陽気で愛嬌のあるボッカッチョでさえ、皮肉を込めて、同時代から距離をとっている。一方サヴォナローラは、憤懣に駆られて時代を批判するが、にもかかわらず、そのあふれんばかりの華麗な言葉は、彼がルネサンスの一員であることを否応なく示している。この矛盾は、まさに当時の歴史が内的に分裂していること、つまりその時代が複数の層をなして活動する時代であり、自滅するほどの分裂に苦しむ失意の時代であったことを証明することで、たんなる時事の記録よりも広い地平を開くのである。しかしルネサンスの亀裂、すなわちその難解さと見きわめがたさは、思いがけないものでもなければ、純然たる無秩序の結果として偶然に生起したものでもない。むしろそこにあらわれているのは、特別な論理、つまり近代の社会学によってはじめて明らかにされた危機の論理である。そのさい危機という概念を、相争う複数の力が交錯するたんなるごたまぜと理解すべきではないし、また思考と行動が伝統的手段ではもはや先へ進まない場合にいつでもその名前を引き合いに出すことのできるような不可思議な出来事と考えるべきでもない。危機もまた、独自の概念で示されうる構造的明白さと、明瞭に表現された透明さをもつのである。もしマキアヴェッリがこのように危機分析の研究対象となるのであれば、評価のさいの恣意性もことごとく排除されうるであろう。彼の思考は、たんに歴史的・偶発的に結論を引きだしているわけではなく、歴史の動きの彼岸にあって最終的には没落の運命に照準を合わせた独自の必然性にしたがって、結論を導いているのである。ひょっとするとその運命は、類似の条件下では反復され同じ条件下では規則正しく繰り返し生起するものと考えてもよいのだが、そうなると彼の思考は、この運命のまえでは、完全に首尾一貫した、没落の閉じられた体系としての姿をあらわすであろう。同時に、彼の思考の内的限界が明らかにされるかもしれないが、それはもはや不毛なあら捜しの結果ではなく、社会学的批判の結果なのである。

しかし方法に関するあらゆる問いを超えていわなければならないのは、ルネサンスの危機構造にマキアヴェッリを組みこめば——そのときには彼自身がこれまた同様に危機構造の証拠となるであろう——

彼の作品の相矛盾する多様な視点のすべてが、たったひとりの人間の発言であることが明らかになるということである。この人物は、そうなればもはや自足した素朴な人物ではなく、他のすべての人びとと同じように、時代の一般的な危機構造と、いかにもその時代らしく混乱した彼自身の状況から、自分にとってできるだけよいものを戦い取ろうとした「駆り立てられた者」にほかならない。中世の根本的特徴は社会的な生の体系が閉じられていることにあるが、ルネサンスは、すでに「中世の秋」にさまざまな制約が取り払われて以来、あらゆる方向に開いていた。この開いた体系には、その内的構造にも、周辺部の境界にも、まったく秩序が存在しない。そのなかで人間は、みずから変転する状況の無秩序な産物にとどまるか、つまり日々の予測できない波の動きに合わせて浮いたり沈んだりするか、さもなければ体系の開放性が与えてくれたチャンスを、すなわち時代の事実上の無秩序を認識し大胆な脱出をはかることによって混沌を制御できる立脚地を獲得するチャンスをつかむのである。無秩序な日常と、脱出によって獲得される新しい秩序という遠い目標、両者の緊張のなかでマキアヴェッリの作品は動いている。したがって彼の思考の階梯は、ルネサンスの歴史的・社会的世界とは比較にならないほど無秩序な状態の承認から、生の新たな秩序づけ、国家建設の冒険にまでおよぶ。とはいえ当時の危機構造のせいで、彼には、ユートピア的構想が社会を整理しえないばかりか、いっそう分裂させるだけであると認識する可能性も、また国家が建設されうるのは現実の生の内部に新しい秩序が生まれた場合だけだと見抜く可能性も与えられていないため、むなしく空《くう》をつかむしかない。彼の実験的試みは、反宗教改革国家と同じ軌道を走っている（実際またマキアヴェッリは反宗教改革の国家思想家たちのあいだできわめて高い人気を博していた）。反宗教改革国家は、生の活発な多様性をことごとく凌駕する統一の思想があれば、一五、一六世紀に大きく混乱した世界を、力づくで整理できると考えたのだった。この試みによってヨーロッパは歴史上もっとも多くの血を流すことになったが、成果はなにも得られず、歴史的・社会的世界のあらゆる形成力をいちじるしく消耗させただけに終わった。

ユートピアンとしてのマキアヴェッリ——このイメージは、いかなる事実とも、またいかなる解釈の試みとも真っ向から食い違っているようにみえる。文献に通じている人なら、すでに多くの箇所でそれが予見されたと思うかもしれないが。しかしこの主張は、合理的・構成的ユートピアと並んで美的ユートピアというものが存在すること、つまり混乱におちいった人びとに美的な遠いイメージをみせて、新秩序の約束を巧みに信じさせるようなユートピアも存在することを考慮すれば、かなり受けいれやすくなる。それどころかまさにそうした徹底的に美的な世界観が、ルネサンスの特徴であり、またマキアヴェッリのきわめて個人的な特徴であるように思われる。もしすべての秩序が消滅すれば、もはや人間は、事物と生の美的な表層に短い幸福を見いだすことしかできない。そうなれば、大いなる空《くう》の上を漂うそのような存在にとって、なお自分のなかに和解をもたらす最後のチャンスとして残されるのは、この美的世界観を芸術にまで高めることである。芸術にまで高めるかどうかが最終的に各人を分ける分岐点となり、美的現象の不可解さに迷いこむ者がいる一方で、みずからの美的構想に全世界をつつみこんで、生を芸術作品のなかで長く安定させる者がいる。

自己を駆り立てるものを芸術作品のなかでしか表現できなかったのは、ルネサンスの運命だった。その種の作品は苦労なくしては成立しなかったが、創作の幸福を享受できたのは、ルネサンスの大きな危機に激しい衝撃を受けながらも、最終的に生の意味に絶望することもなければ、たんなる冒険家、放浪の文学者になることもなかった人びとだけだった。マキアヴェッリも芸術家だった。本書の最終目標はマキアヴェッリの成長過程を示すこと、つまり彼が途方もない衝撃を受け、個人的危機によってさらに強い衝撃を受けたあとで、どのようにして無関心な観察者から国家の讃美者を経て芸術家へと成長し、時代の芸術作品たる『君主論』において、この時代が自発的に創造できなかったものを描きだしたかを示すことにある。マキアヴェッリは国家を論じるリアリストではなく、現実には取りもどせないほど失われた秩序の「遠いイメージ」を同時代の人びとに提示する、秩序の芸術家である。リアリストとしては、いかなる秩序にも、国家の秩序にさえも絶望していた。彼は、乗りこえられなかった現実――しかも彼は生の外的な事情によって不運にもその現実から引き離されたのだった――と、芸術の規律が課してくる調和と秩序に対する要求のあいだの途方もない緊張のせいで、心の奥がほとんど張り裂けそうになっていた。しかし一方ではその緊張が、動きと関係性に富んだ彼の魂の内奥を開いたのであって、その魂は、遠近法的に幾重にも層をなした生の深層構造――ここから芸術が生まれる――によって、多くのルネサンス文学者の美的な浅薄さを克服したのである。マキアヴェッリの秘密は、外見上の行動にひそむ精神的な奥深さと、芸術の域にまで仕上げられたその著作の完璧さがいっしょになってできたものである。この秘密によって彼は――揺れつづける評価のなかで――何世紀を経てもわれわれに感銘を与えるのであり、なんらかのきわめて的確な具象的表現以上に、われわれに親しみを感じさせるのである。

この秘密とともに最後の啓発的な光が、フランシスコ会のサンタ・クローチェ教会に葬られたあの一連の人びとの精神的なつながりを照らしだす。彼らの共通の運命は芸術だった。予言者にとっても、美化された聖者にとっても、建築家にとっても、国家思想家にとっても。中世末期の西洋の世界から、信仰とともに歴史的・社会的な生の秩序が消え去ったとき、彼らは過去の幸福を思いだしながら、芸術によって壮大な現在をつくりだした。この壮大な現在は、創作の苦痛や回り道の多い苦労をほとんど忘れさせると同時に、芸術を地上に取りもどし形式の秘密を解きうる者のために、未来を約束したのである。

訳注

(1) ジョット　一二六六頃—一三三七。イタリアの画家。イタリアの中世ビザンティン画風の硬さと神秘性から脱してフィレンツェ派の基礎を築き、イタリア・ルネサンスの道をひらいた。

(2) 聖フランチェスコ　一一八一（八二）—一二二六。イタリアの神秘家、聖人。フランシスコ修道会の創立者。

(3) ブルネレスキ　一三七七—一四四六。イタリアの建築家、彫刻家。聖ロレンツォ聖堂、聖スピリト聖堂、ピッティ邸、パッツィ家礼拝堂等を建築した。

(4) ヴァザーリ　一五一一—一五七四。イタリアの画家、建築家、美術家伝記作者。

(5) ヴィットーリオ・アルフィエーリ　一七四九—一八〇三。イタリアの劇作家。

(6) イタリアが近代国家として独立と統一を達成した政治的、文化的運動。一八二〇年頃のカルボナーリ党の動乱にはじまり、一八七〇年のローマ占領までの時代をいう。

(7) ティトゥス・リウィウス　前五九—後一七。ローマの歴史家。『ローマ建国史』（一四二巻、うち一—一〇巻、二一—四五巻の三五巻が現存する）を著わし、ローマ国初から前九年までのローマ史を編した。

(8) ランケ　一七九五—一八八六。ドイツの歴史家。史料を厳密に点検してその信頼性と原典性を確かめ、さらに穏健中正な史眼と芸術的叙述をもって、歴史批判的方法と客観的歴史叙述とを確立した。

(9) マコーリ　一八〇〇—一八五九。イギリスの歴史家、政治家。

(10) 聖ドミニクス　一一七〇頃—一二二一。スペインの聖職者、聖人。ドミニコ修道会の創設者。

(11) カトリーヌ・ド・メディシス　一五一九—一五八九。メディチ家のロレンツォ・デ・メディチの娘。フランス国王アンリ二世の王妃。

(12) リシュリュー　一五八五—一六四二。フランスの政治家。ルイ一三世に仕え、着々と中央集権の実をあげた。財政、軍政、法律等にも種々の改革を実行した。

(13) クリスティーナ　一六二六—一六八九。在位一六三二—一六五四年。グスターヴ二世の娘。芸術、文学を愛し、のちにはローマに定住した。

(14) フリードリヒ大王(フリードリヒ二世) 一七一二―一七八六。プロイセン国王。用兵に秀で、啓蒙的専制君主として統治に優れ、他方音楽、文学を愛好し、ヴォルテールやダランベールとも交友があった。

(15) メッテルニヒ侯 一七七三―一八五九。オーストリアの政治家、ウィーン会議の議長。保守的で、フランス革命の思想や自由主義に反対したが、ウィーンの革命により失脚した。

(16) トライアノ・ボッカリーニ 一五五六―一六一三。イタリアの文学者。

伝説

われわれはマキアヴェッリとの最初の出会いから、彼の名声が著作と人物をはるかに凌いでいたことを教えられる。ダンテの場合とは異なり、マキアヴェッリの著作の閲覧のまえには名声の歴史が立ちふさがり、そのせいで何世紀ものあいだ彼の著作に目を通すことができないほどだった。むろん、だからといってマキアヴェッリの名声の歴史をあっさり振り捨ててもよいという意味ではない。なぜならまさにその歴史を知ることによって、これほど多くの伝説のきっかけをつくったこの男は実際はどんな人物だったのかという問いが、われわれにとっていっそう差し迫った課題となるからだ。そうなるとこの問いは、もはや無益な好奇心の産物ではなくなり、むしろあふれるほどの歴史を、つまりそのなかでは誤謬や虚偽さえも、やはり自己実現を求めた生の表現にほかならないような歴史を背負うことになる。総じて真実というものが、たいへんな努力の末にようやく訪れるものであって、その努力がかならずしも純粋に学問的な関心から生まれるわけではなく、その努力のなかにきわめて重大な生きた決定が具体化されているとすれば、これはマキアヴェッリにもあてはまる。

マキアヴェッリの名声の歴史は、彼に対する教会の態度をもってはじまる。彼の主要な作品の初版本は――死後かなり時間がたってから――『フィレンツェ史』の献呈にも応じた教皇クレメンス七世の明確な出版認可を受けてヴァチカンの印刷所から出版された（一五三一年に出版認可、一五三二年に出版）。実際また教会は、マキアヴェッリの著作には教会とキリスト教への攻撃が満ちみちていたにもかかわらず、長いあいだマキアヴェッリに対して肯定的態度をとりつづけたのだった。これはまたマキアヴェッリがまさしく時代の申し子だったことを示している。この時代は、教会内部に多くの改革の動きをかかえていたものの、教皇たちさえその改革のもつ異教的・非キリスト教的精神に感動を覚えていたため、教会への攻撃がそれほど重大視されなかったのである。とはいえ、きわめて早いこの時期にマキアヴェッリに対する反感がすでに表面化していたことの証拠が存在する。ただしその反感の源は、教会の圏内ではなく、一五二九年以来、メディチ家が――一五二七年の反乱に憤慨して――真の恐怖政治を樹立しつつあったマキアヴェッリの故郷フィレンツェだった。しかし人びとは、一五二九年以来メディチ家が恐怖政治を開始したことについても、またメディチ家が一五一二年のフィレンツェ復帰後さまざまな権利の侵害をおこなったことについても、マキアヴェッリに責任があると考えたようである。後者の推測を裏づける確証はないが、前者の推測については、フィレンツェの印刷業者ベルナルド・ディ・ジュンタがみずから印刷した『ローマ史論』の冒頭に記した献辞によって確認される。その献辞のなかで彼は、オッタヴィアーノ・デ・メディチに、嫉妬深い人びとからこの本を守ってくれるよう頼んでいるのである。この印刷業者は、枢機卿ジョヴァンニ・ガッディに捧げた同年の『君主論』の版において、より明白な表現を選んでいる。彼は、ガッディがこの著書の献辞をよろこんで受けいれ、内容を理解できない人たちに対して本書を弁護してくれるよう依頼している。「内容に憤慨してこれを一日中引き裂きつづける人びとは、それが薬草について教えていることだけしか知らないのですが、薬草調剤師は同時に毒についても教えているのです。毒を知ることにより毒から身を守ることができるようにです」。ちなみに、薬草のみならず、毒から身を守るために毒をも研究するというこの医師像は、おそらく同時期に生まれた伝説、つまりマキアヴェッリは『ローマ史論』が証明するように心の底では共和主義者であったという伝説とまったく同じように、現在にいたるまで受けつがれている。一見したところ『君主論』とは相容れない伝説であるが、マキアヴェッリを共和主義者とみなすこの見解は、『君主論』の隠れた意図が、圧制を描写することによってメディチ家をフィレンツェから追放することにあったという立場をとる。このようにして、死後ほんの数年のうちに、マキアヴェッリの評価ははげしく揺れ動く。たいていの人にとってマキアヴェッリ自身のことなどどうでもよかったからだ。むしろ彼を批評する人びとは、特定の具体的な政治状況を横目で見ながら、彼らの実際の意見を、マキアヴェッリに対する批判や称讃の背後に隠したのである。したがって結局彼らの発言は、特定のフィレンツェの内政上の権力状況を知るためならわれわれにとって有益であるが、マキアヴェッリ自身については得るところがない。

こうした評価よりも重要なのが、教会の変説である。この変説もまた――たとえば人びとが、マキアヴェッリの著作にどんな毒がひそんでいるかをしばらくしてはじめて認識したかのごとく――偶然生じたものではなく、きわめて現実的な生の状況、この場合はヨーロッパ圏の情勢にもとづくものである。ドイツで宗教改革が広がったあと、教会を取りまく状況は一変していた。とくにこの改革がたんに地方的意味をもつ出来事ではなく、全ヨーロッパで、なんとイタリアでさえ猛威をふるいはじめたことが明らかになってからはそうだった。このときもう教会には、ほんの数年前までとは違い、自分に敵対的な発言を気軽に受けいれることが許されなかった。マキアヴェッリは教会の没落を予言していたばかりか、イタリアに不幸をもたらした責任は教会にあると明言していた。四方八方から存続の脅威にさらされていた教会は、こうしたマキアヴェッリの批判を、なんとしても放置しておくわけにはいかなかった。こうして聖職者、とくにイエズス会士があらゆる方面からマキアヴェッリの著作を攻撃しはじめた。それにしても、よりにもよってイエズス会士が敵方についたことには、とくに大きな驚きを覚える。イエズス会の宗規や政治的駆け引きの方法論が、マキアヴェッリの提示した政治戦術の教えと、見まちがえるほどよく似ているからだ。ただしイエズス会士の場合、行動の超越的な至高の標点がつねに守られているのに対し、マキアヴェッリにはまさにそれが欠けている。みずからのあらゆる努力の焦点として彼の念頭に浮かんでいたのは、イタリア統一というきわめて現世的な表象である。もちろんイエズス会士の考え方を一文で要約することはできない。しかし、たとえイエズス会士の生の秩序が「神のより大いなる栄光のために」方向づけられているとしても、彼らの歴史上の役割は、なによりもまず、当時教会からの自立（宗教改革によっていちじるしく加速された出来事）が一般化していた国家をふたたび教会の支配下に置こうとした試みに明白にあらわれている。そのさい、教会はたんなる救済の秩序と解釈されるのか、あるいはそれ自体ふたたび政治的権力とみなされるのかという両義性がつねに表面化したのであるが、最終的には、スペインの世界支配への要求とイエズス会の教義が結びついたあと、現実政策的な意味が決定的になった。こうしてマキアヴェッリに対するイエズス会士の戦いは、きわめて巧妙な戦術や中傷や歪曲からなるありとあらゆる政治上の手練手管をもって政治権力がべつの政治権力に対抗する公然たるプロパガンダにまで発展したのである。イエズス会士はマキアヴェリズムふうの反マキアヴェリズムを展開する。この進軍の外的なデータをかいつまんで述べることは簡単である。イエズス会士はまず最初にインゴルシュタットでマキアヴェッリの人形を火刑に処し、一五五九年には彼の著作を禁書目録に載せるよう教皇パウルス四世に働きかけ（そのとき禁書目録が印刷されたのは、よりにもよって一五三二年に教皇認可のもとで最初の版が出版されたアントーニオ・ブラドの印刷所だった）、最終的にこれらすべてが一五六四年のトリエント宗教会議で確認された。

すでにこの最初の激しいマキアヴェッリ攻撃において、歴史的現実を大きく超える伝説の形成がはじまっている。たとえばイギリスの枢機卿レジナルド・ポール(1)の主張によれば、イギリスにおける宗教改革の積極的な実行者である「修道士の槌」ことトマス・クロムウェル(2)が彼に一五二八年ごろに『君主論』を読むよう勧めたという。真に悪魔の指で書かれたほかならぬこの書物にクロムウェルが信頼をおいていたことが、彼の悪徳のしるしだと主張したのである。しかし枢機卿の言葉が真実であるかどうかは、明らかに疑ってかかる必要がある。なぜなら当時ただひとつしか存在しなかったマキアヴェッリの手稿がめぐりめぐってイギリスまでたどり着いたとは、ほとんど考えられないからだ。ところがまさにその一五二八年には、カスティリョーネ(3)の『廷臣論』が公刊されている。クロムウェルはイタリアと密接に結びついていたから、この本をすぐに手にいれた可能性はひじょうに大きい。おそらく枢機卿は『君主論』と『廷臣論』を混同したのであろう（P・ファン・ダイク）。枢機卿が正真正銘のマキアヴェッリを知ったのは、ようやく一五三八年ごろになってからだった。しかし、このとき彼はすでに――マキアヴェッリの著作に関する知識をもたぬまま――マキアヴェッリを宗教改革の悪魔の手先だと断じていた。他の人びとが書いた一連の著作もこれと同等で、たとえばマキアヴェッリを「邪悪な悪魔の道具」と呼んだイエズス会の司祭アントーニオ・ポッセヴィーノの著作（一五九二年）や、司祭ペドロ・リバデネイラの辛辣な著作（一五九五年）などが例としてあげられるが、リバデネイラの著作の背後にどういう事情があったかは、彼がスペインの皇太子に異端者迫害を勧告したことを知れば明らかになる。ついでにいえば、まるでポッセヴィーノこそがリバデネイラの唯一の情報源であって、そのためにリバデネイラの無知がふくれあがったかのようにみえる。すなわちリバデネイラはこういっているのである。

フランスのアンリ三世は、主の掟にしたがわず、「政治派」およびマキアヴェリストたちの助言を受けいれたために、神の正しい判決によって、「ひとりの貧しい、若くて素朴で敬虔な僧の手にかかり、自分の部屋で受けた小刀の傷がもとで（死んだ）」のだと。こうした表現はその後も引きつがれ、ついに一六九七年にイエズス会士ルッケジーニが『ニッコロ・マキアヴェッリの愚行の検証』という著作を出版するにいたる。だがこの著作は、書籍出版業者のあいだでは、あくまでもルッケジーニの愚行と呼ばれた。

上述した種類の著作は相当量の文献になる。しかし繰り返されているのはいつも同じゲームであって、人びとはマキアヴェッリを彼自身のために論争に引用するのではなく、むしろ当時の宗教上の争いのなかで、彼を盾のように利用し、その背後に身を隠して敵に接近したのである。このようにマキアヴェッリをほかならぬ（宗教改革の）悪魔の盟約者に仕立てあげた伝説には、一般的な世界史的背景が存在する。

この伝説形成の図式を略述するのは簡単である。第一に、これらの著作はいずれも、戦う相手である素材へのあきれるほどの無知にもとづいている——これは「プロパガンダ」と呼ばれる世論形成のかたちの基本的特徴である。とくにイエズス会士たちが中傷の技に長けていたことが明らかになる。そこではあらゆる客観的観察が、うわさの女神ファマの迅速な足を邪魔する鉛のおもりだとみなされた。マキアヴェッリを引用しているという見かけが保たれれば、それだけで十分なのである。彼らはそのあとで、強力な武具を身につけて、誤認された引用に襲いかかった。そのさい本来の意図は隠されたままに終わるか、さもなければただ付随的に得られた結果として報告された。第二に、この戦術には、個々の文章をことごとくコンテクストから切り離して、あたかもマキアヴェッリがそれらの文章であらゆる場合にあてはまる道徳的格率を説こうとしたかのように解釈することも含まれる。だが、そのようなかたちで報告された文章がほんとうにマキアヴェッリに由来するかどうかは、きわめてあいまいなままだった。最後に、それらの一般的な格率から、格率を説いている人物、つまり結果的に第一級の極悪人として登場せざるをえない人物の性格が推論される。この瞬間から、今度は逆に作者の極悪非道な性格をもとに書かれたものの性質が推論されるため、全体が、外からまったく力が加わらなくても「永久運動《ペルペートウウム・モービレ》」のようにぐるぐる回転する。こうして伝説が花咲き、繁茂しはじめ、やがて闇にまぎれて悪魔と密談し、魔物のように自分の排泄物を食らうマキアヴェッリという人物像ができあがる――そもそもじつに無邪気で平凡なこのフィレンツェ人の性格と矛盾する、このうえもなくグロテスクな人物像である。

しかしこの広範囲にわたる宣伝活動は、ねらった成果をあげることができなかった。活動にともなって戦うべき相手への注意を喚起し、昔から名声の乗りものである悪評という魅力で敵を飾りたててしまうのは、あらゆるプロパガンダにつきものの望ましくない付随現象である。いずれにせよマキアヴェッリの作品は、驚くべき速さで版を重ね、つぎつぎに翻訳されたが、なかでもヴェネチアの印刷業者たちがいちはやく仕事を進めた。すでに一五五三年には最初のフランス語訳が出版され、つづいて一五六〇年以降は、神聖ローマ帝国領土でラテン語訳が出はじめ、それからオランダ語訳と英語訳（一六四〇年以降）が出版される。この連関でいっておかなければならないのは、イギリスでは長いあいだ手書きの翻訳でやりくりされていたこと、スペインでは宗教裁判による抑圧の結果、翻訳の原稿がわずかな例外を除いて目にふれない場所に追いやられていたことである。その他の国では、教皇による禁止は、イタリアにおいてさえマキアヴェッリへの関心を弱めることができなかった。まずマキアヴェッリ家の肝入りで「浄化」版の見本が数冊製作された。たとえばミラノのアンブロシアナ図書館に、宗教裁判の規則にしたがって「浄化された」マキアヴェッリのさまざまな著書が残されているのは、そうした経緯があったからである。もっともこの版の印刷は見合わせられた。なぜならマキアヴェッリの孫たちが、表題からマキアヴェッリの名前を外してべつの名前に変えよ、という宗教裁判のさらなる要求に同意できなかったからだ。したがってマキアヴェッリを読みたいという後続世代の欲求をみたしたのは、この版ではなかった。一五八四年から一五八八年にかけて、ロンドンのジョン・ウルフのもとで、発行地（パレルモ）と印刷業者名を偽った数巻の散文作品がイタリア語で出版された。また、いわゆる「テスティーナ」版（表紙のマキアヴェッリの頭が小さかったせいで「小さい頭《テスティーナ》」と呼ばれた）が、おそらくジュネーブで出版された。この版には、一五三一年のブラドの特権のにせものと、（教皇の有罪判決のまえに出たと見せかけるため）これまた偽りの一五五〇年という出版年が表示されていたが、発行地と印刷業者名は伏せてあった。この版は一五八八年以前には出ていないと推測される。そして何度も版を重ねた。最後になんとも奇妙な『ローマ史論』の版が、進取の気象に富んだ出版業者マルコ・ジナンミによってアマーディオ・ニエコルッチのローマ史論という表題で刊行された（一六三〇年、一六四八年）。ただし宗教裁判への配慮から多くの不適切な箇所が削除されていた（こうした事情全般についてはA・ゲルバーを参照のこと）。話が印刷史に脱線してしまったが、ここから、ありとあらゆる中傷工作にもかかわらず、一六、一七世紀のヨーロッパの読者がマキアヴェッリに対していかに大きな関心をいだいていたかが窺えよう。たとえ上述した版の多くが、悪意のある評釈や、それどころか反論書をなかに収めていたとしてもそういえるのである。

しかし、もしカトリック教会とイエズス会士の攻撃にしか注意を向けなかったならば、われわれはマキアヴェッリ伝説のひどく歪んだ像しか手にいれることができないだろう。他の集団もマキアヴェッリを批判せずにはいられないことは、結局のところ最初から明白なのである。彼に対する戦いは、生存競争における、敵の名を汚すための手段にすぎないのだ。イエズス会士たちが中傷戦術の見本を示したあと、新教徒たちがその戦術を忠実に模倣した。ただひとつ違うのは、今度は逆に彼らがカトリック教徒のマキアヴェリズムを責めたてたことである。こうしてフランスのユグノー派信者が不幸なカトリーヌ・ド・メディシスに襲いかかり（そのうえ悪いことに彼女は『君主論』が献呈されたロレンツォ・デ・メディチの娘でもあった）、彼女をとおしてマキアヴェッリを聖バーソロミューの虐殺に対して責任を負うべき張本人に仕立てあげた。そのさい明らかになるのは、このときすでにカトリーヌへの憎悪がフランスでは、ちなみにイギリスでもそうだが、まさしくすべてのイタリア的なものへの憎悪に変わりはじめていることである（O・トマシーニ）。エリザベス女王時代の演劇は、非人間的暴力行為の舞台を好んでイタリアに置いた——悪をもっぱら隣人に見いだすという、きわめて普遍的な人間特有のやり方である。一方イタリア人たちは、異常な邪悪さを描くときにはよくオリエントを舞台に選んでいる。この意味でユグノー派のイノサン・ジャンチエは、評判になった『反マキアヴェッリ論』（一五七六年）を執筆したのである。この著作は出版の翌年にはもう英語に翻訳されたが、イギリスではその翻訳原稿が、一六二〇年に印刷したかたちで発表されるまで原稿のまま回覧されたのだった。人びとは、自分で考えるには怠慢すぎるすべての人間（ポッセヴィーノもそのひとり）がこの小論から自分の論拠を手にいれたのだとうわさした。ここでいっておかなければならないのは、このプロテスタントの反論書がカトリックの書物とまったく同じやり方で組み立てられていることである。恣意的にコンテクストから切り離された文によって大胆に歪曲された像がつくられるわけだが、そうなると、むろんその像を打ち負かすのはたやすい。とくに人びとが最初から「けがらわしい犬ころの教え」には結局のところまったく価値がないと考えているのであれば。しかしわれわれは、カトリックとプロテスタントによるマキアヴェッリ批判を反宗教改革という毒された雰囲気のなかに嵌めこまなければ、マキアヴェッリ伝説の正しい有効範囲を把握することができない。その毒された雰囲気のなかでだれもが、そのものずばりプロパガンダの利点だけを期待して、相手のマキアヴェリズムを非難するのである。われわれはすでにイエズス会士とカトリック教徒がプロテスタントにこの罵言を浴びせるのをみた。まもなくプロテスタントは彼らに同じ罵言を返すことになる。他方またイエズス会士は、改革派の国々（イギリス、ドイツなど）におけるカトリック教徒追放にはマキアヴェッリの影響があると考えた。そのとき達した最低水準を証拠だてるのが、イギリスからの亡命カトリック教徒によってアントワープで出版された、イエズス会士とカトリック教徒に対する清教徒の凶行の絵が入ったプロパガンダの著作である。表題をみれば内容がよくわかる。『現代の異端者どもの残虐行為の劇場』。この著作では、マキアヴェリズム批判が清教徒に対してなされている。さらにつぎのような経緯をみれば、事態はますます込み入ってくる。すなわちポッセヴィーノは、マキアヴェッリに関する知識を基本的にユグノー派のジャンチエから仕入れていたにもかかわらず、最後にはプロテスタントの反マキアヴェリストにさえ攻撃を加えて、彼らのいわばマキアヴェリズム的な反マキアヴェリズムを非難する。他方では穏健なカトリック教徒さえもがイエズス会士のマキアヴェリズムを批判するのである。このように事態が紛糾した結果、自分の不満をどこかにぶちまけたいという欲求、わめき声にまやかしの学問的な箔《はく》をつけたいという欲求に押されて、マキアヴェッリの実像はあっけなく消え失せてしまう。

このようなかたちで明らかになるのは、極端に希薄化したマキアヴェッリ伝説が、多種多様な文学的、歴史的影響を受けたときには、とりわけ抵抗力がないということである。ほんの少しまえまでは、ヘンリ八世からエリザベス一世までのイギリスのテューダー家時代のあらゆる人間の背後にマキアヴェッリがひそんでいる（P・ウィンダム・ルーイス）[4]と発言することが可能だった。ところがまもなく、意外にもなんとセネカの悲劇とその政治上の悪人の描写にさえ、まったくうわべだけでマキアヴェッリのレッテルが貼られていたことが明らかになったのである（M・プラズ）。スコットランドのバラードでは、マキアヴェッリに「オールド・ニック」という悪魔をあらわす古いあだ名がつけられた。そう呼ばれることで彼は大衆的な「いたずら者」の仲間に入ったのである。この転換には、フランスにおけるマキアヴェッリ像が影響をおよぼしていないわけではなかろう。そもそも一六世紀のスコットランドとフランスの関係はひじょうに緊密だったのだから。スコットランドでは、人びとはライオンやキツネをもちいたマキアヴェッリ像を「キツネ物語」の伝説圏と関連づけ、マキアヴェッリのなかにひどく喜劇的な要素を持ちこんだ。喜劇的要素はまたアイルランド（スペンサー）やドイツでも、ライネケ狐と結びついてその後も影響を与えつづけた。[5]最後には、マキアヴェッリ像をいちだんと豊かに飾りたてるために、ピエトロ・アレティーノいやそれどころかイグナティウス・デ・ロヨラの描いたさまざまな人物までもだしに使われた。[6]こうしてその一切合財から、完全に現実から切り離されたひとつの複合的な像ができあがる。その結果イギリス人たちは、マキアヴェッリが固有名詞であることさえ忘れる有様で、正字法でも頭文字を小文字で綴ったのである（ほぼ一五九七年以降）。

マキアヴェッリに対する唯一の納得のゆく態度表明は[7]――拒否的な意味での態度表明ではあるが――意外にも当時のほかならぬフランス（ジャン・ボダン）とイギリス（「王権神授」説）の専制君主政の理論家たちにみられる。神が王権を授けるとするこの説は、旧約聖書におけるダヴィデの神権政治のかたちに王権の原型を見いだし、支配権の結合を基本的に道徳的な性質をもった結びつきだと考えた。さらにこの説は伝統主義的な性質を帯びていた。なぜなら当時、王権の宗教的な光背が、犯すべからざる解消不可能な相続権のなかに顕現したからである。この二点において王権神授説はマキアヴェッリの『君主論』と衝突せざるをえなかった。しかもしばしばいわれてきたように、なんらかの遁世的、自然法的構成のせいではなく、この説が人間の社会的関係の道徳的に保証された構造を認識していたせいだった。これはたとえば国家権力の問題が完全に度外視されているというような意味ではない。反対に、絶対主義の教義（ボダン）の本来の研究対象は主権だったのである。そのうえ聖職者と王を兼ねたダヴィデの横にはいつも力強い狩猟者ニムロデが立っている。しかし暴力は浄化されて合法的権力となり、征服の過程さえ倫理的に高められ、純然たる暴行が道徳的に是認された社会建設だったとされる。そのためたとえば国王ジェームズ一世は、国会演説で、スコットランドとイギリスの統合という言い方で征服について語ったとき、すぐにこう付言した。これは「黄金の征服」であり、ここでは専制君主が両国および両国民の社会的、国家的結びつきの保証人であると。これによって明らかになるのは、絶対王政の学説のほうが、純然たる権力のうちに国家を構成するマキアヴェッリの理論よりも、はるかに現実的構造をもつということだ。なぜならより確実で、より公認された結びつきを有する人びとの共同生活は、自発的にその種の宗教的な主権を支持するからだ。こうして英語においては、社会関係の道徳性に関するこの考え方によって、一五世紀半ば以降、道徳秩序を超えた国家統治をあらわす単語である politic［政治の］という言葉が否定的な意味合いを帯びるようになった。のちには politic とともに policy［政策］および politician［政治家］という表現がマキアヴェリズムの同義語としてもちいられた。これは politico という言葉を corrotto［腐敗的な］の反対の意味で使ったマキアヴェッリ自身とは大きく異なる。結局、「主として悪い意味を言外にもつ政治家《ポリティシャン》」の表現として、外来語である politico が英語のなかに取りいれられた。この点フランス語の場合は、一五世紀まで policie ないし politie が道徳秩序の意味で使われたため、事情が少し異なる。ルソーもまだこの単語をときどき道徳秩序の意味で使っている。この単語が否定的意味をもつようになったのはマキアヴェッリの影響を受けてからである。実際また machiavélique［マキアヴェリズムの］という表現は一般に「陰険な」という意味で使われている。まさに policie が gouvernement［政府］や administration［行政］（さらに Polizei［警察］）と緊密につながっている点から、これらの言葉に対応する概念の道徳的意味合いが明らかになる。（それらの意味合いは、たとえばドイツ語で人びとが politisch［政治の］に対して staatlich［国家の］と表現するものに当たる）。したがって専制君主政の理論家たちがマキアヴェッリを拒絶したこともまた、あくまでも真剣に受けとめなければならない。ある風刺詩のなかでマキアヴェッリをイグナティウス・デ・ロヨラやラヴアヤックとやみくもにいっしょにして地獄に投げこんだ王党派の詩人ジョン・ダン(8)のやり方などは、まったくの例外なのである。絶対王政の擁護者たちは、絶対王権の厳粛な権威が揺すぶられたあとはじめてマキアヴェッリの理論を受けいれた。たとえばデーヴィッド・ヒューム・オブ・ゴッズクラフトがイギリスのチャールズ一世に献呈した「王権の弁明あるいはマキアヴェッリの才能」（一六二六年）がその一例である。

しかるにこれほど重視すべきものは、専制君主政に敵対するプロテスタントとカトリック教徒（「暴《モ》君放伐論派《ナルコマキ》」）のなかにはまったく見当らない。国家の「民主的」構造に関する彼らの理論的考察はどれもみな、不信心の王によるいわゆる暴政を新しい（カルヴァン派もしくはイエズス会の）宗規による暴政に取りかえるという唯一の目的によって全面的に規定されている。とどのつまりは、彼らの理論上の発言と実際の思惑が真っ向から対立するため、彼らの反マキアヴェリズムもマキアヴェリズムの特徴を帯びる。この局面がようやく克服されるのは、絶対主義国家がみずからを寛容の擁護者となし、さまざまな宗派を最高主権の決定に参加させなくなったときである。そうなるとたしかに国家は依然としてごく一般的な意味で人間関係の宗教上の保証でありつづけるが、宗派的には中立化する。この考え方は、恐るべき宗教戦争によって国家の統一性がほとんど地獄の一歩手前まで崩壊したあとのフランスで、いわゆる「政治派《ポリティック》」が発展させたものである（ミシェル・ド・ロピタル）(9)。ボダンやアンリ四世やアンリ四世に仕えた大臣シュリ(10)の立場もこれも近い。イギリスではこの考え方はとくにエリザベス一世の偉大な首相、セシル卿(11)によって実行された。イギリスの王室はヘンリ八世の死後、最初はプロテスタンティズムとカトリック主義のあいだを揺れ動いていたが、セシルは、国家の宗派上の中立に、より正確にいえば「国教主義」に国家統一の唯一の救済を見いだしたのだった。ところがそうなると、セシルの未来を開く深謀遠慮と政治家としての識見が、四方八方からマキアヴェリズムだという非難を浴びる。しかも今度はプロテスタントとカトリック教徒が一致して、そもそも唯一それだけが反宗教改革のなかでいちじるしく揺らいだ国家統一および社会秩序を救うことができたであろう行為を冒瀆的行為だと非難したのである。これらすべての議論をみれば、ここで問題になっているのが赤裸々な暴力を合法的権力に昇華させる国家主権の正当化である——そのさいなにが合法的権力とみなされうるのかという疑問はいつまでも残る——ことが明白になると同時に、そうした主権の正当化をめざす努力と、ほかならぬ合法性の問題を度外視するマキアヴェッリの理論との違いも明らかに認識できるのだが、にもかかわらずマキアヴェッリ伝説が決定的に放棄されることはない。人びとの心が依然として宗派的対立の情熱にあまりに激しくとらわれていたため、人びとの視線は、権力をねらうというつねに思考を曇らせる行為から自由になることができなかったのだ。たしかにさまざまな宗派が「政治派」を描いた絵、すなわち彼らがひまな時間にこのフィレンツェ人の著作を思慮ぶかく読みふけっている絵は的を射ているかもしれないが、彼らは同じようにボダンおよびその他大ぜいの著者の書物を読んだのである。彼らは、志を同じくする思想家ミシェル・ド・モンテーニュのように、世界を大パノラマのかたちで眼前に広げ、人間の動機を最小のものまで見とおすことを好んだ。また、国家と社会が最終的に破滅でもしないかぎり、多様な対立物をまさに非教条的に調停し問題を賢明に切り抜けることが必要となる日々の要求に、すすんで無条件に身を捧げたのである。

このように展開したマキアヴェッリ伝説の状況がはじめて変化したのは、それから長い時間がたって、宗教改革後の混乱のなかから寛容思想が生まれ、それとともに国家の宗派上の中立の理念が最終的に達成されたあとだった。そのときようやく障害が取りのぞかれ、マキアヴェッリをより客観的に考察することができるようになった。たとえばピエール・ベールはその浩瀚な『歴史批評辞典』(一六九七—一七〇二年)で、マキアヴェッリ伝承における真と偽を区別しようと試みている。たとえベールの叙述が依然として誤謬にみちているとしても(彼はマキアヴェッリの没年さえ正しく報告しておらず、一五二六年と一五三〇年のあいだを揺れ動いている)、その叙述は伝説を事実に戻そうとする注目すべき試みにほかならないのであって、その意味でベールは、まちがいなく一八世紀のマキアヴェッリ研究に豊穣な実りをもたらしたのである。ただしこの試みもまだ、『君主論』は君主の信用を落とすために書かれた風刺文であり、そこにこの著作の見きわめがたい隠れた意味があるのだという考え方をふきとばすにはいたっていない。この極端な考え方は、マキアヴェッリを共和政の作家として讃美するデニー・ディドロ(『百科全書』)やジャン゠ジャック・ルソー(『社会契約論』)によって、十分な説得力をもって繰り返し主張される。その少しまえにすでにドイツでも再浮上していた(ブルッカー)この考え方は、一九世紀にいたるまで受けつがれ、そのころになってもなお、たとえば作家ヴィットーリオ・アルフィエーリが後世の擁護者として登場する。それどころか今日でもなおノルウェーの作家ハンス・E・キング[12]のなかに、かすかな徴候が垣間見られる。この解釈については、マキアヴェッリ自身よりマキアヴェリズム的であり(R・フォン・モール[13])、過度に狡猾で詭弁を弄するものであって、当然のことながらマキアヴェッリを表現するものというよりそれが生まれた時代の特徴を示すものだということができる。

こうしたマキアヴェッリ伝説とマキアヴェッリの実像を求める研究のちょうど中間に、フリードリヒ大王の『反マキアヴェッリ論』が位置する。この著作は内容の点でも、またそれを著わした人物の点でも、われわれの関心を引かずにはおかない。この論文をフリードリヒは皇太子のとき執筆し、ヴォルテールに推敲を頼み、一七四〇年にハーグで出版した。同年のうちにすでに新しい版が、ヴォルテールのさらに大きな修正を経て公刊される。フリードリヒ自身によって推敲された最後の原稿は、彼が即位したせいで印刷できなくなったが、大豪華版であるフリードリヒ大王の著作集に収められている。当時から、「人間性を破壊しようとする怪物に対して人間性の弁護」を企てたこのいちじるしく論争的な著作は、皇太子としての政治思想と国王としての行動との矛盾によって批評家たちの注意を引いた。シレジアの占領、不幸なポーランドの分割、自国に都合がよければ同盟国さえ見捨てる行為、これらすべてが『反マキアヴェッリ論』のモラリズムとはあまりにもかけ離れた行動だった。そこでローベルト・フォン・モールはこういう。「ほとんどマキアヴェッリ自身がおちいった自家撞着のちょうど反対物がここにあるかのようだ。マキアヴェッリが共和主義者として生き、思考しながら、僭主に忠言したのに対し、フリードリヒはその筆で誠実さと法の遵守を弁護しながら自分の利益のために法と約束をふみにじる行動をとったのである」。この謎を解くために、以前はふたつの答えが繰り返し述べられた。まず、フリードリヒは倫理的格率を見せびらかすことで人を欺き、自分の能力をごまかそうとしたのだという答え——すなわち隠れもない強力なマキアヴェリズム。つぎに、矛盾はフリードリヒの内面の分裂の表現にすぎないのであって、彼の意志はその認識の高さにはおよばず、彼にとっては高潔に行動するよりも高潔に書くことのほうがやさしかったのだという答え。後者は、結局どんな人間にも例外なくあてはまる（なぜなら書かれた言葉の次元における美徳はつねに、損害をこうむる恐れのない著者が美徳に対して認める誘惑におちいるのだが、人生のほうはそれほど潔癖ではないからだ）。その点を除けばどちらの答えも（フォン・モールとヴァザーリを含め）表面的すぎて受けいれがたい。人びとがフリードリヒを、彼がいかなる行為においてもたえずプロイセンの利益を考えていたという理由で弁護しようとしたのは、一九世紀のナショナリズムという意味できわめて特徴的なことである。その弁護によると、国家のために君主が犠牲になることをよしとするフリードリヒの考えは、彼をして、たしかにマキアヴェッリの格率を嫌悪すべきものに思わせたにちがいないが、しかしフリードリヒはマキアヴェッリがイタリア解放を布告した『君主論』の最終章にはっと驚いて批判を中止している、そのことによって彼自身の意見が明白になっている、ここ以外では『君主論』を一章ずつ取りあげて、いちいちけちをつけているだけにこの態度はいっそう目につく、というのである（ヴァザーリ）。結局『反マキアヴェッリ論』は、あっさりと「未熟」な作品だと判定された。「まちがってつかんだ対象を論じた幼稚な仕事と称してもいいすぎではない」（フォン・モール）。だがこの辛辣な批評は、ものごとをまったく歪曲して伝えるものであり、過度の単純化による罪を犯している。とにかくフリードリヒ大王が国王としての行動の格率を文学の道で身につけたという意見（A・エルカン）はとうてい受けいれがたい。「性格にすでに生まれながらの素質をもっていなければ、だれもそうしたことを学ばないだろう。マキアヴェッリが考察しつつ発見したことを、自発的に行動しつつ確認したのは、政治家そして英雄であった国王の生来の精神である」（A・トレンデレンブルク）。フリードリヒをときおりきわめていかがわしい行動に導いた必然性は、マキアヴェッリにおける純粋に文学的方法よりもはるかに具体的なものだった。そのうえマキアヴェッリは——フリードリヒも気づいていたように——典型的な都市国家の状況にかかわっていたのであって、その状況は、正統性を強烈に意識した君主を頂点にすえて大国へと発展しつつあった一八世紀の領邦国家プロイセンの生の条件とは根本的に異なっていた。しかしそのことはまたフリードリヒの行動に、たとえばチェーザレ・ボルジアの行動がもっていた意味とはまったく異なる意味を与えるのである。チェーザレ・ボルジアは——フリードリヒの意見によれば——自業自得で「実際ひどい苦況に立たされた」。父である教皇アレクサンデル六世の死後ふたたびすべてを失ったからである。それに対し、真の君主の課題は絶対主義的正統主義という意味で持続的権力を樹立することにある、まさにこの問題にマキアヴェッリは一度も取り組まなかった、とフリードリヒはいう。事実マキアヴェッリは、まったく混沌とした状況下の専政の正当化について語るのみであって、支配の長期存続がまったく新たな問題を生みだすことには言及していない。しかしフリードリヒ大王にとっては、『反マキアヴェッリ論』においても、国王としての生活においても、まさにそのことが重要だったのである。そこでつぎのようにいうことができる。皇太子の『反マキアヴェッリ論』と国王の政治との矛盾はいわれているほど大きくはない。なぜなら第一章で述べられた原則——君主はけっしてその支配下にある人民の専政的主人ではなく、「人民の第一の下僕、人民の幸福の道具にすぎない、人民が君主の名声の道具であるように」——を、フリードリヒは艱難にみちた長い人生を通じて忠実に守ったからだ。したがって彼は人民への奉仕を前面に押しだすのであるが、他方マキアヴェッリにとってイタリア統一は、果たすべき義務のない、じつにはかない夢のままに終わった。それでもまさにこの夢のまえで、フリードリヒの冷酷な批判が中止されたのである。またフリードリヒは一七五二年の政治声明のなかでマキアヴェッリ批判をふたたび制限し、無私の人は多くの野心家と張り合うことができないという点でマキアヴェッリの正しさを認めているが、その場合でもなおフリードリヒは、ともかく既存の権力の維持を限度とする、野心の理性的な抑制を要求している。国家の第一の下僕として、フリードリヒはときには暗い道を歩んだ。にもかかわらず彼は、なんらかの行動のあとで、その行動が模範的であると言明するようなことは一度もなかった。むしろその反対である。「この世界では、適切なときに口を開き、適切なときに黙ることができなければならない」。たしかにこの言葉はべつの脈絡でいわれたものだが、彼がマキアヴェッリに加えた最大の批判、すなわちマキアヴェッリが言葉に出した事柄は、それ自体についても、またそれが有する折々の必然性についても、だれもが基本的に知ってはいるが、しかし悪例としての作用を防ぐためには黙っていたほうがよい類のものだったという批判（第八章）と関係がある。そうした悪例が、ロンドンで起きたある事件をもとに、茶化しながら具体的に描かれている。この町でひとりの海千山千の盗人の悪事や詐欺を紹介した喜劇「カルトゥーシュ」が上演されたところ、芝居がはねたとき、多くの観客が自分の指輪や煙草入れや時計がなくなっているのに気づいた。「カルトゥーシュがすばやく訓練をほどこした結果、その教えがすでに観客席で実行に移されたのだった。これがきっかけとなって警察は、この喜劇のあまりにも危険な上演を禁止すべきだと考えたのである」。それにしても、権力の座につくためにも権力を維持するためにも必要なあらゆる醜悪な行為をまえもって「知る」こと、そのあとでなお権力を求めつづけることは、まったくもって堪えがたいことだ（第八章）――これは皇太子の深い英知にみちた文である。即位したフリードリヒは、たしかに契約を破りはしたが、そのことを正当化したことは一度もない。ただ、必然的行動だったと考えた（たとえば第三次シレジア戦争の開始）。この必然性はたんなる空想ではなく、プロイセンの利益によって厳密に制限されていた。「国民が滅びることと国王が契約を破ることとのどちらがよいか。この問いに答えられずに迷うほど愚かな者がいるであろうか」。だがフリードリヒにとってその種の決断は、かならずしも容易だったわけではない。ときおりは、たとえば第一次シレジア戦争の場合のように簡単なこともあったが。むしろ彼は、法と現実のあいだの緊張に非凡な魂の偉大さと道徳的な抵抗力をもって耐えたのであり、その偉大さと抵抗力によって、どんなに大胆かついかがわしい行動のあとでも、繰り返し法と現実の中間を適切に守ったのである。彼はまた反古にした言葉の重荷を十分に引きうけたし、そのほかにも「人民に大胆に判断する自由」（『同時代史』）を与えた。実際、国政的かつ人間的な判断をもとに、そのような大胆かついかがわしい行動の必然性を他の人びとに理解させるためには、間髪を入れずにその行動を弾劾しなければ不可能である。そのことが晩年の彼をひじょうに無口にし、孤独にしたのであり、冷酷なシニシズムの特徴を強めさせて人びとをぞっとさせたのである。これはしかし、言葉をもたない歴史空間において、人生の予測できない状況下で自己を守りとおさなければならないあらゆる人びとの運命である。フリードリヒ大王の国王としての犠牲的行為は、運命によって裏切りを強いられた、心の奥は正しい人の悲劇である。そのうえ彼には、裏切りはしょせん裏切りであり、畢竟いかなる高尚な目的によっても正当化されえないことをいわずにすます素朴さという恩恵は与えられなかった。しかしここでわれわれは道徳の形而上学の限界にゆきつく。そこにおいてはすべてをかぎりなく慎重に取りあつかわなければならない。

　ただしフリードリヒ大王にだけ該当するこの問題とはべつに、彼の批判もまた、これまで述べてきた他の人びとの批判とまったく同じように組み立てられていることをいっておかなければならない。フリードリヒはまず『君主論』を全作品の連関から引き離す。つぎにもう一度『君主論』のすべての文章を、それらが政治戦術にしかあてはまらないにもかかわらず、絶対的な道徳上の規則と考える。そのさいたしかに彼は、それらの規則がマキアヴェッリの時代のイタリアの小国体系と関係があることに気づいていた。しかし彼は、マキアヴェッリの思想がまさにそのような状況から生まれたこと、マキアヴェッリが没落の運命を具現していることを洞察するにはいたらない。このように結局は――これまでみてきたすべての批評家たちと同じように――フリードリヒが戦っている相手は、作品としての『君主論』ではなく、人間としてのマキアヴェッリである。したがって彼の著作は、『反君主論』ではなく『反マキアヴェッリ論』と名づけられている。このことは相も変わらずフリードリヒが、作品の現実とその意味より、具体性をもたないひどく堕落した人間像のほうを重視するマキアヴェッリ伝説にとらわれていたことを証明する。たとえフリードリヒの著作がもともとは「マキアヴェッリの『君主論』への反論」というタイトルだったとしてもそういえる。なぜなら、いたるところでこのフィレンツェ人に向けられた皇太子のきわめて個人的な怒りが顔を出しているからだ。すでにヴォルテールがこれを不快に思い、フリードリヒの著作を推敲するさいに人身攻撃の口調をやわらげようとしている。要するにヘルダーの言葉をかりてこういうことができる。「反マキアヴェッリ論を著わしたこの皇太子は反君主論を書くべきであった。実際また彼はのちに、(おそらく緊急事態や条約を結んでいる場合を除けば)反君主論的な行動を示して、現世と後世の人びとから称讃をかちとったのである。王として生き、王として死ぬ、これは義務と名誉をあらわすフリードリヒの偉大な言葉だった」。

訳注

（1）　レジナルド・ポール　一五〇〇―一五五八。イギリスの教会政治家。エドワード四世の姪の子。ヘンリ八世の寵を得たが、その離婚に反対して大陸に逃れ、ローマで枢機卿に任ぜられ、トリエント宗教会議開催に重要な役割を演じた。クランマー処刑後カンタベリ大司教になる。

（2）　トマス・クロムウェル　一四八五頃―一五四〇。イギリスの政治家。ヘンリ八世の寵を得、大司教補佐に任ぜられて全国の教会、修道院を巡回し、修道院解散に主役を演じた。王の旨を受けてアン・ブーリンを投獄、王に勧めてクレーヴズのアンと結婚させた。のちに反逆罪をもって斬首された。

（3）　カスティリョーネ　一四七八―一五二九。イタリアの文学者、政治家。その著『廷臣論』はウルビーノ宮廷で催された若い貴婦人、知識人たちの討論会を基礎として書かれたもので、一六世紀のイタリアにおける最高の散文とみなされている。

（4）　P・ウィンダム・ルーイス　一八八二―一九五七。イギリスの小説家、批評家、画家。

（5）　ピエトロ・アレティーノ　一四九二―一五五六。イタリアの風刺文学者。ドルチェとともに当時の権勢者を風刺した作品を書いた。

（6）　イグナティウス・デ・ロヨラ　一四九一頃―一五五六。スペイン人でイエズス会の創立者、聖人。イエズス会の源泉となった『心霊修業』の大部分を書いた。

（7）　ジャン・ボダン　一五三〇―一五九六。フランスの政治家、社会思想家。法を主権の上位に置く中世的国家概念に反対して国家主権を最高絶対のものと認め、近代的主権概念を確立した。

（8）　ジョン・ダン　一五七三―一六三一。イギリスの詩人、神学者。カトリック教徒として育てられたが英国教会に改宗。英国教会の牧師となる。チャールズ一世にもしばしば説教した。詩作は風刺詩、書簡詩、挽歌など。

（9）　ミシェル・ド・ロピタル　一五〇四―一五七三。フランスの法律家、政治家。パリ高等法院法官、シャルル九世のフランス大法官。新旧教徒の対立の緩和に努め、またユグノー派に対する寛容政策を推進したが、宗教戦争を防止しえなかった。

(10) シュリ　一五六〇―一六四一。フランスの政治家。アンリ四世に仕えた。新教徒であったが国王に旧教への改宗を勧めた。
(11) セシル卿　一五二一―一五九八。イギリスの政治家。郷紳出身でテューダー時代の新しい大官の型を代表する人物。慎重熟慮をもって四〇年間エリザベス一世に仕え、中道を歩ませた。男爵を授けられ、大蔵総裁として女王の首相となった。
(12) ハンス・E・キンク　一八六五―一九二六。ノルウェーの作家。新ロマン派に属した。
(13) R・フォン・モール　一七九九―一八七五。ドイツの公法学者、政治家。

実像への突破口

これまでさまざまな論争をみてきたが、フリードリヒ大王の『反マキアヴェッリ論』を除けば、そのすべての論争におけるマキアヴェッリ像は、不思議なほど具体性に欠けていてとらえどころがない。マキアヴェッリは一六、一七世紀のヨーロッパの思想の上をあくまでも伝説として漂っている。彼の名前はしかるべき現実をもたず、人びとはその名前を、「マキアヴェリズム」という大きな鍋のなかに無造作に投げこまれた、歴史的、社会的生のある種の周縁的現象をあらわす一般的名称にすぎないと考えていたのである。一八世紀末から一九世紀初頭のドイツで、世界と生に対する新しい感情が生まれたとき、ようやく事態が変化した。歴史的思考の起源であることがしだいに明らかになったこの変化が、すべての歴史事象を絶対的、合理的尺度で計る考え方を衰退させ、発展および歴史的個体性という思想によってはじめて、伝説形成とは無縁な、みずからの生をはつらつと生きるマキアヴェッリを、特定の条件下で生まれた一回かぎりの比類のない歴史的な人物としてみることを可能にしたのである。なかでもフランス革命後は、ドイツが一六世紀初頭のイタリアとまったく同じように完全崩壊の危機――一八〇一年から二年にかけて、ヘーゲルに「ドイツはもはや国家ではない」と絶望の声をあげさせたほどの危機――に瀕していたという事情もあって、マキアヴェッリへの理解は深まった。ドイツ崩壊に対する危機感はその後、とりわけナポレオンによる征服のあと、ますます高まることになる。このような特殊な状況下で『君主論』が最終章の「イタリアを蛮族から解放するための勧め」によって身近なものになったのは、ほとんど当然のなりゆきだった。だがそこに両義性が生じた。それは自然法的な合理主義の名残りでもあって、人びとはマキアヴェッリの『君主論』を、一方では、諸外国の無数の利害関係によってずたずたに引きさかれたイタリアの状況を念頭に置いて理解しつつ、他方では、この一回かぎりの状況から引きだされた政治的教訓を現在に応用しようとして、それらの教訓に結局またしても普遍的、超時代的特質を認めたのである。こうした新しい見方の先駆者がヘルダーである。彼は『君主論』の道徳主義的解釈を基本的に放棄し、当時の道徳と政治の特別な関係にもとづいてこの書物を理解する。ここから、フリードリヒは『反マキアヴェッリ論』より『反君主論』を書くべきだったというフリードリヒ批判が出てくるのである。ヘルダーはこう強調する。マキアヴェッリはこの著書を「まったく当時の概念で、その時代ならだれもが覚えている出来事をもとに」構成したのであって、「これは当時のイタリアの君主たちのために、彼らの嗜好と原則にしたがって、マキアヴェッリが最終章で述べているように、イタリアを蛮族から(もちろん帝王学の不器用な弟子たちやイタリアの騒々しいやっかい者たちからも)解放する目的で書かれた純粋に政治的な傑作である」。このようにヘルダーは、マキアヴェッリを特定の時代の申し子として純粋に歴史的に考察する。そのさいマキアヴェッリを同時代のために蘇生させようとする過ちを犯してはいない。たしかに往々にしてそのような意見をいったことにされてしまったが(「ああマキアヴェッリの描く現代の君主像がほしいものだ」)、しかしヘルダーははっきりと、まさにそのような像が『君主論』とはまったく異なる容貌をもつであろうという考えを打ちだしている。ヘルダーはつづけてこういう。マキアヴェッリはいわば人類の自然史として「愛も憎しみももたずに」

『君主論』に着手したのであり、カール五世、カトリーヌ・ド・メディシス、ヘンリ八世、フィリップ二世の場合、その自然史の主原則は善悪の彼岸にある「国家理性」であって、宗教さえたんなる政治手段と化している。ヘルダーはこうしてマキアヴェッリの著書を明白に国民国家の視点のもとに置き、以後もっぱらこの視点から検討を加えている。しかしほかならぬ絶対主義国家の理論家たちとマキアヴェッリとの径庭は歴然としているので、われわれとしては最終的に彼らの分析を踏みこえるしかないことを、すでにここで指摘しておきたい。

以上のようなマキアヴェッリ解釈は、新時代の攻撃にさらされたドイツがしだいに崩れ落ちて分裂し、フリードリヒ大王がすでに予見していた状態が強まるにつれて、いっそう支配的かつ顕著になる。まずヘーゲルがその著『ドイツ憲法論』(一八〇一、二年)のなかでふたたびマキアヴェッリに言及する――ただしこの著作は公刊されなかった。ヘーゲルは、おそらくヘルダーから学んだ深遠な歴史感覚によって、マキアヴェッリを理解するには徹頭徹尾、当時の時代背景にもとづく必要があることを見抜いていた。「『君主論』を読むさいには、マキアヴェッリ以前の数世紀の歴史とイタリアの同時代史から直接受けた印象をもって臨まなければならない。そうすればこの書物は、たんに正当化されるだけではなく、きわめて偉大な、かつきわめて高貴な心情をそなえた真に政治的な頭脳のこのうえなく偉大かつ真実の着想であることが明らかになろう」。こうして、『君主論』を「全状況に適する、換言すればいかなる状況にも適さない、道徳的、政治的諸原則の便覧」につくりかえようとするマキアヴェッリ解釈は「愚劣」だとして決定的に退けられる。ヘーゲルは、当時のドイツの状況――彼はこれを明白な表現でかつてのイタリアの国情と比較する――から、マキアヴェッリとその時代との特別な関係を洞察する。「イタリアは国家を統一する必要があった」、そのためならいかなる手段をとってもよかった。つまりヘーゲルも『君主論』を最終章から逆向きに読み、この章にもとづいて『君主論』の教訓めいた解釈を、フリードリヒ大王の解釈も含めて、ことごとく退けるのである。このときになってはじめてマキアヴェッリがまったく真剣に受けとめられる。「……ひとりの男が心底まじめに語っている。彼は胸に下賤の根性をいだき、頭で諧謔を弄したのではない」。マキアヴェッリへの対応は、目的が手段を正当化しえない「通俗的な」やり方では不可能である。彼の時代は、どんな手段をとってもよいほど堕落しきっていたのだから。「ここでは手段の選択は問題になりえない。壊疽の四肢をラヴェンダー水で治療することはできない。毒殺、暗殺が尋常の武器となっている状態には、やさしい対症療法は向かない。腐敗の瀬戸際にある生命は、もっとも手荒な療法によってのみ再組織されうるのである」。そうはいってもヘーゲルは、マキアヴェッリが『君主論』で模範としたチェーザレ・ボルジアの没落が必然だったことを認めている。「なぜならチェーザレ・ボルジアの悪徳にあらわれている性質が、むしろ彼に一時的な栄光しか与えず、国家建設のたんなる手段となるように定めたと思われるからだ……」。その一方でヘーゲルは、フランス革命のジャコバン党員のいきすぎた行為のせいで、『ローマ史論』におけるマキアヴェッリのいわゆる自由の理念を受けつけなかった。ヘーゲルにとって、自由が重要な意味をもつのは、抽象的な概念においてではなく、「国家に対する国民の法的関係においてのみ」である。したがってまず国民をうながして国家へ結集させなければ、自由について語ることができない。国民国家をめざす一九世紀ドイツの暴力的政治家がみなヘーゲルのこの種の発言にしがみつかざるをえなかったこと、あるいはひじょうによく似たマキアヴェッリ解釈を展開し、その解釈がつい最近まで有効でありつづけたことは明白である。

だがその後の展開をみるまえに、ドイツ観念論の圏内から生まれたきわめて重要なマキアヴェッリ論に注目しなければならない。一八〇七年六月、すなわちティルジットの和約が結ばれる前月、ケーニヒスベルクで出版されたフィヒテの論文「著述家としてのマキアヴェッリおよび彼の著作の一部について」がそれである。とくにフリードリヒ・マイネッケが引き合いに出したこの論文は、おそらく当時もっとも目立ったマキアヴェッリの純粋に「政治的」応用であろう。ヘーゲルとは対照的に、歴史的要素がほぼ全面的に背後に退けられている。フィヒテは国家建設のためにマキアヴェッリを普遍的に役だてようと試みる（A・エルカン）。たしかに論文の終盤では――検閲を考慮して――時代との関連づけをふたたび弱めようとしているが、にもかかわらず「マキアヴェッリの政治はどの程度われわれの時代にもなお適用可能か」という章は、十分に彼の意図を表明している。マイネッケは、この著作で「フィヒテの精神が軌道上可能なかぎり現実的な地点」に到達したと述べているが、彼にそう発言させたのも、フィヒテと時代との緊密な結びつきである。実際マキアヴェッリ論におけるフィヒテと時代との関係は、折にふれていわれるようなたんなる表面上のものではない。もしフィヒテがマキアヴェッリの冷酷な権力政治論を受けついでいるとしたら、それは彼が権力を現実的秩序を生みだす要因と考えたからであり、彼はこれまでその要因つまり歴史的、社会的世界の運動原理に目を向けたことがなかった。フィヒテがこれまで、人間はどうあるべきかを考察してきただけだとしたら、彼はマキアヴェッリによってはじめて人間の実際の姿について開眼させられたのである。フィヒテのいう国家は、以前は経済機構の二次的問題にかかわっただけだったが、それがマキアヴェッリの影響を受けて活動範囲をはるかに大きく広げていった結果、人間における本質的なものに近づいた。このフィヒテの試みは、プロイセン没落のせいで焦眉の課題となった。なぜなら、もしプロイセンがそもそも国家として存在しないのであれば――フィヒテがこれまで独力で取り組んできた――共同社会建設は、それが観念においていかに美しかろうと、いったいなんの役にたつというのか。そこで彼は、実情をみるかぎり人間は権力がなければ結束しないという理由で、国家に権力を不可欠な属性として認めざるをえなくなる。むろんこうしたフィヒテの発言にはなお説明が必要である。彼のマキアヴェッリ論に描かれた国家は、それでもやはり権力そのものというわけではないからだ。フィヒテはこの点に関して、国家の活動を対内的なものと対外的なものに区別する。国民が秩序に反抗するかぎり、国家は権力を国内に向けなければならない。だがこれはフィヒテの時代にはあてはまらない——この点はルネサンス時代とは違うのだとフィヒテはいう（A・トレンデレンブルクもフリードリヒ大王に対して同じ言い回しをしている）。ところが対外的な力の行使となれば事情は一変する。自衛しない国家は破滅する。そこで国民の自己保存という意味で、自己防衛に手段を尽くすことが君主の義務となる——まったくもってフリードリヒと同じ精神に則った発言。君主は、私人としては倫理学の規則の支配下にあるが、君主としては、みずから支配者として統轄の任にあたる国民の利益という唯一の法しか知らない。つまりフィヒテもマキアヴェッリを『君主論』の最終章から解釈するのである。フィヒテの解釈において重要なのは、なによりもまず、われわれの知るかぎりこれまでだれもこの関連において十分に強調したことのなかった国内と国外への権力行使の区別である。これによって国家秩序がすべて基本的に権力の上に築かれるわけではないことが明らかになった。この区別は私的倫理と公的倫理の区別につながるものであるが、最終的には国家も私人の集まりにほかならないのだから、公私の倫理の区別は国家に反作用をおよぼさざるをえない。個々人にとっては道徳律が相変わらず価値を有するのに対して、国家にとっては——マイネッケとの関連で述べるつもりであるが——「国家理性」が重要な意味をもつ。フィヒテの言葉によれば、「君主は、私生活にあっては最下層の臣下と同じように普遍的な道徳律に縛られ、平和な国民との関係においては、法律と権利に縛られている。したがってたとえ彼に立法権、つまり合法的状態のたえざる完全化が残されているにしても、何人《なんぴと》に対しても現行法にしたがう以外の扱いをしてはならない。しかし諸外国との関係においては、強者の権利のほかには法律も権利も存在しない。この諸外国との関係が、運命および世界統治の神的な大権を、君主の責任においてその手にゆだね、君主を個人的な道徳律を超えたいっそう高次の倫理的秩序へ持ちあげるのである。この倫理的秩序の内実は、国民の幸福と徳が最高の法であるべし、という言葉のなかにある」。

こうした文章の根拠は、イェーナの戦い後に訪れた特別な時代状況から判断すれば容易に理解できる。その文章は極度に緊張した自己保存欲の表現である。しかし全体的にみてそれらの言葉は実際に——フィヒテのいう意味においても——国家に関するなんらかの発言になっているだろうか。さらにいえば、このすぐあとの時代は、ほんとうにこの方法によって生きのび——それどころか——勝利をおさめたのであろうか。われわれは一方で、フィヒテの国家が人間にとって基本的につねに外面的なものであったことを考慮しなければならない。なるほど国家に文化的な課題が与えられてはいるが、文化的目的が達成されれば、つねにその課題は消えている。たとえ彼が一八一三年ごろに、国家を「ドイツ国民性を強要する暴君」とみなしていたとしても、その意味するところはただ、国家は——彼自身の逆説的な表現によれば——人びとに道徳的自己形成という意味での自由を強要できなければならないというものであって、そのさい力点は明らかに自由に置かれている。すなわち全体としての国家は、フィヒテの場合、依然として理念の圏外にある。そのうえ彼はそのマキアヴェッリ論で、『君主論』を「どんな状況下にある君主にも役だつ……便覧兼解説書」と称し、「もし『君主論』によって超越論的な国法の起草が試みられていたと判断するような人がいれば……思い違いもはなはだしい」と断言している。つまりフィヒテが国家にマキアヴェリズム的な教えをほどこす場合、明らかに彼の視野には、本質に根ざした国家ではなく、苦況に立つ国家しか入っていない。ここからごく基本的に、一九世紀にマキアヴェリズムと呼ばれたいわゆる「現実政策」とフィヒテの立場を区別することが可能になる。フィヒテにおいては、政治的なものが、純粋にそれ自体として、より高次の規定から独立して形成されたことはただの一度もない。マイネッケの言葉をかりてまさにこういうことができる、「非政治的なものが政治的なものに対して優位を主張している」と。たとえ強制機関としての国家が、人間の悪を前提にしていようとも、それを変更の余地がない決定的な事実として前提にしているわけではなく、ただ人間を道徳的な当為《ゾレン》に——やむをえぬ場合には強制的に——導くためにそうしているのである。この当為を(『君主論』の最終章でいわれている意味での)国民の利益に合わせることは、国民自体が創造的精神の形成物だという理由によってのみ正当化される。したがって、あらゆる権力を最終的に規定するものが道徳であることに変わりはない。

それゆえにフィヒテのマキアヴェッリ論について最近(ハンス・フライアー[2]によって)発表された、フィヒテの権力論を一般化して帝国主義の政治理論の極致とみなす解釈は、まったくのところ基本的に的を外しているようにみえる。「フィヒテにとってそれまで全人類の理性による自由への前進であった世界史が、いくつもの権力的な国民国家が権威を求めて戦う法廷となった。どの国民も彼らに固有の善を可能なかぎり広げようと欲するものだという命題が、経験的なものから観念論哲学の原則と化している。そしてどの国家も権力闘争に参加しているという命題が、もはや歴史経過の状況描写ではなくなり、歴史の本質的内実をあらわすものとなっている」。ここでフライアーは、同時代のさまざまな理念を無理やり過去に移して解釈しているが、それはべつとしても、彼はフィヒテがマキアヴェリズムを受けいれたことが、まさに特別の原則をもつ緊急事態の結果にほかならないことをすっかり忘れている。たしかに、フィヒテがこの論文のなかできわめて具体的な決定をくだすべき使命を感じていたというフライアーの言葉は正しい。しかしフィヒテは、そのために彼の思考の普遍的かつ一般拘束的な背景を放棄しているわけではない。彼の全著作がそれを証明している。フィヒテの場合、政治的なものが道徳をけっして消し去ってはいないこと、また彼にとって政治的なものはプロイセンが最大の屈辱を味わった時代のひとつの通過段階にすぎなかったことは、最大限に強調されなければならない。この意味で、フィヒテが政治行動の必然性を超越論的哲学によって理由づけたというフライアーの主張は、まったくの誤りである。なぜならわれわれがすでにみたとおり、フィヒテはそれをみずからきっぱり否定しているからだ。フィヒテはまた、政治的なものの理論を「短期的に」実行したわけではなく、政治的なものは彼にとって、せいぜい一時しのぎに間隙をうずめる行動形式にすぎなかった。その穴埋めさえも、政治的非常事態におちいった国民のなかに、たんなる政治的必然性以上の必然性があらわれたときにしか正当化されない。しかしフィヒテはけっして暫定措置を国家の本質的状況とみなすことはなかった。基本的にこれはヘーゲルにおいてもまったく同じである。ヘーゲルは、国家が権力行使の正当性を得るのは、国家のなかに精神のより高次の必然性が生じる場合のみであり、その必然性は最終的には、合法的な権力行使という意味でふたたび権力を制限すると考えた。そうでなければ、ルネサンスの残忍な小暴君たちや、途方もない悪業を重ねたチェーザレ・ボルジアのような男たちや、一四、一五世紀のあらゆる不法な暴君たちと、カール五世やヘンリ八世やフリードリヒ大王のようなタイプの君主を区別することがまったくできなくなるだろう。結局フライアーの解釈も歴史的・現実的領域では役にたたない。なぜならプロイセンの新秩序も、後続する解放戦争も、ほかならぬ力のイデオロギーからではなく、すでに一八〇七年にフリードリヒ・ヴィルヘルム三世の「国家は、体力において失ったものを、精神力によって補わなければならない」という言葉ではじまった精神的な方向転換から生じたものだったからだ。

こうした特別な状況で、極度にマキアヴェッリの影響を受けたナポレオンの「現実政策」が、観念論の精神にどっぷり浸かったドイツに打ち負かされたのであるが、にもかかわらず近代の国家理論はますますマキアヴェッリを取りいれてゆき、『マキアヴェリズム擁護論』(K・ボルマン、一八五八年)や『プロ・マキアヴェッリ』(Fr・トゥディフム、一八九七年)を世に送りだした。この運動はドイツではハインリヒ・フォン・トライチュケとその著『政治論』(一八九七年)によって頂点に達したが、それ以前の一八七八年にすでに歴史家カール・シレンが、『君主論』を権力欲をもった「自然な人間」の原像としてとらえ、「彼はいかなる存在か、いかにそれ以外の存在たりえないか、最期を迎えるまでの有様はどうか」を叙述していた。マキアヴェッリの思想が、繰り返し特殊な歴史的状況に刺激されて再受容された結果、歴史が一種の頂点に達するたびに、国家統一のために戦う勇敢な騎士としてのマキアヴェッリへの関心が燃えあがった。たとえばドイツでは、一八七〇年から七一年の戦争のあとや、第一次世界大戦中から戦後にかけて(一九一四年から一八年まで)、とくにフィヒテのマキアヴェッリ論と、マキアヴェッリの著作のドイツ語訳が版を重ねている。

イタリアにおけるマキアヴェッリ受容も似たような状態にあって、たとえばリソルジメント(イタリア国家統一運動)の渦中、トスカーナの暫定政府は、一八五九年の革命後、みずからの行動を神聖化すべく、フィレンツェ共和国書記官の著作集の新版を刊行している。マキアヴェッリに関するパスクアーレ・ヴィラリ(3)やオレステ・トマシーニの仕事にさえ、晦渋にみちた仰々しさをべつにしてもなお、リソルジメントの若々しい高貴な興奮の名残りが感じられる。しかしまさにこの脈絡で、いくつかのじつに特異な問題が生じるのだが、それらの問題の特徴は、リソルジメントの初期にふたりの詩人、ヴィットーリオ・アルフィエーリとウーゴ・フォスコロ(4)が登場し、両者がともに最初のころマキアヴェッリに対して好意的立場をとったという事実にあらわれている。イタリアを蛮人から解放せよと叫んだマキアヴェッリの言葉を繰り返すアルフィエーリにとって、その課題は、まず最初にフランスの模範から文学を解放し、つづけて副次的に政治的解放を引きだすことを意味した（『君主および文芸について』全三冊）。そのさい──アルフィエーリによれば──新しい生を言葉のなかに呼びだすことが、いつかその生を現実化するための十分な手段となるのである。一方、フォスコロはマキアヴェッリに関する一八一一年の断片のなかで、イタリア人をナポレオンへの反抗に駆り立てようとするひそかな下心を隠しきれないまま──フォスコロは当初（一八〇二年）ナポレオンを人民の解放者として好意的にとらえていた──一見したところ厳格に歴史的に、マキアヴェッリおよび世界史における彼の運命について記述している。しかし、だからといって一種の政治的な『若きヴェルテルの悩み』である『ヤーコポ・オルティの最後の書簡集』を忘れることはできない。この作品においては、失恋者であると同時に絶望した愛国者でもある主人公が、オーストリアとフランスのあいだに成立したカンポ・フォルミオの和約後、敗北して鎖につながれた祖国とともに恋人をも失ってしまう。ここでは、実らぬ恋の相手である女性が不幸なイタリアを代表しており、故郷を愛する片思いの男は、衰弱した現在に対する弾劾と、将来に対する法外な要求のあいだで不安定に揺れつづけるのだが、この態度が彼を当然のことながら最後に自殺に追いやる。このようにフォスコロは、たしかにマキアヴェッリを現実政策的目的に組み入れてはいるものの、その像を美的な対象をとおしてみたために、その瞬間からマキアヴェッリ解釈にまったく新たなニュアンスが入りこんでいる。現実政策が、復活したイタリアという美的な夢のヴェールをとおしてみられるのでである。その夢は、とくに言語の革新運動に示されているような、ほかならぬ文化的な再出発でもある。しかしこの事実にはのちにもっと立ち入ることになるので、ここではこれを指摘するだけにとどめておこう。いずれにせよ重要なのは、復活したイタリアの精神的刷新のためになによりもまず自己認識の道具をもたらしたフランチェスコ・デ・サンクティス(5)が、マキアヴェッリをいっきに肯定的な生の哲学者かつ風刺家とみなそうと試みたことである。彼はマキアヴェッリを、腐敗しつつある中世の偉大なリアリストとして、すなわちもはや神学的な三段論法で生きてはいない、むしろ生そのものが熱く奔放にその人の言葉に流れこんでいる人物として描いた。しかし当時は、崩壊した中世に対置させうるものがなにもなかったために、マキアヴェッリはボッカッチョと同じようにイロニーに逃げこんだというのである。つまりマキアヴェッリは一方では、社会生活の解剖学者のように冷淡に平然として、新しいイタリアのために礎石を集めながら、感傷をいっさい排除して物事の論理にだけしたがう。しかしもう一方で、通常の手段では泥沼を抜けだせないことを感じ取っている。そして不安定に揺れ動く興奮状態におちいり、その絶頂にあって「ユートピア的」な夢をつむぎながら、陰険に同時代に襲いかかる。彼がまだしもいちばん幸福を味わうのは、自作の喜劇で、このいやされぬジレンマの解決を笑いのなかに見いだすときである。だがこの笑いにも、とらえがたい悲しみが、つまり自分は結局のところ大いなる幻想に呪縛されているという意識が共振している。これを言語化することなく、彼はイローニッシュに現在の状況と戯れ、熱狂のかわりに機知をもちいる。こうして彼の『君主論』には、ダンテの場合と同じように、詩的で予言的な生の昇華がみられる。ところが、ちょうどマキアヴェッリとダンテのあいだに、イタリアの大きな破滅がロレンツォ・デ・メディチやボッカッチョといっしょに挟まっている。そのイタリアの破滅がマキアヴェッリから『神曲』の暗い整然とした厳粛さを奪い、かわりにユートピア的幻想を与えるのであり、その幻想が、人間と諸状況の不十分さに対し、邪悪で辛辣な機知をもって復讐し、損害を埋め合わせる。デ・サンクティスが以上のようなマキアヴェッリ論で示した深い洞察は、彼自身が再統一され解放されたイタリアの頂点に立っているという違いはあるものの、マキアヴェッリと酷似した美的で熱狂的な愛国主義をもっていたことに由来する。この洞察によってデ・サンクティスは、ルサンチマン抜きに問題自体を注視し、その問題に多少みずからの愛国的高揚感をもぐりこませるという、うってつけの分析方法を獲得している。もっとも、こう解釈するデ・サンクティスはかなり孤立した立場にある。イタリアでも、愛国的な権力国家思想の意味でマキアヴェッリをとらえる解釈が優勢を占めていたからだ。それらを著わした人物の点でもっとも重要な例として、ここではただベニート・ムッソリーニの『マキアヴェッリ序説』（一九二五年）[6]をあげるにとどめておく。その著書のなかでムッソリーニは、『君主論』が国家の非常事態に関する教えを説いていることを明白に認識していた。にもかかわらず彼は、諸状況と人間の凡庸さがそうした緊急事態を国家の本質とみなすよう強要するのだと書いている。これによってわれわれはふたたび「現実政策」の領域に戻ったことになろう。

しかし、ちょうど一九世紀への転換期のイタリアでは、美的見地からのマキアヴェッリ解釈はたいへん強力で、外国人たち、たとえば反動的フランスの中道主義の雰囲気に嫌気がさしたアンリ・ベル（スタンダールの本名）さえ、その解釈のとりこになるほどだった。スタンダールと彼の描いたジュリアン・ソレルの場合、政治的・ユートピア的な夢想がナポレオンに結びつき、それが文学的ナポレオン伝説への礎石となる。その一方で本来の「マキアヴェリズム」は、偽善に対するロマン主義的抵抗へ純化されると同時に、すべての期待を自分自身と他人との巧妙な隠れんぼうによって裏切ろうとする病的な仮面嗜好へと純化される。ジュリアン・ソレルはつねに人びとが彼のなかに探し期待するものの反対であろうとし、そのような態度を正当化するために、それに関するマキアヴェッリのモットーを持ちだす。しかし彼は安易な遊びに夢中になったことはないし、他人との共同生活に対する憧憬を失ったこともない。自分自身を無理やりそこへ追いやった孤独が彼には耐えられない。そのため彼は、どんなに出世主義を貫いても、いつもひじょうに不幸な人間、「社会全体と戦っている不幸な人間」である。恋愛さえも、心をえぐるような退屈から生まれた、恋愛の模型でしかない。その恋愛が求める課題は、ただ一心不乱の没頭であるため、彼が抱擁の瞬間に感じるのは勝利だけであって幸福ではない。金銭に象徴される市民的な生活秩序に対する超然たる軽蔑にいたるまで、ジュリアン・ソレルのすべての特徴が、じつに顕著に人間マキアヴェッリを想起させる。ヨーロッパのロマン主義から一九世紀末にいたるまで作用をおよぼしつづけたマキアヴェッリの影響を追跡すれば、大きな成果が得られるかもしれない。いずれにせよその影響史の最後に位置するジャン・デュブルトンの分析は、マキアヴェッリの性格を描写したものとして唯一真剣に受けとるべき、驚嘆に値する解釈を示している。後世に残るデュブルトンのその仕事は、偉大な名前にではなく、解雇されたフィレンツェ政庁の小役人に、つまり人間として可能性を奪われたものを文学的手慰みによって取りもどそうとした小役人に捧げられている。

もう一度われわれはつぎの問いのまえに立たされたように思われる。その名がこれほど多くの人にとって伝説となり、これほど多くの思想家と政治家がその実像を得ようと努力したこの人物は、じつのところいったい何者なのかという問いである。われわれはだれを信じればよいのか。だれを頼りにすればよいのか。この問題をめぐる混乱があまりに大きいので、ローベルト・フォン・モールは、マキアヴェッリが実際になにを考えたかを解釈することは、「政治的な円積法、永久運動《ペルペートゥウム・モービレ》の発見」であると称した。たしかに、マキアヴェッリがこれまで人相学的にほとんど明らかにされていないだけではなく、理論的内実の点でもまだ把握されずにいるのは事実である。これまでのところ、その名声の実態を解明するうえで、とりあえずいちばん納得のゆく土台となっていたのは、彼が国民国家を指向していたという事実である。しかし結局はこの解釈の仕方も、いずれにせよそれが「現実政策的」意味に限定されるかぎり、すでに危険なほどぐらついてしまってはいないだろうか。さらにわれわれは、似たような指向をすでにダンテのなかにみている。たとえば「煉獄篇」におけるベアトリーチェの予言（第三三歌）では、到来が予告された支配者は――マキアヴェッリの場合とまったく同じように――教皇と取りまきの権力をくじき、イタリアを再統一することになっている。ダンテは、内部の分派争いによって引きさかれた、根本においてイタリア分裂の雛型であるフィレンツェの運命を嘆き（「天国篇」第一五、一六歌）、すべてを飲みこむ破滅のしるしや、ボニファチウス八世の視野の狭さ（「天国篇」第一七歌）や、時代の全般的腐敗を予見していた。にもかかわらず、この声の響きはマキアヴェッリのものとはなんと違っていることか。ダンテの『帝政論』とマキアヴェッリの『君主論』とのあいだにはなんという隔たりがあることか。むろんここでわれわれの関心は、ダンテの夢が本質的に帝国の色合いを帯びているのに対し、マキアヴェッリが純粋に国民国家的に思考し、帝国の理念にいかなる正当な意味も与えなかったということに向けられているわけではない。むしろ問題なのはただひとつ、「秩序」の思想に対するふたりの立場である。というのもダンテにとって危機とはたんなる「空位時代」にすぎず、明らかに彼は、空いた皇帝の椅子にルクセンブルク家のハインリヒ七世がすわれば、皇帝不在期間は終わり、時代はふたたび修復されるだろうと考えていたからだ（「天国篇」第三〇歌）。ダンテは結果的に専制君主政の教説の下ごしらえをしたのである。その教説は、切れ目なくつづく確固たる相続権（主権の不死性の表現「王は死せり、王は生くべし」「王は死なず」）の思想に、まさに、国家と社会の秩序が内外の危機にきわめて弱い「空位時代」をいかなる場合にも回避させるべき任務を与えたのである。一方、マキアヴェッリの考えはまったく異なっていた。彼は「空位時代」を取りかえしのつかない決定的な状態とみなした。こうなるとそれはもう厳密な意味では空位時代ではなく、無期限の危機と呼ぶべきものである。したがって彼には、支配権の世襲性の考えも欠けている。ダンテにおける人間は、西洋をひとつの大きな共同体にまとめる真の信仰を失ったために堕落しているが、基本的にはそのような共同体をめざして再教育されうる可能性をもっている（フリードリヒ大王とまったく同じ立場）。それに対しマキアヴェッリは、人間は生まれつき腐敗しているのだから「悪者」としてあつかわなければならないと考えた。いうなればダンテは古い世界が崩壊しはじめた歴史の分岐点に立っており、マキアヴェッリのほうは、罪深い状態が極限に達した瞬間にいましがた登場したばかりで、いかなるときにも傍観者の立場にあった。ダンテは大いなる篤信者として、危機が近づいてくるのをみながら、迫りくる流れに抵抗しているが、マキアヴェッリは、信仰心もなく、流れのまん中で流されるままになっている。一五〇四年に書かれた『十年史その一』の記述によれば、当時、破滅の炎は天まで立ちのぼっていた。マキアヴェッリはまぎれもなく危機の申し子だったのである。それゆえマキアヴェッリの国民国家的エートスを、文化が依然として単一の包括的精神の理念によって統合されているヘルダーやフィヒテやヘーゲルのエートス、すなわちキリスト教の哲学的に世俗化された精神と比較することはできない。しかしマキアヴェッリの考え方を、ニーチェの『権力への意志』の「巨大な政治」と比較することはおそらく可能だろう。ここで強調しておきたいのは、「巨大な政治」がニーチェの場合も美的文化のロマン主義的な青年の夢から生まれていることである。さらにいうと（のちに明らかになるように）マキアヴェッリと、新しい生き方に関するニーチェの絶望的構想とのあいだには精神的類似性がある。それはマキアヴェッリと市民階級のあいだの類似性よりはるかに大きい。市民階級は――一八一三年の時点ではまだ支配的だった――先験的観念論の体系が哲学的にも揺すぶられ衰退したあと、一八四八年には原則論争に失望し、すすんで金銭と権力の実状に身をゆだねていた。要するにニーチェとマキアヴェッリは分かちがたく結びついており、両者は、具体的な秩序思想の欠如によっておのずと危機状況としての正体をあらわす同一の歴史現象の地階と切妻屋根のようなものだといえる。今日のマキアヴェッリ・ルネサンスも現代世界の危機的崩壊に由来する。マキアヴェッリ自身が純然たる危機の申し子であったように、現在彼の思想がふたたび取りあげられていることもまた危機の徴候なのである。

最初にこの方法でマキアヴェッリ解釈に着手したのは、青年時代の天才的な仕事『ローマ的・ゲルマン的諸民族史』と付録「近代歴史家批判」（一八二四年）を著わしたレオポルト・フォン・ランケである。根本において、彼はすでに人が紡いだ糸をふたたび手に取ったにすぎないが、彼が織りあげた緻密な織物は、完全に新しいものに生まれ変わっていた。そのため彼の著作は、まったく比類がないほど、われわれがこれまで取りあつかってきたあらゆる作品のなかで傑出している。他の人びとが、称揚したり、誹謗したり、弾劾したり、特定の政治目的の手段として勧めたりした箇所で、ランケは、遺漏のない慎重さと広い視野と深い洞察をもって、じつに率直に、その心をあたたかい哲学でいっぱいにしながら、曇りのないマキアヴェッリ像を提供する。彼はみずから歴史叙述についてこう語っている。「歴史叙述には崇高な理想がある。それは人間的なわかりやすさと統一性と豊かさをそなえた出来事そのものである。この出来事をうまく処理しなければならないであろう。しかしわたしは自分がいかにそこから遠く離れたままであったかを知っている。なんといえばよいのか。骨を折り、努力したが、結局なにも達成できなかった。そのせいで焦燥を覚える人がいないことを望む。肝心なのはいつも、ヤコービ(7)がいうように、なにを取りあつかうかということである。説明がつくにせよ、つかないにせよ、あるがままの人間存在、すなわち個々人、各種族、各民族の生、ときおりそれらを支配する神の手」。

ランケは、マキアヴェッリ論の結びで、みずからの見解の趣旨を要約している。「マキアヴェッリはイタリアの治療を試みたが、病状があまりに絶望的に思えたので、大胆にも毒を処方したのである」。この文章によってランケは、マキアヴェッリを解釈しようとする真の意味で歴史的なすべての試みに道を切り開いた。ランケは、あらゆる手段を正当化するマキアヴェッリの専制君主論は、一五世紀から一六世紀への転換期のイタリアの絶望的状況から生まれたという。「『君主論』に対する誤った見解は、マキアヴェッリの教説が、たんなる特定の目的のための助言であるにもかかわらず、一般論とみなされたことに起因する」。より正確にいえば、その目的とはロレンツォ・デ・メディチにどうすれば「イタリアの唯一人者」たりうるかを助言することだった。「その真意はなにか。徹底的に腐敗したこのイタリアを、いかなる残酷な手段をもちいても、その唯一人者に仕えるように強制すること、つぎにイタリアを外国人との戦いのために団結させ、外国人を追い払い、みずからの名誉を回復させること」。ランケは、まさにこの連関から、マキアヴェッリの教説が一般的な国家論ではありえないことを明白に理解する。たしかにランケは、その種の国家論が危機の普遍的現象であると述べるにはいたっていない。しかしおそらく彼は、マキアヴェッリが生みだした形式の教説をイタリアの特殊状況と結びつけている。さらにまたランケは、その教説のもつ境界線もはっきりととらえている。「国王フリードリヒ二世が『反マキアヴェッリ論』で出発点としたような世襲の君位は遠くはずれたところにある。世襲の君位は、太古の王朝の権威にもとづくものであり、そこでは力でねじ伏せなければならないような強力な党派が問題になることはまったくない。世襲の君主ならば、普遍的な世界秩序の基礎をなす理念を実行しようと考えてもよいだろう。彼は権力を所有しているのであり、その権力に意義を唱える者はいない。このような君位とマキアヴェッリが考えていた君位のあいだには雲泥の差がある。マキアヴェッリのいう君主とは、まず最初に相続権をもたぬまま権力の座を奪い、その座を安定させなければならない人間である。君主が異論のない安定した所有者である場合に、その君主がなにをなし、なにをなすべきでないかについて、マキアヴェッリは一言も語っていない。マキアヴェッリが簒奪者の権力獲得と主張のために必要だとみなした諸原則が安定した合法的君位にも応用可能だと考えると戦慄をおぼえる」。中世的な世界の統一性とともに古い信仰が滅びた結果、ルネサンスにはもはや合法的な権力は存在せず、残っているのは簒奪だけである。そうなるともうマキアヴェッリが個人的に非難されることはない。ひじょうに具体的な諸条件から、マキアヴェッリの思想の必然性が認識されるのである。ランケ自身、かたよった政治上の立場に身を置くことなく、人間存在をあるがままに、「ときおり」神の手が人間を支配するさまを――あるいはときおり支配しないさまをと言い添えてもよかろう――見ようと試みているだけであり、彼はマキアヴェッリの考え方が唯一可能なものではないことを明確に知っている。根本においてマキアヴェッリの見解は、たとえ混乱した状況にふさわしいものであったとしても、常軌を逸しているのだ。とにかくその見解には、合法的な権力を理由づける理念がつねに対立させられている。ただしその理念も、それはそれでまたひじょうに特別な前提条件を必要とする。健康なものは、それ自体が大いなる健康の表現である方法によって、病んでいるものから区別されるのだ。

とくにランケが指摘したマキアヴェッリとアリストテレスの類似をみれば、このことは明白になる。彼は、いかにマキアヴェッリが、当時一般に広く知られていたアリストテレスを典拠として利用したかを明らかにする。『君主論』の基礎には、おもにアリストテレスの『政治学』第五巻の第八章と第九章がもちいられている。しかし、アリストテレスの国家が人間に植えつけられた正義の理念にもとづいているのに対して、マキアヴェッリにはその理念が完全に欠けている。たとえば教皇と皇帝の権威の基盤となるあらゆる神権政治の理念や至高の裁判権については、まったく言及されていない。この連関でマキアヴェッリは、アリストテレスの『倫理学』と『政治学』およびプラトンの著作にも繰り返し出てくる合法的支配と専制政治の違いを、否が応でも消さざるをえない。たしかにアリストテレスもプラトンも、規則からの逸脱がときにはどうしても避けられないことを知っている。しかしこのふたりにあっては、逸脱が逸脱として出現するのに対し、マキアヴェッリの場合は、逸脱が規則となり、その規則が助言と化している。マキアヴェッリは、それらの助言を「劇薬」と称しているが、ランケはもっと正直に「毒」と呼んでいる。その変化が個々のケースでどのようにして起こっているかを、ほかにもいろいろあるがとくにつぎの例によって明らかにしてみよう。たとえばアリストテレスがこういう、「強奪は貪欲な人間だけを、名誉毀損は善人だけを憤慨させる」。これに対してマキアヴェッリがいう、「強奪をおこなってはならない。人間は、父親を殺害されたことより、財産を失ったことのほうを忘れないものだ」。

ランケには、ひとつだけ未解決のまま残された問いがある。マキアヴェッリはほんとうにロレンツォ・デ・メディチに「助言する」つもりだったのかという問いである。ここにまたしても、君主の背後に立って肩ごしにひそひそと忠告する悪魔的人間像を描く古いマキアヴェッリ伝説が、つまり彼を往々にしてチェーザレ・ボルジアに霊感を与えた人物に仕立てあげた世界史の醜聞をともなう伝説が、幽霊のように姿をあらわす。この部分のランケの解釈は、われわれにはまったく不十分に思われる。さらにまたその解釈の仕方では、状況的な助言を大きく超えるマキアヴェッリの作品と、たとえば当時ピエール・カンディド・デチェムブリオがフィリッポ・マリア・ヴィスコンティのために、あるいはカルロ・マラテスタがジョヴァンニ・マリア・ヴィスコンティのために書いたような、純粋に実用的な統治政策との顕著な違いが説明できない。もっともドイツでは、この種のマキアヴェッリ解釈は、すでにランケよりずっとまえに、三十年戦争中と戦後の疲弊した状況から生まれた相当にくだらない政治的現実主義の圏内でみられた。おもな代表者はカスパル・ショッペ（シュッピウス）と、マキアヴェッリに関する膨大な注釈（一六六〇年）を著わしたヘルマン・コンリングであるが、コンリングはその注釈のなかで、『君主論』の道徳主義的解釈と現実主義的解釈のあいだを、かなり不器用に行ったり来たりしている。マキアヴェッリ伝説は、偉大なライプニッツにさえ、明らかにそれと認められるほどの影響を与えている。また、家父長制と身分制の支配する一八世紀のドイツ市民階級の偏狭で抑圧的な状況においては、いかにもその状況にふさわしく、マキアヴェッリの君主への「助言」と一般の倫理学との矛盾が、つぎのようなきわめて幼稚なやり方で解決されている。人びとはこういったのである。ふつうの人間は伝統的な倫理学に拘束されるが、君主たちは善悪の彼岸にいて、彼らだけのために『君主論』は書かれたのだと（こうした道徳の階級分類はレッシングの劇文学にも依然として明確に認められる）。それどころか人びとは、支配者に忠実に平伏して、「マキアヴェリズム」の市民や農民を滑稽な人物に仕立てあげさえした。現実主義的なマキアヴェッリ解釈は、唯一その現実主義の精神的な父、賢明な大法官フランシス・ベーコン[8]によって与えられた形式においてのみ、ヨーロッパ的意味で生きつづけることが明らかになった。マキアヴェッリについてベーコンは、われわれは彼に感謝する義務がある、なぜなら彼はわれわれに、人間のあるべき姿ではなく、現にある姿を示したのだからと発言し、この文章によって現実主義にひとつの形式を与えることができたのだった。このベーコンの文章を出発点にして、（とくにイギリスにおける）マキアヴェッリの影響史は、国家の自然科学あるいは自然史と呼ばれるのがもっともふさわしい、まったくべつの線を新たに伸ばしていった。だがそうなるとこれは方法上の問題であって、もはや内容上の問題ではない。今日でもなおフリードリヒ・マイネッケの『近代史における国家理性の理念』に余韻を残すこの見解は、なによりもマキアヴェッリの発散する強烈な美的刺激を、つまり形式の点で『君主論』をふたたびダンテに、いやだれよりもペトラルカ(9)に近づける美的刺激を見逃している。以下の章では、ほかならぬマキアヴェッリの現実におけるこの側面を跡づけなければならないだろう。なぜなら社会的、政治的危機の時代にこそ、美的イメージが特別の誘惑力をもつからだ。そうすることによってわれわれは、ルネサンスの危機構造の思想を過去から引きつぐことになるが、しかしあらゆる「現実主義」とは反対に、マキアヴェッリの思想の「非現実的」要素を強調しなければならないだろう。『君主論』を危機の徴候として認識すれば、それらの要素は、それまでもっぱら注目を集めていた『君主論』の道徳的にいかがわしい助言より、はるかに強く危機を示す特徴となるはずである。

訳注

(1) 一八〇七年ナポレオンがロシアおよびプロイセンと結んだ講和条約。
(2) ハンス・フライアー　一八八七―一九六九。ドイツの社会学者。
(3) パスクアーレ・ヴィラリ　一八二七―一九一七。イタリアの歴史家、政治家。
(4) ウーゴ・フォスコロ　一七七八―一八二七。イタリアの詩人、作家。
(5) フランチェスコ・デ・サンクティス　一八一七―一八八三。イタリアの文学史家。
(6) ベニート・ムッソリーニ　一八八三―一九四五。イタリア・ファシズムの指導者、政治家。
(7) ヤコービ　一七四三―一八一九。ドイツの哲学者。信仰の権利とその直接確実性を説き、自然が最内奥の生命から出てきたことを主張して、啓蒙思想の主知主義に反対した。
（8） フランシス・ベーコン　一五六一―一六二六。イギリスの経験論哲学者、政治家。従来の演繹的方法を批判し、経験から出発する帰納的方法を説いた。
（9） ペトラルカ　一三〇四―一三七四。イタリアの詩人。諸国の宮廷に招かれ、ローマで桂冠詩人にも任ぜられる。ラテン語の詩も書いたが、彼の最大傑作はイタリア語の『詩集』で、これはダンテの『神曲』と並んで一四世紀の詩の最高頂とされる。

ルネサンスの危機構造

マキアヴェッリの作品はイタリア・ルネサンスという全体的な時代状況のなかに位置を占めている。つまり、これまでマキアヴェッリ伝説から彼の実像（マキアヴェッリをめぐるさまざまな現実を典型的に示すものという意味での実像）へ向かう途上で、しだいに彼の思想の内奥の動機が当時の危機状況であったことが立証されたわけであるが、その状況を検討する場合には、イタリア・ルネサンスの危機構造を具体的に思い浮かべなければならないのである。ところがまさにこの課題には、じつに多種多様な問題がついてまわる。なぜならルネサンス像がいまだに輪郭の定まらない状態にあるため、われわれの仕事は、明白な結論というより、慎重な暗示のかたちでなされなければならないからだ。そのため、ここでは暗示の対象をマキアヴェッリ自身の分析に絞ることにしたい。そうすれば少なくともルネサンス初期からマキアヴェッリにいたる線上であれば、それらの暗示が確かなものとみなされるであろう。

事実性のなかの生か、あるいは新しい遁世か

より近代的なルネサンス考察の嚆矢となったのは、一九世紀の凡庸さに吐き気をもよおしたニーチェ

の描くルネサンス像だった。これはルネサンス時代の数えきれないほどの個々の特徴を、「たえず衝動に突き動かされている個人」というかたちに結晶させたものである。力と自信に満ちみちて自己を表現し自由に生を享受する個人を描いたこの像には、慎重なテーヌ(1)さえ心を奪われた。たしかに評価の力点は異なっているが、これと同様のルネサンス像はヤーコプ・ブルクハルトにおいてもみられる。ただ違うのは、ブルクハルトがこの自由な個人を新しく発見された事実性という下地の上にくっきり浮かび上がらせていること、荒々しい冒険家の衝動に駆られた個人を無数の事実によって満足させていることである——新しい世界がそれらの事実を無限の渦にして彼のほうに押し流している。これは根本において、近代意識の一般的な象徴である。つまり自分が時代の頂点で主権を有することを知っている意識、時代の諸事実を対象にして、戯れ、思索し、収集し、整理し、あるいはまた新しい形式につくりかえる意識である。とにかくこの人間は、その他の点でたとえどんなに救いがたいほどいかがわしい存在であろうとも、主権者であり、世界の支配者である。この人間は、その姿が示すとおり、矛盾なく完全に仕上げられた形式、血と肉でできた芸術作品であり、無限に広がる自由を有しながら、亀裂はなく、内に問題をはらまず、ひょっとすると怪物かもしれない、生の祝祭である。

ニーチェは時代の頂点で繰り広げられるこの舞踏にうっとりさせられたが、ブルクハルトは、すべての人物を慎重かつ詳細に記録し、みずからのなかで培った「明白さの力」を示した。ブルクハルトは、この混沌と渦巻く世界が芸術作品のなかで静止したとき、興奮もせず、ただため息をついただけだった。この生は彼にとってあまりに慰めがなく、あまりに絶望的であって——芸術の向こう側で——あまりに具体性を欠いていた。彼はまた、明日の不安に物悲しいため息をつきながら青春のはかなさを嘆く大ロレンツォの崇高なメランコリーにも耳を傾けた。そしてルネサンスのなかで近代精神の宿命的な喧騒が終わるのを、はっきりと目にした。束縛をことごとく解かれた人間が、その「万事が許される」ばか騒ぎに巻きこまれ、なにかを楽しむたびに新たな欲望に、目標をもつたびに無数の新たな目標に、例の近代のあわただしさに呑みこまれている。そのあわただしさはもはや抑えがきかず、移ろいゆくものに――それがただ輝いていて、ついでに想像を絶する新しいもの、とてつもない法外なものへの約束の光をぱっと放ちさえすれば――なんにでもすすんで身をまかせるのだった。したがってブルクハルトのルネサンス像は、たとえ讃嘆の言葉で語られていようとも、全体が快活なイロニーに貫かれており、それが彼の叙述の最大の魅力となっている。

ブルクハルトのルネサンス像にニーチェにはない深遠な視点をもたらしているのが、まさにこのイロニーである。ニーチェにとってルネサンスは、完全に「単層的」時代に分類されるものだった。「単層的」時代とは、内実と外見が一致し、善悪における人間の可能性の幽玄な深みが素顔のまま歴史のフットライトを浴びて登場する点に、その完結性があらわれている時代である。ところがブルクハルトの場合には、まさにルネサンスのカーニバルの頂点で、とらえがたい悲しみが、そして当時の人間に向けられた――自分の名声にあれだけ気を配ったペトラルカにさえ向けられた――強い怒りが、それどころかまさに歴史に対する不満が、瞬間的に浮かびあがる。もちろんルネサンスに対してブルクハルトがいだいている不満のなかには、彼自身の同時代に対する不満がひそんでいる。いずれにせよここですでにルネサンスの素朴な完結性は、かすかに「情感的」徴候を帯びてしまったのだから、それだけでもう十分に穴があいてしまう。

比較的新しい研究においては、まさにこのブルクハルトの考え方がしだいに優勢になっている。しかもその傾向は、ルネサンスが正確にはいつ、だれとともにはじまったのかという問いをめぐる議論のなかで顕著にみられる。ブルクハルト自身はルネサンスの起点に、「裏切りと危険のなかで成長し」早くから「ものごとを徹頭徹尾客観的に判断すること」に慣れていた「即位した最初の近代人」皇帝フリードリヒ二世[2]を置いている。したがって彼はまたフリードリヒ二世の補佐役である娘婿のエッチェリーノ・ダ・ロマーノを、暴君たちの特徴を完璧にそなえた最初の典型的人物だとみなしている。暴君たちは「大量殺戮と果てしない残虐行為、つまり目的だけに照準を合わせ手段を尽くす行為」、言いかえれば純然たる事実関係にもとづいて専制政治の体系を組み立てたのだった。こういうブルクハルトの考え方に対して他の人びとは、ダンテやリエンツォ[3]（K・ブルダッハ）、あるいはペトラルカ（G・フォークト）、それどころかアッシジのフランチェスコ（H・トーデ、P・サバティエ）とともにルネサンスがはじまったと考えた。しかしそのなかのだれかを取りあげて、生と思考が事実性へ方向転換するという意味での復活を論じることはまったくできない。政治的、詩的、または宗教的夢が、彼らに粗野な事実性の次元を大きく超えさせている。ある者は現実にぶつかって挫折し、ある者は現実をきわめて幸福な親密感で美化し、またある者はそれをたんなる怒りの根拠に、せいぜい詩作あるいは教訓的省察のきっかけにしているにすぎない。これらの現象をかんがみて「新しい遁世」という決定的な言葉が生まれたわけであるが、遁世の観点に立てば、ルネサンスはふたたび中世に、いままでなされてきた以上に近づくことになる。こうして、教会大分裂（シスマ）後はもうだれも天国にいっていないという一四世紀末の民間信仰に、すなわち人間に憂鬱な厭世的態度と内向的沈思をうながす信仰に関心が集まった（J・ホイジンガ）。そして人びとは、中世末期の宗教生活における無数の改革の試み、偉大なアウグスティヌス[4]の遺産を再生させようとする改革運動に注目し、突然、サン・ヴィクトルのフゴ[5]を、それどころか「明朗な谷」のベルナルドゥス[6]をペトラルカと結びつける数本の線を発見し、最後にはボナヴェントゥラ[7]にまで遡及した。彼らの考えによれば、ルネサンスの誕生は、フロリスのヨアキム[8]の熱狂的な恍惚や、フランシスコ会修道士とドミニコ会修道士の宗教上の神秘主義に基礎が築かれ、その神秘主義がリエンツォに明白な影響を与えたために、リエンツォは聖霊降臨祭にクーデターを起こして、ローマの復興を聖霊降臨の象徴で美化したことになる。こうして、若返りと再生に関する太古のキリスト教的・神秘主義的イメージが、洗礼と贖罪によって、一四世紀末を特徴づける「霊魂への無限の期待」(ブルダッハ)を生みだしたのだという学説が生まれた。この期待の感情は、この時代だけではなく、ずっと先のレオ一〇世の治世下まで、つまりルネサンス最盛期までつづく。その時期になってもなおマキアヴェッリは『フィレンツェ史』で、リエンツォはローマをその創設期の姿に戻すことによってローマを蘇らせたのだと述べ、リエンツォの名を長く歴史にとどめたのである。この神秘主義的イメージは、『ローマ史論』第三巻の冒頭で、国家の生命をほんとうに新しくするためには、定期的に当初の状態に戻す以外に方法はないという有名な教説に、すなわちジョヴァンニ・バッティスタ・ヴィーコ[9](一六六八―一七四四年)と彼の回帰(ricorsi)の概念を経て最現代にまで影響を与えた教説に仕上げられた(G・ソレル[10])。

このようにルネサンスの起源を再生に関するキリスト教的・神秘主義的イメージに置けば、中世とルネサンスをひとつに結合させかねないし、実際にまた結合させてしまった。むろんそのような構成は慎重になされるべきである。なぜならそうした考え方に対して、少なくともつねに神秘主義は、定義と三段論法の無味乾燥な体系のなかで宗教の真の生命さえ窒息させたスコラ哲学と真っ向から対立していたという事実が存在するからだ。ルネサンスの再生もまた、その再生を概念的に下準備したスコラ哲学と対立している。たとえばそのことは、最初に個性の概念を完成させたオッカム[11]に対するペトラルカの戦いをみればわかる。再生は、あくまでも感情の横溢を源に、あらゆる概念的な障害を越えてあふれでる、つまりプラトン的エロスが、余儀なく静止させられた万物の動因としてそのいちばん隅に押しやられていたアリストテレスの学問体系のなかから、あらためて飛びでてくるのである。理性的存在から感情能力へという人間のこの変化のなかに、中世に対する第一の本質的な違いが認められる。中世においては、感情と意志と思考が、生活にも思考にも侵しがたい規律を課す包括的な秩序体系によって、厳密に整理され制限されていたからだ。一方、同じように重要な第二の違いはつぎの点にある。ルネサンスの感情の横溢は、たしかに最初の衝撃がこの世を忘れさせはするが、かといって彼岸へ逃げ去るわけではなく、徹頭徹尾人間的でありつづける。つまりこういってもよかろう。人間の内面性の高まりが神との合一にまでいたるのは、神の名をたたえるためではない、そうした内面性の高まりが人間に反作用をおよぼし、結果として人間が神との合一によって日常の単調さから解放され、謙譲へではなく、超人へ導かれるのだと。神との合一は恩寵とはみなされない。それによって人間自身が神になるのである。どの神秘主義にもひそんでいるこの可能性のせいで、制度化した教会に仕える聖職者たちは、神秘主義の奥義をきわめた人に昔から不信感をいだいてきた。生の外面性への欲望を断つことではじまる沈思は、周囲の人びとへの優越感のみならず、照明派異端(12)の認識によって、最後にはかたちあるすべてのものより自分が優れていると感じる高慢な天命に終わることが、あまりにも多いのだ。こうしてルネサンスにおける感情の復活は、たちまち神との緊密な結びつきから人間の運命のアレゴリーに変化し、復活の宗教的動機はことごとく世俗化される。この世俗化を仲介した媒体が、しだいに中世の神秘主義の源だった聖なるものに取ってかわった美的なものである。神の国の始まりという千年至福説の夢が、美に生きる生の夢によって徐々に覆い隠されてしまうわけだが、その美が日常生活と向き合う距離は、父なる神の意志の秘密とまったく同じように、はるかに遠い。「新しい遁世」とは美への逃避であり、背教者と呼ばれたローマ皇帝ユリアヌス[13]、すなわち古代から中世への過渡期という最大の危機の時代に生きながら、ホメロスの自然描写を自然そのものの上位に置いたユリアヌスの立場を否応なく想起させるものである。

まさにこの図式によって、美的なものへの逃避があらためて解明される。なにしろこの逃避とは、独自の手段をもちいて「現在」を美的に高めることではなく、古典古代というとっくの昔に死にたえた文化の理想化なのだから。ルネサンスの美的遁世とは人文主義なのである。したがって、より高い生とより低い生とのあいだに精神的距離が生じるだけではなく、ギリシア・ローマの典型が見本として現在の造形と認識のなかに持ちこまれることによって、同時に歴史的距離も生じる。まずこれによって、ルネサンス人文主義の本質的に「ロマン主義的」性格が明らかになる。いや、それ以上である。古典古代がそもそも批判的認識の対象となるのではなく、認識が美的イメージのなかでおこなわれるのである。だが美的なものは、認識というかたちでもちいられると、結果的に神話になる。そのため古典古代は神話として復活した。ペトラルカも、師プラトンをただ話に聞いて知っていたのではなく、神話として生き生きと体験したのである。古典古代がルネサンスに対して果たしたこうした役割は、不死鳥に与えられた太古の象徴をみればいちばんよくわかる。不死鳥は生殖なしに生まれ、外からの攻撃によってではなく、みずから火を放って焼け死に、以前よりいっそう美しくなって灰のなかから蘇る。とりわけダンテにおいて、キリスト教的な親密さと信心深さをもった神秘主義が、古代ギリシアのオルペウス教の理念と結びついている。ダンテは、天国の前門で、マテルダによってレーテの河に沈められる。そのあとでニンフの姿をしたキリスト教と異教の主徳が彼のまわりで輪舞を踊り、彼を（キリストの象徴のひとつである）鳥のグリフィン[14]の前に連れていく。かたわらにはベアトリーチェが立っている（「煉獄篇」第三一歌）。こうした古典古代とキリスト教の神話の分かちがたい結合は、ダンテにとっては舞台装置であって、その装置のなかで、人間の、それもきわめて私的な人間つまりダンテ自身の救済がなされる。この個人に対して、より高次の力をもつのは、ただイタリアのみ、あるいはべつの比喩をもちいれば、喪に服す未亡人ローマのみであるが、どちらもほかならぬ不死鳥と同じように、いつまでたってもとらえどころがない。一方このすべての主題をひとつの音として響かせる精神的中心は、ダンテの導き手ウェルギリウスである。すでに中世の人びとはウェルギリウスのなかに、天国のキリスト教的理念と皇帝アウグストゥス治下のローマの理想像との合一を読みとっていた。まさにウェルギリウスに精神的中心があったという点に、ルネサンス時代の思考の神秘主義的性格がとくに顕著に認められる。古典古代は美的イメージによって認識され、そうされることによって現実から神話へと変化する。まるで虹のように、古典古代のイメージは、地上のどこか遠い想像もつかぬ過去から立ちあがり、現在を頂点にして透明な空に高く弧を描き、それからふたたび地上の不確かな未来の方向を指し示している。過ぎ去った現実からの約束、それを生まれたばかりの精神が大胆かつ神話的な構図で天空に描いている。こうした点はまたルネサンス人文主義のいちじるしく無教養な性格とも矛盾しない。人文主義は、ほかならぬルネサンスにとっては、まだ中世がそうであったような、あるいはたとえば初期のイギリス人文主義がそうであったような、古典との具体的なつきあいを意味するのではないからだ。むしろ人文主義は、世界復興の芸術的象徴であり、「霊魂への無限の期待」の逃亡先である。「人文主義とルネサンスは、老いゆく時代の燃えるように熱い無限の期待と憧憬から生まれた。この時代の精神は新しい青春を心の底から激しく渇望していた」(ブルダッハ)。この青春の復活は、プラトン的エロスによってなされた。プラトン的エロスは、ダンテのなかにローマの世界君主政の理念を焚きつけたあと、フィレンツェのプラトン主義者たちのあいだで、軽やかに遊戯的に美的文化のイメージへと薄められはしたが、人間的共同社会に関する新しいかたちの理念を形成するうえでじつに有益であることが証明された。ただし、この理念はつねに遁世的でありつづける。たとえその理念が、イタリア国民とイタリア国外の蛮族との対立において、国民政治的イデオロギーを強化するためにきわめて具体的な武器をつくりあげたとしても。それはたとえば、マルシーリオ・フィチーノ[15]がまさにプラントンの国家論の分析で無力をさらけだし（E・ゴートハイン）、一方でアリストテレスの政治学が、衒学的なスコラ学者へのあらゆる敵意にもかかわらず、マキアヴェッリにいたるまで、はるかに一定の影響を与えていることと一致する。エロスに鼓舞された擬古的なルネサンスのロマン主義は、後世のドイツのロマン主義的な国家学とまったく同じように、とくに国家の問題に関して、エロスからロゴスへの道を最後まで進むことを心のなかで拒否するのだが、そのあとでふたたび、結局はみずからの十分な判断にもとづいて拒絶せざるをえないような伝統にひそかに心を奪われる。こうして計画が練られ、神話が紡ぎだされる。それに対し、つねに形成されるべきものとしての現実の領域では、すべてが旧態依然としている。国家的な共同体が新しく築かれるかわりに、新しい社交形式が成立するだけである。つまりルネサンスになると、プラトンの『国家』にカスティリョーネの『廷臣論』が取ってかわるのである。後者においては、真実を基盤とする国家秩序のエートスが、宮廷ふうの社交にまで弱められ、その社交の上に、ルネサンスの過激な美的衝動が、いかがわしさという薄いヴェールを広げている。新興されるべきイタリアは北方の蛮族から隔てられてはいたが、イタリア・ルネサンスがこの蛮族の侵入に対していちじるしく無力であることに変わりはなかった。結局イタリアは、外交的には、ルネサンス初期から一五二七年のローマの掠奪にいたるまで、没落の一途をたどる。それは、イタリアを蛮族から解放せよというマキアヴェッリの燃えるような檄をもってしても、もはや変えることのできない動きだった。

さてわれわれは、どうやってルネサンスに関するこれらの相反する見解を処理すればよいのだろうか。どちらか一方に決めて、もう一方を打ち捨てなければならないのだろうか。真実はどこにあるのか、新しい事実性の発見にか、それともロマン主義的な遁世にか。われわれはまさに最後のいくつかの暗示によって、唯一可能な解答へのヒントを与えたと思う。双方の見解は分かちがたく結びついているのである。そしてこの解答は、ただひとつ、ルネサンスを危機の時代としてとらえることを前提とする。このように純然たる事実領域と（事実性の上に高くそびえる）神話的構想の領域に世界が分裂するのは、まったくもって歴史上の危機をあらわす基本的特徴である。どの時代も事実性に関する独自の内実を有するが、その事実性は、その時代を精神的に隅々まで構成している総合的保証体系のなかに組みこまれている。それゆえ、たしかにすべての健康な時代が「単層的」というわけではないが、しかし健康な時代には包括的な照応体系が生まれ、そのなかにあっては、事実領域のどの部分も、その時代の至高の妥当性と価値の概念によって、直接的あるいは間接的に囲いこまれ維持されている。この意味で、中世はキリスト教的、異教的な生の根源をひとつの包括的な生体系に結び合わせることができた。まだいちじるしく価値の異なる事実性がことごとくその体系のなかに吸いあげられ、生の全体から、独自性あふれるひとつの意味を獲得したのである。しかし至高の妥当性と価値の概念が、光と闇、夏と冬の交代と同じくらい不可解な運命によって形成力を弱められれば、その生体系が、事実性に新たに押し寄せる流れ（このなかには外国軍や移動民族から幾多の新発見までが含まれる）を受けとめることができなくなるばかりか、みずからの体系のなかにすでに閉じこめ片づけていた事実性さえうまく制御することができないことが明らかになる。そもそも中世の信仰と知識は統一的な神への視点において合体しており、信仰内容がすべて知識の構成要素でもあったため、やがて――信仰の衰退とともに――信仰内容を実際に証明したいという欲求が顕著になりはじめる。この欲求は、生の深部で信仰と知識との前段階的な分離がすでに終了し、両者の乖離がしだいに拡大して、知識が信仰に対立するまでになったとき、はじめて生まれる。しかしそうなるとまた同時に、すべての具体的な知識の構成要素も信仰に対立し、それまでの調和的な世界が瓦解して無数の個別の力となり、それぞれの力が互いに反目しあう。それらを結びつける普遍的なものはただもう言葉の息吹（W・オブ・オッカムのいう flatus vocis）のみであり、個々の事物だけが現実である。事実性がふたたび自由になり、信仰は事実性を制御できない。時代が最終的に滅びないというのであれば、新しい始まりが要求される。そのような始まりに、ルネサンスの遁世が位置するのである。この遁世は、古い信仰要素と新しい神話をもちいて新しい約束を天空に描くために大胆な跳躍を試みる。一方、地上では制御されなかった事実性のカオスがはびこっている。つまりダンテが千年至説の皇帝の夢に生きているあいだに、新しい都市生活がいたるところで活発に動きだし、小邦分立主義に向かって突き進んでいたのである。この小邦分立主義はほかならぬイタリアでは、たとえばフランスやイギリスにおける国民国家建設よりはるかに遅れて、ずっとのちにようやく克服されることになる。イタリア・ルネサンスは、当時のそのような崩壊をもっとも純粋に表現している。それゆえにまた神話と事実性の二層性を有するイタリア・ルネサンスは、典型的な危機の産物だといえる。この二重性を最初から勘定に入れておかなければ、イタリア・ルネサンスから生まれたものを――マキアヴェッリも含めて――正しく理解することはできないだろう。

それに対して、中世も世俗的領域と宗教的領域の徹底した分裂に、つまり世俗的な封土の秩序と聖職者の位階制との対立という同じような二層性に苦しんでいたと反論することができるかもしれない。しかし、教会の高位聖職者が世俗的な封土の所有者（またその逆）でもありえたことをべつにしても、ふたつの秩序は互いに緊密な関係にあって、双方の協力なしには中世の「神秘的な身体」は形成されなかったのであり、皇帝と教皇は共同で世界を統治していた。どちらかの頭が他方の頭を出し抜いた瞬間に、はじめて円が崩壊する。調和は、皇帝と教皇の向こう側にあり、どちらか一方が「全権」の独占を要求したとたんに消滅するのである。そのときこの調和はもはや生の源泉ではなくなり、それをもとにして生の全体が計られるべき、きわめて恣意的な尺度と化してしまう。当然のことながら、生はそのような恣意性に屈しない。宗教的領域と世俗的領域のどちらの支配者も、合法的主権者から簒奪者に転じ、みずからに与えられた生の領域だけではなく、存在の全体を支配下に置こうとする。さらに両者は政治的に、教皇は対立皇帝を任命することによって、皇帝は対立教皇を指名することによって、(ふたりがそのつど所有していた権威も含めて)すべての合法的権威をよりいっそう低下させた。こうして真の支配権が非合法性によっていったん傷つけられてしまうと、臣下たちもまた偽りの支配者に反抗して蜂起する。すなわち都市や諸侯が皇帝に逆らい、教皇に対しては、最後に高位聖職者たちが宗教会議至上主義の運動を展開し、教会の君主政主義的な首長と宗教会議を取りかえようとする。双頭を頂く中世の包括的な生の秩序が、根本において破壊されたとしたら、当然の結果として、それぞれの頭の尊大な支配権要求もまた内側からむしばまれる。そうなるとこの内部と外部の崩壊は、とどまるところを知らない。双頭の統一国家の理念のうち残されたものはただひとつ、なにもかも一律にあつかおうとする統一の抽象的理念であり、この理念が反宗教改革のなかで流血の勝利を祝した。しかしその間に古い世界が崩壊する。かわって荒々しく沸騰する無数の新勢力が出現し、おのおのが皇帝権を要求して世界を戦争と破滅の淵に突き落とす。これらすべての勢力が、力を失い戦いに疲れ果て、互いの勢力範囲を明確に定めて、ただ自分の内側に引きこもって生きようとしたとき、かろうじて新しい曙光が、この殺人的世界の上に訪れる。宗教的寛容とヨーロッパの勢力均衡というふたつの理念が、新しい社会によってひとつにまとめられ、ようやくこうした権力闘争を一時的な終息に導いたのである。

中世の統一的世界の解体とイタリアにおけるその政治的帰結

これまでの基本的な論述の内容は歴史によって裏づけられる。マキアヴェッリを理解するための鍵をわれわれに提供してくれたランケは、青年期の偉業『ローマ的・ゲルマン的諸民族史』において、中世の統一的世界の解体をその頂点から見ながら感動的に描写している。ランケの描写がわれわれにとってとりわけ興味深いのは、それがイタリアの危機の極期――この時代にマキアヴェッリもまた彼の思考を決定的に前進させた――を出発点としているからである。ランケの大胆な着想は、中世世界が文化的に帝政と教皇制度のなかで調和的な生命体、すなわち「神秘的な身体」に統合されていただけではなく、ローマ的・ゲルマン的諸民族の歴史的な生の形態が、もともと一体をなしていた大きな生から成長したものであり、その起源が民族大移動の末期にあると考えた点だった。だが十字軍遠征後、皇帝と教皇というふたりの世界支配者が争ったとき、中世のこの包括的な統一世界はくずれはじめる。爾来、両者のいずれにも確実な支配権は与えられなかった。一二六八年にコンラディン[16]がナポリで処刑され、ホーエンシュタウフェン家の権力が失墜するやいなや、そのわずか四〇年後――一三〇九年――には教皇座が歴代のフランス王によってアヴィニョンに留め置かれる。これは教皇権に二度と立ち直れないほどの打撃を与えた。なぜならその後まもなくイギリスのジョン・ウィクリフ[17]が最初の宗教改革の大嵐を引きおこし、この大嵐が北方の島国をついに中世の影響圏から脱出させたからである。だがこうした中世の統一世界のすさまじい崩壊は、世界支配者たちの争いにとどまるものではなかった。むしろその最初の堕罪から万人対万人の普遍的戦争が生まれ、その結果「まさに互いに緊密な関係にある者たちがもっとも激しく」(ランケ)争うことになったのである。たとえばフランスとイギリスは百年戦争でずたずたに引きさきあい、プロヴァンスはカタロニアから、ポルトガルはスペインから、スイスはシュヴァーベンから、オーストリアはバイエルンからそれぞれ分離した。またこれら国家間の抗争と並行して、たとえばグェルフィ党員[教皇派]とギベリン党員[皇帝派]の争いや、赤バラと白バラによる薔薇戦争のように、国内の争いも猖獗をきわめ、各派はそれぞれの立場で外交上の陰謀と手を組んだ。騎士は聖職者と争い、合法的支配者は王位継承戦争によって正当性を失い、子が父に反抗し、兄弟殺しや親類殺しが日常茶飯事だった。領主たちは、中央集権的な王国をめざす新興勢力に対しても、皇帝の旧権力に対しても反旗をひるがえし、その領主たちには民衆が反逆するという具合だった。このように動乱の一四世紀には、ほとんど時を同じくして、リエンツォ率いるローマ市民が貴族に対して革命を起こし(一三四七年)、フランスでは一三五八年にジャックリーの農民反乱が、同様にイギリスでは一三八一年にジョン・ボール(18)とワット・タイラー(19)を指導者とする農民一揆が起こったのである。これらの暴動は政治的には大きな成果をあげるにはいたらなかった。それに対しヴァルトシュタット(20)は、モルガルテンの戦い(一三一五年)からゼンパッハの戦い(一三八六年)までつづいた騎士階級との闘争のあいだに、自由への基盤を築くことに成功した。この動きは、領主に反抗したガン市のヤーコプ・アルテフェルデ(21)(一二八五―一三四五年)とフィリップ・アルテフェルデ(22)(一三四〇―一三八二年)の戦いに対応している。またこの時代は、一方では多くの都市が強力な同盟を結んで諸侯に反逆し、他方では都市の内部で、さまざまな同職組合や強大な家が互いに争った時代でもある。途方もなく巨大な渦がヨーロッパを呑みこみ、すべての秩序が解体の危機にさらされていた。

この喧騒のなかでイタリアは、たしかに当地でも中世末期の党派分裂（グェルフィ党とギベリン党、白党と黒党、オルシーニとコロンナ）が猛威をふるったものの、ドイツ皇帝たちによる初期のローマ進軍のあと、一種の秩序と統一を生みだすことができた。強い勢力を誇っていたヴェネツィア、フィレンツェ、ナポリ、ミラノ、ローマのあいだには、ともかく一種の「勢力均衡」が保たれていた。その均衡は純粋に現実的なもので、なんの保証もないものであったが、少なくともイタリアにある程度の秩序を維持させる役割を果たした。ところが一四八〇年ごろから、イタリアにも大嵐が吹き荒れるようになる。[23] この嵐は、マキアヴェッリの没年一五二七年に起こったサッコ・ディ・ローマ、すなわちブルボンとフルンツベルク[24]の指揮下、ドイツ・スペイン軍がおこなったローマの掠奪によって頂点に達する。イタリア国内の不統一は、ヨーロッパの分裂を反映したミニチュア像にほかならなかったが、そのせいでイタリアは、長いあいだ諸外国の利害関係に翻弄されつづける。蛮族の侵入という神話が厳しい現実と化したのである。当時の比較的視野の広いイタリア人たちは、他のヨーロッパの新しい国民国家が内治の整備に取りかかり、斬新な生の形式を生みだしたことをはっきり認識することができた――そこに嫉妬心が混じっていなかったとはいえない。そのとき彼らは、この時代が危機の時代であることを、いっそう痛切に感じ取ったのである。ところがイタリアでは、約五〇年におよぶ血みどろの争いのあいだに――地位の上下にかかわらず――国民のなかの人間的、精神的、社会的、道徳的価値のうちまだ有効だったものが、ことごとく打ちくだかれていた。これらすべての出来事は、とくにマキアヴェッリの思考のなかに反響している。そのためここで大まかに、少なくともこの決定的な時代のいくつかの出来事を描写する必要がある。マキアヴェッリ自身は、『フィレンツェ史』の結びの言葉が示しているように、偉大なロレンツォ・デ・メディチの死（一四九二年）とともにイタリアは不幸のどん底へ向かって転がり落ちたと確信していた。「フィレンツェのみならずイタリア中どこを探しても、かってこれほどまでに叡知の偉大な名声につつまれ、その死が祖国をこれほどまでに悲しませた人物はなかった。彼の死からどれほどの破滅が生じねばならないかを、天は多くのひじょうに明白な徴候によって示した。なかでもサンタ・レパラータ教会は頂上にはげしい落雷を受け円天井の大部分が瓦解し、すべての人びとを不安と驚愕におとしいれた。……イタリアから助言者が奪われたとき、生き残った者たちは、ミラノ公の後見人であるロドヴィーコ・スフォルツァの野望をいやすか、もしくはその野望に歯止めをかけるための、いかなる手段も見いだせなかった。このためロレンツォの死の直後に、悪の種子が育ちはじめ、その種子を根こそぎにすることができた人物がもはやこの世にいなかったため、それはほどなくしてイタリアを荒廃させ、いまなお荒廃させせつづけている」。

フランス王シャルル八世は、一四九四年に、自分に相続権があると考えたナポリ王国を征服するために、イタリアへの侵入を決意する。破滅の始まりである。フランスが両シチリア王国への関心を突然蘇らせたことは、同時に、ほかならぬナポリ王国をめぐるフランスのプロヴァンス人とスペインのカタロニア人の古い戦争が再開されたことを意味した。シャルル八世が進軍を開始したとき、カタロニア人は自分たちの王国を失いはしないかと恐れた。そこでアラゴン王フェルナンドとカスティリヤ女王イサベルは、シャルル八世と結んでいたすべての条約を解消し、大規模な対仏同盟を準備した。イタリア内部からも反フランスの動きが生じた。ミラノがオーストリアの皇帝マクシミリアン一世に助けを求め、ヴェネツィアもシャルル八世に対抗すべく軍備を整えたのである。だがフィレンツェは、サヴォナローラの予言をもとにかなりフランス寄りの態度をとった。この状況に関して特筆すべきことは、イタリアの各国が、きわめて重大な危機に瀕したイタリア統一のことはもはや考えもせず、ただもう自国の安全しか念頭に置かなかったことである。さもなければ各国が外国人に助けを求めることはなかったであろうし、彼らと意志を疎通させることもなかったであろう。さて、いよいよフェルナンドが、イル・モーロのあだ名をもつミラノ公ロドヴィーコ・スフォルツァとヴェネツィア共和国とマクシミリアン一世のあいだで結ばれた同盟に加わった。ただローマと教皇アレクサンデル六世（ロドリゴ・ボルジア）だけは、彼がスペイン人の血を引いていたにもかかわらず、あてにならなかった。こうしてスペインとフランスの戦争がはじまった。この戦争はイタリアを徹底的に引きさいただけではなく、フランス、スペイン、ドイツといった外国軍をイタリアに呼びこむ結果となった。さらにこの状況はトルコに有利に働いた。そもそもシャルルはナポリからトルコへ進軍しようとしていたのである。キリスト教徒の骨肉相はむ争いから、イスラム教徒が最大の利益を引きだした。このときシャルルは、北イタリアの同盟によってフランスから分断されることを恐れ、あわてて軍を後退させた。彼は、ヴェネツィアとミラノの同盟軍を打ち破ることには成功したが、決定的効果をあげるにはいたらなかった。こうしてシャルルはフランスに帰った。だが待っていたのは四面楚歌の状況であり、ナポリもふたたびアラゴンに帰属した。

まだナポリが戦争の渦中にあり、フランス軍が四方八方で打ち負かされていたころ（一四九六年一〇月）——ただしシャルル八世を呼びもどそうとする親フランス派がつぶされたわけではない——突然ドイツが活動を再開した。マクシミリアン一世は、対仏同盟を結んでフランスに一撃を加えようともくろんだばかりか、フランスを完全に征服することさえ念頭に置いていた。彼は、「世界に君臨するオーストリア」を意味する古い標語「ＡＥＩＯＵ」[25]を実現するために、新しい世界帝国の建設を思い描いていた。しかし彼は、諸侯を押さえつけて自分の考えを通すことができなかったばかりか、名だたる財政難に苦しめられていたため、活動を開始したとたんに挫折してしまい、軍隊を募ることができなくなった。一四九五年にマクシミリアンは、ヴォルムスの帝国議会で、議会にイタリア進軍のための資金と軍隊を提供してほしいと願いでた。むろん交渉は長引いた。そのとき、イタリア人がみずから彼に助けを求めてきた。彼は——昔からの習慣どおり——まず金銭を要求し、つぎに援軍を約束した。マクシミリアンがリヴォルノの手前まで来たとき、フィレンツェ人たちがシャルル八世にしがみついた。そのためマクシミリアンもまた一四九六年に引き返さざるをえなかった。そのフィレンツェでは、サヴォナローラが教皇およびスペイン同盟に反対する運動の指導者となる。ところがアレクサンデル六世がサヴォナローラを破門したことから、フィレンツェに新たな内部闘争が生じる。フランシスコ会修道士が教皇側に移り、市街戦が展開されたのである。そのとき突然シャルル八世が死去する。これによってサヴォナローラの運命も決定した。彼は一四九八年に火刑に処せられ、スペイン同盟は勝利者の地位にとどまる。

その後の状況はつぎのようなものだった。ナポリとミラノに対するフランスの攻撃は、結果的に、スペイン王を教皇とヴェネツィアおよび皇帝マクシミリアン一世との同盟提携に導いた。これらの勢力間ではフランス派が軍事的に劣っていたため、まさにフランス寄りだったフィレンツェはいちじるしく不利な立場にあった。そこでマクシミリアンは、同盟の助けをあてにしてフランスへの直接攻撃を試みたが、進軍の成果は微々たるものにすぎなかった。その同盟もついに分裂しはじめる。ルイ一二世は、フランスで即位するやいなや、ミラノとナポリの王位も要求した。さらに彼は、ヴェネツィアと対ミラノ同盟を結ぶことに成功する。マクシミリアンがシュヴァーベンとスイスとの戦争で足止めを食っていたため、ミラノではロドヴィーコ・イル・モーロがひとりとり残されていた。そのときフランスが総力をあげてミラノに襲いかかる。おまけにここでもフランス寄りの一派が突然姿をあらわす。やむをえずロドヴィーコはコモへ逃亡する。戦闘が再開され、ロドヴィーコはミラノに戻るが、捕らえられる。そうこうするうちに教皇アレクサンデル六世が息子チェーザレ・ボルジアを還俗させ、彼を俗世の君主にしてしまう。チェーザレは、フランスとの交渉にもとづき、ルイ一二世の恩恵によってヴァレンティーノ公爵に取りたてられ（一四九八年）、そのかわりルイ一二世は教皇から離婚の承認を得る。ルイ一二世はさらに、ロマーニャ地方をひとつの国にまとめようとするチェーザレの努力に援助を約束する。チェーザレがボローニャをおびやかしたとき、はじめてルイ一二世は協力を断った。そのとき混乱は頂点に達する。フランス人がスペイン人と結束し、スペインにイタリア最南部をゆだね、みずからはナポリを確保する。一方、北部イタリアは完全にフランスに掌握されていた。この時代、フランス人の護衛つきで、ピレネー山脈からナポリまで旅行することができたのである。ランケは自分の判断をつぎのようにまとめている。「神の裁きがイタリアにくだされた。破滅の嵐が吹きはじめ、宮殿をつぎつぎに滅ぼしていった」。国土は分割され、だれもが自分の利益確保に躍起になった。その後一五〇二年六月から一五〇三年二月まで、ふたたびフランスとスペインがナポリで戦火を交えた。フェルナンドとルイ一二世は一種の協定を結ぶにいたったが、それによって国に平和が戻ったわけではない。このころチェーザレ・ボルジアは、新たな企てをいだいて軍備を整え、またしてもルイ一二世と結んで、もう一度ボローニャへの進軍を試みた。そのさい彼はある危険な状況におちいるのであるが、きわめて狡猾に危機を脱するすべを心得ていた。ちなみにマキアヴェッリがチェーザレ・ボルジアと出会い彼に魅了されたのがこのときである。さらにマキアヴェッリは、そのときの状況を感動的に描写している。チェーザレ・ボルジアは、ヴィテロッツォ・ヴィテッリ、オリヴェロット・ダ・フェルモ、パオロ・オルシーニ、グラヴィーナ・オルシーニ等と手を組んでいた。ところが彼らは、ボローニャ征服によってチェーザレが強大になりすぎることを恐れ、チェーザレに反旗をひるがえす決心をしたのである。この盟約が知れわたるやいなや、ボルジア一族の恐怖支配から解放されたいと願う人びとが、いたるところで希望にみちた反乱に立ちあがりはじめた。作戦開始のサインをおくったのは、チェーザレが占領部隊を置いていたサン・レオの城砦に木材を搬入した大工だった。いざというそのときに、城砦のはね橋の上には大きな角材が置かれ、はね橋は閉じられなかった。こうして謀反人たちは城内に突入した。サン・レオの城砦が征服されるかされないうちに、国中に反乱が起こり、前大公の帰還を求める声があがった。その間チェーザレは兵ももたずにイーモラにいて、憂鬱な気持ちで未来を見つめていた。しかし彼は、フィレンツェが敵側につかぬまに、乾坤一擲の勝負に出た。まず時間をかせぐために交渉を長びかせた。そして、自分は占領地を保持するつもりなどまったくない、ただ公爵の肩書きがほしいだけだと主張した。最後には謀反人たちにセニガリア攻撃の許可を与え、実際に攻撃させた。セニガリアの街は征服された。ところがセニガリアの城砦司令官が、城砦をチェーザレ本人にしか引きわたそうとしなかったため、謀反人たちは彼に協力を求めざるをえなくなった。チェーザレは、その場で自分を待っていてほしいと伝えた。それから彼は、腹心の部下に指図して、ヴィテロッツォ、パオロ・オルシーニ、グラヴィーナ公およびオリヴェロット・ダ・フェルモを出迎えたらすぐに自分たちの仲間に入れ、セニガリアまで友好的にいざない、そこに留めおくように命じた。同時にチェーザレは、その間に集めた軍隊を動かした。会見にあらわれたチェーザレは、一同にきわめて愛想よく挨拶し、欠席していたオリヴェロットまで呼びださせた。セニガリアの街で、彼らは全員そろってボルジアの宿舎へ行った。謀反を企てた者たちは、ここでただちに捕虜となり、兵士は武器を奪われ、首謀者たちは絞殺された。

チェーザレ・ボルジアは、ロマーニャの教皇に強大な権力をもたせることに成功した——もっともこの教皇アレクサンデル六世は長生きできない定めにあった。まず最初に、教皇とフランスの友好関係がくずれた。たとえば教皇は、フランス人をイタリアから駆逐するために、一五〇三年三月にスペインと手を組もうとさえした。それに対しルイ一二世のほうは、シエーナ、フィレンツェ、ボローニャ、ルッカと、対チェーザレ同盟を結ぼうと企てた。このときボルジア家はすべての党派と同時に交渉を進めたが、チェーザレはみずからピサ、シエーナ、フィレンツェに進撃しようとする。そうすることでチェーザレ・ボルジアによるロマーニャ公国建設の全成果が、対フランスの戦いへ向けられるはずだった。ロマーニャ公国が建設されれば、いの一番にこの企てが可能になるからだ。そうなっていれば実際また全局面がもう一度変化したことだろう。ところが一五〇三年八月一八日に教皇アレクサンデル六世が急逝し、同時に息子のチェーザレも病に伏してしまう。ローマで激しい闘いの火ぶたが切って落とされる。枢機卿たちが兵を募り、これまでボルジア家と万策を尽くして闘ってきたコロンナ家とオルシーニ家もふたたび意を決して前面に出てくる。そのためチェーザレは彼らを引きさくために、きわめて絶望的な手段に出ざるをえない。だれもが――なかんずく歓声につつまれたローマでは――フランスとスペインが奪い合う新教皇の選挙を待ち望んでいた。親スペイン派のピウス三世がわずか数週間で死亡すると、たちまち新たな戦いがはじまり、最後にフランス寄りのユリウス二世（在位一五〇三―一五一三年）が教皇座を手にいれた。チェーザレ・ボルジアは、仇敵であるコロンナ家とオルシーニ家がスペインと結んだあと、にわかに失脚する。いまや彼は完全に孤立していた。新教皇は、最初のうちはまだチェーザレに対していくらか遠慮がちだったが、不幸があらゆる方面からチェーザレに襲いかかった。ユリウス二世はチェーザレをロマーニャ公の地位にとどめていたのだが、そのロマーニャにヴェネツィア軍が侵入する。教皇がヴェネツィアの裏切りを非難したとき、ヴェネツィアは使節のジュスティニアーニにこう答えさせる。「われわれは教皇に反抗したのではなく、ひとりの掠奪者の悪業を罰するためにその男と戦ったのであり、この件はともかくとして、われわれは喜んで租税を収めるつもりです」。そこで教皇は、ロマーニャに巣くうチェーザレ・ボルジアの悪魔の一族に対抗するため、ヴェネツィアに力をかしてほしいと頼む。その一方でヴェネツィアの使節は、チェーザレを安心させるようなことをいって釣っておいた。教皇自身は、ジュスティニアーニに向かって、自分はチェーザレを破滅させようと固く決心している、ただし自分は表には出たくない、という意味の発言をしていた。この状況のなかでチェーザレは完全に無力だった。ランケはこれに関して、「不幸のなかではじめて能力を発揮する人間がいるとしたら、それはかならず深いところで善良かつ高貴な本性をもった人間だろう。そうでない者は、幸運に恵まれているあいだは強くみえるが、運が去ればもう強くはない」と述べている。もはやチェーザレを信用する者はいない。彼の名だたる幸運は消えてしまった。「運命のめぐりあわせだった」とは、これまたランケの言葉である。チェーザレの父は最初フランス寄りだったが、つぎにスペインに近づき、その後ふたたびフランス寄りに変わり、最後にまたしてもスペインに好意を寄せた。チェーザレ自身は、二度の教皇選挙にさいして、最初はスペイン側に、つぎにフランス側についた。わずか数週間のうちの変心だった。さらに彼は、フランス軍が一五〇三年一二月にスペイン軍に打ち負かされると、ふたたびスペイン側に寝返って、スペインの保護をあおぐという、とんでもない愚行に出た。彼は、ルイ一二世がつねに約束を守ったのに対して、アラゴンのフェルナンドが生来の裏切り者であることを見抜くことができなくなっていたのである。こうして彼はスペイン軍にしたがってナポリまでやってくる。ナポリでゴンサルヴォによってひとまず丁重に迎えられるが、謁見の広間を出たとたん、スペイン王の名において捕らえられ、捕虜としてスペインに送られる。「こうしてチェーザレ・ボルジアはこの国に戻ってきた。ボルジア一族は、国を出たあと、ローマに暴虐を加え、イタリアを残虐行為でみたし、教会の歴史にいまわしい教皇の名前を残したのだった」（グレゴローヴィウス）。その後チェーザレは、もう一度脱走に成功したものの、まもなくナヴァラ王国の傭兵隊長として臨んだ戦いの最中に討死する（一五〇七年三月一二日）。だがチェーザレ・ボルジアに関するこれ以上の説明は、彼を見本にして政治的行動の学説を立てたマキアヴェッリにまかせることにしよう。

もはやわれわれは、行動意欲に燃えた教皇ユリウスも一役買った他の多くの戦争がどのような結末を迎えたかに興味はない。イタリアの内部分裂が繰り返し外国軍をイタリアに呼びこんでいるあいだは、結局のところ事態は変わらなかった。たとえば教皇自身がフランスに援軍を頼んだこともある。ジェノヴァで革命が起こったときには、貴族がフランスに、市民がドイツに助けを求めたため、ついにマクシミリアンは、ローマに進駐し、ローマで帝冠を受けることを思いついた。また教皇ユリウスは、ルイ一二世と反ヴェネツィア同盟を結んでおきながら、同時にマクシミリアンの通過を阻止するようヴェネツィア共和国と交渉し、ルイ一二世のほうも、スペインと組んでヴェネツィアに対抗した。最後にカンブレー同盟が結ばれ、ルイ一二世、アラゴンのフェルナンド、マクシミリアン、教皇が結束してヴェネツィア攻略にのりだした。おまけに教皇はヴェネツィアを破門する——いずれの場合もイタリアの内部分裂が外交上の陰謀によって激化するという、お定まりの宿命的なゲームが繰り返されたのである。たとえユリウスが、誇り高きヴェネツィアの自尊心を傷つけたあと、ふたたびヴェネツィアの援助を受けてフランスを国外へ駆逐しようと企てたとしても、同じことがいえる。なるほど統一イタリアの理念のようなものが副次的に浮上してはいるものの、よく注意してみると、ユリウス二世がもっぱら教会の利益に専心していることははっきりと感じられるし、アレクサンデル六世とその不道徳な息子も——名誉回復の試みは数多くなされたが――結局のところ自分たちのきわめて私的な権力と富の獲得にしか興味をもっていない。ちなみにこの策謀の渦のなかで、われらがマキアヴェッリの故郷フィレンツェは、教皇による攻撃をたえず恐れなければならない状況にありながら、伝統的なフランス寄りの政治を変えようとしなかったため、とりわけ苦しい立場に置かれていた。ついにフィレンツェは、同盟への参加とマクシミリアンへの賠償金の支払いを強制される。このときの契約に、メディチ家のフィレンツェ復帰が要求項目のなかに盛りこまれていた。その結果、共和政が崩壊し、マキアヴェッリも免職の憂き目にあう。この免職後の意に反したひまな時間が、マキアヴェッリに、フィレンツェの使節として多くの決定的な瞬間に立ち合ってきた政治上のゲームの法則について熟考する機会を与えたのである。

ユリウス二世が死去した（一五一三年）あとも、不幸な国に平和は訪れなかった。なぜなら新しいフランス王フランソア一世もイタリア征服に関心をいだき、マリニャーノの戦いに勝利をおさめ、ミラノの運命を掌握したからだ。その直後にフランソア一世はスペイン王を兼ねた神聖ローマ皇帝カール五世と争うことになる。そのときメディチ家出身の教皇レオ一〇世（在位一五一三―一五二一年）が、この機に乗じてイタリアの一部を外国人から解放し、おおよそナポリからミラノにいたる中部イタリアに統一国家建設を試みる。だがこれもまた失敗におわる。この間、イタリアが受動的な国としてヨーロッパの国王たちの大きなゲームのなかに組みこまれていたからだ。そのうえイタリアの愛国主義者たちは――基本的にはすでにダンテの時代から――しばしば教皇に敵対的であって、ローマのサン・ピエトロ大聖堂の円天井に典型的にあらわれているような、権力をとてつもなく集中させた表現も、ほんとうの権力に対応していたというより、あくまでも偉大な理念の表現にすぎなかった。いまや教皇制度は、政治的に破綻をきたしたばかりか、宗教改革によって一五一七年以降は独自の宗教的な生の領域でも大打撃をこうむるのである。ローマのサン・ピエトロ大聖堂の建設資金を調達するために極端に推進された免罪符販売を、まずルターが批判した。それによってまた同時に、教皇制度がつくりあげた最高の文化的な権力表現も、教皇制度の悲劇的結末を想起させることになった。このときからローマはいっきに没落する。一五二〇年の年末に、スペイン軍がローマに火を放つべく教皇領の境界まで迫ったときには、かろうじてまだ追い返すことが可能だった。しかしハドリアヌス六世（在位一五二二―一五二三年）の時代にはもう没落の徴候がいちだんと強まっていった。教皇自身が結局のところ皇帝の召使いにすぎなかったし、かてて加えて「異邦人」でもあった。こうしてローマは憂鬱な絶望の淵に沈んでいくのだが、勃発したペストによって事態はいっそう悪化した。たとえば、魔術をほどこした雄牛を引いて町中を練り歩いたあと犠牲として悪霊に捧げるギリシア人がいるかと思えば、その一方では、度を失った聖職者たちがキリスト教の神の怒りをしずめるために贖罪の行列を催すという具合だった。「無数の人間が、わが身を鞭打ち、あわれみたまえと叫びながら通りを行進した」。疫病に侵された都市でハドリアヌスが試みた改革は失敗し、さらなる災いが国境から近づいていた。

マキアヴェッリの著作に出版許可を与えたことですでにその名がわれわれに知られているクレメンス七世（在位一五二三―一五三四年）の治世になると、ローマの運命は思いもよらぬ恐怖でみたされた。フランス軍がふたたびイタリアに侵入してきたとき、教皇は、そもそも皇帝の援助で教皇に選出されていたにもかかわらず、フランス側についた。フランス軍がパヴィアの戦い（一五二五年）に敗れたときの教皇の驚愕は大きかった。イギリス軍による攻撃の危険にさらされていたフランスの援助がもはや期待できない以上、いまやイタリアは、スペインおよび神聖ローマ帝国の手に落ちたからである。ジローラモ・モローネと教皇は、イタリアのいくつかの小国と組んで耐えがたい抑圧をふりはらうべく、カール五世の最高司令官ペスカーラ[26]をそそのかして主人である皇帝を裏切らせようと画策する。しかしペスカーラはあくまでも皇帝に信義を守りつづけた。このとき——グレゴローヴィウスの言葉をかりれば——マキアヴェッリの『君主論』の政治的な教えにそもそもどれほどの価値があるかが明らかになった。かつてチェーザレ・ボルジアは自分の運命が落ち目になったとき、彼自身はけっして守ったことのなかった友情と忠誠に訴えた。(ここで強調しなければならないのは、政治的悪業は、悪業の大小にかかわらず、つねに相手の律儀さを当てにしていることである)。そのチェーザレ・ボルジアとまったく同じように、いま教皇クレメンスとモローネが、忠実な臣下を裏切りへ誘うことによって、自分たちの国家を建設しようと試みたのだ。しかし最後にはペスカーラを裏切り者と非難することになる。なぜならペスカーラは、自分自身の利害を考えれば誘惑へ引き寄せられたかもしれないのに、一貫して信義を守り、それどころか気高く寛大にも、誘惑者の救済に力を尽くしさえしたからだ。そのため彼は、チェーザレ・ボルジアを模範にした国家建設が可能だといまなお信じているイタリアの愛国者たちに呪われて死んだ。教皇はもう一度、皇帝に対立する新同盟を結び、ふたたびイタリアを独立させようと努力するが、結局のところ、同盟を結んだメンバーのうち相手を信用している者はもうだれもいなかった。ついに皇帝派のコロンナ家が、ポンペオ・コロンナを先頭に立てて教皇軍の留守中にローマを襲撃したとき(一五二六年九月二〇日)、教皇は命からがら聖天使城に逃げこんだ。ここで彼はスペインとの契約にサインしたが、心中では契約を守るまいと固く決意していた。

ついに四方八方からローマに不幸が迫ってきた。市内では、あちこちの路地や広場に、ローマの没落を告げる予言者や隠者が出現した。さまざまな奇跡のしるしがみられた。家々が崩れおち、稲妻や気味悪い流星が不幸な都市の上に輝いた。もうだれにも、フルンツベルク配下の恐るべき徒歩傭兵と手を結んだブルボン率いるドイツ・スペイン軍のなだれこみを止めることはできなかった。軍の兵士たちは、豊富な戦利品をあてこんで、みずから給料を放棄していた。「フルンツベルクの徒歩傭兵たちは、ヤニクルスの丘から、はげしい憎悪をこめてヴァチカンをにらんだ。かつて彼らの先祖が憧れた巡礼の目的地が、いまでは彼らにとっては、反キリスト——ルターが教皇をこう呼んだ——のいまわしい居所にすぎなかった。当然、傭兵隊長たちは部下につぎのようにいうことができた。あれは偽りの政治を操る巨大な仕事場であり、その政治が、たったひとりの教皇に世界の支配権を与えるために、人民と国々を迷わせ、籠絡させ、血みどろの戦争に駆り立ててきた。あのほとんど銃を撃てば届くところで廷臣たちといっしょに震えている皇帝の敵は、もしかすると明日になればわれわれの捕虜になっているか、もしくは死んでいるかだ、と。彼ら自身は自分たちのことを、ローマの聖職者たちによって祖国がこうむった長い辛苦のうらみを晴らす復讐者だと思っていた。かつてフッテンが人民に呼びかけて、毅然と立ちあがり、教皇を討ち、ローマの諸権利を帝国に奪い返し、聖職者から世俗の権力を取りあげるよう勧告したことを、いま彼らは実行に移すことができたのである。おそらくローマを目にしたさいのゴート族の欲望さえも、これらヨーロッパの南北から集まった多種多様な人間からなるブルボンの傭兵たちの荒々しい狂信と掠奪欲と復讐欲ほどは大きくなかったであろう。重なり合ったもろもろの事情が彼らをひとつにまとめ、教皇政治の牙城をめざして突進させた……。この聖職者の街は、人口はむろん九万人そこそこにすぎなかったが、ヴェネツィアとジェノヴァに次いでイタリアでもっとも裕福な都市だった。かつてゴート族の時代の寺院がそうだったように、この都市には、金銀の偶像や聖物でみたされた無数の教会がそびえ立っていた。宮殿は、大きく堂々としており、ふたたび古典と化したぜいたくな財宝であふれていた。それまでにローマを掠奪した敵はいなかった。この都市は、飽くことを知らぬローマ聖庁が全キリスト教徒からしぼりとり、むさぼった財宝を維持してきたのである。僧侶や侍臣たち、高利貸しや両替商がもっていたこれらすべての財宝を、いやそれどころか全市民の財産を、ローマの征服者たちは、戦時公法にもとづいて掠奪することができたのだった」（グレゴローヴィウス）。一五二七年五月六日の真夜中に、ブルボンは太鼓を打たせ、早朝に突撃を開始した。奪い、巻きあげ、殺戮しながら、荒れ狂う悪魔の一群が不幸な都市を走り抜けた。人びとは打ち殺され、さもなければ身代金をしぼりとられ、宮殿は破砕され、教会の聖物は奪われ、冒瀆され、棺のなかは掠奪された。「彼らは大祭壇の上でさいころ遊びをやり、ミサ用の酒杯で娼婦たちといっしょに酒盛りをした」。書籍や書類は馬の敷きわらにされ、芸術作品は奪われ、売られたり、打ち砕かれたりした。身の毛もよだつ「ローマの掠奪」が何日もつづいたあと、今度は地方で強奪がはじまった。教皇自身が殺されなかったのは、まったくの偶然だった。彼は降伏して聖天使城を明けわたしたあと、オルヴィエートに逃れ（一五二七年一二月八日）、荒廃した一軒の館で鼠とともに暮らしたのだった。[27]このみじめな姿には、忠実なカトリック教徒であるイギリスの司教スティーヴン・ガードナーさえ肝をつぶした。ガードナーはイギリスのウルジ[28]とヘンリ八世に依頼され、英国王とアラゴンのキャサリンの離婚問題について教皇と討議するためにやってきたのである。ガードナーはまさにカトリック教徒であるがゆえに、テューダー朝の輝かしい宮廷とはあまりに対照的なこの凋落ぶりに背を向け、教皇と英国王の対決のなかで、国王に味方した。これによって教皇権からのイギリスの離反も決まった。じつのところ教皇自身には、きわめて深刻な恐怖心をいだく根拠があった。「イタリアのどこをみてもクレメンス七世は震えあがったにちがいない。というのはアルプスからファロにいたるまで、この国は、スペイン人、ドイツ人、フランス人、イタリア人の唯一の戦場であり、国内の都市と地方の状態はゴート戦争のころと同じ有様だったのだから」（グレゴローヴィウス)。しかしこの極度の惨状にもかかわらず、相変わらずクレメンス七世は、だれとでも約束を交わし、なにものにも縛られない日和見政策をやめなかった。だがもはやわれわれは、それがどういう結果をともなったかに興味がない。これらすべてが、教皇政にとってもイタリアにとっても、最悪の危機の時代の終焉を意味した。ただしイタリアが政治的にこの没落から回復することができたのはずっとあとのことで、実際は一九世紀になってからである。一方、教皇政のほうは反宗教改革において一種の復活を経験することになるが、政治上の重心はもはや教皇領にではなく、マドリッドにあった。教皇政がレオ一〇世の時代に獲得したような、世俗的、美的な権力として自己を表現するさいの明朗かつ放埒な自信を取りもどすことは、もう二度となかった。その後の教皇政は、どんな復活にもかならずそなわっている厳格なまじめさに支配された。そのまじめさゆえに、ありとあらゆる手段にもかかわらず、結局教皇政は歴史上の世界の、実質的真実においてはとっくの昔に死にたえた形式の復活をめざす最後の試みにほかならないことを、人びとに思いださせたのである。

保証なき世界

これまで概観してきた一般的な政治情勢は、同時にまたルネサンスの危機構造を証明するための資料でもあるのだが、以下においては、いかなる生の構造的変化がこの時代に起こったのかという問題をもう一度根本的に検討しなければならない。あらゆる段階の権力が皇帝によって保証され、皇帝自身は教皇によって帝位を授かるという封建国家の社会体制は解体した。この統一的で包括的な生の集合体、この「神秘的な身体」は——すでに略述したように——皇帝と教皇の争いの結果崩壊してしまっていた。

いまでは個々の——神の世界秩序に比べれば——相対的な権力の持ち主が自分自身を絶対的とみなしていた。これによって崩壊したのは、双頭を頂く全体的な世界秩序ばかりではない。なにもまして崩壊したのは、その世界秩序のもっていた保証体制としての性格である。なぜならこの保証体制は、ひとつの機関からつぎの機関へスムーズに価値が継承され、宗教的承認がつづけておこなわれることで、最小の世俗的関係や制度や人間の価値連関さえも保証されているあいだしか存続できないからだ。この保証がなくなれば生の全体は、一瞬にして、保証された体制からたんなる事実上の体制へ、つまりほとんど無秩序同然の状態へ変わらざるをえない。いっさいの保証からたんなる事実性への転換というほかならぬこの意味において、ブルクハルトは皇帝フリードリヒ二世（一一九四—一二五〇年）をルネサンスの元祖と呼んだのである。すでにフリードリヒ二世は封建国家を根底から破壊し、官僚国家への転換を果たしていた。そのさい彼が模範としたのは——ブルクハルトによれば——官僚主義的な管理機構と綿密に練りあげられた租税立法を有するサラセン人の国家だった。それらの国では、自然のままの民衆の秩序にかわって、意志も武器ももたぬ、きわめて操作しやすいひとつの集団が生みだされていた。学問的なアリストテレス主義の復活とも比較可能なこのオリエントのモデルをさらに追いつづけることには、ひじょうに興味をそそられるが、残念ながらわれわれにはそのための手段がない。ただここで指摘しておかなければならないのは、皇帝フリードリヒのノルマン人の祖先が、その血筋から、国家の中央集権主義的合理化への強い傾向をもたらしたのであり、この傾向は地中海で獲得されたものではなく、まったく独自に身についたものだという点である。ちょうどウィリアム一世[29]によって実行されたイギリスの社会体制の変革が、ヘースティングズの戦いに勝ったあとの王がまさに征服者であったことを証明しているように。フリードリヒ二世によるシチリアの行政改革の結果——ちなみにその改革にはサラセン人が大きく関与していた――権力が完全に中央集権化された。もはやいかなる官職も直接選挙によって占めることは許されず、違反すれば、違反した町村の取りつぶし、および市民から農奴への格下げという処罰が待っていた。ブルクハルトによれば、「包括的な土地台帳とイスラム教の慣例にもとづいて、むろんその方法なくしては東洋人の手から金を取ることはできないのだが、責めさいなむ残酷なやり方で税が徴収された。そこにいるのはもはや民衆ではなく、大勢の管理可能な臣民だった。彼らは、たとえば特別の許可がなければ結婚してほかの土地へ移り住むことができないし、勉学のために外へ出ることなどはぜったいに許されなかった……」。これによって同時にまた、封建国家ではかならずそうであったような、真の、あるいは名義上の相続者のみが支配権を築くことができるという考えも消滅する定めとなった。エッチェリーノ・ダ・ロマーノは、その後けっして超えられることのなかった「犯罪の巨大さ」によって権力を築きあげた。一四世紀以降、四方八方で出現した後世のあらゆる専制君主の見本となったわけであるが、それらの専制君主について、ブルクハルトは、じつに表情豊かな言い方をすることができた――「彼らの悪業は天人ともに許さぬものだった。歴史がそれを詳細に記録した」。

ところで社会学的には、ルネサンスの支配権の構造転換はどの点にあるのだろうか。中世的な封建制は保証によって成り立っていたが、近代の支配権は、フリードリヒ二世以降、とくに一四、一五世紀以降は純粋に事実上のものだった。これによって近代の支配権は、剝きだしの暴力が合法的権力へ高められ浄化される保証体制にほかならなかったすべての社会体制からの――それがどんなかたちの体制であれ――脱出であることが明らかになる。まさにブルクハルトが、ルネサンスの構造の純然たる事実性を繰り返し強調している。むろんルネサンスの構造は、フリードリヒの時代以降切れ目なく発展したわけではない。まさに南イタリアでは、たとえばナポリが、それからまだ長いあいだ封建制を守りつづけ、全般的なイタリアの混乱から距離を保ちながら、イタリアの他の地域がとっくの昔に断末魔の苦しみで死にかけていたとき、ルネサンスに対してなお肯定的に貢献することができたのだった（E・ゴートハイン）。まず最初に——上からはじめると——皇帝の封主権が、保証による主権というより、純粋に事実上の利益を約束する主権の色合いを強めてゆく。皇帝にとって、そこからひとつの仕事が生まれる。「カール四世のローマ進軍以来、皇帝たちはイタリアで、彼らなしに成立した権力情勢を、証明書によって保証する以外まったくなにもできぬまま、ただ承認しただけだった」。元来、宗教的儀式であったものが、官僚主義的手続きに変わったのである。ちなみにその手続きのためには、高額の印紙税を支払わなければならなかった。カール四世は自分の商品である特権の代金を取ろうとして、早々に成果をあげるために、まるで見本市の商人のようにあちこち奔走した。最後には金袋をいっぱいにして帰国する。皇帝ジギスムント[30]は少なくとも最初（一四一四年）は、ヨハネス二三世に宗教会議への参加を働きかけるという十分な意図をもってやってきた。「かつて皇帝と教皇がクレモーナの高い塔の上でロンバルディアの展望を楽しんでいたとき、接待役をつとめるこの都市の専制君主ガブリーノ・フォンドロは、突然、ふたりを突き落としてやりたいという衝動に襲われた」。二度目には、ジギスムントは完全に冒険家としてやってきた。「フリードリヒ三世[31]のイタリア行軍もまた似たようなものだった。フリードリヒによって自分の権利を文書で確認してもらおうと思っている人びとや、贅を尽くして皇帝をもてなすことに自尊心をくすぐられるような人びとの出費による、休暇旅行や保養旅行のような性格をもった行軍だった」。マクシミリアンのとった政策も結局のところたいして違いはなかった。マクシミリアンの財源を列挙したあとで、マキアヴェッリは彼についてこういっている。「しかし上述したような多額の収入にもかかわらず、彼はつねに文無しだった。さらに悪いことに、金がどこに使われているのか、だれにもわからないのである」。さらにマキアヴェッリは言葉をつづける。「皇帝のイタリア進軍がそれほど恐れられる理由は、なによりも、彼がそれほど早く足場を固めるとは考えられないので、勝利とともに要求も増大するだろうと予測されるからである。皇帝が変わらなければ、イタリア中のポプラの葉がドゥカーテン金貨に変化したとしても、彼にはまだ不足であろう。金をもっていれば、達成できないものはない。多くの人が、最初に皇帝への資金調達をできるだけひきのばした人びとを賢明だとみなしている。二度目の支払いはそれより長く待たせられないからである。皇帝は、ある国から金を取るためにほかに理由がなければ、借り入れと称して金を要求するだろう。貸しつけを拒否すれば、それまで支払ったすべての金がむだになってしまう」。この「最後の騎士」は、祖先からただひとつ浪費癖だけを相続したのである。こうしたマキアヴェッリの言葉から、皇帝の品位がいかに軽蔑すべき水準にまで失墜していたか、はっきりと感じられる。

皇帝によって保証された支配体制が消滅し、必要な場合に多少の権力であと押しするたんなる仕事に変わったことは、大きな秩序の連関のなかだけではなく、個々の事柄にも反映された。比較的小さな権力者が、皇帝の保証を受けて正当性を獲得し、つぎにその正当性が、相続権として伝統的な秩序へかたちを整えていった。最上位の保証が消えてしまえば、相続権も不安定にならざるをえない。そのため相続順位を飛びこえて支配者になる部外者たちがあらわれた。合法的な支配者に簒奪者が立ち向かったのである。「権力の基盤は不法なものであり、これからも不法なものでありつづける。呪いがそこにこびりついて離れようとしない」、これまたブルクハルトの言葉である。簒奪がまず最初にとる相続請求権の形式は、自称のものであって、正当に理由づけられたものではない。こうして庶子たちが、私生児のそのまた私生児が登場し、支配権を要求する。彼らは目的を達成するためなら手段を選ばない。たとえばフェラーラでは、最初に正当な支配者だったニッコーリ三世[32]自身が、嫡子エルコレをふたりの庶子のあとまわしにした。のちに妃のひとりが表向きは義理の息子との姦淫の罪で斬首される。その後王子たちは嫡子も庶子も宮廷から逃げだしたが、他国にあっても、派遣された刺客におびやかされた。一四七一年に、ある庶子のもうけた庶子が、ひとりしかいない正当な相続人から支配権を奪い取ろうとする。最後にこの男は、妻が自分の毒殺を企てていること、しかも依頼したのが彼女の兄弟であることを探りあてたあとで、妻を毒殺したらしい。その後、一四世紀から一五世紀へ時代が移ると、相続というかたちで支配権の正当性を見せかけることさえ顧みられなくなる。それは、傭兵隊長たちが自主的な支配権と王位を手にいれようと奮戦する時代である。ブルクハルトの言葉をかりれば、「純然たる事実性の道」、なんの保証もない道を「さらに一歩進むこと」を意味した。一部の傭兵隊長たちは優秀な軍人でもあったが、ときにはまた、四方八方から流れてきた（ジョン・ホークウッド[33]のような）たんなる掠奪者の隊長でもあった。依頼人と彼らの関係は、権力の保証のなさをきわめて特徴的に示している。人びとは、一方では彼らの助力を必要としたが、他方では、全権力を手中にしたがるような武勲赫々たる司令官を恐れた。そのためシエーナの市民たちは、ある驚くべき理由でひとりの傭兵隊長をあっさり殺害してしまった、すなわち彼の行為はあまりに偉大すぎて、どっちみち感謝できないという理由で。またほかの依頼人のなかには、妻子を人質として差し出さなければならなかった人たちもいた。それに対して傭兵隊長のほうは、大成功をおさめた暁にはその身になにが起こるかを心得ていたので、いざというとき孤立しないように、依頼人たちのなかに存在する派閥を極力利用しようとした。依頼人と傭兵隊長のあいだに交された盟約は、しごく当然なことだが、双方の不信の上に築かれていた。それは、提携者同士の精神的な結びつきがことごとく消滅したことを示すもっとも確かな間接証拠である。両者を結びつけた唯一のものが「現金支払い」（L・ブレンターノ）だった。傭兵隊長たちがつねに、たとえばフランチェスコ・スフォルツァ[34]のような輝かしい存在だったとはかぎらない。スフォルツァの場合、最初から支配権を合法化する準備を着々と進めているのが、だれの目にも明らかだった。ちょうどイギリスで、簒奪者だったヘンリ・テューダー[35]がエドワード四世の長女との結婚によって支配権を合法化し、息子のヘンリ八世がふたたび正当な君主としてイギリスを統治できたように。

ところで、そのような簒奪者たちはなにを権力の拠りどころにしているのだろうか。過去の領主の生活は、封土のカリスマと民衆の敬虔さに依拠していた。むろん保証体制が解体したあとの新しい君主には、そんなものはもう存在しない。権力をねらう者たちは、べつの柱の上にみずからの支配権を築かざるをえない。それらの屹立する柱を支えているのは、首都における一種の人気であるが、いうまでもなくその人気は、出世を求める者たちの幸運とまったく同じように移ろいやすい。封土のカリスマは、合法的な出生の事実とともに、相続人に理屈抜きでそなわっていた。したがって理論家たちは十分な根拠をもって、幼児や精神薄弱者や精神病者、いやそれどころかマホメット教徒であろうとも、相続法によって相続人に指名されさえすれば、キリスト教国家の王位継承者たりうると主張することができた。ところが人気のほうはこれとは根本的に異なる。人気は獲得されなければならないのである。こうして封土のカリスマによる支配が、能力による支配に取ってかわられる。この不確実性の渦を乗りきるためには、個々人が能力によって自己を正当化しなければならない。そのさいわれわれは客観的に、成功と能力がかならずしも対立するものではないことを認めなければならない。たとえルネサンスの専制君主たちのなかに、不当にのし上がった君主にはちがいないものの、驚嘆すべき特別な人物と海千山千の人非人が混在しているのがみえるとしても。力と才能、まさにマキアヴェッリがヴィルトゥと名づけたものが、能力支配に必要な唯一の証明書である。卓越したヴィルトゥの精神が誕生し、その精神を糧にして力強い自意識が育ってゆく。われわれは肖像という新興の芸術のなかに、驚くほど自信にあふれた個人主義の芸術的表出を目のあたりにすることができる。もっとも見事な例はヴェロッキオ作[36]「バルトロメオ・コレオーニ騎馬像[37]」である。コレオーニは、人間だけに精神を集中しているが、しかしその野性的な厳しさは——神と悪魔を含めた——世界のすべての力を軽々と乗りこえていくようにみえる。中世の君主の場合は、いかに自主独立していても、彼が包括的な照応体系の一部にすぎず、その体系のなかでは支配者と被支配者の関係がたえず相互に作用しあっていることがつねに明白である。しかしコレオーニの力は、遠くに予感されるにすぎない、塵のなかに無頓着に沈んでいる大衆の上を自由にひとりで浮遊するものとして表現されている。人間がはじめて完全に自立したというのが、おそらくルネサンスの最大の特徴のひとつであろう。彼は自分の上に神をもたず、自分の下になにももたない。コレオーニの視線はあてもなく遠くへ向けられているのだ。その視線は、まだいくらか重さがそなわっていた少し古いドナテッロ[38]の「ガッタメラータ騎馬像[39]」より、さらにとらえどころがない。コレオーニと彼の同類はみな、せいぜい運勢と天文学、つまり幸運の星や惑星さえ人間の運命を中心にまわっているという前提から発展した、全学問のなかでいちばん不遜な学問しか信じていない。

そのような状態の人間は——マキアヴェッリの人間描写についてディルタイがいうように——「自然力、生けるエネルギー」である。しかし自立した、自分の優れた行動力を頼みとする人間は、性急に、まさに危機の徴候である途方もなく激しい動きのなかに突入してゆく。中世の伝統的な秩序思考にかわって、あわただしい改革熱が登場したのである。なにひとつ変わらぬものはない。秩序も、形式も。生は浮き沈みの連続である。その浮き沈みのなかで、神に見捨てられすっかり分別をなくした人間の違法の全体が、なんらかのかたちをとろうとするのではなく、ただ水面で浮きつづけようと必死でもがいている（芸術はつねに例外である）。上部でもちこたえられない者は正気を失って沈んでゆく。そのさい自力だけで生きている人間の没落ほど絶望的で正気を失わせる没落はあるまい。「あらゆる違法なものは、より大きくなりたい、とにかく活動したいという欲求をもっている」とふたたびブルクハルトがいう。しかしこうした雰囲気のなかで、すでに言及したような、法も分別もまったくわきまえぬイタリア諸都市の外交政策が生まれたのであり、その政策のせいで、イタリアはしだいに国外の権力構成に翻弄される完全に受動的な玩具と化したのである。しかし自立した個人は良心の問題を知らない。自立した個人は、自分の運命を完全に手中にしていると思っているので、すべてを「なし」うる、すべてを「計算」できる、チェスの駒で遊ぶように生のゲームもできると思っている。したがって国家や社会構成も、もはや自然によって与えられたもの、あるいは神によって人間世界の秩序のために定められたものとはみなされず、「芸術作品」（ブルクハルト）、あるいはむしろこういったほうがいいと思うが、自由に生を浮遊している個人の意志にその構築が完全にまかされた人工物とみなされる。そのためマキアヴェッリの関心も、とくに最近頭角をあらわしつつある支配者に向けられている。マキアヴェッリの議論のあり方を示す特徴は、まだ彼が、新たに建設されるべき国家に関して――のちのホッブズ[40]のような――全体的な哲学体系を打ち立てておらず、想像と描写にとどまっていることである。想像と描写はどちらも、従来の諸関係のなかで有機体的に建設された国家に対するのみならず、将来の課題として、目的から抽象的に構想された意志の目標としてあらわれる国家に対する、独特の「近代的な」態度を明確に示している。こうした人工的方法によって国家建設を企てる、卓越したヴィルトゥを有する個人は、世界と人間に対して、たとえば中世の封建領主の場合とはまったく異なる関係をもつ。中世の封建領主は、いわば臣下との緊密な盟約につつみこまれていた。一方ルネサンスの君主は、臣下からかぎりなく遠く、彼自身と臣下のあいだにあたたかい絆を結ぶことが不可能なほど遠く離れている。実際また君主の視界から臣下は消え去り、その目にはかたちの定まらない群衆しか映っていない。人間観察と人間評価において、非情な客観性が幅をきかせはじめ、人間たちは、ただもう計算の記号に、つまり商品費目と同じように注意深く管理される勘定科目になってしまう。国家の営み全体を隅々まで決定づけるこの経緯が、「計算の精神」(ジンメル、ゾンバルト)と呼ばれたのである。

しかし基本的にそのような君主が、人間をたんなる勘定科目、つまり純然たる物体として利用することを許さない道徳的評価の外に身を置いているとすれば、そのような君主への抵抗も、必然的にまったく独自の形態をとらざるをえない。フランスとイギリスの専制君主政は――たとえそうはみえなくとも――君主政の覇権を根拠づける神聖なアウラにつつまれ、依然として世間一般の道徳的な生の体系のなかに組みこまれていた。君主は純粋に事実上の権力の所有者であるばかりか、かてて加えて社会体制の道徳的保証人でもあった。社会体制は君主という神聖な人格から独自の拘束力を得たのである。こうして専制君主自身を、権力の神秘がつつみこむ。その神秘は、たしかに個人や身分制議会や国会が君主について判断をくだすことを許さないが、しかしその神秘は、人民の秩序をいの一番に保証することで人民の秩序を共に担うのである。したがってまたそのような統治形態への反抗も、恣意的な反乱ではなく、抵抗権という権利において正当化される。この権利は国王暗殺の教えにおいて頂点に達するのであるが、この暗殺はまた、ほかでもない「モナルコマキ」(暴君放伐論派)の時代にさえ、みずからの宗教的な機能を失わなかった。それは、支配者暗殺によって、個人に拘束されただけの統治より高度の統治への道を、すなわち人民と法の主権への道を切り開くべきものである。人民と法の主権の存続期間は個々の君主の寿命とは異なる法にしたがうのである。ところで、部族法の初期の学説においては、ほとんど一貫して――フランスでもイギリスでも――君主の機能は維持されている。ただし、もはや君主自身は法ではなく、いわば法の番人である。いずれにせよ、専制君主はつねに臣下とのただひとつの盟約のなかに位置していると感じられていた。たとえ君主の完璧な権力の神聖なアウラが君主をほかの人間よりはるかに高く持ちあげていたとしても。彼は他の人間たちを個々に代表するのではなく、総体として代表するにすぎない。中世の領主も、専制君主と同じように臣下との統一的な生の盟約につつまれているので、空間的には臣下のなかにいる。ルネサンスの非合法の暴君は、大量の市民に対して客観性という距離を保っているので、空間的にも武装堅固の孤独のなかに引きこもり、敗者の復讐にたえずおびえている。これを理解するには、イタリアに存在する無数のルネサンスの城砦を一瞥するだけで十分である。それらの城砦の暗く閉ざされた正面と比較できるのは、まだ封建領主たちと戦っていたときの君主の城だけである。しかし後者は、君主政が絶対君主政となって絶頂期を迎えたとき、たとえばイギリスのヘンリ八世が好んだ居城ハンプトン・コートや、フランスのフランソア一世が居所に選んだシャンボール城のように、建築様式的にもふたたび外に向かって開かれる。そしてこの生の開放性は、君主たちが宗教戦争のあいだに多数の暗殺にさらされたときも維持される。一方、イタリア・ルネサンスの君主たちにとっては、世間との結びつきはまったく存在しなかった。君主がまだある程度規則正しく姿をあらわした唯一の場所は礼拝の場である。こうしてルネサンスにおける暴君への抵抗の教説は、のちにマキアヴェッリがわれわれにその比類のない例を示してくれるような陰謀の教説として発展する。そうした陰謀や、より「民主的な」抵抗運動について、なんらかの「権利」が問題になることはもはやなかった。万人が万人に反逆して権力を強奪し、その権力を先行者と同じ極悪非道なやり方で行使するのである。

なかでも礼拝式における暴君暗殺が好まれた。いかにぞっとするような冷淡さで事がおこなわれたかは、ブルクハルトも引き合いに出しているが、サン・ステファノ教会でガレアッツォ・マリア・スフォルツァ公を暗殺した謀反人たちの態度にはっきり示されている。彼らは犯行のまえに教会の聖人に祈りを捧げ、それどころか同所で最初のミサをきいている。さらに特徴的なのが、マキアヴェッリによって描写された、ロレンツォおよびジュリアーノ・デ・メディチに対するフィレンツェのパッツィ家の陰謀（一四七八年）である。このとき謀反人たちは、暗殺者を随行者のなかにまぎれこませるために、ラファエロ・リアリオ枢機卿をフィレンツェまで呼びよせたのだった。だが暗殺のために雇われたジョヴァン・バッティスタ・ダ・モンテセッコは、フィレンツェの大聖堂で悪事を強行することを拒否した。彼は教会の神聖さを恐れ、「教会でそのような犯罪を犯し、裏切りのうえに瀆聖を積み重ねるほどの勇気は、とてもわたしにはもてない」と答えた。かわりに司祭たちが実行を申しでた。彼らは――ある年代記作者によれば――「神聖な場所に慣れていたため、気おくれしなかった」のである。暗殺決行は、司祭がミサで晩餐をとる瞬間だと決められた。このように、ブルクハルトが不気味で瀆神的と称したこの時代は、指導者も部下も同じ泥沼にはまりこんでいた。あらゆるものが純然たる事実関係のなかに沈みこんでいて、光はどの方角からも差してはこなかった。

人文主義の「借用された」秩序

これまでの論述によって、むろんルネサンスの危機の問題が汲みつくされたわけではない。秩序なくしては、いかなる生もかたちをとりえない。ただしそれはかならずしも、プラトンにおけるような、真理にもとづいた秩序である必要はない。人工的な代用の秩序（体制）でもよいし、ときにはまた借り物の秩序というもの奇妙なものであってもよい。われわれが取りあつかっている時代には、借り物の秩序によって激動する世界に少なくとも文学的・美的保証を与えようとする試みが人文主義においてみられる。ルネサンスは古代の復活からその名を得ている。さらにその復活のなかで——すでにみたように——ルネサンスの新しい遁世が生まれたのである。この人文主義の要素は、ルネサンスの危機構造を認識するさいに、まさに基本的な意味をもつものなので、この概論を締めくくるにあたっても、その要素を引きつづき考察する必要があるだろう。そのうえ人文主義は、マキアヴェッリにおいて、きわめて純度の高い研究を可能にする。ルネサンスの人びとは、同時代に発見できなかった生の保証と総合的秩序を古典古代の模範のなかに探した。たとえば専制君主はしばしば公然と古代の見本に庇護を求めたし、敵対者たちもまた古代の僭主暗殺者に同朋を見いだした。そうした現在の美的な変形と昇華の意味を、コラ・ディ・リエンツォがその称号を得たローマの護民官のようなかたちと事例において、とくに明確に読みとることができる。しかしまた同時にほかならぬこの時代逃避には、現実的な生の諸関係の要求に応えられない無能さが含まれているので、その変形と昇華の意味のいかがわしさを読みとることもできる。ただし古典古代の引用が、学問的な装飾品でもなければ文学的な美辞麗句でもないことに変わりはない。たしかに「あらゆる謀反人中もっとも救いがたい」（ブルクハルト）カティリナ[41]がとくに好まれて引用された点に、その退廃の度合いをみることができるのであるが。だがときおりこのカティリナの引用も、ブルトゥス像にはかなわぬことがあった。たとえばフィレンツェの自由が最終的に失われる直前に、ミケランジェロによって製作されたきわめて刺激的なブルトゥスの胸像。その大胆不敵な眼差しにもかかわらず、彫像の上には、未完成の状態によって強調された感傷的な悲しみが漂っており、これと同じような感傷的な悲しみを、ミケランジェロは、きわめて荘厳なやり方でサン・ロレンツォ聖堂の新聖具室のメディチ家の墓標にも与えている。ミケランジェロのブルトゥス像においては、暗殺者の記念像さえもハムレット的な「思索する人」の兄弟にすぎない。ブルトゥス像も思索する人も、もはや目覚めようとしない、曙、昼、夕暮れ、夜という四つのアレゴリーの影に覆われているが、ブルトゥス像のほうには――フィレンツェの特別な政治状況はべつにしても――とっくの昔に過ぎ去ったものへの物悲しい憧憬が表現されており、その憧憬は、たとえその像が古典古代を見本にして創作されていたとしても、過去と現在のあいだに広がる溝をけっして忘れさせることがない。このような特別な例のほかにも、現在の生は、古典古代の観察のなかに精神的な支えを得ようと努めていた。中世の時代に生に意味と内実を与えていたものは、ことごとく破壊されていた。しかしながら意識へと目覚めた精神は、拠りどころにできる新しい理想をまだ探している最中だった。そこで精神は、古典古代の財宝に貪欲に手を伸ばしたのである。そのさい決定的だったのは、ルネサンスにおける古典古代がそれほど生き生きと完璧に仕上げられた新しい存在形態としてではなく――たしかにそれもあるにはあったが――むしろ遁世の見本や理想的な規準として復活したことである。なにしろ人文主義はまず第一に文学的そして教養的人文主義なのだから。しかしまさにこの精神的な希薄化から、ルネサンスの人文主義は、みずからを往々にしてまさに退廃の道具にするなにか虚ろに揺れ動くものをもつようになる。人文主義は、たとえ秩序の媒体となる定めにあるとしても、全般的なルネサンスの退廃から逃れることはできない。そもそも途方もない危機の時代の人文主義というものは、構築と崩壊とのあいだのまだ解明されていない中間の位置にしばしば登場するものなのだ。

ルネサンス人文主義のこの性格が、新しい研究にもとづいて、最近ますます明らかにされつつある。

その結果ペトラルカは、ロマン主義者としての、根本において中世の修道生活の後継者としての特徴をいっそう強めている。ただし人文主義の遁世はあくまでも啓蒙された個人の内面を領分とする。自己のより高い精神的本質を意識した新しい人間は、みずからの内面性を事実関係の世界に、なかでもとくに都市の初期資本主義の新しい経済的現実に対立させる。経済的現実は卑俗だとみなされ、心の底から軽蔑される。この特徴がペトラルカとマキアヴェッリを、すなわちその著『フィレンツェ史』において再三再四イタリアの市民的都市国家のぶざまな戦争のやり方を攻撃したマキアヴェッリを結びつける。ところがまさにそのことによって、このふたりの人文主義者自身が、あらゆる点で危機にむしばまれていたことが明らかになる。なぜなら当時にあって唯一実りをもたらした反応は、新しい市民的経済運営の世界から独自の生の原理をつかみとることにあったからだ。結局のところマキアヴェッリはつねに、経済に関していえば、強奪と抑圧から成り立っている無秩序な経済運営の古い封建主義的な考えにとらわれたままであり、初期資本主義システムのなかに芽生えはじめていた整然たる経済運営のどの形式も大いに軽蔑していた。[42]したがってまたわれわれには、社会経済学者としてのマキアヴェッリの名誉救済をはかる（K・クニースからJ・テヴネにいたる）さまざまな試みも、完全に的はずれであるように思われる。マキアヴェッリは、みずから証言しているように、経済生活の生きた諸形態とはまったく縁がないのであり、経済的現実に関してそれでもなお彼の作品に入りこんでいるものは、積極的な関心から生みだされたというより、雰囲気的なものにすぎない。これに相応してまたマキアヴェッリにおいては、打算的な商売の精神すなわちフィレンツェの商人気質が一般的な生の決算へと象徴的に薄められ、そのなかで人生における幸運と能力の取り分が考量されている。しかしこうした遁世によって、具体的な現実と、精神的な生の体系全般にみられるような現実の精神的克服とがどんどん切り離されていった結果、現実も、ルネサンスの精神的な生の体系も、どちらももう一方に近寄ることができなくなったのである。つまり現実のほうは——新しい始まりをめざす無数の試みにもかかわらず——合理的な規準へと硬直し、理性を世界征服の道具から年金を欲望する安全性の庇《ひさし》に変えることによって、他方、精神的な生の体系のほうは神話のなかに消え去ることによって、それぞれ敗北したのである。そのさい神話は極端に美的な尺度をもって現実に歩み寄り、その尺度にまったく足りないと称して、あっさり現実とのかかわりを断ってしまう。神話はせいぜい高慢に、人文主義の怒りの文学のなかで光を浴びるにすぎない。このように、たしかに人文主義は新しい社会秩序への手がかりを提供するが、しかしそこから生まれるのは教養社会にすぎず、その教養社会が現実に対抗する姿勢は、中世の修道生活、より正確にいえば中世後期の放浪生活のものとそれほど違いはない。人文主義者たちは社会的放浪者としてあらゆる社会階層を斜めに横断し、そのことによって階層の秩序をゆるめる。彼らはみずからの教養の国を宗教的な約束であるかのように築きあげるが、周囲に不機嫌と不満足をまきちらすことによって、ルネサンス人の大いなる不安をより大きくしてしまう。その約束のもつ本質的に美的な性質によって、教養社会の秩序は、具体的な現実形成とくに経営および経済上の仕事の次元から遠く離されたのである。道徳的に秩序づけられた生活であらねばならなかったものが、まさに教養のままに終わり、形式と秩序と法にしたがって完全に構成された社会であらねばならなかったものが、なんの拘束力もない社交のままに終わった。それゆえわれわれは、ヤーコプ・ブルクハルトがしばしば言及しているような、ルネサンス人文主義における市民社会成立のきざしをそれほど重要視することはできない。人間の共同生活は、ペトラルカの場合、現実とは無関係の友愛として形づくられているにすぎない。たしかに友愛は人間社会の基本形式のひとつであるが、すべてではない。むしろ逆である。つまり友愛の基盤は、エロス的で美的なものであるがゆえに、まさに秩序という秩序をまったく取り返しがつかないほどぶちこわしかねない。昔から、友愛の絆、団体、秘密結社は、整然たる社会体制をきわめて重大な危険におとしいれてきたのだ。たとえそれらが閉じられた社会体制の周縁でのみ成立しうるとしても。したがって、たとえば友愛はある意味で家族を止揚する。家族の根本原理が、エロス的で美的な友愛とはまったく性質を異にするからである。しかし最終的に友愛のなかには、現実の共同生活形成が問題になるやいなや美的なものを克服しようとする、もうひとつの道徳的で拘束的な性質がある。ところがルネサンス人文主義は、まさにこの現実の共同生活とその生活にまつわるもろもろの義務から逃れようとしている。ルネサンス人文主義は、友愛が負担をかかえこむやいなや、友愛を裏切って口論好きの誹謗文学に堕落するか、さもなければ手紙によって現実の共同生活のさまざまな義務から逃れたのである。たしかにいつの時代のどの国の人文主義者たちも、たえざる手紙の交換によって仲良くなり、まったく見知らぬ者同士でさえも書簡上の友愛を申し出ている。しかしこの美的な接近には、まさに事実上の接近をけっして求めない点に、あるいは、とくにこれまたペトラルカにみられるように、ときには現実の接近をあけすけに拒否する点に、憂慮すべき非現実的なもの、結社的なものが含まれている。また友愛と同じように、恋愛による共同社会のかたちも実現される可能性はほとんどない。恋愛は、いつまでも憧憬と「はるかに遠い愛」のままに終わり、日常のもろもろの義務から逃れるが、同時にいっさいの結びつきからも遠ざかる。つまりルネサンス人文主義は、一方では個人の啓蒙に忠実に参加しており、その点で明らかに中世の保証体制の解体の延長線上に位置している。しかしもう一方では、この事実と化した個人、いっさいの結びつきから解放された個人は、新しい現実的生の形成に対するあらゆる要求を飛びこえて、現実世界のはるか上空を浮遊している。現実世界はといえば、すでに中世の生の体系が揺らいだことによって危機に瀕し、内部が脆くなっていたために、皮相な合理主義のめまぐるしく変化する不安定な目的に全身全霊で打ちこむようになる。その当然の帰結として、初期資本主義における市民社会の最初の形態はふたたび消滅せざるをえない。

ルネサンス人文主義の精神的な浮遊は――ブルダッハの注釈によれば――イタリアにおける生の現実からの宿命的な別離に、つまり亡命と追放に、もっとも奥深い原因を有している。「ルネサンスは亡命者特有の気分から生まれた」(ブルダッハ)。故郷から無理やり引き離されたことによって生じた気分、とくに教皇がアヴィニョンに逃れた時代の荒々しい派閥争いが引きおこした気分は、すべての秩序思考を憧憬にみちた精神的なものへ希薄化せざるをえなかった。なにしろペトラルカもダンテも、ついでにいうとマキアヴェッリも、空間的にばかりか恨みによっても、故郷から長いあいだ引き離されていたのだから。ところで、帰還した亡命者たちがつねに騒ぎのみなもとだったとすれば、彼らはまた、ブルクハルトのいうように、ユートピア的な構成物のためにきわめて肥沃な土地を提供したのである。したがってもし彼らが現実的な生の形成から逃れて、彼らの心底傷ついた郷土愛に火をつけることになる美的・神話的約束のなかに隠れたとしても驚くにはあたらない。自分があとに残してきた諸関係に対する亡命者たちの批判は、現実的な生の形成への責任が少なければ少ないほど、いっそう厳しさを増す。そこで彼らは好んで、その面前であらゆる現実と自己完結した形式が砕け散るような極端な神話をつくりだす。実際また彼らはけっして(あるいはめったに)みずからの幻影を現実化しようとして思い悩むことはない。そのため亡命者の帰還はつねに破局へ通じるのである。たとえばフランスのテルミドール九日のクーデターのような政治的破局や、ルネサンス時代のイタリアのような文化的破局へ。なぜならイタリア統一の理念は、ほとんど一貫して、無数の派閥争いと互いに競い合うさまざまな権力中枢の陰謀のせいでイタリアを、あるいは少なくとも故郷の都市を去らねばならなかった人びとによって構想されたのだから。そのため彼らにとってこの統一の理念は、最初から神話的な遠い幻像へと美化されているのだが、その幻像は、混乱した現実の上空を美しい夢のように浮遊するか、あるいは寛容でおだやかな慎重さのほうがふさわしいようなところで、その現実に永劫の罰をくだすための手段となる。いやそれどころか破れかぶれの跳躍ぶりで、マキアヴェッリのように、きわめていかがわしい、きわめて暴力的なイタリア統一の手段を助言する。マキアヴェッリは、ときおり――のちにフィヒテが一九世紀初頭のドイツの内部崩壊の時代にそうしたように――大胆にもイタリア的特性を強制する真の「専制君主」になろうとした。しかし強制というものはいずれも手段と目的が一致していないことのあらわれであり、その点にも、その時代の現実の諸関係と精神的な要求とのあいだにすでに亀裂が生じていることが明らかになる。しかし抑圧が抵抗しか生まないように、この種のあらゆる暴力的な企てもまた――ごく当然の憧憬に由来するものだったとしても――予想もつかぬほどの大爆発を引きおこす。その爆発のなかで、無理やり現実と結びつけられた遠い目標は、純然たる革命的神話のなか、もしくは完全なる無力さのなかに沈みこむ。イタリアにとってこの爆発とは、掠奪され凌辱されたローマの瓦礫の下にイタリア統一を最終的に葬り去ったローマの掠奪を意味する。

事実性との妥協

しかしこうした人文主義の遁世にもかかわらず、人文主義の個人もまたルネサンス全体の特徴である事実性への全般的な方向転換から生まれている。事実性を求めるこの衝動は、ふつう収集や観察に、あるいはまた未知の国々の探求のなかに出現する。その頂点に位置するのがアメリカ発見であり、アメリカの名前は、コロンブスの仕事仲間、フィレンツェ人のアメリーゴ・ヴェスプッチ[43]に由来する。さらにまたかつての正統なカリスマ的支配権が幻想であること、より正確にいえばイデオロギーであることを暴露したのも、この事実性の精神だった。マキアヴェッリは、世襲の封建国家を支える基盤として、ただ持続の習慣しかあげることができなかったのである（『君主論』第二章）。こうして剝きだしの権力の実体が権力のイデオロギーに取ってかわる（フォン・マルティン）。この変化は――活発な商業活動に対応して――たちどころに金の力や整然たる経済運営となってあらわれる。概して生の全体は、一種の巨大な簿記、すなわちそのなかで計算がなされ、大小が比較考量され、打算的に計画が練られる簿記とみなされる傾向を示してゆく。ただし打算的な市民精神へのマキアヴェッリの批判に関して言いそえておかなければならないのは、その巨大な生の簿記が、まだのちの世紀の小商人根性に染まっていなかったことである。まったくもってわれわれは、計算する個々人が世界の征服を企てるような資本主義の英雄的時代に生きている。貿易商を意味する英語「マーチャント・アドベンチャラー」が、当時の精神をいちばんよく再現している。当時は、計算することで安全を求めるのではなく、むしろ地上の財宝を支配する権力を求めたのであり、一瞬たりとも休息を思うことなくその権力への欲望に身を焦がしたのである。休息のことを考えたのは、市民的世界に対してひじょうに高慢な態度をとる人文主義者だけだった。彼らは混乱した世界から田園詩や牧歌へ逃げこんだのであるが、むろんそうした芸術上のジャンルのなかへ逃げこんでも、興奮した人びと（や自分自身）を抑制することはできなかった。目が覚めたとき、彼らはまたしても未熟な英雄主義に没頭する。そして最後に生まれたのが、英雄的生へのきわめて学問的な指導というパラドックスである（たとえばジャンバッティスタ・ピンニャ）。牧歌と英雄主義のあいだを揺れ動く人文主義者たちの極度のぐらつきは、いずれにせよ不健康であることに変わりなかった。一方、並走する市民的世界は大胆かつ打算的な世界征服をつづけていた。しかしそうなるとこの市民的算術には、たとえばブルゴーニュ公シャルル（勇胆公）のような、沸きたつ情熱に駆られてまったく無益な目的を執拗に追いかけた人物を理解することができなくなる。マキアヴェッリの同時代人たちはとっくの昔にシャルルの中世的、騎士的空想を理解する能力を失っていた。同じように彼らは根本において、フランスやイギリスやスペインの専制君主を理解することもできなかった。それらの国の専制君主は、みずからの力強い現実政策になおも王権神授説という宗教的光背を付け加えることによって非現実的な微光につつまれており、その点でイタリアの都市国家の暴君たちとは一線を画していた。当時のイタリアは神を失っていたのである。他の国民がまだ君主に全能の名残りを認めていたのに対し、イタリア人はまさしく人間の権力の（多かれ少なかれ）目的にかなった計画しかみていなかった。戦争さえ一種の計算問題と化していた。それゆえに、極悪非道の激情によってわれわれの度胆を抜く傭兵隊長たちを観察する場合には、この特徴をけっして忘れてはならない。それどころか彼らにとって戦争はたんなる商売なのだ。海外貿易にいそしむイタリアの諸都市――ピサ、ジェノヴァ、ヴェネツィア――がとった軍事作戦は、ときとしてまさに株式投機の様相を呈しているし（ルーヨ・ブレンターノ）、戦利品の取り分は作戦への参加の度合いによって決められていた。そしてこの好戦的な商人気質は、教皇さえも一五世紀には往々にしてトルコ人と手をにぎり、連帯する西洋のキリスト教徒の思想を残らずあっさり捨ててさってものごとを計算したという事実が示すとおり、すべての精神的な結びつきをなんのためらいもなく無視するのである。純然たる事実性を意のままにあつかうこの計算の精神と同じものを、やがてわれわれは――市民社会を嫌悪していたはずの――マキアヴェッリの作品にもみることになろう。ヴィルヘルム・ディルタイはじつに的確にこう表現している。「マキアヴェッリにあっては、商売の論理や観察や帰納法や比較としての、また生と歴史というテーマにおける一般化としての実践悟性が、直観的な臨機応変の力をもちい、演繹法を嫌悪することによって、商売の領域のみならず学問の領域においても自己の優位を自覚している」。それがこの「事実を計算する実証的空想」である。マキアヴェッリはこの点でけっして孤立してはいない――しかしながらついでにいうとマキアヴェッリは、そのような実証的空想の政治的現実への応用の点ではおよそ第一人者ではない。われわれがみたところ、政治的現実の解釈に関するこの計算的でありながらも実践的な商才は、ヴェネツィアの公使報告書において、その後二度と超えられることのなかった力量の頂点に達している。ヴェネツィアは、都市自体の大きさに比してじつに信じがたいほど遠くまで勢力をおよぼしていた。ほかならぬそのヴェネツィアでは、日常生活を徹底して計算する精神がとくに念入りに仕上げられていたので、おそらくここが近代統計学の発祥地であるということができるだろう(ブルクハルト)。そして発達した産業と、メディチ家にも繁栄をもたらした広域貿易によって、マキアヴェッリの故郷フィレンツェが二番目に来る。フィレンツェ人の統計的・計算的思考において重要なのは、彼らが経済のみならず生全体をその思考でつつみこんだことである。たとえばブルクハルトが引用している統計的な性質をもったある記録は、一四二二年の出来事をいっきに数えあげて、「新しい市場」の周囲に七二の両替商の店があること、現金売りの合計金額が二〇〇万グルデン金貨にのぼること、また当時の新しい金糸紡績工業や絹織物について、さらに古い建築物をふたたび地中から掘りだしたフィリッポ・ブルネレスキや、古代の文学と雄弁術を復活させた共和国書記官レオナルディ・ブルーニ(アレティーノ)(44)について言及し、最後に、当時は政治的に平穏だったこの都市の一般的繁栄と、外国の傭兵部隊から解放されたイタリアの幸福について記述している。いまや外見上の存在全体が計算や綿密な算定に支配されるようになったのであるが、政治の領域でもまったく同じことが起こっていた。とくにフィレンツェ人がたえず、マキアヴェッリを筆頭に、政治活動の陰影と濃淡の隅々にいたるまで、ディルタイのいうところの「商売の論理[45]としての実践悟性[46]」をしみこませようとしていた。マキアヴェッリのほかにもグイッチャルディーニ、センニ、ヴァルキ、ヴェットーリなどが、フィレンツェのこの発展期に関する記述を残しているので、われわれは当時のフィレンツェの状況をほぼ完全に掌握している。ところでその実践悟性[47]は、全面的に土着の伝統的思考と解釈されうるものでもなければ、プラトン、アリストテレス、トマス、さらにダンテのいう意味での包括的、理想的な世界把握と解釈されうるものでもない。むしろ、あらゆる束縛から解放されてはいるが、かといって真実への見通しを獲得したわけでもない思考に当然そなわっているような、ごく特別の意味で一種の中間的な、自由に浮遊する知性と解釈されうるものである。この知性は、とくに諺の類や民間の神話にあらわれる土着の伝統的思考から実践的精神を得ている。また（すべての具体的存在から切り離された）絶対的なものに根ざした思弁からは、いっさいの現世の束縛からの自由を、イメージの自由を得ている。しかしこの知性は、そのどちらにも身を捧げることなく、中間物でありつづける。この知性は、なるほど伝統的思考のように具体的ではあるが、内にはらんだ可動性のせいで伝統を形成することができない。したがってそれは、民間の諺にではなく、文学的なひらめきやアフォリズムや逸話や短編小説になる。この知性は、たしかにその可動性によって、いっさいの現世の重圧から解放された自由の思弁の入り口まで到達するものの、いかなる専制政治よりも厳しく束縛する自由の義務を認識するにはいたらない。この知性は、自由であるがまじめさをもたない。つまり自由に漂う根なし草であり、そのことはとくにピエトロ・アレティーノ[48]のようなタイプの人間をみればよくわかる。彼は、故郷の都市を去らねばならなかったとき、そのことを喜び、自分の作品を——当時の知的な市場である——大小の宮廷で、そのつど最高の報酬を申し出た相手に売りわたしたのだった。アレティーノほどではないが、他の人びとにもみられるこうした根なし草の状態は、なかでも修辞学に対して、あらゆる点で決定的な役割を果たしている。こうしてわれわれは、一種の中間的な、自由に浮遊する知性としてのルネサンスの実践悟性という名称にたどり着くのであるが、この知性は、あまりに自由に浮遊しすぎて、堕落した根なし草と化すこともあった。ちょうど傭兵隊長たちの行状が、賢明で慎重な計算から冷淡な犯罪性までの広範囲におよぶように。ちなみに生の可能性がこのように似ていたせいで、すでにルネサンス時代から、傭兵隊長と人文主義者の比較がおこなわれていた。

危機の産物として得られたこの中間的な、自由に浮遊する知性の枠内にマキアヴェッリも入っている。われわれがつぎに検討しなければならないのは、いかにして彼の思想が、フィレンツェ共和国書記官としてのきわめて実務的な仕事のなかから発展していくのかということであろう。彼の思想の起点にあるのは革命的な体験ではない。そこにあるのは大きな包括的経験である。実際またそれゆえにフランシス・ベーコンは、つぎのような言葉をもって後世の人びとにマキアヴェッリを読むことを勧めたのである。「われわれは彼に感謝する義務がある、なぜなら彼は、人間たちがどう行動すべきかではなく、人間たちが通常どう行動するかを、率直にずばりと表現したのだから」[49]。マキアヴェッリは、経験を文学に移すさいに、たとえばテオフラストスの『性格論』にみられるような人間の一般的描写にとどまることはない。むしろディルタイが特徴づけた「事実を計算する実証的空想」によって描写の域を乗りこえ、そのようにしてフィレンツェ人の一般的な「生の算術」から特殊な意味で「政治の算術」をつくりだしたのである。

政治的美学への途上で

しかしそのような表現では、ルネサンスの特徴もマキアヴェッリの特徴も十分にいいつくすことはできない。さしあたりわれわれは、新しい事実性に対するマキアヴェッリの立場を観察したにすぎないのであって、つぎにわれわれがやらなければならないのは、ルネサンス思想のそのほかの支流を輪郭だけでも描きだすことである。ペトラルカを一例とするような初期人文主義は、なるほど高慢に歴史的・社会的世界の卑俗な活動に背を向けるが、にもかかわらず国家の問題にかかわりをもつ。もっとも国家の現実とのこの接触は独特なものである。心の奥底においてペトラルカは政治家ではないからだ。ある面で彼は非現実的な「こころよさ」を享受することに逃げこみ、心を刺激する美的な輝きを発する場合にだけ世界を体験し、生のあわただしい営みを軽やかな牧歌に変え、その牧歌をもとにふたたび体験の対象を選択する。と同時にもう一方では、そのような感受の仕方から最初は締めだされていた国家の現実を、ほかならぬ新たに復活したローマの理想像のなかに昇華させる。たとえローマの護民官の職位が頓挫したとしても、彼にとってリエンツォのあげた成果は、その理想像を保証するための貴重な証《あかし》となる。こうしてペトラルカは、夢想家的な牧歌と英雄的高揚をともに心にいだきながら、両者のあいだをあっちこっち揺れ動いた。彼がモンヴァントゥ登山を大いにたたえたとしても、自然は、彼にとって主観的省察を引きだす原動力にすぎないのである。とはいえ、世界が美的な自己満足の契機と化すこの変化は、ペトラルカと歴史的・社会的世界の諸形態との関係に、いちじるしい不安定さを持ちこまずにはいなかった。つまりそこでもまた彼はなにごとに対しても真剣に関与することがなく——その折々で——ときには新興のローマ共和国に感激し、またときには世界君主政に熱狂するような、厳密な意味での政治的ロマン主義者となったのである。人文主義的雄弁が、彼をいっさいの現実のかなたへ、なかでも特別な生の形態（共和政、君主政、僭主政治）とのすべての結びつきのかなたへ連れ去ったため、国家の現実に対する彼の態度は、どう見積もってもきわめて疑わしいものとなる。彼は形式化された体験のなかだけで生きている。せいぜい現世の秩序の向こう側の一種の美的・神話的次元で生きているにすぎない。彼は古代から手本をもらい、それに合わせて自分の体験に形式を与える。しかし彼の基本的態度は――問題となるのが友愛であれ、恋愛であれ、国家であれ――相変わらず遁世の態度であるため、当然のことながら、数世代まえなら彼はみずからの生き方を修道院に見いだしたであろうということができる。実際また彼はしばしば修道院生活の誘惑と戦わなければならなかった。ここで特筆すべきなのは、彼の体験の力が――イタリア語の詩を除けば――しだいに弱まってゆき、最後には、いざとなれば体験がなくても機能する人文主義の装飾遊戯のきっかけにすぎなくなっていることである。生を真剣に受けとめない者は、しだいにすべての真剣さをなくしてしまい、最初は生き生きと感受した生の甘美さが無味乾燥の図式に変わってしまうのだ。

文学者的人文主義のいかがわしさは国家的・社会的現実と接触するときにきわめて顕著になるが、もちろんそうした人文主義とともに、もっと大地に根をはった人文主義も存在する。こちらはとりわけフィレンツェ共和国の宰相で、多数の著書のなかでもとくに暴政に関する著作（一四〇〇年）によって有名になったコルッチョ・サルターティをはじめ、中間的な立場をとる人物において明らかになる。サルターティはその著作のなかで、古代の自由の概念を不当な暴政に生き生きと対置させてはいるものの、暴君への抵抗を権利と法律の枠内でしか認めていないので、中世的な秩序の考え方とのじつに奇妙な混合物を生みだしてしまっている。にもかかわらず、この論文はすでに純然たるルネサンスの産物である。国民主権の教説が明確に国家的・イタリア的特徴を帯びているからだ。このようにサルターティの思考は、マキアヴェッリの場合と同じように、国家の生の新しい現実に対して開かれてはいるが、かといって彼は秩序の倫理的尺度を放棄しているわけではない。そのためサルターティは、たとえばリエンツォやペトラルカとは違って、美的に神話化する古代の理念に惑わされて具体的な歴史的・社会的世界から逃亡するようなこともなかったし、蘇生した未亡人ローマの遁世的夢想にふけることもなかった。彼が直接的事実性を超えていくときは、かならずまた中世の秩序体系に、すなわちいかなる現世の出来事も最終的には神意によって引きおこされており、歴史のあらゆる決定的瞬間に神の手がみえる秩序体系にしたがっている。ただしこれはサルターティが神学者だという意味ではない。それはむしろ最後の可能性にすぎないのであって、ふつうなら権利と法律があれば歴史的・社会的世界の秩序にとって十分なのである。サルターティは、神学と政治を事実上分離した点で――たとえまだ原則的に分離するまでにはいたっていないとしても――完全にルネサンス人だといえる。また彼は、すべての熱狂を嫌い、歴史的事実の教えにのみ耳を傾け、ペトラルカふうの、あるいはマキアヴェッリふうのありとあらゆる遁世的な構想から逃れた点でもルネサンス人であった。とくにマキアヴェッリと比較したとき、彼が完璧に現実的政治家であったことがわかる。実際サルターティは、三〇年間フィレンツェ共和国の宰相の職にあり、広範囲におよぶ文筆活動と詩作のほかにも、つねに果たすべき仕事をもっていた（A・フォン・マルティン）。そのため彼は、敬愛する師ペトラルカが交際相手をよく考えもせずに暴君ガレアッツォ・ヴィスコンティを訪問したとき、精神的にもペトラルカを見捨てた。ペトラルカがこの暴君を訪問したのは、どんな君主であれ、いくらかでもその栄光に与って祝儀をはずんでもらえれば都合がよかったからである。

　市民的人文主義者のタイプとしては、とりわけサルターティの偉大な弟子で、のちにフィレンツェ共和国の宰相となったレオナルディ・ブルーニ（アレティーノ）があげられる。ブルーニの著わしたペトラルカ伝には、古代ローマにおいても当時の諸国家においても文化の最盛期と自由の最盛期を重ねる有名な箇所があるが、この箇所が示すとおり、ブルーニのなかにもまた都市市民の自由主義的理想が認められる。ブルーニは、禁欲的で頑迷だったサルターティよりはるかに世間に対して心を開いていた。しかし——ペトラルカを讃美していたせいでそうした推測を誘いかねないが——プラトン的エロスによって具体的世界を飛びこえてゆくようなことはなかった。むしろ最初のうちはプラトンを崇拝していたが、最後はアリストテレスに傾倒した。彼には、熱狂と現実的形成の中間をとるアリストテレスの立場がイタリアの現状に合うように思われたのだった。事実またブルーニの思考は、およそ人間的な生の享受と社会秩序との絶妙なバランスを獲得する——両者の緊張をやわらげるために、サルターティは中世的な極度の苦労を必要としたのだったが。ところがまさにこの市民的人文主義は、フィレンツェの共和政がメディチ家の支配と入れかわるやいなや、たちまち忘却される定めにあった（H・バロン）。ブルーニやサルターティの市民的で慎重な考え方は、生を具体的な中心でつかむことを好むが、マルシーリオ・フィチーノ(50)の新プラトン主義的・神秘主義的なプラトン主義は、それとはまったく異なる方法で人びとを魅了した。生の具体的な中心はいまではメディチ家に属しており、他方、自由は思索という霧のかかった遠方に押しやられていた。コジモとロレンツォ・デ・メディチ支配下のフィレンツェ人に残された唯一の自由は、討論の自由だった。そのためポッジョ・ブラッチョリーニ(51)とサルターティの争いのあいだにすでに危機におちいっていたひとつの考え方が、その後ブルーニとともに全面的に忘却されたのだった。この争いにおいて、サルターティはキリスト教的な生の秩序を擁護し、ポッジョのほうはむなしい大跳躍を試みる。つまりポッジョは、サルターティが権威を盲信していると思いこんで、進歩の擁護者となり、非歴史的に絶対化された古代を引き合いにだしたのである。一方のサルターティは、もっぱら古典古代を、しだいに解体しつつある古い世界の枠内で手にいれたみずからの認識を強調するためだけに援用した。サルターティは、伝統に対してこのように慎重な態度をとった点で、ルネサンス最初の「万能の人《ウオモ・ウニヴェルザール》」、レオン・バッティスタ・アルベルティ[52]に似ている。アルベルティは建築家として、古い家の壁をただ取り壊してしまうのではなく、それを新しい家の建築に再利用すべきであるとつねに力説していた。

このような考え方をする「土着の人文主義者たち」は、市民的な初期資本主義の精神とひじょうに近しい関係にあり、レオン・バッティスタ・アルベルティは、まさに都市市民の「保護者」と呼ばれてもよい（ゾンバルト）。したがって都市市民は、中世の市民が置かれていた素朴で子どものような束縛状態とは無縁である。むしろ都市市民そのものが、四方八方からルネサンス人に向かってなだれこんでくる事実性のなかに不動の権力を——いまや金の力を——築こうというその独特の冒険心ゆえに、純然たるルネサンスの特徴を帯びている。ほかならぬアルベルティのほとんど悪あがきにも似た秩序思考のなかに、そうしたたえざる冒険に付着した深刻な不安をはっきり感じ取ることができる。ただし彼はその不安を、経済性、倹約、深謀遠慮、用意周到な準備、すなわち混乱した現実に対抗して市民的人間のエートスから取りだされた、形式のためのありとあらゆる要因によって克服することができた。冒険がいかに間近で、冷静に計算された人生をつねに待ち伏せていたかは、まさに中世末期にひじょうに大きな意味をもっていた海上掠奪の企業家精神をみればわかる。結局のところ一五世紀の探険旅行は海賊行為のひとつの変形といっても過言ではないのである。ジェノヴァ、ヴェネツィア、ピサはその豊かさの基盤をもっぱら海賊行為に負っていたといえる。しかしまもなくこの冒険的な土台の上に、たとえば契約遵守、団結心、経済性などを媒体にした独自の秩序体系がつくられた。契約遵守は、たしかに最初のうちは、ルネサンスの事実性と無保証性にふさわしく、利益だけにもとづいていた。しかしほかならぬアルベルティに関していうと、彼が忠実さを人間的な商取引と交際の基本形式とみなすときには、かならずまだ中世的・協同組合的精神を明確に貫いている。彼の家庭経済の理念も明らかに実用的であるばかりか、いわば普遍的な世界経済学に基礎づけられている。この世界経済学においては、その秩序体系がまったく継ぎ目をもたず、すべてが互いに調整されているのと同じように、各要素が互いに嚙み合い、無益なものはひとつもない。繰り返していうが、この体系は、だからといって平穏に静まりかえるわけではない。むしろ、全力をふりしぼって形式を手にいれようとする、自由に浮遊する人間のけたたましい喧騒を内側からいっぱいに響かせる。ちょうどルネサンスの商取引の周縁では、最後の手段として、いまなお掠奪がおこなわれていたように。こうして市民階級は、秩序を求めて努力するなかで、まだどうにか可能であるかぎり中世との古い結びつきを残らず維持しようとした。初期ルネサンスの市民階級は敬虔で謙虚で信心深い。彼らの会計帳簿の冒頭には神の名が記され、敬うべき利益の範囲はきわめて小さいものであって、「適正価格」についての中世の教えが相変わらず優位を保っていた。また極端な競争――解放された人間が犯す例のもっとも宿命的な所業――も悪の烙印を押された。人びとは、合法的か否かを問わず、ありとあらゆる手段で客をつかまえようとするのではなく、客を待つのである（ゾンバルト）。ただし、客を待つことによってめざされていたのは、目的を意識して信用を高める「名望」ばかりではなかった（たしかにこの名望ゆえにのちに最悪の金銭欲がのさばりえたのであるが）。そのことはまさに、人びとが強い社会連帯感によって結ばれ、家族を頂点にいただく秩序正しい共同体を形成していた点にはっきりあらわれている。ここでいう家族とは、これまたアルベルティの『家族論』から発展したような家族のことである。家族とは、信仰のあついキリスト教の普遍的な神の秩序にあっては超現世的に、しかしまた人間社会の集団的秩序においてはきわめて(53)現世的に築かれうる秩序の仕組みである。超現世的であれ現世的であれ、たとえばロレンツォ・ヴァッラに対する反論が証明しているように、家族はとにかく秩序でありつづける。ヴァッラは、法律上の妻より愛人を、家族秩序の要求より情熱の要求のほうを重視することによって、まぎれもなくルネサンスの既存の無保証性を修正不能の決定的事実とみなす人びとの側についていた。実際また彼は、コンスタンティヌス大帝の寄進状(54)が偽造であることを証明して教皇の保証権を揺すぶったのだった。

しかし、もしこの新しい市民世界が人文主義者と結束しているようにみえたとしたら、それはごく表面的な関係にすぎない。中世の封建主義に対抗して新たに台頭しつつある階級として、自己の威信を高めるために人文主義者たちを好んで引きよせた市民階級の側からみても、ひじょうに表面的な関係である。じつのところ人文主義者たち自身が、かつてこの市民階級から出てきたのだった——ボッカッチョは商人の出であるし、アルベルティはフィレンツェの毛職工の息子である。しかしその後市民階級は、自分の権力に輝きを添えるために、才能さえあれば、まったく見さかいなく外国人たちを集めた。代表的な都市の官職には好んで外国人が雇われた。なにしろ一四二九年から一四六五年まで筆をとっていたフィレンツェの書記官たちは、フィレンツェの支配下にある都市アレッツォの出身(レオナルディ・ブルーニ、カルロ・マルツッピニ、ベネデット・アッコルティ)か、もしくはポッジョ・ブラッチョリーニのようにフィレンツェの「新領地」の出身だったのである(ブルクハルト)。そうやって共同体的な結束はすでに基本的に破壊されており、有用な能力が仲間の団結より重視されていた。たとえばニッコロ・ニッコーリも、自力で獲得した能力の持ち主を伝統的貴族より高く評価している。しかしその一方で、「土着の人文主義者たち」でさえ、ふたたびペトラルカのような根なし草の形姿に近づいてゆく特徴を示していた。ペトラルカの利己的な独身者としての生き方とサルターティの家族をあつかう冷淡さのあいだには、わずかな違いしかない。ふたりはどちらも、家族という社会的な秩序形式を、みずからを形成しつつある個人を拘束する鉛のおもりとみなしており、そのことによってみずからが、いかなる社会体制にも（制度的な教会の組織にさえ）順応しようとしない修道士、すなわち修道会との絆によって現世の生き方の真剣さから逃れる修道士とまったく同類であることを明らかにしている。このように冷淡な人文主義者の高慢さはすぐに歴史的・社会的秩序の世界から全面的に離脱する。したがってその歴史的・社会的秩序はまたしても、新たな形成を開始するための唯一の媒体を失ってしまい、保証なき世界を救済するための展望をもたらすことができなくなる。新しい市民階級は孤立したまま封建主義の猿になり、かつて倹約と中庸と節約によってつくりあげたものを湯水のように使い果たす。最後に一六世紀の腐敗した市民世界は、強力な支配者を求める叫び声のなかに最後の救済をみるのであるが、それが自発的な生の形成に対する無能さを破廉恥に喧伝するばかりだということに気づかない（フォン・マルティン）。一方の人文主義者たちは、このような展開のなかで、ますます中世末期の遍歴詩人に似てくるのだが、それらの遍歴詩人は（ブルクハルトをはじめとする一連の主張にもかかわらず）いまだにルネサンス・人文主義の先駆者、ひいては近代の文学者の先駆者として正当に評価されていない。

もし人文主義が歴史的・社会的生と国家をあっさり無視するか、あるいは市民階級に対してたんに報酬を受けとる召使いとしてかかわるだけだったとしたら、全体としてみたときの状況はまだそれほど危険ではなかったであろう。ところが実際には人文主義は、市民的・社会的現実ばかりか国家の現実をも手中におさめ、双方にその美的な毒を注入し、美的・神話的秩序の幻影を言葉巧みに信じさせることによって、両者の進路を自己形成からそらしてしまう。この影響はひじょうに深刻なもので、ルネサンスの危機構造を文字どおり決定づけるものとなる。事実これからわれわれは、純粋に美的で自由な人文主義の雄弁が社会的・国家的世界の形成に強引に介入するのをみることになろう。すでにわれわれは、ヴァッラが妻より愛人を優遇するのを目にしたが、そのことによって愛はたわむれの恋へ、社会秩序は社交の美的な仮面遊戯へと薄められる。のちにこの仮面遊戯の集大成を引っさげて登場し、それを全ヨーロッパの愛読書にしてしまったのがカスティリョーネである。同じようにまた国家の現実も美的に衰弱させられる。公使や政治特使さえもおもに人文主義的教養によって選ばれたことが、それを端的にあらわしている。それどころか公使はまさに「雄弁家」と呼ばれたのであり、それも明らかに代弁者という意味ではなく、古代の雄弁術にいそしんだ人という意味においてである（これと同じ考え方に動かされて、教皇ピウス二世[55]ことエネア・シルヴィオは、「教皇」の称号だけではなく「最高の雄弁家にして詩人」の称号をも要求したのだった）。そのさいじつに興味深い経緯が観察された。すなわち最初のうちは、まだたしかな基礎をもつ社会的・国家的生の上に若干の美的な強い光が差して、それまで人文主義者によって無視されてきた現実世界の頂点を燦然と輝やかせているにすぎないのだが、最後には国家が、隅から隅まで美的なものを媒体にして形成されるようになり、ますます具体的な現実から引き離され英雄的神話にまで希薄化するのである。この国家概念の最後の名残りが、ヨーロッパ・バロックにおける君主政のもったいぶった王権神授説にほかならない。

　このような政治的美学への途上、土着の人文主義と根なし草の人文主義のまん中に、血統正しい高貴な生まれであるヴェネツィア人フランチェスコ・バルバロ[56]（一三九〇―一四五四年）が、きわめて独自なあり方で位置を占めている。貴族政体ヴェネツィアの構成員であり、その著『黄金の書』のなかで、正当な支配権を有する偉大な家系を慎重に数えあげ、すべての部外者を支配から締めだしたこの人物のなかには、びくともしない堅固な氏族感情が息づいている。そのため彼は、その『婚姻論』のなかで（アルベルティと同じように）、中世末期の修道士的な結婚嫌悪からも、また人文主義的放蕩者の淫蕩な結婚嫌悪からも距離を置いて、家族形成の手ほどきをすることができた。しかし彼は、そうした社会秩序の感性はそなえていたが、まさにヴェネツィアにとって決定的な意味をもつ経済的現実を見る目がなかった。そのため商業上の問題処理に対するさげすみの気持ちを剝きだしにした。逆に彼は――ほとんど他のだれにもまして――古代の見本の真の根元をつかむことができたので、古代を見本にした現在の形成を過度に重視した。彼は、ローマの偉大さが「ローマのヴィルトゥ」の上に築かれたことを認識していた。マキアヴェッリは、この「ローマのヴィルトゥ」を故意に避けて、ルネサンスの産物である「ヴィルトゥ」と取りかえる。ローマのヴィルトゥは、古代ローマの血縁的な考え方ときわめて緊密に結びついたまったく道徳的な原理であって、倫理的な原動力を意味する（このことは、のちにローマの退廃を分析したモンテスキューにもよくわかっていた）。この力は、社会のもろもろの秩序に対して、個々人を全体の秩序にしっかり固定する「敬虔さ」というかたちであらわれる。敬虔さとは、「信心深い沈思と、彼（政治家）の保護下にある人びとへの献身」（P・ゴートハイン）である。一方、ルネサンスの「ヴィルトゥ」のほうは、あらゆる秩序から解放された意志であって、いかなる犠牲を払っても行動を欲する純然たる政治上の強烈な力である。国家の秩序は、その強烈な力に表面的な箔《はく》を与えるにすぎず、箔の下では、欲望のあまり思慮を失った権力追求の悪事が渦巻いている。たしかに根本においては、「ローマのヴィルトゥ」も「ヴィルトゥ」もともにローマの偉大さの分析論に含まれる。だが政治的な衝撃力のなかで永続的な偉大さを獲得できるのは、既存の秩序の枠内で自制することを心得た、またそのために自由に浮遊する力の見る狂った夢だけではなく新しい秩序と文化形態をつくりだすことのできる力だけである。ローマのヴィルトゥについてこのような見解をとるバルバロは、実際マキアヴェッリと対照的である。バルバロによれば「ヴィルトゥ」の上位に敬虔な「敬愛」が位置する。彼の場合、「ヴィルトゥ」と「フォルトゥナ」の対立は「理性」と「フォルトゥナ」の対立というかたちをとる。この「理性」が正しい者の揺るぎなさを決定づける。正しい者は、たとえときおり「権謀術数」をもちいて事態を切り開き、決定を武器によって無視することがあっても、その者の最高の特性は「誠実」である。バルバロは、このような考え方の趣旨を、コジモ・デ・メディチとの対決において、きわめて明確に要約することができた。すなわち重要なのは状況に屈する（フォルトゥナに屈する）ことではなく、いかなる状況にあっても、個々人の武力を国家の権威と秩序より優位に立たせないことであると。これは貴族政ヴェネツィアの特徴をとらえた絶妙の表現である。フィレンツェの場合は、状況によって強制されたと主張し（マキアヴェッリはこれを「必然」というだろう）、最後にはあさましい幸福追求に走ってしまったが、これとは対照的にヴェネツィアが示した貴族的な控えめな態度は、理性と熟慮によって、それが国家の実質でありうるような、まったく独特の政治家の威厳を生みだした。その威厳をもって、この潟に囲まれた都市は、数百年のあいだ地中海東部を広範囲にわたって支配したのである。このことは、バルバロがそうした貴族的な控えめさでヴェネツィア独自の利害を追求しただけではなく、解放されたイタリア像をも思い浮べていたことをみれば、とくに理解がしやすくなる。高齢のバルバロは、ヴェネツィアの権力拡大より全イタリアの問題を重視することによって、ヴェネツィアとミラノの新たな戦争を阻止しようと試みる。ミラノ軍に包囲されたブレッシャの司令官だったバルバロは、イタリアの自由がかかっているという希望のもとに、生命を賭してみずからを慰めることができた。実際彼はすでに包囲されるまえから、イタリアは内部抗争を控えるべきであり、そうすればいっそう効果的に野蛮人やトルコ人から身を守ることができると言明していた。これは多くの点でダンテやペトラルカを想起させる言い回しである。だがこうした政治家的な先見の明にもかかわらず、バルバロは精神的に挫折していた。しかもその挫折を決定づけたものこそ、まさに彼の人文主義だった。たしかにバルバロのなかでは（他の人びとと同じように）人文主義的雄弁が中世の「観想生活」に文字どおり取ってかわっていたため、「良く生きるという規則」が日々の要求をさりげない手つきで押しのけることができたのであるが、彼にとってはやはり当時の現実と歩調を合わせることは無理だったのであり、そこにはまた一種の神秘的な脆さもあずかっていた（ベルナルディーノ・ダ・シエーナ）。たしかにバルバロはミラノとの戦争再開を阻止しようと試みた。ミラノには、かつてヴェネツィアに雇われていた傭兵隊長で、のちにヴィスコンティ家の後継者としてミラノ公にまでのしあがったフランチェスコ・スフォルツァが仕えていた。ところがバルバロは、高貴ではあるが現実性に欠ける態度をとって、ヴェネツィアがその裏切りをけっして許そうとしなかったスフォルツァの優秀さを称讃するという過ちを犯した。そのためヴェネツィアはバルバロの助言と判断にも腹立ちを覚える。こうしてミラノとヴェネツィアは、バルバロの努力にもかかわらず戦争に突入したのである。この戦争はカンブレー同盟によるヴェネツィア没落の先触れであり、これによってイタリアの自由は破滅に一歩近づいた。さらにバルバロが根本的に無力をさらけだしたもうひとつの問題は、ボスポラス海峡を越えてコンスタンティノープルと東方正教会をおびやかしていたトルコ人に対するキリスト教世界の十字軍計画だった。この種の計画に関しては、とくにヴエネツィアはきわめて慎重であらねばならなかった。ヴェネツィアは、脅威にさらされたコンスタンティノープルの救済を願いつつも、黒海貿易においてある意味で依存していたトルコ人と争うわけにはゆかなかったのだ。しかしバルバロは、概して人文主義的な高慢さで社会秩序における経済の意味を見逃したように、このときも自分の故郷が商業都市だという事実に対して盲目であることを暴露した。人文主義的に浄化されたキリスト教信仰を胸に、バルバロは、教皇の心を十字軍遠征に向けることができると信じていたし、また皇帝フリードリヒ三世がただ戴冠式の費用ほしさにイタリアに来たことを苦々しくも認めざるをえなかったにもかかわらず、皇帝と教皇の再提携という大それた夢をみていた。教皇自身がのちにすすんでトルコ人と手を組んだことをみれば明らかなように、バルバロの論拠はとっくの昔に現実との結びつきを失っていた。一四五三年にコンスタンティノープルがトルコ人に奪われたとき、バルバロはそれを深刻な恥辱だと感じる。しかし結局のところ彼の人文主義的・美的態度は、計画的な戦争の準備もせずに不信心者を撃退する大天使を待つだけだったギリシア人の心的態度と比べても、それほど現実的だったわけではない。トルコ人に対する敗北はまさに精神的敗北でもあったが、そのさいただひとつ（人文主義に仲介されない）真の意味での古代の態度だけが破滅を免れた。バルバロはその態度で、ブレッシャの包囲を乗りきったのである。すなわち道徳的抵抗力を衰えさせることなく最大の打撃を受けとめ、支持者たちを彼自身が送った有望な知らせで上機嫌にさせておいて、故国が彼をどうやら見捨てたようにみえたときさえ、なお故国に忠誠を保ったのだった。

　ところで人文主義的・美的精神の持ち主が国家観および社会観をさらにどのように深めていったかという問題は、たとえそれがきわめて魅力的な課題であることが明らかになったとしても、ここでこれ以上追究することはできない。われわれにとって重要なのは、「文人」と「衒学者」による根なし草の人文主義と土着の市民的人文主義が併存していたことであり、後者から出た人文主義的・美的精神の持ち主が国家と社会に関する学説をきわめたことである。これはフランチェスコ・バルバロをみればいちばんよくわかるが、レオン・バッティスタ・アルベルティやレオナルディ・ブルーニにおいても一目瞭然である。このように人文主義はただたんに生から遠く離れていただけではない。むしろ生を取りこんで、その生をまったく独自の美的・抽象的領域へと誘惑する。その卓越した代表者としていずれマキアヴェッリがわれわれのまえに姿をあらわすであろうが、この新しい政治的人文主義は、むろんペトラルカにおけるような夢想的な機会原因論とはまったく異なっている。ペトラルカにとって政治的現実は、現実を奇妙にぼやけさせる感情遊戯と思考遊戯のためのきっかけにすぎなかった。またこの新しい政治的人文主義は、当時とにかく「モダン」だった古代仕立てによる中世の秩序形式の復興にすぎなかったサルターティの市民的人文主義とも異なっている。新しい政治的人文主義は、むしろバルバロが開拓した路線を踏襲したもので、そこでは社会的・国家的現実が古代の表象を介して「イメージ」につくりかえられていた。つまりきわめて奇妙なやり方で精神的なものに薄められていたのである。この過程はバルバロの場合、たとえば彼が、ひじょうに現実的な権力政治から生まれた親族支配的なヴェネツィアの貴族政体の慎重さを「優生学」によって歪曲し、支配者に選ばれた者たちの美的社交の礎にしようとしたやり方にあらわれているが、それは裕福なヴェネツィアと裕福なフィレンツェの「金色の若者たち」(57)の青春の夢にぴったり合うものだった。しかしバルバロはそのためにみずからが没落の直前になってもなお妙なる色に咲き誇る、古い幹についた遅咲きの花であることを証明している。

バルバロがまだ寡頭政の都市国家という部分的な枠のなかで実行していたことを、のちにマキアヴェッリは、イタリアの政治という総合的見地にまで拡大する。しかしその方法は旧態依然としている。全体としての国家建設が現実的な事実と存在条件からではなく、美的遊戯のなかで構想されているからだ。ただし、この美的遊戯の対象がこのときにはもう人文主義者のための教養と教育ではなく、権力に変わっている。マキアヴェッリは、当時としてはただひとり、権力が国家を治めることを見抜いていた。われわれの目には、サルターティやルネサンスの大小の暴君はみな、まだしも「現実的政治家」に映るが、マキアヴェッリはそうした「現実的政治家」ではない。彼は暴力行為の唯美主義者であって、暴力行為を盲目的な孤独から解き放ち、その武器にダイアモンドで飾られた黄金の縁取りを与えたのである。すると武器はそのときから奇妙ないかがわしい輝きを放ちはじめ、暗く誘惑的なきらめきによってはるか遠くにいる人びとさえもその影響下に引きよせる。マキアヴェッリの思想は、ペトラルカの場合がまだそうであったのとは異なり、個々の現象にひらめいてそのつどさまざまなヴィジョンを形成するのではない。むしろマキアヴェッリは、政治的な力の遊戯を全体でひとつのイメージに変えるのである。ペトラルカがほかならぬ機会原因論によって美的次元と実生活の次元のあいだに一線を画し、実生活の次元を軽蔑してその頂点においてしか燃え立つことがなかったのに対して、マキアヴェッリは政治的世界が無数の多様な動きをともなって燦然ときらめくのをみた。マキアヴェッリは政治的現実を美的現象としてしか正当化せず、そのような美化に抵抗する部分、つまり整然たる経済社会をあっさり考察の対象から外してしまう。そのことによって、みずからのそもそもの出発点が人文主義であることを露呈するのである。たしかにマキアヴェッリを人文主義者と対立させて観察する試みは、これまで繰り返しなされてきた（最近でもなおトッファニンが試みている）。事実マキアヴェッリの発言の多くがその方向を示している。たとえば「武装していない予言者」への嘲笑（『君主論』第六章）や、彼自身は役にたつものを書いて国家を建設する力が実際はいかなるものであるかを示そうと考えているのに対し「多くの人びと」は国家がどうあるべきかを空想してきただけだと述べた例の有名な箇所（『君主論』第一五章）。しかしマキアヴェッリにおいても意志と行動のあいだに隔たりがあるのはべつとして、われわれが忘れてならないのは、武器も独自の光彩を放つこと、現実がもはや内的な秩序の力の表現および形態とみなされず、もっぱら表皮とみなされるのであれば、現実はみな美的に輝きはじめることである。それどころか、現存する世界の意味が全面的に放棄された状況下で生きることのできる条件はただひとつ、現実を美的現象とみなすことである。そのような態度はかならずしも無為の喜びへ通じるものではない。なぜなら受動的ニヒリズムと同時につねに能動的ニヒリズムというものが存在し、後者は、美的に正当化されるだけでそれ自体は秩序をもたない現実から、ニーチェの言い方にならえば、いわゆる「巨大な政治」をつくりだすからだ。これこそまさにルネサンス人文主義のなかでマキアヴェッリが果たした役割である。それまで政治はつねに「倫理学」の一部としてあつかわれてきたが――この場合「倫理学」はかならずしも人倫に関する学を意味するわけではなく、どちらかといえば思考に対立する人間の意志に関する学を意味した――いったんマキアヴェッリの手にゆだねられた政治は、意志そのものがたんなる美的現象とみなされるような普遍的美学の一部となる。厳密にいうと、意志が美的な特徴を帯びてあらわれるのは、その決定の突然性や、せいぜい鈍い地下のとどろきによってしか予告されなかった意志の奔放な噴出の意外性や、輝かしい冒険への無法な出発といった、要するに秩序とは無縁の、今日では「決定主義」と称されているあの恒常的興奮においてである。そのためすでに早くから、マキアヴェッリは過去の偉人たちの「香り」に酔い（『君主論』第六章および『ローマ史論』第一巻、はしがき）、その香りによって彼らを現前させようとしているといわれてきた（G・フォークト）。そのさいマキアヴェッリ自身は同じ箇所で「賢い射手たち」に言及し、自分の方法がきわめて非現実的でとらえどころがないことを明らかにしている。すなわち賢い射手たちは、射るべき的があまりに遠距離で、弓の力の限界を超えていると思われる場合に、目標よりずっと高いところにねらいを置く。それは、高いねらいに矢を届かせるためではなく、そうしてねらいを高く定めたおかげで、本来の目標に近づくようにするためである。この言葉によって、世界をけっしてあるがままに叙述せず、世界をそうした仮の目標に合わせて修正するマキアヴェッリの方法自体もまた技巧的であることが明らかにされる。マキアヴェッリにとっても、他の人文主義者たちにとっても、仮の目標は古代である。そこでわれわれは、マキアヴェッリを解釈する場合にも、もはや人文主義の雄弁を、マキアヴェッリの「政治的リアリズム」と対立させて「美的・道徳的イデオロギー」とみなすのではなく、その政治を育てた主要な源泉のひとつとみなす最新の提案（D・カンティモリ）にしたがうつもりである。そうするのは、人文主義自体が「国家的でない」といったような批判、たとえば解放され統一された新しいイタリア像が言葉と同様に剣で生みだされたのだと考えた人びとがおこなったような批判から人文主義を守るためではない。逆に、ある種の「政治」、すなわち国家を言葉のゆえに無視したりはしないが、国家そのものを未曾有のいかがわしさで言葉に売りわたしてしまうため、そこから生まれたものを国家としてまじめに受けとるべきなのか、あるいは言葉としてまじめに受けとめるべきなのか最後にはもうわからなくなるような政治の、きわめて美的で軽薄な性格を明らかにするためである。

　マキアヴェッリがこうした政治的美学を切り開いた環境は、もはや若きフランチェスコ・バルバロを同年齢のロレンツォ・デ・メディチ（コジモの弟）や人望の厚いグアリーノ・ヴェロネーセたちと結びつけていたような「金色の若者たち」のゆるい結合ではなく、むしろ人文主義的な秘密集会であって、そうした会合は、「アルベルティ家の園」（サルターティの時代）やサント・スピリト・アカデミーやマルシーリオ・フィチーノのプラトン・アカデミー以来、ほかならぬフィレンツェには数多く存在した。それらの秘密集会で新しい社交の精神が形成されたように、人文主義的な秘密集会においてもまず最初に政治問題が議論されたのであるが、それらの政治問題は、集会の美的目的によってはじめから色づけされていた。プラトン・アカデミーでのように、たとえ哲学上の問題が本来の議論のテーマであった場合でもそうだった。秘密集会におけるそのような美的着色は、たんなる偶然ではなく、そこには集会の非現実的性格と結びついた独特の必然性があった。この秘密集会というのは、たしかに厳密な意味で「結社」と呼べるものではなかったが、具体的・現実的目的なしに結ばれたものであって、高邁な精神性をそれ自身のために育成することを義務としてみずからに課していた。実際また、まさに人文主義者のような本質的に非社会的人間がそのような結社ふうの秘密集会をとくに好むことはありうる。そうした集会においては、非社会的な人間の特徴を如実に示す多幸症的状態が集団的に高まるため、その状態が政治的なものにまで浸透して、そこで政治的多幸症という、美的・政治的な遠い目標に陶酔する、ふつうの社会的尺度ではもはや計りきれない感情の高まりを引きおこす。その遠い目標がいっさいの現実の上に突きでているように、細部の認識もまた本来の連関から切り離されて誇張されることが多い。たとえば画家がわし鼻の人間をほかならぬ鼻だけに、背中にこぶのある人間をほかならぬこぶだけにしてしまうときにもちいる方法で。これはしかしまったくもって美的普遍化の方法であり、実証的認識とは無関係である。このことは「入会者」にしか理解できず、「他の人びと」を「俗物の度胆を抜く」(58)という形式で遮断するような認識の強靭な非社会的性格にもあらわれている。いずれわれわれは、まさにこの思考方法がマキアヴェッリにおいても力を発揮していることをみることになろう。マキアヴェッリは「オリチェラーリの園」において、この思考方法を育てると同時に、すでにもっていた素質をその方向に伸ばす機会を十分に与えられていた。ちなみにルチェラーイ家の庭園で開催されていたこの秘密の会合に、遠くから影を落とすバルバロの影響が認められることには、関心の目を向けざるをえない（D・カンティモリ）。この秘密集会の常連の多くが——たとえばアントーニオ・ブルチョリの対話に出てくるような——サヴォナローラ派や一五二二年にも反メディチ家の陰謀をめぐらせた共和主義者の仲間だったことは事実である。つまり彼らは一見したところマキアヴェッリとはなんの関係もない、少なくとも『君主論』とは関係がないようにみえる（トッファニン）。その一方で彼らの思考「技術」は、議論の照準を「ユートピアふうに」歴史の大きな目標に合わせている点で、まったくもって従来の人文主義者の方法とマキアヴェッリの美的普遍化を踏襲している（カンティモリ）。事実彼らには、メディチ家の復活以降はほとんど選択の余地がなかった。ちょうど一五世紀中葉の市民的人文主義者にとって、コジモ・デ・メディチが権力を掌握したあとそうであったように。コジモは、権力をしっかり掌握する一方で、フィレンツェ人の愛国心を守るためにフィレンツェにある程度の自由を認めていた。とはいえ実際の権力はメディチ家の手中にあったので、彼らはただ「政治的理論と教義という観念の領域」に引きさがるほかはなかった（H・バロン）。ただし彼らの思考は「夢の国」[59]にだけとどまっていたわけではない。決定的なことは、彼らがまさに「現実の」状況を注視しようと努力したことである。たとえその直後に現実の状況がふたたび美的に昇華されたとしても。これは「ユートピア的」という言葉（デ・サンクティスによればカンティモリもこの概念をもちいている）ではほとんど表現できない事象である。また、その事象に中世的な概念の実在論の影響をみる見解も役にたたないように思われる（最近またしてもH・E・キンクがこの見解を示している）。なぜなら美的昇華はいずれの場合もイメージにとどまっており、まさに概念的ではないからだ。この集会で開拓されたものこそマキアヴェッリの政治的美学にほかならない。ブルチョリが、自分は実在した国家あるいは実在しうる国家だけを描写するつもりだというときや（マキアヴェッリ『君主論』第一五章参照）、つねに黄金の時代だけを称讃しておきながら自分たちが構想した詩的な国家では生きられない人びとをからかうとき（マキアヴェッリ『ローマ史論』第二巻、はしがき参照）、われわれはまさにマキアヴェッリ自身が話しているのを聞く。これらの議論の一般的なねらいは、たしかにフィレンツェの古い自治都市体制の復活であるが、その体制は――出発点は所有財産の配分と防衛制度にまつわる諸現実だったが――すでにマキアヴェッリの『ローマ史論』における古いローマ像と同じように、美的に理想化されていた。マキアヴェッリがこのサークルのなかで、けっして純粋に共和主義的とはいえない『ローマ史論』の一部（「陰謀について」の章）をなんの障害もなく朗読できたことを、ここで強調しておかなければならない。同時にまた実質的にまったくもって『君主論』の延長線上にある戦争の技術に関する対話を、まさにこの「オリチェラーリの園」で実演させている。このような事情をかんがみると、「共和主義的」傾向にことごとく真っ向から対立する彼の『君主論』が、このサークルで知られていなかったとはとうてい考えられない。しかしこうした秘密集会の考え方は美的で真剣さに欠けるものであり、実際は生の闘争によってしか決定できないものを議論で解決しようとする傾向があるので、マキアヴェッリが思想的にそれほどサークルの枠から外れていたとは思えない。だがなにより彼は、言葉すなわち修辞学についての議論に魅了されたことであろう。修辞学は、当時はもう人文主義的な華麗な雄弁や論争とはみなされず、イタリアを解放するための手段と考えられていた。そのため言葉と武器がぴったり接近していた。[60] にもかかわらず「修辞学上」[61] の関心は保たれていた。ただし修辞学は――ピコ・デラ・ミランドラがエルモラオ・バルバロ宛ての有名な書簡に記したように――是が非でも説得する技術にほかならないと考えられることはもうなかった。「修辞学上」の関心は、依然としてマキアヴェッリにも影響を与えている。彼は君主に対してこう要求しているのである。君主はたえずいろいろな美徳をそなえているように「見せかけ」なければならない（『君主論』第一八章）、そうした美徳をほんとうにそなえていて行使するというのは有害であるが、ただたんに見せびらかすだけなら有益であると。マキアヴェッリはその理由として、民衆の心は外見と成功によってつかむことができるし、この世の中には民衆しかいないのだからという。この純粋に修辞学的精神で考案された言い回し（G・フォークト）は、たとえ彼がべつの箇所（『君主論』第一五章）で、一般に肯定されている美徳と君主に不可欠な性質とを区別しているとしても、それとは矛盾しない。なぜならそこでもこういわれているからだ。君主は細心の注意を払って、そのような悪徳の汚名《インファミア》を避ける必要がある、ただし、ほかの方法では国を救うことができないという緊急の場合には、ためらわずに汚名を受けるべきである、と（「しかしながら、ひとつの悪徳を行使しなくては、自国の存亡にかかわるという容易ならざる場合には、汚名などかまわず受けるがよい」）。

マキアヴェッリにおいても純粋に修辞学的要素が生きつづけていることは疑いないが、修辞学がもはやギリシア語やラテン語ではなくイタリア語という「俗語」で表現されたために、修辞学をめぐる論争の色合いは違ったものになっている。イタリア語を使うことによって、民衆の関心を、知識人だけの問題ではない国家の諸問題に向けさせるべきだ。この命題はうわべは反人文主義的にみえるが、われわれはこれを正しく理解しなければならない。まず第一に、言語を形成するものとしての修辞学は放棄されてはいない。とはいえ修辞学は、ラテン語で書かれていようとイタリア語で書かれていようと、人文主義的に俗世から遠く離れたものである。第二に、美的要素を国家と社会の生に持ちこむのは、ほかでもない修辞学的に形成された言語である。なぜなら――ラテン語であれイタリア語であれ――修辞学としての言語は、「最上のものをより美しくし、それ以外のものを切り捨てる」（「オリチェラーリの園」の参会者L・アラマンニの言葉）という独自の法則にしたがうからだ。こうしてフィレンツェの人文主義的な秘密集会のなかで修辞学と政治が合流する。修辞学と政治の合流は、マキアヴェッリの政治的美学においていっそう顕著になる。対話形式の小品『わが祖国の言葉についての談話もしくは対話』にも、この議論の残響が明白に認められる。しかし、まさにラテン語をイタリア語と交換しようとするこの言語論争からは、必然的にイタリア統一の理念が生まれてこざるをえない。ところが――これがその善意の努力の宿命なのだが――イタリア統一の理念は、修辞学的・美的抽象化をとおしてしか認識されず、現実とはみなされなかった。この事実は、われわれが『君主論』の最終章、あのたびたび引用され、たびたび誤解された「イタリアを蛮族から解放するための勧め」を考察するさいに重要な意味をもつことになろう。この勧めもまた修辞学的な憧憬にすぎないのだ。ある人びとの考えによれば、「オリチェラーリの園」でなされたさまざまな努力は、すべての言語の基礎すなわち秩序正しい社会生活が復興されないかぎり現実味のないあいまい模糊としたものに終わる定めにあった。われわれは、こう考えた人びとが正しいことを認めなければならない。彼らによれば、「オルチェラーリの園」における努力はちぐはぐな見当ちがいであり、したがってその試みは、実りも喜びもない文献学上の争いに終わらざるをえなかった。一方マキアヴェッリは――奇妙な歴史上の皮肉であるが――イタリア解放を主張するさいに、言語的にはあくまでも小邦分立主義者にとどまって、フィレンツェの方言がすべての文学の源泉であると主張し、普遍的イタリア語の存在を（ダンテとは逆に）否定した。しかしそれによって彼はものごとの核心をついたのであり、与えられた状況下でイタリア統一をめざす彼自身の努力のすべてに、じつに長いあいだ修辞学的な幻想にとどまる運命を与えたのだった。

マキアヴェッリの思想は、人文主義的な秘密集会の精神に深々と根をおろしている。そのためのちのちまでマキアヴェッリは、これらの秘密集会から生まれ発展するにつれて好んで宮廷ふうの形式をとった美的な社交と、きわめて密接な関係があるとみなされた。しかしマキアヴェッリの名をあげる者は、たいていの場合カスティリョーネか、宮廷の礼儀作法を分析したフランス人フィリップ・ドゥ・コミーヌのことをいっている。(62)だが、ある人物の名声の歴史においてその人物がだれに付き添われたかという問題は、たとえそのような系譜がこれまでほとんど漠然としかたどられてこなかったとしても、けっしてどうでもよいわけではない。とにかくこの同伴者たちは、マキアヴェッリの素性について、彼の周辺の人びとが叙述した大部分のものより、決定的な情報をわれわれに与えてくれるのだ。マキアヴェッリが位置しているのは、まさにルネサンス人文主義の美的な絆が解けて、無道徳的な宮廷ふうの社交と、同じように無道徳的な、美的にものごとを論じる反宗教改革の「巨大な政治」に分裂した時点である。巨大な政治とは、たとえば皇帝も教会も大量の仰々しい理論武装をととのえて政治に着手した中世にはまだまったく知られていなかった型の政治である。宮廷ふうの社交と巨大な政治は、どちらもつぎの時代に入ってからはじめて文字どおり飛躍的に発展する。しかし一六、一七世紀のヨーロッパの絶対主義における宮廷ふうの社交は、それからまもなくスペイン、フランス、イギリスで、一部はマキアヴェッリを攻撃する厳しい論争のなかで、生と自然に対する新しい感情によって解体される運命にあった。一方、美的にものごとを論じる巨大な政治のほうは反宗教改革時代に、イエズス会精神の彗星のような登場とともにヨーロッパ的な権力へ発展し、反社会的な会士の新同盟を生みだした。この同盟が、イエズス会精神の華麗な文化のなかで、極東から南アメリカにまで広がる生の証《あかし》をつくりあげたのである。この運動は、新しい国家共同体が内的に強化されたときようやく崩壊することになるが、イエズス会精神に対する戦いも、あらゆる方面の人びとがマキアヴェッリを引き合いにだすというかたちで繰り広げられた。歴史的認識は、マキアヴェッリと宮廷的社交との関係も、マキアヴェッリと結社ふうの奥義との関係も、はっきり見きわめている。

これまで述べてきたことは、ルネサンス文化の危機的性格を明らかにするための試みにほかならない。中世における双頭のヒエラルキーの統一性は崩壊し、統一性の中身が、保証された秩序からたんなる事実性に変化した。ところがこの事実性は、いったん基本的に自由になるやいなや、内部で野性的に渦を巻いて繁茂しつづけた。新しく生まれつつある時代のぼんやりした地平線を見渡すためには、そうした変化の原則的な点を示せば十分であって、それ以上は歴史家の仕事である。ヒエラルキーとともに社会の堅固な水平の層がことごとく消滅した。中世の教会が、その世界的な信者を精巧な認可システムと所属システムによって、併存する封建体制がそうであったように強固に秩序づけていたとしたら、いまではこれらの幾重にも層をなす水平の秩序が、世俗と宗教のいずれの領域においても、垂直に穴をあけられてしまったのである。世俗の領域では、権力の強奪者や不法な支配者が彗星のように無から身を起こし、めざましい出世を遂げたあと、ふたたび同じようにあっという間に失墜した。知的領域では人文主義者たちが――わずかな例外を除いて――すべての秩序を斜めに横断していった。中世末期の遍歴詩人が社会の周縁的現象だったとしたら、文学者の不法性がいまでは思想の真の原動力となる。哲学さえ不法性の手に落ちた。哲学もすべてを呑みこむ渦のなかで持ちこたえられなかったのだ。しかし秩序がなければ生が前進しないことに変わりはない。時代が自力で実質的な秩序に反抗したとき、不安に駆られた人間の、巨大な空《くう》の上を漂っている形式へのあこがれをみたすために、体制の見せかけの秩序あるいは借り物の秩序が登場する。この種の借り物の秩序が人文主義である。人文主義はいわば自分自身を現在に引きとめているみずからの影を跳びこえ、遠い過去——この場合はローマと古代ギリシア——のなかに新しい秩序の約束を探し求める。どのようにしてこの過去のイメージが未来の秩序を取りしきることになるかは、測り知れぬ謎のままである。なぜなら過去を現在と結びつける連続性がまったく存在しないからであり、過去と現在のあいだを歴史が仲介しているからだ。そのため現実的で慎重なフランチェスコ・グイッチャルディーニは、当然ながら、ローマの先例が現在も拘束力をもつことに疑いをいだいた。また、新しいローマは古代ローマと同じ場所に立っているのだから、イタリアの現在との関係が表面的・局所的なものにすぎない古代が逃避先になる必然性もなかった。こうして古代の復活という意味での新生は、どうしても美的で真剣味のないものにならざるをえなかった。それに引きかえ、たとえば地中海沿岸の中近東やスペインのアラビアの学問と結びついていれば、古代に関してさえも、もっと本質的な認識がイタリア・ルネサンスに伝えられたであろう。しかしルネサンス人文主義は、カトリック教会が帝政ローマの後継者として自己を表現した過程——「ミネルヴァの上にサンタ・マリア」——をいっそう強調し、処女マリアの下で古代の若い知恵の女神をふたたび掘り起こすことによって、生の秩序をさかさまにしたのである。しかしこの種の死者の復活は、あらゆる財宝発掘と共通点をもっている。それが真夜中に歴史の十字路でおこなわれること、そのため黒魔術としての正体をあらわす点である。事実、黒魔術とは人文主義者をいとも簡単におびき寄せることのできた学問、それを使えばいろいろな世界の秘密をいっきに解くことができると信じられていた呪文の魔術である。しかし実際にはその呪文はみずからの枠を超えることはない。それは内部だけで繁茂しつづけ、世界全体をマーヤのヴェールでつつみこむ。秘伝を授けられた者でさえ、もはやそのヴェールを引きさくことはできない。こうして時代はふたつの相互に関連のない部分に分裂する。つまり猛威をふるう事実性と美的・誘惑的な言葉の魔術に、あるいは事実関係の無秩序な恣意性と、事実性に生きるためだけに生まれたのではないあらゆる人びとの絶望した神話に。このような美的・神話的な魔術からマキアヴェッリの思想も生まれた。ただしマキアヴェッリはもはや——初期の人文主義者たちのように——美であり善であるものだけを評価するのではなく、歴史のまさに暗黒面を美的に高めた。さながら苦境に立つ魔術師が、もはや悪霊から逃れることができず、死にもの狂いで悪霊とともに賢者の石を発見しようと試みるかのごとく。あらゆる時代の文学的な退廃の非道徳主義と同様に、マキアヴェッリはその時代の腐敗しかかった死体に幻想的な光を当てるすべを心得ており、事実また血なまぐさい行為の描写に酔い痴れている。それを証明するものとして、たとえば『ヴァンダル人の王ゲイセリクスによるアフリカ征討の書』(63)の一部を翻訳したきわめて初期の(ひょっとすると青年期の)断片的仕事がある。この断片には国王ゲイセリクスによるヴァンダル族の北アフリカ侵入とカルタゴ征服の描写がみられるが、ヴァンダル族の残虐行為の描写は微に入り細をうがっている。たとえばいかにして彼らが強奪し、殺害し、荒らしまわり、寺院や家を襲い、釈放金を絞りとるために住民を苦しめ、悪臭を放つ泥を住民の口のなかに流しこみ、海水や酢を飲ませ、司教や僧侶を駱駝や驢馬のようにこき使って荷物を運ばせ、先の尖った棒で急き立て、子どもたちを鞭打ったり、足をつかんで母親の目のまえでふたつに引きさいたりしたかという描写。マキアヴェッリは、堕落を美的に高めることによって、自分もぞっとし他人もぞっとさせながら、その戦慄のなかで、みずからの企ての非凡さと平凡な世界との距離を感じて大いに満足している。われわれはそこで展開される見せものを——ある種の正当さをもって——楽しむことができる。たしかに精神が鈍化した者だけが、自分の凡庸さから逃れるために、真夜中に開かれた水門としての恐怖を必要とするのであるが。その一方でわれわれは、結局のところ美的遊戯から独自の真剣さを有する真の形式にいたってはじめてわずかばかりの歴史的正当性を獲得するような生がこのうえもなくいかがわしいことを理解しなければならない。ルネサンスは、偉大なときには芸術に向かう。しかし芸術は事実性の彼岸に、また人文主義者の文学的活動の彼岸に存在する。マキアヴェッリが政治的錬金術とともに形式を獲得したかどうか、その結果ついには当時の腐敗を芸術作品において克服したかどうか、これが本書の最終的な問いとなろう。

訳注

(1) テーヌ　一八二八—一八九三。フランスの批評家、哲学者、文学史家。
(2) フリードリヒ二世　一一九四—一二五〇。神聖ローマ皇帝（一二一五—一二五〇）。ナポリ・シチリア王としてはフリードリヒ一世（一一九七—一二一二）。教皇と争ってしばしば破門された。七、八ケ国語に通じ、学芸を保護した。自身も詩人であった。
(3) リエンツォ（リエンツィ）　一三一三—一三五四。イタリアの政治家。ローマで革命を起こし、貴族政治を打倒して共和政体を創設した。
(4) アウグスティヌス　三五四—四三〇。古代キリスト教の教父。聖寵博士と呼ばれる。
(5) サン・ヴィクトルのフゴ　一〇九六—一一四一。中世の神秘主義的スコラ学者。神秘主義と弁証法との結合を試み、純粋な神の直観を哲学の最高目的とした。
(6) ベルナルドゥス　一〇九〇—一一五三。フランスの神秘家、聖人。理性が信仰の領域を侵すことを嫌い、ひたすら観念による神との感覚的一致を人間の霊魂の達すべき最高段階とし、これをキリストとの霊的婚姻と説いた。
(7) ボナヴェントゥラ　一二二一—一二七四。イタリアのスコラ神学者、聖人。アウグスティヌス説の主要な代表者であったが、アリストテレスをも取りいれ、認識論では理性の抽象説と照明説との結合に努めた。他方アンセルムス以来の神秘派の伝統に忠実であり、とくにベルナルドゥスを重視した。

（8）フロリスのヨアキム　一一四五―一二〇二。イタリアの神学者、神秘主義者。
（9）ジョヴァンニ・バッティスタ・ヴィーコ　一六六八―一七四四。イタリアの哲学者。『新科学原理』を著わす。一九世紀になって再評価される。
（10）ジョルジュ・ソレル　一八四七―一九二二。フランスの哲学者、社会主義者。労働組合の団結と闘争を説き、神話としての暴力の必要性を唱えた。晩年には旧教的・反議会主義的立場をとり、ファシズムに利用され、ムッソリーニに「ファシズムの精神的父」と呼ばれた。
（11）オッカム　一三〇〇頃―一三四九頃。イギリスのスコラ学者。ロンドン南方のオッカムに生まれる。フランシスコ会に入る。後期スコラ学派の唯名論の建設者で、普遍的なものは言葉や概念だけのことで、実在するものでないとした。
（12）幻覚や恍惚状態によって神との神秘的合一をめざす宗教的運動で、教会の改革を唱えた。一六世紀のスペイン、一七世紀のフランスおよび一八世紀のベルギーで起こった。
（13）ローマ皇帝ユリアヌス　三三二―三六三。ローマ皇帝（三六一―三六三）。コンスタンティヌス一世の甥。異教に転向したため、キリスト教からは背教者と呼ばれた。古典研究と新プラトン哲学への愛好によりしだいに異教に心を傾けた。
（14）黄金の宝を守るとされる、体はライオンで頭と翼がワシの怪獣。
（15）マルシーリオ・フィチーノ　一四三三―一四九九。イタリアの人文学者、哲学者。メディチ家の庇護下にプラトン、プロティヌス、ヤンブリコス、プロクロス等の著書をラテン語に訳した。
（16）コンラディン　一二五二―一二六八。シュヴァーベン公（一二六二―一二六八）。ドイツ王コンラート四世の子。イタリアに遠征し、アンジュー家のシャルルからナポリ、シチリア王国を奪還しようとして、タリアコッツォで破れ、捕らえられてシャルルに引きわたされ、ナポリで斬首された。
（17）ジョン・ウィクリフ　一三二〇頃―一三八四。イギリスの神学者、宗教改革の先駆者。
（18）ジョン・ボール　一三八一没。イギリスの聖職者。タイラーの農民一揆は彼の言説によるところ多く、その鎮圧後セント・オルバンスで処刑された。

(19) ワット・タイラー　一三八一没。エセクスの煉瓦工であったらしい。労働条件および人頭税に反対してケント州に蜂起した。

(20) スイスのいわゆる原初三州、ウリ、シュヴィッツ、ウンテルワルデンの各州およびルツェルンを指す。

(21) ヤーコプ・アルテフェルデ　一二九五頃—一三四五（本書では一二八五年生まれとなっている）。フランドルの政治家。故郷のガンに勢力を占め、百年戦争の初期にガン市民の政治的指導者となって、フランスおよびフランドル伯に反対した。エドワード（黒太子）をフランドル伯にしようとして、毛織業者の反乱にあい殺された。

(22) フィリップ・アルテフェルデ　一三四〇—一三八二。前者の子。ガン市民を率いてフランドル伯に反抗したが敗れてローズベクで殺された。

(23) ブルボン　一四九〇—一五二七。フランスの軍人。

(24) フルンツベルク　一四七三—一五二八。ドイツの傭兵隊長。

(25) 本書では Alles Erdreich ist Österreich untertan の頭文字からなる標語と説明されているが、ラテン語の Austria Est Imperator Orbis Universi と解釈する説もある。

(26) ペスカーラ　一四九〇—一五二五。侯爵。皇帝カール五世に仕えた最高司令官。ミラノで計画されたカール五世に対する陰謀に参加するとみせかけ、皇帝に陰謀を暴露した。

(27) スティーヴン・ガードナー　一四八三（九三）頃—一五五五。イギリスの聖職者。ヘンリ八世の離婚問題処置のためローマに赴いた。ウィンチェスター司教。大法官。

(28) ウルジ　一四七五頃—一五三〇。イギリスの政治家、聖職者。ヘンリ八世の離婚許可を教皇から得られず王寵を失った。

(29) ウィリアム一世（征服王）　一〇二七（二八）—一〇八七。ノルマンディー公。イングランドに侵入し、ヘースティングズの戦でハロルド二世を敗死させて王位につき、ノルマン朝を開いた。

(30) ジギスムント　一三六八—一四三七。ハンガリー王（一三八七—一四三七）、ベーメン王（一四一九—一四三七）、神聖ローマ皇帝（一四一一―一四三七）。カール四世の子。コンスタンツ宗教会議を召集した。

（31）フリードリヒ三世　一四一五―一四九三。神聖ローマ皇帝（一四五二―一四九三）。ドイツ王（一四四〇―一四九三）。その戴冠式がローマでおこなわれたのは、皇帝として最後の例。

（32）ニッコーリ三世　一三八四―一四四一。フェラーラ大学を再興してイタリアでもっとも優れた大学にした。その子のボルソは学芸の保護者であり、またエルコレ一世はアリオストを保護し、その娘のミラノ大公妃ベアトリーチェ、マントヴァ侯妃のイザベラも文芸の保護者であった。

（33）ジョン・ホークウッド　一三二〇―一三九四。イタリアで名声を博したイギリス出身の傭兵隊長。イギリスで百年戦争に参加したあと、小隊を率いてイタリアへ行った。多くの依頼人に雇われたが、なかでもとくに教皇とフィレンツェのために戦った。軍人および助言者として全イタリアで人望を集めた。

（34）フランチェスコ・スフォルツァ　一四〇一―一四六六。傭兵隊長として武功をたて、ミラノ公ヴィスコンティの庶腹の娘ビアンカ・マリアと結婚してミラノ公となり、アンブロシア共和国を転覆し、ロンバルディアおよび北イタリアに威をふるった。

（35）ヘンリ・テューダー　一四五七―一五〇九。ヘンリ七世。リチャード三世を破って即位。ヨーク家のエドワード四世の娘と結婚。

（36）ヴェロッキオ　一四三五頃―一四八八。イタリアの大彫刻家、画家。

（37）バルトロメオ・コレオーニ　一四〇〇―一四七五。イタリアの傭兵隊長。ナポリ、ミラノ、ヴェネツィアに仕え、当代の戦略家として知られた。

（38）ドテナッロ　一三八六頃―一四六六。イタリアの彫刻家。ギベルティ、ブルネレスキと並んで、ルネサンス初期の三大彫刻家の一人。

（39）ガッタメラータ　一三七〇頃―一四四三。ヴェネツィアの傭兵隊長。

（40）ホッブズ　一五八八―一六七九。イギリスの哲学者、政治思想家。『リヴァイアサン』を著わし、自然状態から社会契約による絶対主権の国家成立を唱えた。

(41) カティリナ　前一〇八―六二。ローマ共和政末期のカティリナ事件の首謀者。放蕩無頼で産を傾けた。統領になろうとして失敗し、当時の社会に不満を有する者をあらゆる社会層から集めて陰謀を企てたが破れた。

(42) K・クニース　一八二一―一八九八。ドイツの経済学者。ヘーゲルの影響を受けて、ロッシャー、B・ヒルデブラントとともに歴史学派を創始した。

(43) アメリーゴ・ヴェスプッチ　一四五一―一五一二。イタリアの商人、航海者。ヴァルトゼーミュラーは『世界誌入門』によって彼を紹介し、そのアメリカの渡航を認めるとともに、アメリカという地名は彼の名に因むものであると主張したが、A・フンボルト以後、彼の渡航は疑問視されている。

(44) レオナルディ・ブルーニ　一三六九―一四四四。イタリアの人文学者。アレッツォで生まれたので、みずからアレティーノとも称した。クリュソロラスにより古典の研究に導かれ、メディチ家に仕え、ついで教皇秘書としてヨハネス二三世にしたがいコンスタンツの宗教会議に赴いた。のちフィレンツェの市民権を得、同国の宰相となる。

(45) フランチェスコ・グイッチャルディーニ　一四八三―一五四〇。イタリアの歴史家、政治家。フィレンツェ大学の法学教授。メディチ家のコジモ一世の擁立に努めた。

(46) ヴァルキ　一五〇三―一五六五。イタリアの学者。フィレンツェの人。

(47) トマス・アクイナス　一二二五―一二七四。イタリアの神学者、哲学者、聖王人。『神学大全』を著わす。キリスト教と古代文化とアラビア文化とを綜合し、中世における体系的キリスト教文化を創造した。

(48) ピエトロ・アレティーノ　一四九二―一五五六。イタリアの風刺文学者。教皇レオ一〇世に仕え、しだいに文名を高めた。のちヴェネツィアに居住。ドルチェとともに当時の権勢者を風刺した作品を書いた。

(49) テオフラストス　前三七二（六九）―二八八（八五）。ギリシアの哲学者。『性格論』で、風刺、諧謔を交えて当時の社会相や人間を描いた。

(50) マルシーリオ・フィチーノ　一四三三―一四九九。イタリアの人文学者、哲学者。メディチ家のコジモの庇護下にプラトン、プロティノス、ヤンブリコス、プロクロス等の著書をラテン語に訳し、その間フィレンツェのアカデミアの学長となった。プラトン学者ではあったが、プラトン哲学をキリスト教的に解釈した。またプラトンと新プラトン派とを厳密に区別していない。

(51) ポッジョ・ブラッチョリーニ　一三八〇―一四五九。イタリアの古典学者、人文主義者。教皇ヨハネス二三世の書記としてコンスタンツ会議に赴き、ドイツ、スイス、フランスの諸修道院でキケロ、クインティリアヌス、フロンティヌス等の多数の写本を発見した。教皇秘書、ついでフィレンツェの宰相として『フィレンツェ史』を著わしたほか、皮肉で機知に富む書簡や対話を残している。

(52) レオン・バッティスタ・アルベルティ　一四〇四―一四七二。イタリア前期ルネサンスの建築家、画家、彫刻家、音楽家、芸術理論家、詩人、哲学者。諸国に旅行し、ローマ教皇庁に仕えた。建築家としては、ルネサンス様式の確立に貢献した。『建築十書』は有名。

(53) ロレンツォ・ヴァッラ　一四〇六―一四五七。イタリアの人文主義者。ローマで教育を受けて、司祭、シチリア王アルフォンソ五世の秘書。教皇に現世の支配権を付与した証書が偽造であることを証明し、王の恩顧に報いたが、のち教皇と和睦し、ニコラウス五世の秘書、ついで弁辞学教授。

(54) コンスタンティヌス大帝がローマ教皇にローマおよびヨーロッパ諸州の支配権を認めたとする偽造文書。

(55) 教皇ピウス二世（エネア・シルヴィオ）　一四〇五―一四六四。人文主義的教養をもち、歴史、地理、修辞等を研究し、また詩作もした。

(56) フランチェスコ・バルバロ　一三九八―一四五四（本書では一三九〇年生まれとなっている）。イタリアの人文学者、政治家。教育に関する著書や当代の知名人との往復書簡集を残した。

(57) 金持ちでぜいたくな生活を楽しむ享楽的な若者たち。元来はフランス革命当時のパリの反革命的な青年たちの呼称。

(58) 一九世紀の前衛芸術家のモットーとしてもちいられたフランス語。ボードレールの言とされる。

(59) アリストファネスの喜劇『鳥』のなかの町の名。

(60) ピコ・デラ・ミランドラ　一四六三―一四九四。イタリアの人文学者、哲学者。人間の本質を探究して新しい人間観の確立を志し、また当時の占星術的決定論を打破して人間の自由を回復しようとした。自費で当代多数の学者をローマに招き、彼の提出した九〇〇条の命題を討議しようと企てたが、教皇に拒否され、破門された。

(61) エルモラオ・バルバロ　一四五三―一四九三。イタリアの人文学者。

(62) フィリップ・ドゥ・コミーヌ　一四四五頃―一五〇九。フランスの歴史家、政治家。シャルル(勇胆公)、ルイ一一世、シャルル八世に仕え、一時追放されたが、のち復帰し、ヴェネツィアに使した。

(63) ヴァンダル族は東ゲルマン民族の一部族で、五世紀にアフリカにヴァンダル王国を建設したが、六世紀前半東ローマ帝国に滅ぼされた。四五五年にローマを占領・掠奪した。

事実性の実践

もしわれわれがマキアヴェッリの思想を——前章で暗示したように——内部が崩壊した時代の産物および徴候として理解しようとするのであれば、崩壊の事実を一般的に述べるだけでは十分ではない。それに加えてその崩壊がまさにマキアヴェッリにおいていかなるものであったかを、その崩壊がマキアヴェッリの思想の独自性といかなる関係にあったかを明らかにしなければならない。この試みは、彼の人生が一五一二年のフィレンツェ共和国書記官時代の失脚を境にしてふたつに分かれているせいで、やりやすくなっている。それぞれの時期に彼は、傾向の異なる基本的な時代思潮をいわばべつべつに追体験する。人生の前半には国家という世界を純然たる事実性として体験し、後半には、その事実性の実践を神話的・美的構想で覆ったのである。なぜなら彼は、心の奥深くでは、現存する世界の純然たる事実に満足できないし、満足しようとしない人びとに属していたからだ。いかにも彼らしいせわしなさと神経質な緊張力が、彼に人生を一からやり直させたといえよう。前半期の仕事だけならば、彼は特殊な歴史家の関心しか引かなかっただろう。マキアヴェッリは、失脚と追放後の人生の転換によって、はじめてヨーロッパの偉人へと成長するのである。そのさい特筆すべきなのは、マキアヴェッリの成長があらゆる現実とくに国家の現実から無理やり引き離されたことを前提としている点だ。国家はこのときから彼の思考を独占する。こうした特別な状況ゆえに、いちばん簡単に彼に近づくことができるのは、伝記的考察の領域なのである。ただわれわれにとって重要なのは、彼の作品を左右している内的決定のほうなので、この伝記は「内的伝記」とならざるをえないし、外的データに関しては必要不可欠なものしか顧慮しないつもりである。彼の手紙の詳細な分析が、その外的なデータの代わりになるであろう。それらの手紙からは、当時の状況を丹念に描写した他のいかなるものより、彼の内的な生の転回点を明白に読みとることができる。

マキアヴェッリの少年時代のことははっきりしていない。一四六九年五月三日にベルナルド・ディ・ニッコロ・マキアヴェッリとその妻（ニッコロ・ベニッツィの未亡人）の息子として生まれたことはわかっている。マキアヴェッリ家は、フィレンツェから遠くないモンテスペルトリ出のトスカーナの古い家柄である。マキアヴェッリの父親は法律顧問だった。それほど豊かではなかったが、財産はすべて息子のものとなった。マキアヴェッリ家は全体としてみれば中小の役人からなる新興の階級に属していた。しかし社会全体におけるそれらの役人の役割はひじょうに漠然としたものだった――イタリアでは国家もまだ確かなかたちをなしていなかった――ため、厳密にいえば、彼らはまともにはどこにも属していなかった。したがってニッコロ・マキアヴェッリもまともな職業教育を受けていない。ダンテでさえカンポルディーノの戦いに参加しているというのに、マキアヴェッリには兵役の経験すらない。マキアヴェッリの職業上および生活上の教養は街頭で、たとえば市街地での暴動や政権失墜や、サヴォナローラの火刑のような暴力的で芝居がかったデモンストレーションのさいに培われたものだった。彼は街頭で議会交渉という難問への洞察力をやしなった――最初はもちろん議会交渉における本質的なものはとらえきれていなかったであろうが。若いころから、彼はある意味で人づての資料によって生きてきた。夢中になってシニョリーア広場で時間を過ごし、耳をそばだて、論争し、遊歩廊で繰り広げられる政談を糧として成長した。ただしイタリアでは――アテネがそうだったように――遊歩廊が通りや広場にまで開かれていたため、マキアヴェッリは、このうえもなく技巧的で精神的で道徳的な糧を摂取したにもかかわらず、屈強なトスカーナ人の素質を失うことがなかった。そのことは、ときおり示されるじつにあくどいジョークが証明している。にもかかわらず彼は完全に、とぎれることのない政治論争の雰囲気に魅了される。大小の出来事のたえざる考量が、彼の唯一の精神的訓練だった。そのさい多くの状況から、しばしば彼の判断の正しさが認められたかもしれない。しかし同様に彼は頻繁にまちがいも犯しただろう。そのことをわれわれは成人になったマキアヴェッリの後年の手紙から知ることができる。それらの手紙における考量はまさに病癖と化している（デュブルトンは「予測狂」という表現をしている）。そうしたすべての点から、現実に対するきわめてあいまいな立場がはっきり感じとられるが、そのあいまいな立場を決定づけているのは、結局のところ、時代を牛耳るもろもろの指導的権力に挟まれた中間階級という彼の出自なのだ。

　フィレンツェのさまざまな党派に対するマキアヴェッリの立場も最初からあいまいではっきりしない。「パッレスケン」（メディチ家）とは元来なんの関係もなかったし、古い貴族である「アッラビアーティ」の一派とも無関係だった。どちらかといえば彼がつきあっていたのは、遊蕩児や「悪友」たち、つまり毎日を愉快に過ごすことを好み、フィレンツェでは事欠かぬセンセーショナルな政治劇のさいには、ときには武器を手にとり、ときにはやじうまに混じって、押し合いへし合いするような連中であったと思われる。彼らとともにマキアヴェッリも、屈託のない娘たちに囲まれて、「泣虫派《ピアニョーニ》」を、すなわち生きる喜びにみちたルネサンス文化を埋葬するサヴォナローラ支持者たちをばかにして笑ったことだろう。

しかしマキアヴェッリには、遊蕩児の仲間になりきるだけの金がなかった。このようにマキアヴェッリは、どこにもまともに属していなかったため、これまでふつう「人民党」のひとりとしてあつかわれてきた。たしかに彼らとの結びつきもいくらかあったかもしれない。しかし、自分自身が無職だというのに、どうして手工業者や小企業家や商人の仲間に完全に加わることができたであろうか。マキアヴェッリが精神的に彼らからいかに離れていたか、また離れざるをえなかったかは、つぎの事実をみただけでも明白である。すなわち黎明期の都市の市民階級にあっては、父親は自分が死んだあとの息子の職業教育の監督を遺言で国家に委託し、もし息子が仕事でなげやりな態度を示した場合には、必要なら刑罰さえ与えてほしいと頼んだのである。のちにわれわれがみるように、マキアヴェッリは共和政の崩壊後メディチ家との結びつきを求め、それによってみずからの青春時代を裏切った。マキアヴェッリ伝説はこの行動に大きな意味を付与しがちだが、彼が育った状況や精神的秩序の不安定さを考えれば、その行動にたいした意味はない。

マキアヴェッリはなによりもまず小役人の息子でありつづけた。彼自身もまた同じような小役人になる以外なんの取り柄もない人間だったが、それが突然これといった理由なしに役職に任命され、それからふたたび突然にその役職から追放されたのである（デュブルトン）。そのような境遇におちいった場合、たいていの人間は打ちのめされた犬のように卑屈になり、みずからの個人的な生の意味をただこせこせした公文書字体で書きおえるほかはないだろう。たしかに役人時代のマキアヴェッリにもそのような些事の秩序にこだわる傾向があった。彼の同僚だったビアジョ・ブオナッコルシは、マキアヴェッリのそうした傾向のありがたさがひじょうによくわかっていたので、マキアヴェッリが旅に出るたびに、書記局に戻ってほしいと要望している。しかしその傾向以上に、彼の開かれた悟性や、フィレンツェの政治活動に関する市井で獲得された経験や、一方の者をもてはやし、他方の者を打ち砕く残酷な世間に反応する鋭い感性が、マキアヴェッリのなかにじつに独特の誇りをはぐくんだ。その誇りは、嫡子であることを二度も疑われ、それを口実に解雇されようとしたことによって、いっそう大きくなった。だがこの誇りには、みずからを権力として表現するための舞台もなければ手段もなかった。彼の誇りはつねに小役人の誇りにとどまったのであり、ほかの人びとに対して自己主張するためには、せいぜい言葉、皮肉、邪悪なジョークという道具しかもたなかった。そのためマキアヴェッリは、自信にみちた精神的高揚のあとにはかならず、憂鬱そうに自己の無力さのなかに引っこんでいる。彼の微笑はつねにつくり笑いであり、皮肉には悪あがきがつきまとう。社会全体にまだ組みこまれていない中間階級という彼の出自と、市井の政談における目的も対象もない教育とが重なって、彼の生き方はいちじるしく不均衡で不安定なものとなっている。その不均衡さと不安定さは、きわめて変動しやすい性格をもったルネサンス人の平均的な不安定さによってさらに高められる。ルネサンス人は自分の弱さから他人の弱さを嗅ぎとる非凡な嗅覚をもっていた。ルネサンス人には他人を尊敬しないこのような性格とともに、もうひとつ同じように大きな特徴があった。すなわち内面的にまったく理解できなくても、また階級的に近づけなくても、ときには偉大な、ときには冒瀆的な周囲の現象に感銘を受けるという特徴であって、これもまたルネサンスの中間階級をきわめて明白に示す特徴である(フォン・マルティン)。そこでは異常なものが好んでデモーニッシュな力の作用とみなされ、その力を観察する人は、心地よい恐怖を感じる。そしてついに「ヴィルトゥ」という概念において、理解しがたいものを中間階級の語彙に組みこむための特別な言葉が発見されたのである。

われわれがもっているマキアヴェッリに関する最初の具体的な情報は(すでに言及した日付のはっき

りしない翻訳の断片を除けば）一四九七年一二月のイタリア語の手紙と、ラテン語で書かれた手紙である。それを読めば、彼が家族の財産問題を気にかけていたことや、その後ほとんど（一五〇四年の『十年史その一』の献呈書簡のような）使用におよばなかったとはいえ、ラテン語の能力があったことがわかる。またそれらの手紙から、当時のフィレンツェではおそらく当然だったある程度の教養を推し量ることもできる。一方、マキアヴェッリの人文主義的な教養にギリシア語が含まれていないことははっきりしている。ギリシア人の著作は、たいていラテン語の（一部手書きの）翻訳で読んでいたと思われる。そのためわれわれは、マキアヴェッリは当時の一般的教養を身につけていたが、さりとて学者ではなかったという命題を受けいれることができる。ただし、ギリシア語ができないことは個人的欠陥ではない。すでにみたように、彼はオリチェラーリの園で、もはやギリシア・ローマの文化と言語の習得だけに努力の焦点を合わせるのではなく今後はイタリア語という俗語において先行世代の人文主義者の洞察を現在にとって実り豊かなものとしようとする一連の同志と交際していたからだ。マキアヴェッリは彼らとの会話に――すでに暗示したように――トスカーナの大衆的ジョークの強烈な一発を撃ちこんでいる。飛躍的な発見の時代につづいて、ゆったりした消化の時代がやってきた。その消化の時代は、だからといって先行する数十年より人文主義の精神に乏しいわけではない。なにしろオリチェラーリの園の比較的若い人文主義者たちは、相変わらず生とその無数の形態の意味を書物のなかで研究しうると信じていたのだから。マキアヴェッリは、街頭の政談に夢中になることによってすでに本来の国家の生から離れていたのだが、今度は、古代の観察のなかに無味乾燥な書籍の知識を侵入させて、自分と世界の周囲に人文主義的教養による第二の壁を築いていく。彼は古代遺跡と芸術作品の発掘に対しては冷めたままだった。それについてふれた言葉はどこにもみあたらない。ローマ滞在中の彼は、新しい世界が古い大地から手にいれる財宝にはなんの関心ももたぬ多忙な書記官だった。同様に当時の芸術についてもほとんど報告していないし（『ローマ史論』第一巻のはしがきと『戦争の技術』の最後にどちらも短い言葉がみられるにすぎない）、フィレンツェについてはロレンツォ豪華王、ローマについてはユリウス二世の報告しかない。（一五二七年四月二日の息子宛ての手紙をもとに）彼におそらくそなわっていたのではないかと考えられている音楽の才能にしても、ひじょうに表面的な性質のものにすぎないと思われる。彼はまさに、真の知識と世界感覚に関して自分に欠けているものを教養で補おうとした政治論争の人であるし、そうでありつづけた。そのさいマキアヴェッリは教養においても、小役人の息子のもつ些事へのこだわりを隠すことができずに、虚栄心をもって知識のレパートリーをひっかきまわし、きどった態度で、古代の事例を引いて自分の遊び半分の政治的思索におおげさな意味を与えたのである。

ここまでのマキアヴェッリは政治の素人、才気にみちた街頭演説者かつ酒場政談家にすぎない。上司たちは彼の独創的で極端な言い回しにきっと喜んで耳を傾けたことだろうし、人びとはその言い回しをときには笑いながら、ときには考えさせられながら聞き、聞いたそばから忘れたことだろう。しかし運命はマキアヴェッリにべつの計画を用意していた。その結果、よりにもよってこの政治的な審美家が、いかなる職業教育も受けず、またこれといった身分でもないのに、最終的な人格形成を——ふつう予測されるような——文士としてではなく、実践によっておこなうことになる。このことは彼にとってひじょうに大きな意味をもったにちがいない。彼の気楽なおしゃべりはいたるところで現実と衝突したのだが、彼はそのとき自信をもって現実を自分のもつ該博なイメージのなかに取りいれ、最初はほんの少しずつ、のちにはいよいよ毅然として現実をつくりかえたのである。ところで、彼の人生に入りこんでひじょうに重大な結果を招いたその実践とは、いったいいかなるものであったのか。まずそれは、時代を牛耳っていた事実性への包括的転換の経験であり、すでに言及したような、純然たる事実性への拘泥によってイタリアにもたらされた特別な歴史的出来事である。しかしまた実践とは、これから述べなければならないようなフィレンツェ共和国書記官としてのマキアヴェッリの活動のことでもある。その活動が彼に、きわめて重大な状況に居合わせたり参加したりすることによって、近代的な国家運営のもっとも秘密にみちたメカニズムをめったにないほど詳細に熟知させたのである。そこでつぎのように考えることができるかもしれない。マキアヴェッリは書記官時代の訓練をとおして、彼の前後に生きた多くの政治家がそうであったように、のんきな論争家からどっしりしたリアリストになったのだと。ところがじつはそうではない。修業時代のマキアヴェッリが独自の「発展」を遂げたということはできないのだ。マキアヴェッリの魂は「内部の発展ができない硬い核」(H・レオ)のようだという主張には、たしかに正しいものがある。実践活動の最初期から、無数の対話のなかで鍛えられた彼の構想力の働きが感じとられるからだ。その構想力はまたのちに作品のなかで、古いスコラ哲学の仰々しい証明方法や比較的新しい実証的方法のかわりに、直接的表現の技術、いやそれどころかまさに想像力によってありありと描きだす技術を使うことを彼に可能にさせたのである。

当時の出来事のなかでマキアヴェッリにもっとも大きな感銘を与えたのは、おそらくフランス軍のイタリア侵入、メディチ家追放、フィレンツェにおける共和政の宣言であろう。ただし彼は、当時ジローラモ・サヴォナローラが指導した共和政に対しては、なにより懐疑的態度をとりつづけた。マキアヴェッリはあまりに今日的な人間だったため、歴史を中世の神権政治の考えに暴力的に引きもどす行為が気にいらなかった。彼はサヴォナローラについてある友人に皮肉たっぷりの報告をしている(一四九八年三月九日)。マキアヴェッリにはこの修道士の宗教的雰囲気を理解する感覚が完全に欠けていたようで、その筆によると、サヴォナローラは、宗教を徹頭徹尾自分のエゴイズムに利用し、自分の支持者を有徳者、敵を無神論者と称して、黙示録を思わせる恐怖のイメージで信奉者をまとめる群集相手のずるがしこい演説家ということになっている。サヴォナローラもイタリアの堕落を認識し、その認識から神権政治による復活を企てたのだから、多くの点で彼はマキアヴェッリを引きつけることができたかもしれないのだが。サヴォナローラの国家建設がまったく非現実的であることを認識するのに、それほど鋭い洞察力は必要なかった。しかしものごとを深く考える人間なら、サヴォナローラの試みた実験とその初期の成功をみて、民衆がもうたんなる事実に甘んじることに辟易してより高い秩序を現世に求めていたことがわかっただろう。サヴォナローラは民衆の感情を自分のために十分に利用するすべを心得ていたが、のちにその感情を空虚な来世へ誘いこもうとしたため、破局を免れることができなかった。しかしサヴォナローラに関するこのような考察は、マキアヴェッリにおいては皆目みられない。マキアヴェッリは議論好きの、当意即妙の寸評を加える観察者にとどまっている。彼は結局のところ故郷の都市の政治的現実にまだ興味をもっていなかったのであり、参加したいという欲求も感じることなく、サヴォナローラの芝居を舞台上の出来事のように傍観しただけだった。この芝居は彼に距離を感じさせたし、時代状況にも合っていなかったので、マキアヴェッリは、皮肉をこめてサヴォナローラの邪悪で陰鬱なまじめさの仮面をはぎ、彼をあらゆるずるがしこい政治的戦術家と同列に置くのである。マキアヴェッリがようやく国家の生に興味をいだきはじめたのは、サヴォナローラが死んだあとのことだった。

フィレンツェの共和政は当時おおよそつぎのような統治形態をとっていた。最高位に、共和国の宰相が議長をつとめる内閣《シニョリーア》、そのつぎの官房として十人委員会。この委員会はある程度の独立性をもっていたが、内閣の下位に置かれていた。十人委員会がつかさどるのは軍事および国の内治だった。大使を派遣し、大使に書簡形式で報告させたのもこの委員会だが、委員会の決定はつねに内閣に依存していた。マキアヴェッリは一四九八年六月一九日にこの十人委員会のメンバーに選出され、七月一四日に承認される。このときから彼は委員会に所属し、それどころかまもなく委員会の書記局長となり、一五一二年に共和政の崩壊とともに彼自身が失脚するまでその地位にあった。マキアヴェッリがついていた地位そのものはたいへんな要職であったにもかかわらず、奇妙にも彼の顔はみえないままであり、なんらかのまともな特色があらわれることもない。失脚が、ようやく彼の容貌に明白な特徴を与えたのである。ヴィラリは若いころのマキアヴェッリの特徴をなかなかうまく描いている。「マキアヴェッリは……中背で、やせており、目はじつに生き生きと輝き、髪は褐色、頭は小さめ、少しわし鼻で、つねに唇をきゅっと結んでいた。そのすべての特徴から、ひじょうに熟達した観察者で思想家だという印象を受けたが、尊敬の念を起こさせる影響力の強い男という印象は受けなかった。彼は嘲弄を抑制することがなかなかできなかった。嘲弄がつねに口もとに漂い、目からもほとばしり出ていたので、それが彼に打算的で冷静な頭脳の持ち主という外見を与えていた。しかし彼には圧倒的な空想力がそなわっていたので、ときどき思いがけず千里眼の持ち主にみえるようなことさえあった」。もうこの時期に、ディルタイのいう「事実を計算する実証的空想」とデ・サンクティスの強調するつかみどころのない皮肉との二重性がみられたのである。ただし皮肉はさしあたりまだ遊戯的なものにとどまっており、生の重心は、統治の無数の些事と巨大な政治のメカニズムとの対決に置かれていた。この対決が、彼にしだいに政治的算術の経験的基礎を築くことを可能にさせたのである。

この時期のマキアヴェッリの内的生活は謎につつまれたままであるが、少なくとも彼の外的行動は、このときから記録文書の皓々たる光を浴びることになる。マキアヴェッリは規則的な報告を義務づけられていたので、われわれはときには毎日、いやそれどころか刻一刻と、彼の行動に関する情報を手にすることができる。彼がかかわらなければならなかった最初の重大な要件はピサとの戦争だった。傭兵に関する苦い経験をしたのもこのときである。おそらく彼はこの時点から、ひょっとすると彼の理論的仕事の最大のポイントかもしれない国民軍の考えをいだくようになったと思われる。われわれはこの時期のマキアヴェッリの作家的な表出を十人委員会に宛てた短い覚書「ピサ問題について論ず」(一四九九年)にみることができる。この覚書は、あらゆる軍事上の問題に詳細にふれながら、どうすればいちばん簡単にピサを征服できるかを記述したものである。しかしより重要なのは、覚書の冒頭に示されたきわめて基本的な方法であって、その方法は後年の著作の表現様式に細部にいたるまで一致する。まず最初に彼は、ピサがふたたびフィレンツェに帰属せざるをえないことを、詳しい理由は述べずに動かしがたい事実として措定する。それから目的を達成するための手段を分析する。その手段とは、力か、さもなければ愛である。ふたつの対立物を並べたあとで、どうしたら愛によって都市を獲得できるかが検討される。著者の考えをわかりやすくするために、新たな対立が導入される。もしフィレンツェが力によらずにピサを手にいれるとすれば、それはピサがみずから降伏する場合か、あるいはべつのだれか、ピサの支配者がピサを引きわたす場合にちがいない。いまのところピサ市民たちはどの方面からも援助を断られているが、にもかかわらず自立に固執している。よって第一の解決策、つまりピサがみずから降伏する可能性は除外してもよい。つぎに、もし支配者がピサを引きわたすとすれば、彼が支配者となりえたのは力によってか、あるいは愛によってかということに注意しなければならない。彼が力によってピサに入ったのであれば、ピサを明けわたす理由などまったくない。なぜなら侵攻するほど強力であれば、都市を維持する力も十分にあるからだ。それに対し、愛によってピサ市民に呼ばれたのであれば、ピサを裏切る理由などいっそうない。つまりピサは——これが長々とした話の簡潔な趣旨である——どんなことがあっても力で征服するほかはない。われわれがここで目にしているのは、マキアヴェッリの論法のじつに典型的な例である。たしかに問題になっているのは、ひじょうに具体的な作戦であり、実行のための具体的な指示もある。しかしその具体的な指示へ誘導するのは、杓子定規に実行されたといっても過言ではない計算であり、その計算によって、本来ひとつにまとまっている事象が、なんらかの点で現実にぶつかるまでいくつもの対立へ分解され、そのうえで否か応かが決定される。われわれはのちにこの技術についてもっと詳しく論じることになろう。いまのところはこの例によって、いかに初期のころから一般的な論争的・弁証法的要素が、もっぱら実践的なものに向けられていたマキアヴェッリの活動に侵入していたかをみるだけにしておこう。その侵入の度合いはあまりに大きかったので、覚書の最初のピサという名前を消して「敵対する一都市」と入れかえることが可能だといえるほどだった。そうなると覚書全体が『ローマ史論』あるいは『君主論』に嵌めこまれていてもおかしくないのである（フライアー）。

まもなくマキアヴェッリの国内での活動——ちなみにその資料は相当の量になる（ヴィラリの見積りによれば、マキアヴェッリの手になる約一万二〇〇〇通の書簡がフィレンツェ共和国書記局に保管されていた）——に外交使節としての活動が加わる。彼が上司にはじめて注目されたのは、イモーラとフォルリの支配者カテリーナ・スフォルツァのもとに派遣されたときだった。彼はこの賢い女性によって、まぎれもなくいいように引きまわされたのだが、彼の報告書簡はフィレンツェで大いにもてはやされた。さらに彼は——自分の欲望がはねつけられるまえから——ものごとの状況と彼女のもつ危険要素をこのうえもなく的確に把握していた。マキアヴェッリは、多くのフィレンツェ人がカテリーナの宮廷に出入りしているのを目にしたし、実際的利害関係が彼女をフィレンツェに結びつけていることも認識した。しかし同時に彼女がミラノと密接な関係にあって、その関係が彼女をいとも簡単に日和見政策に導きうること——実際最後にはそうなった——を見逃がさなかった。つまり、たとえこのとき彼の計算方法が現実への対応をみつけられず、そのせいで彼が激しい怒りの気持ちをあらわにしている（一四九九年七月二二日の手紙）としても、彼の状況把握の抽象的図式はまったくもって正しかったのだ。実際またおそらくこれがきっかけとなって、その後しだいに上司たちは彼にいっそう重要な仕事をまかせるようになる。そのような仕事はたっぷりあるはずだった。なぜならそうこうするうちに——すでに述べたように——ルイ一二世がフランスで王位につき、ナポリとミラノに対する権利を主張したからだ。たちまちルイ一二世はミラノを征服し、つねにフランス寄りだったフィレンツェがピサを攻略するための手助けをした。しかしピサ攻略は成功しなかった。そのためフィレンツェとフランスの関係に深刻な暗雲がたちこめる。この暗雲を払うべく、ふたりの使者がフランス宮廷に送られる。そのひとりがマキアヴェッリである。ふたりはまず宰相であるルーアンの枢機卿に、それから王自身に、なにがなんでも会見を求め、慎重にピサ攻略の失敗の責任を傭兵になすりつけ、ピサとの戦争に今後も援助を依頼し、さらにフランスの金銭請求を値切るよう試みなければならなかった。ふたりの使者に対する報酬のほうも微々たるものだった。そのためマキアヴェッリは、たいした効果もないのに、飽きもせず繰り返し送金を求めている。とはいえ彼は、巨大な政治の世界に第一歩を踏みだしたのである。ここに彼の華々しい類いまれな経験がはじまる。

ルイ一二世あるいは権力

われわれはここで、ときには長々と綴られたマキアヴェッリの使節報告を詳しく分析することはできない。その使節報告を理解するには当時の歴史を詳細に知っている必要がある。そのような詳しい分析は――ヴィラリが著わしたような――マキアヴェッリの外的伝記にはたしかに不可欠であろう。だがわれわれがおこなっている内的伝記の試みにおいては、基本的に重要なものだけを取りあげて分析すれば十分である。フランス宮廷への最初の派遣報告を読むと、マキアヴェッリがきわめて注意深い観察者であることがわかる。マキアヴェッリは、フランス王および王の顧問官との会談における決定的な点を、回り道をせずストレートに報告するすべを心得ており、見聞した事柄の重要度を即座に説明する能力をそなえていた。彼が率直だったのは、その判断がまったくもって独自になされていたせいだと推測される。二度目のフランス派遣をみれば、彼がいかに卓越した精神力を駆使していたかがすぐにわかる。たとえば彼の報告書をフランス宮廷におけるフィレンツェ共和国の常駐使節ニッコロ・ヴァローリの書簡と比較すれば一目瞭然である。そうしたマキアヴェッリの率直さは、フィレンツェ政府がじつに不愉快な思いをするにちがいないような事柄や要求を報告したり伝達したりする場合にも変わらなかった。なるほどマキアヴェッリは、物腰の威厳によって影響を与えることができるような堂々たる使節ではなかったが、実際の政治状況をそのつど忠実に記録する貴重な偵察要員であることを証明した。人びとはこの働きのせいで彼をまさに心理学的「スパイ」と称したのである（H・E・キンク）。ところでフランス宮廷への一度目と、つづく三度の派遣（一五〇三年、一五一〇年、一五一一年）において、彼は実質的にいったいなにを経験したのだろうか。この問いには、一言で答えることができる。彼は権力を、中央集権化が極度に進んだ君主政の権力を知ったのである。その点では故郷のフィレンツェもイタリア全土も比較にならぬほど立ち遅れていたため、彼はねたましさを抑えることができなかった。一度目の派遣のおり、マキアヴェッリがフランス王にフィレンツェの態度を説明しようとしたとき、王は不機嫌そうに言葉をさえぎり、あくまでも金銭を要求しつづけた。マキアヴェッリは幾度も王のところに赴いたが、王は自分の主張を変えようとせず、脅すような強い調子で、きっとフィレンツェにはピサ攻略への支援よりピエロ・デ・メディチの支配を望む人間もいるだろうと言い放った。こうなるとフィレンツェ共和国政府は、王に屈服するか、さもなければふたたびメディチ家に譲歩するかというジレンマにおちいるのは必定だった。ふたりのフィレンツェ人は自分たちの立場を主張しようとするたびに、自由を失うぞといって脅された。王を説得するには、ありふれたやり方ではだめだということは明らかだった。マキアヴェッリはその件を報告して、王のことを、「長い耳をもっており、ものごとを容易には信じない、すべてに耳を傾けるが、真実の手ごたえがある部分しか信じない」と書いた。マキアヴェッリは、王の疑念を晴らすためフィレンツェから特使を送ってほしいと要請したが、長いあいだはっきりした回答を得られなかった。そのときになってはじめて彼は権力というものを痛感する。その権力に対抗しようとしても、彼には言葉以外になんの手段もない。しかし王は言葉を聞こうとせず、行動をみることを望んだ。そのためマキアヴェッリは不機嫌に、自分は「賭け」に参加しているというのに、目下のところ「賭けるもの」をなにひとつ持ち合わせていないと、フィレンツェに報告する。彼は上役たちに自分の見解をなるほどと思わせるすべをじつにうまく心得ていた。「彼らはみずからの権力と現在の利益に目がくらみ、武装している者か支払う準備のある者にしか敬意を払いません」。そういう彼の口から悲しげなため息がもれる。「彼らは、あなた方の支払い能力のなさ、まとまりのなさ、そして彼ら自身の軍隊が義務を果たさないことを、あなた方の失政と称して、あなた方を無価値なものとみなしています」。フィレンツェの団結はそのころきわめて弱いものだったが、マキアヴェッリは幾度も、フランス人に対しフィレンツェの統一を誇示しなければならない窮地に追いこまれる。その後まもなくフィレンツェの統一は、構造改革によって国家統治のまとまりを増したという意味で、より強固で安定したものとなった。

マキアヴェッリはのちの三回のフランス派遣においても、そのつど外国人がイタリアにもたらした賭け事の真っ只中にいたため、基本的には同じ経験を繰り返す。彼がなにより明らかに認識したのは、既存の盟約がほんとうの助けにならない場合に盟約を破らざるをえない政治的「必然性」だった——われわれはのちにこの必然性という概念を、マキアヴェッリの国家論の基本概念のひとつとして、もう一度取りあげることになろう。彼が二度目にフランスへ派遣された理由は、これまでつねにフランス側についてきたフィレンツェがスペインの脅威を感じたからであり、フランス王がフィレンツェへの支援をためらったからである。フランスとスペインが休戦協定を結んだので、この問題は棚上げにされた。しかしマキアヴェッリは、法や協定を凌駕する政治的運命の必然性を知った。攻撃が現実ならば、攻撃に対しては、約束をもってではなく現実をもってしか対応できないのだ。このようにフランスへの派遣は、無数の些細な問題という重荷をかかえてはいたが、一般的な成果をもたらさなかったわけではない。ときおりマキアヴェッリの口から、のちの著作に記されてもおかしくないような文がもれる。たとえば、「しかしチャンスは短命なので、すばやく決定しなければならない」という文。ここでは、真の権力がすばやい決断力と同一視されている。この見解もまた彼のなかでさらに発展をつづけ、未来へ進むことになる。一五一〇年に書かれた「一六世紀初頭のフランスの政治情勢」と題された断片で、彼はフランスで観察したことをもう一度まとめている。そのなかで「ラテンの言葉と古代ローマ人の名声の敵」であるフランス人に対し、辛らつな批判を加え、ややルサンチマンめいた不満をぶちまけている。しかしその記述においても絶対王政の権力を体験したことが相変わらず決定的意味をもっている。ただし彼は絶対王政をもろもろの事実関係（財力、中央の権威、等々）のなかでしか考量しておらず、ちょうどこの時代に頂点を迎えようとしていた絶対王政特有の神聖な価値という性格のなかで検討するにはいたっていない。その所見によれば、いずれにせよ王は相当に裕福かつ強力であり、男爵たちに服従を強要するために権力を使っている。その結果フランスは外敵の侵入から守られている。フランスの敵たちは、もはや以前のように、有力者の裏切りによってこの国へ侵入しようと考えることができない。国民も従順であり、王を心から敬っている。マキアヴェッリはこういう所見を述べつつも、フランス人の性格については相変わらずよくいわない。だがその悪意ある心情を、見事なまでに洗練された、機知に富む言葉で表現するすべを心得ていた。

チェーザレ・ボルジアあるいは政治戦術の妙技

マキアヴェッリは、フランス宮廷への最初の派遣から戻るやいなや、息つくひまもなく仕事を再開する。声望が高まり、いっそう重要な任務が彼の帰りを待っていた。ルイ一二世を訪れたその最初の派遣中に、少しずつチェーザレ・ボルジアとその父アレクサンデル六世の姿が彼の視野に入ってきていた。マキアヴェッリは、「いとも信仰深き」フランス王と、教皇およびルイ一二世の恩恵を受けてヴァレンティーノ公になった教皇の息子との盟約を警戒するよう、フィレンツェに注意をうながしている。なぜならフランス王は、知力と武力を結び合わせることができるという理由で、教皇を同盟者としてイタリアの他のだれより高く買っていたからだ。のちにマキアヴェッリは、教皇がピエロ・デ・メディチをイタリアに呼び戻してフィレンツェに返り咲かせることでフィレンツェまでも手中におさめようとしたことを知る。マキアヴェッリにとって、この「ちょっとした計画」は「われらが教皇聖下に似つかわしい」ものだったので、フィレンツェに警戒させなければならないと考える。その推測は、まもなく明らかになるように、まちがってはいなかった。というのはマキアヴェッリの帰国直後から、チェーザレ・ボルジアがフィレンツェをおびやかしはじめるからだ。たしかにさまざまな約束によって一瞬は追い払うことができたのだが、一五〇三年五月になると、チェーザレはまたしてもフィレンツェをおびやかす。ピサの反抗心をあおりたて、メディチ家復活を脅しの材料にするばかりか、部下の指揮官のひとりにアレッツォ市を奪わせ、キアーナ渓谷を占拠させる。そのさいチェーザレは、指揮官が彼の了承なしに独自の行動を起こしたのだと釈明する。このようにきわめて危機的な状況のなかでマキアヴェッリがチェーザレのもとに派遣される。チェーザレ・ボルジアに面と向かったマキアヴェッリは、この男から二つ目の重要な政治上の教えをさずかる。すなわちフランスにおける権力の体験につづいて、政治戦術の妙技を体験するのである。彼にとってチェーザレ・ボルジアは、その死後も、政治戦術の妙技の見本でありつづける。マキアヴェッリは、当時チェーザレ・ボルジアから学んだほど啓発的な政治の本質への洞察を、もう二度と獲得することがなかった。しかしチェーザレ・ボルジアは旧来の支配形式のなかで活動し生きているわけではなく、純然たる事実上の諸関係に解体してしまった世界の鍵盤を、無類の名人芸をもって演奏することができただけだった。したがって彼から受けたマキアヴェッリの体験も、事実性の実践という総合タイトルのなかに含まれる。

その体験の分析に移るまえに、小さいながらもひじょうに啓発的なある著作に注意を向けなければならない。それを読めばまさにこの時点のマキアヴェッリの思考における内的構造を把握することができる。成熟がはじまったその時期、われわれはマキアヴェッリの後年の形式が——ピサに関する覚書とまったく同じように——たしかに小さな試論にすぎないとはいえ、じつに独特のやり方で仕上げられているのを目にする。この時期にマキアヴェッリは「キアーナ渓谷地方の反徒の処遇策について」(一五〇三年)という政治的「小論文」を書いているのである。この論文はまるで後年の著作からの抜粋のような印象を与えるが、ただ、まさにその短さゆえに決定的な特徴を後年の著作より明確に示している。共和国への提言という形式で書かれたものだが、それは職務上作成された書記局の文書の類ではなく、「むしろ役所の日常業務から学問の高みにのぼろうとするほかならぬ最初の試み」(ヴィラリ)だった。執筆のきっかけとなった状況をわれわれはすでに知っている。チェーザレ・ボルジアがフィレンツェ領内の諸都市をあおりたてたのだ。反乱者たちにどう対応すればよいのか。マキアヴェッリは意外にも古代ローマの例をあげながら論文をはじめる。「ルキウス・フリウス・カミルスは幾度もローマに反旗をひるがえしたラティウム人を征伐したあと、ローマに帰還し、元老院に登院して、ラティウムの都市と村の処遇について提案した……」。ルキウス・フリウス・カミルスの提案は、どうすればもう反逆が起きないようになるかを熟慮したものである。それをマキアヴェッリはティトゥス・リウィウスから借用している。すべての都市に同じ非難が向けられたわけではない。それまでローマの支配下になかった都市は穏便にあつかわれ、一方、それ以外の都市は残酷に処罰された。後者は破壊され、住民はローマに移された。マキアヴェッリはみずからこう付言する、「この決定をみれば、反逆した都市を裁くさいにローマ人がなにを考えていたかが推察される。すなわち恩恵をもちいて都市の忠誠を獲得するか、もしくはそれらの都市に将来二度と猜疑の念をいだかずにすむように取りあつかうかのどちらかである。ほかのあらゆる中間の方法は破滅をもたらすものとみなされた」。この叙述において第一に特筆すべきなのは、ローマ人を模範とする計算された処遇策である。反逆した都市がそれまでローマの支配下になかった場合は穏便にあつかってよい。だが反逆した都市がすでに契約あるいはなんらかの方法でローマに依存している場合は破壊しなければならないというその「どちらか」なのだ。このように外見上は単一の出来事が、論理的に公平に、相反するさまざまな状況に分解される。それから懸案の行動がどこに所属するかが確認され、最後に容赦なく決定がくだされる。この論文において第二に特徴的なのは、マキアヴェッリがキアーナ渓谷の暴動鎮圧のためにローマ史から例を引いていることである。しかもそれは付随的になされるのでもなければ、文学的な装飾欲からなされるのでもない。むしろ彼はきっぱりこう明言する。ローマ人は「世界の支配者」だった、それゆえ彼らは権力を行使すべき方法を知るうえでの「手本」であり「模範」なのだと。「歴史はわれわれの、なかんずく諸侯の行動の師だといわれている。この世界はこれまでずっと、つねに同じ情熱をいだく人間たちの住処であったし、いまもそうである。そこにはつねに仕える者と支配する者がいる。嫌々奉公する者と喜んで奉公する者がいる。謀反を起こす者と再征服される者がいる」。人間はつねに変わらぬ存在だから、ローマ人が現代人の見本たりうるのである。マキアヴェッリは、人文主義的言い回しによってはじめて自分の提言に必要な効力を与えることができると考えた。フィレンツェ人は中途半端な処置で満足してはならない。さもなければ新たな災いが起こるであろう。行動するときは決然と行動しなければならない。つまりマキアヴェッリはなんらかの理論的に「証明された」助言を与えるのではなく、まず第一に、所与の複雑な状況を典型的な、しかも相互に異なる諸状況に分解する。これはすでにピサに関する覚書でみられたやり方である。第二に彼はローマ人の見本を示すことによって、みずからの助言を、個人的見解から妥当な見解へと高める。それから第三に、そのようなやり方を可能にする原理が述べられる。人間は互いにいつも似たような存在だから、人間を支配するための手段もいつも同じでよいというのである。ここでひじょうに重要なのは、彼が自分の所見を偶然の思いつきから有益な助言へと高めるとき、美的な模範による方法を使っている点である。その方法は、あらゆる時代の模範たりうるローマ人のやり方によって決められる。古代史から読みとられる人間の原初の状況に身を置いたこうした観察は、典型的な人文主義者のやり方である。もうひとつ見すごせないのは、マキアヴェッリがチェーザレ・ボルジアと出会ったまさにその時期に、みずからの人文主義を文学的に活性化させていたことである。その時点から、一挙に彼の人文主義は、実践的経験を古代史の豊富なイメージで隈なくつつみこむ。なぜならチェーザレ・ボルジアもまたマキアヴェッリにとって——後述するように——一回かぎりの歴史上の人物から、美的に過度に高められた、歴史を決定する行為者の普遍的イメージに変わったからだ。この見解に対してきわめて重要な意味を与える事実がある。マキアヴェッリは、ほかならぬチェーザレのもとに二度目に派遣されていたとき、フィレンツェの友人たちに頼んでプルタルコスの著書を送ってもらっているのだ。マキアヴェッリは、そうした美的・人文主義的抽象化と現実をつねに調和させておくことができた。彼が上述した暴動の扇動者にほかならないチェーザレを小論文のなかでいかに的確に評価していたかをみると、感嘆せずにはいられない。マキアヴェッリは、チェーザレが個々のイタリアの小国家に対する軽蔑からイタリアでの盟約をあてにせず、むしろ完全に自立が可能なほど規模の大きな国家建設を望んでいることをはっきり見抜いていた。そうなればチェーザレは、他国にとっても重要な同盟相手となるだろう。だがそういうもくろみなら、いずれチェーザレはトスカーナ支配をめざすだろうし、結果的にフィレンツェをおびやかすだろう――実際それがチェーザレとアレクサンデル六世のねらいであることが、その後まもなく明らかになる。しかしチェーザレ・ボルジアとその父が危険なのは、「彼らがチャンスを認識しそれをうまく生かす能力をもっているからだ」。彼らが多くをなしえたのは、正しい瞬間を選んだからである。ここでわれわれはふたたび、マキアヴェッリがチェーザレ・ボルジアを手本に十分な研究を積むことができたあらゆる政治戦術の守護者たるチャンスの女神に出会う。この小論文はそもそも、チェーザレがフィレンツェに与える危険について警告する役目をもっていた。またマキアヴェッリ自身、チェーザレがアレクサンデル六世の健康状態の悪化によってせき立てられた結果、最終的には事を運にまかせなければならなくなると予測していた。にもかかわらずまさに叙述の客観性ゆえに、ここにはすでにあからさまなチェーザレ讃美の声がはっきり響き出ている。要するに、マキアヴェッリがフィレンツェ政府に伝授しようとする教えは、ボルジア一族とまったく同じように行動せよ、チャンスを生かせ、幸運をすかさずとらえよ、それから状況しだいで慎重に恩恵をもちいて、もしくは冷酷に行動せよ、ということである。

マキアヴェッリがヴォルテラの司教フランチェスコ・ソデリーニに随行し一五〇二年六月にはじめてチェーザレ・ボルジアのもとを訪れたとき、チェーザレは彼らを六月二四日夜一〇時に引見する。このときの派遣について、マキアヴェッリは最初の二通しか報告書を書いていない。しかしそこにはすでにチェーザレ・ボルジアへの讃嘆が如実に窺われる。チェーザレはフィレンツェ人に対する不信感を単刀直入に表明する。「わたしがほしいのは明白な証《あかし》だ」とチェーザレはいう。「フィレンツェがわたしに好意をいだいていないことも、それどころかわたしを殺人者のように避けたがっていることも、教皇とフランス王に向かってわたしを中傷しようとしたことも、重々承知している。わたしはフィレンツェ政府が嫌いだ。あなた方は政府を変えるべきだ。もしあなた方がわたしを友人にしたいと思うならよし、さもなければわたしを敵に回すことになろう」。ヴァレンティーノ公は上機嫌だったが、相手への脅しを忘れはしなかった。フィレンツェの使節たちも、返答にさいしてつぎの点を指摘した。フィレンツェ政府も同じ望みなのですが、あなたに仕える指揮官ヴィテロッツォがフィレンツェの領地を侵略していま す、どうか彼を――あなたがおっしゃるフィレンツェへの友情の証として――呼び戻していただきたい。するとチェーザレはこう答えた。ヴィテロッツォは自分の責任で行動している。それに――わたしはなにも関与していないが――フィレンツェ人が打撃を受けたことに悪い気はしない。フィレンツェのふたりの使節は鋭い洞察力をもって故郷に警告を発した。ボルジア一族のような人間たちのやり方というのは、「あっという間に他人の家に入りこむもので、先の君主の場合も、その死が知れわたったのは、病気が知れわたるより早かった」(ウルビーノ公グイードバルド・ダ・モンテフェルトロへの暗示)。まさにこの言い回しは、マキアヴェッリの思考とチェーザレ・ボルジアの行動との本質的な類似性を明白に示している。チェーザレのようなやり方をこのうえもなく熟知している者だけが、偶然ひらめくときのようにいとも簡単にその行動の意味を理解することができる。生の部外者にはそうした認識は無理であろう。「悪いやつにも上には上がある」とフランスの格言がいうように、彼らは同類であるがゆえに互いを認識する。マキアヴェッリは最後にヴァレンティーノ公を手放しで讃美する。「この君主は勇猛果敢であり、彼にかかれば、いかなる難事もささいな問題と化してしまいます。栄光と新しい国家を求めて休息を知らず、苦労も危険もいとわず、ある場所を出発したと人に悟られないうちに、もう他の場所に姿をあらわします。兵士たちには慕われており、最良のイタリア人を臣下にもっています。こうしたことによって彼は無敵の恐るべき存在となり、そのうえたえず幸運に恵まれています」。このあとすぐにマキアヴェッリは、「祖国の敵に対する一風変わった感激で心をいっぱいにして」(ヴィラリ) フィレンツェに戻る。チェーザレ・ボルジアによってフィレンツェに迫る危険を予測するきわめて現実的な計算と、あらゆる現実を超える讃美――チェーザレは故郷の都市の仇敵だったのだから――とのまさにこの結合が、チェーザレ・ボルジアの美的変容の基礎となる。もうそのときマキアヴェッリはチェーザレをただ計算すべき事実としてみるのではなく、政治的行動の模範としてみている。

ヴァレンティーノ公のもとへ二度目に派遣されるまえに、マキアヴェッリにとってひじょうに都合のよいいくつかの重要な変化がフィレンツェで起こった。従来の政府の緩慢さ――この欠点をマキアヴェッリもフランス宮廷に滞在したときに体験させられた――に対する不満が増大したため、人びとはこの弊害を除くためにどんな手段をとるべきか検討せざるをえなくなった。はじめはヴェネチアの国家顧問官《プレガード》のような終身の市参事会員を提案することが考えられた。しかしそうなると共和政が貴族の寡頭政に変わるかもしれないという危惧があった。そこで統領《ドージェ》に似た終身の行政長官《ゴンファロニエーレ》を選ぶという逃げ道がとられた。この法案は一五〇二年八月二六日に成立した。新しい行政長官の合法的性格は以前のものと径庭はなく、内閣《シニョリーア》の長であって、それ以上ではなかった。しかし行政長官は内閣のなかでつねに法案に対する主導権をにぎることができた。これはすでに権力の拡大を意味した。行政長官は終身で選ばれるが、ほかの役人たちはめまぐるしく交代するという事情から、この長官は、新たな権威と以前よりはるかに大きな権力をもつことになった。同じ年の九月二〇日に、ソデリーニ司教の兄であるピエロ・ソデリーニが幅広い支持を受けて行政長官に選出された。彼は名家の出で、その有能さはすでに幾度も立証されていた。しかしその他の点では、熱狂的な讃嘆も過度の拒否も引きおこさない中庸の人だった。そのため行政長官の地位にはたしかに打ってつけの人物だった。マキアヴェッリはソデリーニ家とずっとまえから親交があった――たったいまみたように彼はソデリーニ司教の随行者だった――ので、彼にとってピエロ・ソデリーニの選出はひじょうに重要な意味をもつ。彼はたちまち長官の信頼をかちとった。爾来、長官はこの書記官をもっとも重要な仕事に使うことになる。そのための機会はまもなく訪れるはずである。

現在われわれがかかわっているのは、ボルジア家が勢力の頂点をきわめた時代である。マドンナ・ルクレツィア[1]はローマから姿を消していた。一五〇二年一月に彼女はフェラーラに向けて旅立ち、アルフォンソ・デステと結婚した。彼女の夫もボルジア一族と同じ種類の人間だったので、彼女はある程度行動を抑制しなければならなかった。しかしフェラーラの女主人となったルクレツィアはボルジア家に大きな信望をもたらした。教皇アレクサンデル六世はその間に金銭獲得の技を並外れた名人芸にまで磨きあげ、集めた金を、膨大な軍資金を必要とした息子のために用立てた。ときどき、大金持ちだった枢機卿が突然病に倒れ死亡した。あるいはでっち上げの訴訟が起こされた。あるいは教皇は、枢機卿たちが破廉恥に私服を肥やすことを容認し、そのあとで彼らを殺害した。ヴェネチアの使節は故郷にこう報告している。「われわれの主人はまず彼らの世話をして太らせたあとで殺害する」。教皇があらゆる方面から金銭を獲得するためにもっとも忠実に手をかしたモーデナの枢機卿ジョヴァンバッティスタ・フェラーリにしても例外ではなかった。枢機卿はたっぷり私腹を肥やしたとき、毒を盛られて病気になった。教皇は臨終を迎えた枢機卿のそばにとどまり、全財産の詳細な目録をつくらせ、それからいつものように金銭と家財道具をごっそり運び去った。こうしてボルジア家の権力が増すにつれ、彼らの権力欲もいや増した。それにしてもこの極悪非道の教皇をとくに熱狂させたのが息子チェーザレだった。教皇は枢機卿会議の席上で突然チェーザレをほめたたえ、息子の栄光を大勅書で「ローマ内外の信徒《ウルビ・エ・オルビ》に」告知することさえやってのけた。息子の勝利のさいには鐘を鳴らし、花火を上げて、感激をまったく隠そうとしなかった。彼はチェーザレをすでに中部イタリア全土の統治者とみなしていた。チェーザレがその間に得た肩書きは、フランスおよび神の恩寵を受けたヴァランスの公爵、ウルビーノの公爵、アンドリアの君主、ピオンビーノの領主、教会軍の旗手にして総司令官チェーザレ・ボルジアというものだった。それは既述したようにチェーザレがボローニャに進軍した時代である。ただし彼はふたたび軍の撤退を余儀なくされる。これについても既述したが、その撤退の瞬間を利用して配下の傭兵隊長たちが反旗をひるがえしたのである。しかしこの事態も勝利に慣れた男をあわてさせることはできなかった。いかにしてチェーザレがセニガリアで窮地を脱したか、すでにみたとおりである。この勝負のさいに、彼はフィレンツェと友好関係を築こうと試みる。そのためマキアヴェッリが二度目にチェーザレのもとへ派遣された。彼の通行許可証には一五〇二年一〇月五日の日付が入っている。彼の任務は公爵にフィレンツェの友好感情を示すこと、ただしそれ以上の約束をしないことだった。さらに、公爵領を通過して近東に行き来するフィレンツェの商人たちのために通行許可証をもらう任務も帯びていた。これはかならずしも快適な使命ではなかった。差し出すものが少なく、要求するものが多かったからだ。ところがこの派遣はマキアヴェッリの人生において決定的出来事となる。というのも、キャリアを積むこのひじょうに大事な時期にあって、近代的な政治戦術の模範となる人物と、ほとんど約三カ月のあいだ毎日つきあう機会に恵まれたからだ。

マキアヴェッリはそこでなにを経験したのだろうか。すでに述べたように、チェーザレ・ボルジアは絶体絶命の窮地にあった。だが彼は相変わらず上機嫌で、しかも冷静だった。彼は、どこに真の友人がいるかをこのさい知りうることをほとんどよろこんでさえいた。マキアヴェッリはたいした成果を期待できない自分の任務に居心地の悪さを感じ、実際また幾度もフィレンツェ当局に自分を呼び戻してほしいと頼んでいたところなのだが、そうしたチェーザレの態度には心から感服せざるをえなかった。チェーザレのような老獪な現実主義者を友好関係の誓いと愛想のよい言葉だけでいつまでも釣っておくことなどできない。「相手が言葉しか差し出さないことを知れば……公爵はけっして謁見を許しません」。ちなみにチェーザレのほうは、マキアヴェッリに対してある種の好意をもったらしい。残酷な行為者と、鋭い警句でひとの急所をつく皮肉屋が、しばしば仲よくなるように。チェーザレは腹蔵なくマキアヴェッリと歓談し、彼にフランス王の書簡をみせ、自分の計画の内容を部分的にうちあけた。にもかかわらず、ボルジア陣営のものすごい活気を目の当たりにして、マキアヴェッリはときどき頭が混乱した。多くの使節が到着し、また四方八方へ、フランス、フェラーラ、ボローニャ、ローマをめざして旅立った。チェーザレは特定の部屋から夕刻になるまで出てこなかった。その時刻まで信頼できる者たちと協議を重ねていたのである。ときには、彼がそもそもなにをやっているのか皆目見当がつかなかった。マキアヴェッリはこう嘆く。「そのため頭がすっかり混乱します。この件についてわたしは知りえた範囲でしか報告することができません」。「こうして問題は混乱の度を高めています。交渉成立の予定日がべつの日に延期されても、その背後になにがあるのか、故意なのか偶然なのか、見当がつかないのです」。結果的にマキアヴェッリは政治戦術の条件をすべて理解する。すなわち敵の目をくらまし頭を混乱させるために、万事をぼやけさせる不透明な雰囲気がつくられていること。それからヴェールの背後で本来の計画が練られていること。なぜならチェーザレはけっして躊躇する人間ではないし、なりゆきに身を任せることなく、すべてを手中にし、すべてを自分で決める人間だからである。「どうぞご理解いただきたいのですが、ここでは、みずから統治する君主を相手にしているのです。思いつきや夢物語りを書きたくなければ、事実の裏づけを取らなければなりませんし、裏づけを取るには時間がかかります。わたしは時間を有効に使うように、時間をむだにしないように努力しています」。チェーザレにとって新しい情報の収集にまさるものはない。離反したヴィテロッツォは、チェーザレに損害を与えるつもりはなかったといってきた。チェーザレはすべてに注意深く耳を傾ける。しかしなにを考えているのかはだれにもわからない。「公爵はすべてを受けいれます。しかしどの道をいくのかはだれにもわかりません。彼の本心を見抜くことも知ることも困難だからです」。とくにチェーザレは沈黙の技を使う。マキアヴェッリの報告によれば、チェーザレは小人数の人間としか相談せず、しかもそれについて一言ももらさない。ところが突然思いきった行動に出る。「何度も報告しましたように、公爵は極度に秘密主義で、なにが起こるのか、彼以外のだれかが知っているとは思えません。最高位の大臣たちがわたしに何度も断言したのですが、公爵が命令を与えるときは、いつもただそれを伝えるだけであり、しかも命令を出すのは必要に迫られたとき、つまり実行の直前であって、それより早いことはけっしてないのです」。そのためチェーザレの行動にはいつも突然という特徴がつきまとう。これもまた政治戦術の基本的特質である。

チェーザレはたいへんな激情家であるにもかかわらず、愛想がよいときも、かっとなっているときも、偽装の驚くべき名人だった。彼の行動はすべて打算だということができる。真実味も嘘も、万事が計算づくの駆け引きである。変わらなかったのはただひとつ、まったく唖然とさせられるほどの冷静さだった。チェーザレはその冷静さをもって、敵がなにをたくらんでいるのかを執拗に計算する。計算しながら——友人に対してさえ——じつに卑劣に、そして残酷に行動することができた。将軍のひとりラミーロ・デ・ロルカの身に起こったことがそれを証明する。チェーザレはラミーロ・デ・ロルカの死体を真二つに切って広場にさらしたのである。「彼がなぜ殺されたのか、だれにもよくわかりません。ただこの君主がそれを望んだということ以外は。彼は、臣下を功績しだいで昇進させようが破滅させようが思いのままであることを示したのです」。実際はチェーザレ・ボルジアが、自分の悪評高い残酷さに対する憤激の矛先を、配下の将軍のほうに向けて、自分を穏便な支配者に見せかけようとしたのである。そうした残忍さだけではなく、敵を捕らえるために彼はこのうえもなく巧妙な手段を使った。チェーザレは両義的な契約書を作成する名人だった。つまり——マキアヴェッリがチェーザレの腹心のひとりから聞いた話によると——一方の解釈では、契約から抜けでるための窓が彼のために用意されており、もう一方の解釈によれば、扉が開いていた。チェーザレと腹心たちがひそかに痛快がったそのような契約書で、彼は敵を捕らえた。この戦術を使えば、敵に対してどんな場合にも優位に立つはずだった。とにかく彼は、契約を守るにせよ破るにせよ、自分に有利なかたちで行動しようと決めていたからだ。彼はそうした契約書を作成するさいに、やさしさと脅しをじつに巧妙に混ぜ合わせることができた。脅しのほうは、一部はあからさまに、一部は目立たぬように——彼の判断に応じて——配分してあった。

にもかかわらずマキアヴェッリが慧眼の瞬間にゲーム全体を見通していたことは、ひじょうに重要である。結末は身の毛のよだつものとはいえ、それはゲームにちがいなかった。チェーザレは自分のチャンスを綿密に吟味し、無数のスパイを送って状況に関する正確な最新情報を集め、陽動作戦を練って時間をかせぎ、攻撃の準備をととのえる。この戦術がチェーザレに成功をもたらすにちがいないと、マキアヴェッリはすでに早い時期から考えていた。フランスと教皇がチェーザレの側についていた。たしかにチェーザレは軍事的に孤立しているし兵力もないが、敵は連合軍なのでたやすく分裂させることができる。そのうえチェーザレは、襲撃に都合のよい機会を冷静に待つ能力がある。政治ゲームの場合、独行者は、たいていいつも連合軍を凌駕する。独行者は時間をかせいで敵の組織の継ぎ目を見つけだしさえすればよい。そうすれば彼は、チェーザレの例が示すように、武器がなくても勝てる。チェーザレは冷笑的にマキアヴェッリに本心を明かし、みずからの戦術を教えたことがあった。「いまオルシーニ軍が伯爵領ファーノに入っている。むだ飯を食らいながら、わたしの友人だと称している。それなのに友人のジャンパオロが、ファーノに入ろうとすると、入れない。彼らのやり方は、みてのとおりだ。交渉をもちかけ、わたしに甘い手紙を書く。きょうはシニョール・パオロが、明日はオルシーニ枢機卿がここを訪れるかもしれない。そうやってわたしを釣ろうとするのだ。わたしのほうは時間をかせいでいる。わたしはあらゆるものに耳を澄ましながら、自分のときが来るのを待っている」。

チェーザレは最後に、反乱者たちに休戦を申し出て、その間に戦いの準備をととのえるという戦術をとることに決めた。マキアヴェッリはその戦術をすぐに理解した。この複線的な行動に、マキアヴェッリは、他の者たちに対するチェーザレの優位を見てとる。こうして、マキアヴェッリがたえず讃嘆しつづけたひとつの出来事がはじまる。のちにその出来事は『君主論』においてチェーザレの形姿をたんなる掠奪者の隊長から正真正銘の君主へと高めるであろう。マキアヴェッリは完全にチェーザレのとりこになる。「双方の状況を観察すれば、公爵が勇敢で幸福な人物であることがわかります。彼は希望にみちており、教皇と王に支持されています。彼は、これから征服しようとする国だけではなく、すでに征服した国で、反乱者たちから屈辱的な仕打ちを受けました。反乱者たちは、公爵に反抗するまえは、公爵の権力によって自分たちの国を奪われはしないかとびくびくしていましたが、公爵に損害を与えてからというもの、以前よりはるかに大きな不安におびえています。公爵が彼自身の受けたひどい仕打ちをいかにして許し、そして彼らがいかにして恐怖から逃れることになるのか、だれにもわかりません……」。チェーザレは、反乱者のひとりひとりが不安のあまり彼と単独講和を結ぼうとした瞬間に、ほしいものを手にいれた。この数カ月におよぶマキアヴェッリとチェーザレのつきあいの頂点は、マキアヴェッリが――感服しきって――公爵に、最初から成功は目に見えていましたと告白する瞬間である。「わたしは公爵にこう申し上げました。わたしは閣下をいつも勝利者とみなしておりました。わたしが最初の日々にしたためた見解をいまお読みいただければ、閣下はそれを予言だとお思いになるでしょうと。そういってわたしは、自分がその見解をもつにいたったいくつかの理由をあげ、さらに、彼はひとりだが相手は複数であり、彼にかかればそのような鎖を引きちぎるのは簡単だからという理由もあげました。すると公爵は、じつはもう鎖をばらばらにした、すでに鎖から環を四個以上引き離したとお答えになったのです」。マキアヴェッリはただひとりゲームを見抜いていた。彼は、自分がゲームを見抜くことができたのは、チェーザレ・ボルジアの行動を見守る女神と同じ女神すなわちフォルトゥナの導きによることを正確に知っていた。彼はそれを自分の上司に報告する。「義務を果たす」だけでは十分ではありません。「……幸運にめぐまれ（なければならないのです）」。のちにマキアヴェッリは、チェーザレ・ボルジアがフォルトゥナによって君主になったと考えた。しかし彼はチェーザレをオリヴェロット・ダ・フェルモのような掠奪者の隊長でしかない人物とはつねに区別した。マキアヴェッリはチェーザレの心を奥底まで見抜いていた。これはマキアヴェッリに人間を理解する能力とほとんど異常なまでの慧眼がそなわっていることを証明するだけではない。彼はチェーザレにおいて政治戦術の本質を認識したのである。おわかりだろうか。マキアヴェッリ自身は思い違いをしていたが、彼が認識したのは国家の本質ではない。ルネサンスの国家はきわめて実体のないものだからである。ルネサンスの国家は、精妙な計算術の運動、すなわちきわめて冒険的な状況とのたえざる格闘によってのみ生きている。その冒険的な状況はひとつのかたちに収斂することがなく、ときどき暫定的にかろうじてまとまるだけである。しかしマキアヴェッリはその計算術を見事に理解しており、起こるにちがいないものごとをぴたりと予言することによって、その理解が正しいことを証明した。

フィレンツェに帰国したマキアヴェッリは——いまや時の人と呼べるほど有名になって——シニョリーア広場での夕方の散歩を再開し、会話を交しながら、独特のやり方で自分の体験を繰り返し吟味する。そのとき報告書が示すような感激につつまれていた彼の心に、チェーザレ・ボルジアを手本にしたひとつの君主像ができあがる。その君主にしか、イタリアの腐敗した状況のなかで勢力を維持しながら統一国家を建設することができないのである。それにしても、マキアヴェッリがこれによって国家体制の本質を認識したと考えたのは、大きな誤りである。さらにまた彼は未来を大局的にみることなく、未来の一部におけるチェーザレの勝利を予言したにすぎない。マキアヴェッリは、チェーザレのような行動が長い目でみればかならず破滅する定めにあり、事実またその破滅が近いことに気づいていない。感激のあまり、批判のコントロールがきかなくなっていたのである。チェーザレは勝利を確信し復讐心に燃えながら、四方に張った霧のなかからときどき姿をあらわし、周囲の人間をその行動の燦然と輝く突然性によって幻惑する。マキアヴェッリはこの霧の芝居の美的なとりことなる。これはすなわち小役人マキアヴェッリが、思慮深く家柄のよいヴェネチアの使節アントーニオ・ジュスティニアーニほど批判力をもっていなかったことの証左である。ジュスティニアーニはそれらの出来事をローマで知った。彼はローマに赴任した瞬間から、教皇制度を破滅させるにちがいないこの世の途方もない堕落ぶりに頭を横にふった。マキアヴェッリにとって、もはやそのような判断をくだすことは不可能だった。彼は社会的出自にもとづく確固たる立場を社会のなかにもたなかったため、チェーザレの放つ危険な輝きに魅了される。きちょうめんで小事にこだわる官庁役人マキアヴェッリは、無秩序と意外性のなかだけで生きている人間にすっかり夢中になった。この瞬間に頭のてっぺんから足の先まで、事実性の実践のとりこになったのである。

すでに暗示したとおり、この時点からマキアヴェッリの使節報告書には、経験的に見聞された事柄の普遍的なものへの昇華がはっきりみられるようになる。ただしここでいう普遍的なものとは、(これまでつねにいわれてきたような)理論的・概念的なものではなく、まったくもって美的な性質のものである。マキアヴェッリの構想力がチェーザレ・ボルジアとのつきあいのなかでこうむった変化をみれば、それがいちばんよくわかる。派遣中の急送公文書が示すようにマキアヴェッリは、チェーザレが人間と状況を描写するさいの野蛮なまでの簡潔さ、決定的な事柄を具体的な命令の言葉のなかに精確に表現することのできるその簡潔さに深い感銘を受けた。デュブルトンはこういう。「人間を定義するときのこの感覚、野蛮なまでに簡潔な表現で人の精神を明るみに出すこの能力、これらは箴言《マクシム》ではなく、肖像《ポルトレ》文学のものである」。この時点で、ふだんは卑猥な喩えのなかにしか顔を出さないマキアヴェッリ生来の粗野なトスカーナの大衆的ジョークと、同じようにトスカーナ特有の――さしあたり純粋に言語上のものにとどまっていた――洗練された文に対するよろこびとが相まって、人間を描くためのじつに斬新で比類のない文体ができあがる。歯にきぬを着せずにものをいうこの文体は、一方では、きわめて無骨な喜劇のように、生の未分化の基本現象にみちているためずっしりと重い。しかし他方では、ふと口に出た警句のようにアフォリズムふうに磨かれ軽やかであるため、人びとはその形式に気をとられ、身の毛もよだつような文の内容をいとも簡単に見逃してしまう。人間的なものを言葉の規律のなかに押しこむ美的な徹底性《ラディカリテート》が、そのような文のもつ非人間的なもの、それどころかまさに悪魔的なものの威力を引きだしているのである。さらにまた、すべての慣習に真っ向から一撃をくらわすことへの露骨なよろこびには、卑猥なジョークの残響がある。こうした文体にこそ、もっともマキアヴェッリらしい独特の形式が表現されている。なぜなら彼はその文体をなにはばかることなく効果だけをねらって書くときにしか使わないからだ。たとえば急送公文書や書簡やいっきに書きおろされた『君主論』におけるように。それに対して『ローマ史論』や『フィレンツェ史』のように手を加えられた著作では、やたら詳しい時代区分と、だれのひんしゅくも買うまいとする臆病さ、とくに人文主義的修辞学のさまざまな要求に応じようとする、ときとしてまさに卑屈な臆病さによって、その文体はたびたび鋭鋒をくじかれている。このマキアヴェッリ特有の文体は、ヴァレンティーノ公について報告した急送公文書のなかに最初にあらわれたという事実が示すように、チェーザレ・ボルジアとの出会いのなかで自信を獲得したのである。

しかしそのとき新しかったのはマキアヴェッリの文体だけではない。公文書ふうの報告でもなければ歴史物語でもなく、むしろ短編小説の特徴を多分にもった構成の方法も新しかった。それを裏づけるのが、政府に宛てた多くの報告書につづいて帰国直後に執筆された小論文「ヴァレンティーノ公はどのようにしてヴィテロッツォ・ヴィテッリ、オリヴェロット・ダ・フェルモ、オルシーニ家のパオロおよびグラヴィーナ公を殺害したか」である。この叙述の基礎となったのはたしかに彼の報告書であるが、そこには固有の特徴がみられる。つまりこの叙述は、チェーザレ・ボルジアが敵をかたづけるために組み立てた複雑に絡み合う事件全体を、日常的出来事とその経緯の生きた連関から際立たせ、そうすることで一種の短編小説ふうの、額に入った絵に仕上げているのである。しかしこの短編小説的特徴は――この点はとくに言いそえておかなければならない――好みの輪郭を得るためにばらばらの対象に取りつけられた飾りひだのように、内容の外側にあるのではない。むしろこの散文では、形式がまったく否定できないほど明白に実質的内容を決定しはじめている。これまでは、チェーザレがつねに偶然という意味での幸運に恵まれ、比較的少ない賭金で賞金をまるごと手中にしたとしばしば述べられてきたが、いまではそのモチーフが姿を消してしまう。かわっていちばん前面に押しだされるようになるのは、チェーザレが網を張りめぐらすさいの妥協しない首尾一貫性の叙述である。のちにこの網に配下の傭兵隊長たちが引っかかり、致命的な結末を迎えることになる（R・フェスターが同じような指摘をおこなっている）。その変化によって、偶然としてのフォルトゥナが徐々に幸運の神話的な力としての「フォルトゥナ」に転じ、それ以降発展をつづけ、チェーザレ・ボルジア型の君主の本質的特徴を意味するようになる。表面的にみれば偶然生起したにすぎないものを歴史的生の基本的範疇にまで、すなわちまさに人間の運命を左右する女神フォルトゥナにまで高めるさいに、論文全体に与えられた短編小説の形式が決定的役割を演じていることは、まったく疑う余地がないように思われる。この上昇によってはじめてフォルトゥナは独自の高い価値を獲得し、同じように重要なヴィルトゥの概念に対置されることが許される――これについてはのちに言及しよう。この時点でついにチェーザレ・ボルジアという現象全体がイメージに変形されるのだが、その変形の程度は、現実がマキアヴェッリにとってしだいに意味を失いはじめるほど大きなものだった。そのためマキアヴェッリは、チェーザレが高みから墜落したあとも、なんの動揺もなく彼について論じることができた。チェーザレのイメージは、墜落とは無関係に、このときから独自の美的次元で成長をつづけ――おおよそ一〇年後に――『君主論』で最終的に仕上げられるのである。

一五〇三年一〇月二四日、つまり論文で叙述された反乱の終結からおおよそ九カ月後、マキアヴェッリはフィレンツェ政府の命令でローマに派遣され、その地に一〇月二八日に到着し、一二月一八日まで滞在する。局面は一変していた。教皇アレクサンデル六世が八月一八日に死去。その年の九月二二日にチェーザレ・ボルジアの支持を受けたフランチェスコ・ピッコロミニが教皇に選出され、ピウス三世を名乗った。ところがその治世はわずか二六日しかつづかず、教皇は一〇月一八日に死亡。マキアヴェッリがローマに派遣されたのはまさにこのときである。彼の任務は——ほかにもいろいろあったが——フィレンツェ政府に今度の教皇選挙の最新情報を伝えることだった。マキアヴェッリが前回チェーザレ・ボルジアのもとへ派遣されたおりにすでに気づいていたように、チェーザレは、父がいつ死ぬかわからぬこと、したがってロマーニャの支配を維持するために対策を講じておく必要があることをこのうえもなく明白に認識していた。事実またチェーザレはそのためにピウス三世の選出に介入し、ピウス三世が死んだあとは、教皇ユリウス二世を名乗ったジュリアーノ・デルラ・ロヴェレの選出に介入したのである。彼はすべてを考え抜き、計算しつくしていた。ところがそのさい——マキアヴェッリにうちあけたように——ひとつだけ、つまり自分自身がこの瞬間に瀕死の重病になりうることを忘れていた。そのためチェーザレは動揺した。彼のもとに到着したマキアヴェッリが目にしたチェーザレは、さしあたり——彼らしく——希望にみち、上機嫌だった。教皇選挙のなりゆきはまだはっきりしなかったが、フィレンツェに送ったマキアヴェッリの報告によれば、コンクラーヴェの開始前からもうロヴェレ枢機卿の選出はびくともしないほど確実に思われた。ロヴェレ枢機卿はいつも他人のよき友人だったので、彼自身も教皇選挙のさいに、よき友人たちを見いだした。しかしチェーザレはロヴェレの評価を誤った。かつてロヴェレを亡命に追いやったことがあるというのに、チェーザレは不遜にも、教皇となったロヴェレが枢機卿時代に受けた仕打ちを忘れるだろうと考えたのである。もしチェーザレが教皇になっていたとしたら、きっとつらい過去を忘れなかっただろう。ところが、まったくもって海千山千の政治的策士でさえ、ときには先がみえず、まさに同じ立場なら自分自身がごくあたりまえにするはずのことを敵に対しては予測しない。これは他人をときおり自分自身の経験が教える以上に買いかぶる計算上の不遜である。ほかでもないこの点において、マキアヴェッリのチェーザレ・ボルジア批判がはじまる。マキアヴェッリは記している。「公爵は大胆に信頼することによって惑わされています。他人の言葉が自分自身の言葉より確かなものであり、誓った約束は守られるはずだと考えているのです」。実際には、教皇ユリウス二世は時間かせぎのために約束を守ったにすぎない。しかしチェーザレは、教皇が選挙を勝ち抜くため、そしてローマをヴェネチアから守るために彼を利用したのであって、一刻も早く彼から離れようと固く決意していることに気づかない。マキアヴェッリもヴェネチア使節ジュスティニアーニも、この教皇の決意については情報を得ていた。ただ教皇は、極力この件で自分が前面に出ることを避けようとする。そうしておいて教皇は、反チェーザレの行動をとり、いまチェーザレは彼自身の犯した悪行の償いをさせられているのだという発言を繰り返す。そればかりか、幸運に見放されてからというものチェーザレは完全に狼狽しているようだと吹聴する。いまやチェーザレは不幸に取りつかれていた。マキアヴェッリも、みんなとまったく同じように、もはやチェーザレとかかわろうとしない。マキアヴェッリはチェーザレに対して、まったく同情も関心もない冷淡な態度をとる。たとえばフィレンツェ政府にこう書いている。「いずれにせよこの公爵に対していかなる態度をとるべきなのか、教えていただければ幸いです。公爵に気をもたせるべきかどうか、もたせるとすればいかなる方法でか」。べつの報告書の口調も同じように冷淡である。「なにが起こるのかわたしにはわかりません。実際また判断するのはおそらく不可能でしょう。なぜなら公爵に関する事柄は、わたしが当地に到着してから幾度となく変化したからです。破滅に向かって突き進んでいることは、まちがいありません」。そして最後にはさらに厳しく、「この公爵は、ずるずると自分の墓場に落ちこみつつあります」と書かれている。まさに当時のチェーザレは、教皇の強固な意志に翻弄される一個の対象物にすぎなかった。なるほど教皇は、選挙の終了からまだ日が浅いことを考慮し、ロマーニャを失わないよう慎重で狡猾な政策をとっていたが、自分の足場が固まったと知るやいなや、ついにチェーザレを監禁した。

　ところで場合によっては、このときマキアヴェッリがモラリストの立場から、チェーザレ・ボルジアが罪の報いを受けはじめたと判断していると考えることができるかもしれない。たしかにマキアヴェッリは一五〇四年の『十年史その一』[2]でチェーザレの「感嘆すべき行動」について報告しているが、同時にまた敵を罠にはめる「バジリスクの甘いささやき」について、さらにはだれもが逃げださざるをえない「ヒュドラの毒の息」[3]について語っている。肯定的な意味なのか、否定的な意味なのか、疑念のわくところであろう。しかし『君主論』(第七章)のチェーザレ像は、「フォルトゥナ」によって支配権を握った君主として、ふたたび完全に肯定的なものに変わっている。こうしたマキアヴェッリの評価の移り変わりをどう理解すればよいのだろうか。これについてふたつ指摘すべきことがある。第一に、もし政治的出来事をことごとく戦術に分解してゆけば、権力ゲームが完全に中立化される点である。しかしそれはまた、優れたチェスの差し手が特定の局面で白でも黒でも駒を進めることができるのとまったく同じように、随意の反転が可能だという意味でもある。つまり昔はチェーザレが手番で優勢だったが、いまでは相手方が手番で勝っている。しかしルールはいずれの場合も同じである。要するにこのときチェーザレに対し道徳的に否定的判断がくだされているわけではない。チェーザレは不運にも不都合な瞬間に病に倒れたといわれているだけだ。そのため敗れざるをえなかったのだと。たとえそのあとで敗北は罪の報いだと述べられたとしても、それは結局のところ慣習的な言い回しにすぎない。敗れたのが白だとしたら、それによって白の道徳的適性についてなにかがいわれているわけではない。ただ、白は駒の進め方を誤ったといわれているだけだ。つまりマキアヴェッリは突然モラリストになったのではない。もうすぐわれわれはこの件以外でも、マキアヴェッリの政治戦術の中立状態が反転可能であることを示すいっそう驚くべき例をみることになろう。――さて第二に指摘すべきなのは、まさにこの瞬間に、マキアヴェッリにおいて個人的になされた体験とその美的変容が乖離しはじめるさまが明白にみられるという点である。マキアヴェッリは、イメージにまで昇華したチェーザレ・ボルジアのもとで具体的に体験したような政治戦術の手法に興味をいだく。この戦術は、最初はチェーザレによって、つぎにユリウス二世によってもちいられる。したがって第二の報告書では教皇の「巧みな戦術」について詳述される。いまやゲームを意のままに動かす身となった教皇は、かつてチェーザレが謀反を起こした配下の指揮官たちにそうしたように、チェーザレに対して行動のおきてを強制する。かつての傭兵隊長たちのように、いまではチェーザレ自身が痛手をこうむるほかはない。つねに主導権を握れというのが政治戦術の最高のおきてなのだから。そのためローマ滞在中のマキアヴェッリは教皇にしか興味を示さない。つまりわれわれの見解では、強大なカンブレー同盟によって強力なヴェネチアを陥落させた教皇にマキアヴェッリがまったく感銘を受けなかったという意見はまちがっている。マキアヴェッリがこの教皇に心を動かされた可能性はひじょうに大きい（『ローマ史論』第一巻第二七章、第三巻第九章、『君主論』第一一、一六、二五章参照）。なぜならマキアヴェッリは二度目となった一五〇六年の派遣のおり、いかに教皇が領土拡大をめざして精神的、軍事的手段の一切合財を駆使するかを観察する機会を幾度ももっているからだ。

マキアヴェッリは彼をみて政治戦術の二つ目の課題を学ぶ。そのさい教皇ユリウス二世もまたひとつのイメージに変わる。だがマキアヴェッリはそのイメージにつける名前をただひとつしかもたない。すなわちチェーザレ・ボルジアという名前である。チェーザレ・ボルジアがマキアヴェッリにとっては同時にユリウス二世でもあるのだ。たとえチェーザレの人生の危機的瞬間に教皇のほうに関心を奪われたとしても、マキアヴェッリは教皇のもとでチェーザレ・ボルジアの美的形姿に対して忠誠を守りつづけている。そのときチェーザレは彼にとってとっくの昔に私人ではなくなり、そのものずばり君主の人格に高められていた。そのためマキアヴェッリは——唯美主義者ならだれでもそうだが——罪悪感にかられることなく自分のヴィジョンの完璧さのために現実を裏切ることができた。以上のことをかんがみると、マキアヴェッリがチェーザレ・ボルジアを最初は讃嘆し、のちに非難したことの矛盾は解消するように思われる。われわれはまたこの方法で、官房のリアリストから徹底した政治的唯美主義者へというマキアヴェッリの精神的発展におけるもっとも本質的なものを知ることができる。チェーザレ・ボルジアの現実は「用済みのモデル」(H・E・キンク)なのだ。いずれにせよ讃美されているのはまさに「形姿」つまり「想像上のヴァレンティーノ公」(ヴィラリ)の「イメージ」である。このイメージがのちにマキアヴェッリの創作を支配し、人文主義の「仲介」なしに「手本」となる。そしてそのイメージは、故郷の敵に対するそのような称讃がまったくもっていかがわしくも使節の義務に反する瞬間にさえ讃美されるのである。チェーザレは、それ自身の基準をまるごと内にそなえた美的な雛型と化している。非難されているのは私人つまり単純な現実なのだ。いうまでもなく一般に病気は、とくにチェーザレのわずらっていた梅毒は、歴史的評価の枠内ではきわめて個人的問題である。マキアヴェッリは最後までこの現実をじつにささいなこととみなしていたので、手紙のなかでも著作のなかでもチェーザレの死について一言もふれない。美的イメージのなかに収められたことで、チェーザレの現実はある意味でより高い次元に止揚されただけではなく、まさに消し去られた、というより捨てられたのである。その結果、肉体の死はまったくどうでもよいものになる。このようにチェーザレ・ボルジアの「イメージ」は、いっさい彼の運命の激変とはかかわりをもたなかったので、マキアヴェッリは一〇年後に『君主論』で、自分自身と英雄に対する忠誠の証として、つぎのような文章を後世に残すことができた。「公爵のあらゆる行動を総合的に判断するとき、わたしは彼を非難することができない。それどころか、幸運や他人の武力で政権をとったすべての君主に、見習うべき人物として彼を推薦せずにはいられない。彼の偉大な勇気と高い目標をもってしても、これ以外の行動は考えられなかった。彼の計画をさまたげたものは、教皇アレクサンデル六世の短命と彼自身の重病だけだったのである」。このように、いったんはチェーザレを批判したマキアヴェッリだが、その批判さえ、彼の人生の後期にはもう神格化の微光につつまれているということができる。いずれにせよ当時のフィレンツェ人たちはそれにはっきり気づいていた。そのためマキアヴェッリは友人である同僚のブオナッコルシ宛ての手紙（一五〇三年、一一月一五日）で、おそらくフィレンツェで憎悪されている公爵の名前を手紙であげることを全面的に差しひかえたいと、こっそりうちあけている。もしかすると、マキアヴェッリが前回のチェーザレ訪問から戻ってきたあとも、フィレンツェの人びとはまだ彼の熱狂的な報告を覚えていたかもしれない。またもしかすると、マキアヴェッリが筆を手にとった瞬間に、まったく彼特有の両義性が生じたのかもしれない。つまり意地悪な報告のしゃれた落ちや、特徴を描写する形容詞の選択によって対象に与えられる文体上の重要性が、対象の事実上の無意味さに完全に矛盾するという両義性が。

書記官時代のマキアヴェッリには以上のような使節としての任務のほかに、重要さに程度の差はあれ、数多くの外交上の仕事が任されていた。しかしここでそれらの仕事に深入りするつもりはない。深入りしても、そこからマキアヴェッリの内的伝記の仕上げに役だつような目新しいものはなにも得られず、ただ歴史の細部へ入りこむだけである。ただし、ひとつだけみておかなければならないし、みることができるのは、いかにマキアヴェッリにおいて——略述したルネサンスの危機分析との関連で——事実化し保証を失った世界の実践が開始されているか、そして全般的な混乱のなかでともかく定点を見つけようとして、いかにマキアヴェッリがその実践をすでに若いころから美的に高めはじめているかである。彼が生きた世界の純然たる事実性を知るうえで重要なものは、ドイツ皇帝マクシミリアン一世のもとに派遣された二度の任務以外にはない。一度目（一五〇八年）はジュネーブとスイスを回って、ボルツァーノ、メラーノ、インスブルックで皇帝に会い、二度目（一五〇九年）はマントヴァで会っている。とくにスイスを抜ける旅のあいだに、マキアヴェッリはその驚くべき洞察力の証をたてる。わずか四泊しかしていないのに、スイスの特徴を基本的に正しく把握しているのである。すなわちスイスの諸州はときおり細かい点で足並みの乱れはあるものの、つねに「自分たちの自由を守るために助け合う」心構えをしていると。のちに明らかになるように、この旅で得られたスイス人像は、マキアヴェッリの後期の作品に影響をおよぼす。一方、とくに金銭問題の交渉相手だったドイツ皇帝マクシミリアン一世からマキアヴェッリが受けた印象は大きく異なる。彼はドイツ皇帝とフランス王がおもにイタリアを犠牲にして自分たちの紛争に決着をつけていることに腹をたてていたし、ドイツ皇帝のいつもながらの無鉄砲きわまりない資金工作を見抜いていたので、すでにふれたように、彼のまえでは神聖な皇帝権のもつ厳粛な光背は完全に消え失せていた。なにしろマキアヴェッリは、皇帝が対フランス戦の軍資金としてフィレンツェに総額五〇万ドゥカーテンの前払いを要求したときに立ち合ったのだ。それに対しマキアヴェッリがフィレンツェ市の委任を受けて示した対案は三万ドゥカーテンだった。そのため皇帝は最終的に四万ドゥカーテンで手を打たざるをえなかった。皇帝はそれを即金で要求した。しかし慎重なフィレンツェ人たちは、出兵の規模に応じた分割払いの契約しか結ばなかった。この出兵は実行されなかったので、皇帝の手にはついにびた一文入らなかった。結局のところマキアヴェッリが使節指南書（一五〇九年）にあらわしたマクシミリアン像は、なるほどいかにも人間的に描かれているが、しかしその像はまさに、解体しつつある中世世界の保証人たりえなかったマクシミリアン一世のあまりに人間的な弱点を暴露するものである。マキアヴェッリは皇帝についてこう報告する。「皇帝の浪費は、前代未聞の途方もないものである。その結果皇帝はいつも困窮しており、彼を取りまく状況がどんなに有利であろうと、いかなる金額も彼を満足させるには足りない。また彼は移り気である。今日なにかを望んでも、明日にはもう望まない。手に入れようのないものをほしがり、手に入るものをほしがらない。そのためつねに方針を逆転させる。その一方で、彼は武芸にすぐれている。公正さと秩序をもって軍隊を巧みにまとめ指揮する。他の名武将と遜色なく、いかなる辛苦にも耐え、危険にあっては勇猛果敢であるため、最高指揮官としてだれに劣るものでもない。引見するときはあいそがいいが、気が向かなければ引見しない。使節に謁見を許すのは、皇帝のほうから使節を呼びにやったときだけである。彼はひじょうに閉鎖的である。精神と肉体はつねに血気盛んだが、朝令暮改をたびたび繰り返す」。マキアヴェッリは、フランス派遣から戻ってきたときと同じように、ドイツで受けた印象の要約を著わしている。そこでも彼は皇帝を皮肉って、この皇帝は弱点を隠すことができず、つねに金に困っており、総体的にあまり尊敬されていないといっている。「皇帝の譲歩しやすい善良な性質があだとなって、彼は取りまきのだれからもだまされる。側近のひとりの話によれば、どんな人物であれ、またどんな案件であれ、彼が気づくまえに、彼をだますことができる。側近従者の数も案件の数もひじょうに多いので、たとえ皇帝がそのたびに気づいたとしても、毎日だまされるのが彼の運命になるであろう」。ドイツの国自体は、とくに「金と秩序を有する」自由都市のせいで強力である。しかし他方でドイツ人はまとまっていない。そのため皇帝でさえいつも、彼が要求した兵士たち、当然彼に帰属すべき兵士たちのほんの一部しか手にいれることができない。またドイツの裕福さも疑わしい性質のものである。その裕福さが、大規模な生産性に由来するのではなく、人びとの「貧相な生活」に帰せられるからだ。彼らはその粗野な生活に満足していて、途方もない報酬でももらわないかぎり、戦争に行こうとはしない。ここからも皇帝の日常的な財政難が説明される。以上のようなマキアヴェッリの言葉から明らかになるのは、なかんずく北方の暮らしのみすぼらしさに対する、洗練された生活をおくるイタリア人の軽蔑である。さらにまたドイツ人とフランス人は、故国イタリアを苦しめ掠奪する野蛮人であるため、マキアヴェッリは、両国民への反感をうわべだけ平静な節度で覆い隠し、そこに辛らつで機知に富んだ表現を与えるのである。

この時期に――外的な伝記に戻ろう――マキアヴェッリおよびマキアヴェッリへの偏愛を非難されたソデリーニに対する陰謀が増える。その間に実行されたフィレンツェ国民軍の再編成は、あれほど度重なる戦争によっても打ち負かせなかったピサを一五〇九年六月に降伏させたのだから、たしかに成功したといえる。しかしその国民軍が一五一二年にプラートを防衛すべくスペイン軍と戦ったときは無力をさらけだす。これによって共和国の崩壊と行政長官ソデリーニの失脚が決定的となった。マキアヴェッリからも官職と尊厳を奪った出来事である。マキアヴェッリはいまや政治の舞台から姿を消し、追放の身となって、自分のために新しい生活をはじめる。その新しい生活の構造については次章で追究することにしよう。それにしても、このフィレンツェ大変革のさいにも、たとえみずからの存在が危険にさらされようと、いかに彼が冷静な観察能力を失わなかったかをみれば、それだけでも驚嘆させられる。無名の女性に宛てておそらく一五一二年九月に書かれた手紙のなかで、彼はソデリーニの失墜を詳しく描写している。それによるとソデリーニは最初フィレンツェに防衛準備態勢を敷こうと試みていたが、プラートでフィレンツェ軍が敗北したあと、全土に広がった大混乱にすっかり狼狽してしまったという。マキアヴェッリがつぎのように報告するところは、この手紙のもっとも感動的な個所のひとつである。すなわちシニョリーア広場でメディチ家の使者たちと交渉していた最中に、突然長いあいだもう聞かれなくなっていた「パッレ、パッレ」というメディチ家支持派の集合の呼び声が響きわたり、呼び声はそれからますます大きくなって、街路という街路を嵐のように通りすぎ、すべての人間をいっきに連れ去ったのである。そのあとすぐにマキアヴェッリはすべての役職から外され、それどころかジョヴァンニ・デ・メディチ枢機卿に対する陰謀を計画したかどにより、しばらくのあいだ逮捕され、拷問にかけられる。なるほど今日では、マキアヴェッリが反メディチの陰謀計画に加担していなかったことははっきり証明されている。しかしおそらく彼はその著『黄金のロバ』の最初の章節によってメディチ家のひんしゅくを買っていたと思われる。この作品は、自分の失脚に対するマキアヴェッリの最初の反応であることが、最近明らかにされた（L・F・ベネデット）。メディチ枢機卿がレオ一〇世として教皇に選出された（一五一三年三月一一日）あと、マキアヴェッリは一般的な特赦に浴し釈放される。ただし政庁への出入りと、共和国領内から外へ出ることを禁じられる。このような状況下では、とうていフィレンツェに住む気になれず、彼はこの街を去った。そしてサン・カシアーノに近い小さな領地に引っ越した。これがマキアヴェッリに新しい生活をはじめさせた外的事情である。この出来事がなければ、マキアヴェッリは現在われわれが知っているような存在にけっしてならなかっただろう。ある種の洞察力とそれなりの機知をそなえてはいても、その他大勢の人間と同じように、書記官にとどまっただろう。そして若干の歴史家と文書係以外にその洞察力と機知を享受する者はいなかっただろう。ほかにもこの時代には、たとえばヴェネチア人のアントーニオ・ジュスティニアーニのように、彼よりはるかに優れた多くの賢明で先見の明のある使節がいたことをまったくべつにしても。このときマキアヴェッリに課せられた自粛が彼を著述家に成熟させたのである。ところで、すでにここで、彼の思想を判断するうえでもっとも重要なことを指摘しておかなければならない。追放の身という不本意な閑暇のなかで著述家に成熟したため、彼の思想にはいつまでも「ユートピア的」特徴がつきまとう。その思想は、現実に近づくたびに、しばしば辛らつになり、ルサンチマンにみちてくる。ただし、軽いイロニーはけっして失わない。そのイロニーはいまではもはや遊び好きの青年のようにほほえむのではなく、仏頂面をしている。ときどき空想的なこともあるが、終始一貫して、とどまることのない美的衝動に、すなわちゴイセン同盟の戦士(4)を思わせる誇りをもって現実に対峙し、倦むことなく自分の作品に磨きをかけ細工をほどこす美的衝動に突き動かされている。

訳注

(1) ルクレツィア　一四八〇―一五一九。教皇アレクサンデル六世の娘。チェーザレ・ボルジアの妹。父から三度政略結婚を強いられ、三度目はエステ家のアルフォンソ一世に嫁した。
(2) アフリカの砂漠に住み、人をにらみ殺すという伝説上の怪物。
(3) ギリシア神話でヘラクレスに殺された九頭の水蛇。
(4) 一五六六年スペインの専政に反抗したオランダ貴族たちのあだ名。

追放

慣れ親しんだ生の枠組から無理やり引き離す追放は、いかなるかたちのものであれ、運命が人間に取っておいた最大の実験である。このときはじめて——通常の生き方がこうむる障害や不利益がすべて乗りこえられたあと——すでにかたちづくられた生全体がひとつの試練を受けるのだ。もっともそうしたことがなければ、人間はつねにほんの細部において苦しむにすぎない。マキアヴェッリは、この試練の重みをきわめて深く身にしみて感じていた。この試練のなかで、彼は自分の内面を外へさらすことのできないまま、希望をいだき、涙し、笑い、情熱に燃え、また二度と動けないほど憔悴させる大きな不安に襲われたのだった。そうした気持ちをいだいてルネサンスの時代に生きていたのはマキアヴェッリだけではない。思考における本来のルネサンス・スタイル(1)をはっきり示すために亡命がもたらす重要な働きを、われわれはすでに知っている。ダンテは壮年に移ろうとする時期に追放の憂き目をみたが、他人のパンを味わい、追放の長い流浪の旅路にあって、道づれたちの愚かさにさんざん悩まされたあと、カッチャグイーダの予告(2)のなかで、追放の苦しみをもう一度自分の眼前に呼びだしたのだった(「天国篇」第一七歌)。ペトラルカは、まったく他郷の地において成長し終生浪々の身であったが、プロヴァンスの茅屋を心から愛した一方、彼の時代の権力者たちの宮廷にたえず引きつけられていた。両者ともくっきり額に追放の印を帯びていた。たとえダンテが、愛する聖ジョバンニ洗礼堂をふたたびみることのむろんないまま、気持ちのうえでは故郷に帰り、政党人としてやむなく出ていかなければならなかったフィレンツェと少なくとも詩人として和解していたとはいえ(「天国篇」第二五歌)。マキアヴェッリの人生においても追放は同じように重要な作用を引きおこす。追放は彼を彼自身に立ち戻らせる。その外貌同様、これまで奇妙に不可解なままであった彼の内面は、いっきょに生気を帯びる。彼の内面を認識するための可能性は偶然の伝承によってもたらされるわけではけっしてない。たとえば個人的な記録なら、ただこの時代からしかわれわれの手に伝わることはなかったであろうが。精神的拷問を受けたあと、彼の人生そのものがむしろ変わってしまったのである。――伝えられているように――厳しい尋問でロープに吊り上げられたあと、打算的で冷静そして機知に富む観察者マキアヴェッリは、一瞬足もとの地盤をまったく失ってしまう。苦しんでいる彼の魂はものすごい力で外へもがき出る。牢獄からメディチ家に向かって彼を彼自身に戻すよう、そしてシラミやノミのなかで朽ち果てさせないでくれと呼びかける。自分の命が助かるなら、彼にも共犯者としての容疑がかかる謀反事件の若き首謀者たちに死を望むことをためらわない。説明のつかない考えが彼の心に忍びこみ、旧くからの後援者であり友人でもあるソデリーニすらも、『エピグラム』のなかで子どもたちのリンボへ送りこんでしまえるのだ。マキアヴェッリはもはや節度を知らず、いかなる秩序も崩壊した。彼は生を狂おしいほどに渇望しつつ、詩のために人間性や友人たちを裏切り、どのような告白でもする気になった。彼はそれを、しょせんメディチ家と姻戚関係にあるピエロ・ソデリーニの無言の冷淡さではなく、自分の心を無理やり暴露することでおこなったのであり、胸の内を品位なくあらゆる方向へ同時に開いてみせることをはばからない。このように心を開いてみせる危険は大きい。この危険をまったく体験しなかった者は幸せである。だが作品を生みだす力となる偉大な緊張も、まさにこうした状態から生じてくる。かくしてマキアヴェッリは、宙吊りによる絶望で心底憔悴しきったはてに、作品をつくりあげた。彼のやり方はしかし、作品によってひとつの新しい世界と故郷を開いたダンテのやり方とは違っていた。マキアヴェッリはかつて自分がなんであったのか、そしてなにをなしたのかをけっして忘れることはできなかった。忘れることのできる亡命者などどこにいるだろうか。マキアヴェッリはそんなおおらかな心の持ち主ではなかった。まさに彼が待ち望む現実と孤立した生の状況とのあいだでたえず緊張がはぐくまれたからこそ、作品に彼特有の色合いが生じたのである。以下この色合いを書きあらわしてみることにしよう。

失脚はマキアヴェッリに強烈な打撃を与えた。自信を揺るがすあらゆることが起こったのだ。マキアヴェッリが出獄したとき、自分を支えるために残っているのはただふつうのよろこびだけだと、フランチェスコ・ヴェットーリに報告している（一五一三年三月一三日）。フランチェスコ・ヴェットーリも政変のさい同じようにひどい目にあったのだが（ピエロ・ソデリーニの逃亡を助けたがゆえに）、それにもかかわらずヴェットーリは、かつての憤懣やるかたない出来事と同様この迫害にもなんとか持ちこたえようといってマキアヴェッリをしっかり慰めることができる。しまいにはローマにいる自分を訪ね楽しいときを過ごすよう申し出る。しかしマキアヴェッリはどうしても自分を取りもどすことができないでいる。一五一三年六月二六日、マキアヴェッリから便りのないのを嘆くある親類の者に彼はこう書き送る。「きみへの返事はこうだ。きみが旅立ったあとわたしはじつにたくさんの災難にあった。だからきみに便りをしなかったのも不思議ではない。不思議なのはわたしがまだ生きているということだ。職を追われ命も危うい状態だったのだ。神とわたしの無実が命を守ってくれた。投獄をはじめそのほかあらゆる不幸な目にあったが、神の恩寵によって命ながらえ流れるがままに生きている。だから天がさらなる恩寵を示してくださるまでがんばってやってゆこうと思う」。これらの言葉から失脚がマキアヴェッリを回心させたのだとけっして推察してはならない。神の召命とはまさに偽善的なものである。というのも意気消沈しているにもかかわらず、トマーソ・デル・ベーネやドナート・デル・コルノといっしょに娼婦たちのところで元気を回復する時間をたっぷり過ごしているのだ。人生はマキアヴェッリにとって夢のように思える。こうしたとき重大な問題を突きつけられると、彼の驚愕は拷問で吊るされたロープをまえにしたときよりもはるかに大きなものとなる（一五一三年四月九日）。そうして急いで好色的遊びに戻るのだ（一五一三年四月一六日）。むろんこの場合平静ではいられない。彼はふざけ戯れることで重い苦しみを隠してしまいたいのだと告白する。ここでマキアヴェッリの好色的放埒について数多く議論された問題も解明される。マキアヴェッリが安っぽい快楽で気をまぎらわしたのはたしかであろうし、その一方で彼の屈強なトスカーナ的良識でそうしたことについてあからさまに語るのだというのもたしかであろう。ただし、これは一時的な気落ちの結果とばかりみなすわけにはいかない（たとえば『黄金のロバ』第四章におけるのとは違って）。なにしろマキアヴェッリの猥談好みはほかならぬフランチェスコ・グイッチャルディーニに宛てたすこしあとに書かれた手紙（一五二一年以来）のなかで格別な激しさで繰り返されるし、また友人のフィリッポ・デ・ネルリが、マキアヴェッリがフィレンツェにいないのを嘆いたのもマキアヴェッリが日頃披露していた賭事や飲み食いをはじめその他のいかがわしい話を聞けないからということなのである（一五二五年九月六日）。他方、マキアヴェッリは、小説ふうに書きあげる楽しみにかられ、かつて体験したことに彩色をほどこしたり、あるいはいまだ体験したことのない、ただ聞いただけのことにしっかりしたかたちを与えようとする。混乱する生に対して巧みに彫啄された逸話《アネクドーテ》を突きつけるのだ。そしてこの楽しみこそ不幸のなかで彼の幸福となりはじめるものである。それゆえマキアヴェッリはもう早い時期から政治的報告だけではなく前述のように、好色的冒険にもそうしたのである。たとえばヴェローナからルイージ・グイッチャルディーニに宛てた手紙（一五〇九年一二月七日）のなかでぞっとする話を添えている。それは歯も抜け涎をたらした醜い老婆の誘いを受けた話で、彼はこの老婆をみて嘔吐しつつ「彼女に報酬の硬貨を支払った」のだ。この小説化しようとする傾向はのちに（一五一四年二月二五日）、マキアヴェッリの友人ブランカッチョによってフィリッポ・デ・カーサ・ヴェッキアが愉快に欺かれたという報告のなかで繰り返される。ブランカッチョは好色な遊びのさい自分のことをフィリッポ・デ・カーサ・ヴェッキアと偽称したのだが、それがフィレンツェのカーニバルでふざけたはやり歌となったのだ。どちらの話も、じつはつねに最後に際立つように置かれている要点を押さえた一言を説明するために語られている。ヴェットーリのローマでの生活をありありと描きだそうとする手紙（一五一四年二月四日）もまたこのやり方で書かれている。それは、ローマでの友人の色にふける生活を描いたたいへん魅力に富んだ個人的細密画となっているものだが、末尾にはマキアヴェッリ自身がフィレンツェの娼婦であるリッチャから人目を忍んでしかキスを奪うことができなかったと付け加えている。全体としてみれば――それは大きな意味のある顛末なのだが――ヴェットーリがローマで美しい女性たちと退屈をしのいでいたのとは対照的に、マキアヴェッリは自己を投入して結局は挫折してしまうのだということができる。マキアヴェッリにとってほんとうの体験は言葉のなかではじめて現実となるのであって、彼の小説は人生の現実を横目で皮肉にながめている。直接的享楽のかたわらに甘い約束にみちた天国を打ちたてることで、マキアヴェッリを取りまく状況は彼にとって耐えられるものとなる。この約束が一五一二年から一五一四年までに彼の主要著作を生みだす根底となるのだが、そのさいマキアヴェッリは、リッチャの家を訪れたときとは異り、政治の面においてはさしあたり「人目を忍んで」すら現実化することはできなかったとだけはいえるだろう。

一五一三年初頭以来つねに繰り返される唯一まじめに受けとれる嘆きは、仕事がないことに関するものである。マキアヴェッリはヴェットーリに、メディチ家がふたたび自分を雇ってくれるようローマの教皇に働きかけてほしいと、ほとんど厚かましいほどしつこく頼んでいる。一五一三年三月一三日の手紙である。「できれば聖下あるいは聖下のご一門がわたしを使ってみてくださるよう、聖下のご記憶のなかにわたしをお留めいただきたくよろしく計らっていただきたい。あなたには名誉となり、わたしにとっては有益なことだと思います」。さらに五日後の手紙ではこう書かれている（三月一八日）。「あなたは運命に立ち向かえと言うのですね。どうかよろこんでください。わたしは自分で自分を好ましく思うほどこの苦しみにじっと耐えましたし、これまで自分で思っていたよりもずっとたくましいと考えていますから。我が庇護者御一家のお心にかないわたしを大地から拾いあげてくださるならうれしく思います。そうすることを悔まれる理由を庇護者の方々に与えないようしかるべく働きができると思っています。もしお心にかなわなければ、わたしは自分でできることをして暮していきましょう。わたしは貧しく生まれ、愉しむより堪え忍ぶことを先に習ったのです」。それからひと月後（四月一六日）ふたたび彼は書く。「もし教皇聖下がわたしを起用してくださるなら、わたしが聖下のお役にもたたず、また我が友人たち全員の利益にも名誉にもならないなどということはありえません」。そして結局、就職への望みがかなり消え失せてしまったあと（一五一四年六月一〇日）、こう書く。「それではわたしの惨めな状態は変わらないでしょう。神の子はわたしの忠誠を思いだすことも、わたしがなにかの役にたつと考えることもないのです。しかしいつまでもこんな状態でいることはできません。蓄えは底をついてきておりますし、神がわたしにさらなるご好意をお示しくださらないなら、いずれは家を出て、ほかになにもできないのですから、どこか身分の高い家の家庭教師か秘書になるか、あるいは寂しい片田舎へ身を隠し、子どもたちに読み書きを教えるしかありません。家族はここに残していくことになります。家族はわたしを死んだものとみなすかもしれません。わたしが居ないほうがずっとうまくやっていけるでしょう。なにしろ家ではお金を使う習慣から抜けだせないわたしが出費の原因なのです。こんなことをあなたに心配させようと望んで書いているのではありません。ただわたしの胸の内をおみせしたいだけなのです。それにこのような不愉快なテーマについてこれ以上あなたに書かないようにするためなのです」。

ところでこうした手紙が書かれた時期に、マキアヴェッリは『ローマ史論』と『君主論』の核心の執筆をはじめていた。それゆえ閑暇がマキアヴェッリを思想家にしたのだとたしかにいえる。しかしながらこの場合、そうした言い方はむろんまちがっている。マキアヴェッリは閑暇自体についてわれわれになにも語っていないのだ。この閑暇は、活動の特別なかたちとしての思考に全力を集中する理論家の無関心な傍観ということではない。というのもマキアヴェッリは思考することによって自分が非活動的であると感じているからだ。だからどんな小さな仕事でも依頼されると彼は書くことをやめてしまう。この閑暇は、アナクレオンふうの音調が鳴り響くルネサンスによくみられる田園ふう牧歌でもない。マキアヴェッリはそうしたジャンルとはまったくかけ離れたところにいる。彼の閑暇は活動への欲求が阻まれたということであって、それは破れた衣から裸の体が見えるように、彼の著作の隙間という隙間から窺われる。マキアヴェッリの同時代人や後世の人びとは、この活動欲が阻まれたことに対する感情からマキアヴェッリが諸侯たちに助言を与えようとしたのだという見解をいだいた。たしかに助言も行為の一形式ではある。しかしながら、こうした状況で行為の代用として与えられた助言は、そのままのかたちで単純に受けいれられるものではないこと、またその助言が目的にかなっているか否かの吟味などできないということが、これまで一般的に見落とされていた。なぜなら、彼の助言には阻まれた活動欲が表現されているという事実が助言に「ルサンチマン的」意味を与え、観察者にルサンチマンの正体を暴くことを要求するからだ。マキアヴェッリは仮面をつけて公衆の面前にあらわれたのだという見解が、おりにふれて繰り返し浮かびあがってきたのをみても、阻まれた活動欲に対する漠然とした感情が、マキアヴェッリの栄光の歴史のなかにも生きているのがわかる。しかしその見解も少なくともこの場合あまりに表面的だった。それは、理論的イメージの輪郭を描こうとはするもののイメージとはまったく異なる現実を横目でながめようとする屈折した意志をともないつつ内面空間が開かれ、そのなかへ現実全体が取りこまれるという本質を見落としていたからだ。したがってヴェットーリとの往復書簡は、この時代におけるきわめて稀有な記録のひとつである。そこには人生の内面という川が流れているのがみられるのだ。上述の手紙のなかで明るみにでたほとんどナルシシズムを感じさせるひとりよがりもこの同じ方向を示し、その内奥を他人のまえで開いてみせている。しかし自分の胸の内を吐露したいだけだと断言するそのときにおいてすらマキアヴェッリは正直ではない。自分のためにヴェットーリに尽力してもらいたいとはまったく思ってもいないと、とってつけたように強調する。それがマキアヴェッリのすべての手紙に込められた唯一の意図であるにもかかわらず。マキアヴェッリは強いルサンチマンをもつ人間である。ただし彼は——葡萄は酸っぱいというキツネとは異り——人間のあらゆる努力の無効について教訓を垂れることはまったくない。むしろ、ちょうど性的無能者が卑猥でとてつもない大きな夢のなかで生きるように、マキアヴェッリは現実にいかがわしい暗い輝きを与えることによって、到達不可能な現実に復讐するのだ。しかし現実のこのルサンチマン的染め直しとともに彼の世界像全体が内面へ吸収される。イメージの体験は生より高等であるというのが、われわれがすでにマキアヴェッリの素質としてみた傾向であり、いまその傾向は外的出来事の影響のもとで強まってゆくのである。

一方で無為には、少なからず意味のあるべつの結果がともなうが、それについてマキアヴェッリは自分で一部釈明している。とりわけ、彼にはいま世界で起こっている事柄をもはや正確につかめないという現実について釈明する。マキアヴェッリは伝聞に頼らざるをえず、考察を開始するにあたってみずからの見聞に欠けているところをしばしば想像で補わなければならない。それゆえ彼の政治的思索における想像は、ひとつの大きな場所を獲得する。いくつかの事柄について「想像をめぐらして」述べることをしなければ、君主がなにをたくらんでいるのかを知り、君主の秘密を察知することは不可能だとマキアヴェッリはうちあける。しかしこれで満足するわけではない。マキアヴェッリは詩人ではなく、まさに挫折した書記官である。それゆえ政治の動きについて知らないということに対するいらだちをあからさまに表現するのだ。彼はふたたびヴェットーリに書く。「あなたにとってわたしの見解は古くさい味がするのではないかと心配になります。わたしはこの種の仕事からすっかり離れておりましたし、現在の情勢について詳しいことはなにも知らないのですから仕方がありません。それにあなたにはおわかりですね、暗闇のなかでどうしたら的確な判断がくだせるのか、とくにこのような事柄について……」（一五一三年五月ごろ）さらに彼はうちあける（一五一三年六月二〇日）。「わたしは機密上の事柄や仕事から遠のいていますから、きっと口からでまかせをいわねばならないでしょう。でもだからこそわたしの考えを述べても、あなたがそれをお聞きになっても、わたしにもあなたにも害にはならないでしょう」。さらにこの少しあとの手紙にはこうある（八月一〇日）。「大使殿、わたしは、自分が知っていて述べるというより、あなたの意に添うためにこうして書いているのです。ですから、つぎのお手紙で、世界がどのような状況にあるのか、いかなる交渉がおこなわれているのか、人はなにを望み、なにを恐れているのか教えてくださるようお願いします。この重大な問題についてわたしがあなたと議論できるのを望まれるのでしたら。そうでなければあなたは頓馬なふざけ話を聞かされるはめになるでしょう……。」

マキアヴェッリはみたされないままに繰り返し好色の道へ突き進んでゆく――この場合も虚実が相半ばして。かくしてヴェットーリとの往復書簡はきわめていかがわしい特色をもつ。一面において、役人として活動した飾りのない具体的経験につづく、造形的かつ空想的抽象のまったく奇妙な形式が彼をしだいに疲労させてゆくように思われる。また一方において彼は人生から逃げることはできずに、自分のまえに差し出されたものを受けとるのだ。すなわち、ちまちまとした好色的遊びである。だがこの遊びでつのり来る不安を抑えることはできない。ある程度まっすぐ身を保つために、たまさか彼に残されているのは、ただ絶望的な離れ業だけである。「だからわたしは重大で深刻な事柄について考えるのはやめました――マキアヴェッリはまもなく五〇歳にもなろうとするにもかかわらず、寂しい道を夜な夜な通ったある魅力的な恋人のことを思いながら告白する――古代の人たちの物語も昨今の人たちについての議論もわたしにはもう面白くはありません。すべてが甘い愛撫に変わったのです。それをわたしはヴィーナスとキプロス全体に感謝しています。ですからあなたが、ご婦人方についてわたしに報告してくださるつもりだとおっしゃるなら、そうなさってください。そのほかのことについては、それをもっと高く評価しもっとよく理解する方々にお話しになってください。わたしにとりまして、そうしたことのなかにはつねに有害なものしかみつかりませんでしたが、愛のなかにはいつでも幸福と楽しみがありますす。お元気で」(一五一四年八月三日)。はたして文面全体が空疎な響きにつつまれている。マキアヴェッリは著作をなす時代においてきわめて不幸な人間である。彼の作品は、抑制をうけない人生の充溢という豊かさから生じたものではなく、苦痛を与える欠乏にその源泉をもっている。彼はこの欠乏をブラックユーモアや苦しまぎれの冗談によって、ほんのつかの間まぎらわせることができるにすぎない。ヴェットーリがマキアヴェッリに最近の政治問題を手紙のなかで問うたとき、マキアヴェッリが茶番劇からただちに抜けでる様子はほとんど感動的である。マキアヴェッリは自分の知力をきたえる機会を与えられたことを大いによろこび感謝する。「二〇日のあなたのお手紙には驚きました。その整然としていること、たくさんの根拠そしてそのほかすべてのものに引きこまれ、最初狼狽し、どう考えたらよいのか見当もつきませんでした。もう一度読み返してみて、わたしがいくらかの信用を得ているというものでなかったなら、わたしは降伏のラッパを吹き、あなたに違った返事をしたことでしょう。しかしもっとよくつきあってみますと、わたしにとってはライオンをみたときのキツネのような具合となりました。キツネは最初恐ろしさのあまり死んだも同然でした。二度目には立ちつくしたままでした。三度目にはライオンと話をしたのです。それでわたしはもっとつきあいを深め、気を落ちつけてお答えするつもりです」（一五一三年八月二六日）。この文章はほかのものにくらべ、はからずもマキアヴェッリ特有の態度の意味についてわれわれに情報を提供する。マキアヴェッリにはライオンの行為による解決は拒まれている。彼に残されているのはキツネを演じることだけである。この態度は（『君主論』第一九章[3]とは対照的に）もちろんこの場合、詭計なのではなく図太さであるにすぎない。この図太さは彼の手紙のなかに繰り返しあらわれ、報告の調子や対象を、彼自身が驚くほど変則的なものにする。一五一五年一月三一日、ヴェットーリに宛てて書く。「尊敬する代父殿、あなたのお手紙を見る者がいればその多様さにとても驚いてしまうことでしょう。その者はまずわれわれがきまじめな男たちであり、意識をすべて重大な問題に向けてしまい、礼儀や偉大さと縁のないどんな考えも胸中に抱くことなどありえないと思うでしょう。つぎに、便箋をめくると、同じわれわれが浮薄で気まぐれな人間であり、意識をくだらないことに向けたと考えるでしょう。多くの人たちにとってこのやり方が非難すべきものにみえるとしても、わたしには称讃に値すると思われます。わたしたちは自然を模倣しているのであり、自然は多様なのです。自然を模倣する者をだれも非難することはできません。こうした多様性は、たしかにふつうはべつべつの手紙にあらわれてくるものでした。あなたが異なる面をお読みになりたいのでしたら、今回は一通の手紙のなかにこの多様性をご覧になるはずです。読む準備をなさってください」。それからふたたびほとんど悲劇的なほどの真剣さがあらわれでる。雀百まで踊り忘れず、茶番劇はすべて、大きな勝負にかかわりたいと思いながら田舎の小さな領地に引きこもっている彼のみたされない思いの表現でしかないことが明らかとなる。マキアヴェッリはスペインの政治におけるつい最近の変化に関する問題に解答を求めてきたヴェットーリに感謝する。「(あなたのお手紙を)なんども読み返しておりますうちに、自分の不幸な境遇を忘れてしまいました。かつてわたしが精力を傾け、多くの時間を振りむけた仕事に戻ったような気がします。わたしが田舎に引きこもり世間をさけていることでおわかりになりますように、もう政治のことは考えまい、語るまいと心に誓ったにもかかわらず、あなたのご質問に答えるため、やはりどうしてもこの誓いを破らざるをえません。といいますのも、だれかに対するいかなる義務以上に、わたしはわたしたちの昔からの友情に果たすべき義務を負っていると思うからです。とりわけあなたはお手紙の結びでわたしに大きな栄誉をお示しくださいましたから。ほんとうを申しますと、そのことでわたしは少々うぬぼれてしまいました。quod non parum sit laudari a laudato viro(誉められた者によって誉められるのはたいしたことである)というのはほんとうですから」(一五一三年五月ごろ)。だがこの回りくどい言い方はすべて、気どった思わせぶりな態度にすぎない。彼の内なる苦しみを覆う様式的にきわめて洗練された飾りにすぎない。というのも、この往復書簡がはじまった時点で、悲痛なほど真剣でそして絶望的なあこがれにみちた文面があらわれているからである（一五一三年四月九日）。「成果をあげることと理性の出す結論や構想とはすべて相容れないのはよくみられることですので、あなたが事を論じるのが嫌になったとおっしゃるならそのとおりです。わたしにとっても事態はまったく同じでした。しかしながら、あなたと語り合うことができますなら、わたしはあなたの頭を空中楼閣でいっぱいにせずにはいられないでしょう。運命はわたしを絹や毛織物業についてまた金銭の損得について述べることができるようにはしてくれませんでした。わたしは国家について述べるしかないのです。黙って口をつぐむと誓うか、それとも国家について述べると誓うか、それ以外にはないのです」。

この口吻をもたらすはげしい情熱はむろん隠しようもなく、国家について語ることを「空中楼閣の建設」という名でいっきにいわしめる。それは偶然ではないし、また結果をともなわずにはいない。無為を強制されたことによって彼の政治思想はますます大きく膨らんでゆき、ついにはシャボン玉のように脆いけれども、空中の生き物のごとく、彼の空想の太陽の光のなかでりっぱに輝きながら漂いはじめる。マキアヴェッリがチェーザレ・ボルジアと交渉をおこなったさい、秘密にみちた霧につつまれたが、それはチェーザレがこれからおこなう交渉のために流した霧であった。チェーザレは自分のまわりをくっきりとした輝きで照らしつつ、創造的原始の霧のなかから突然あらわれたのだった。このやり方はいまやマキアヴェッリにとって政治一般の根本的特徴を意味するものとなる。「新しい国家を維持し、疑い深い人間たちを味方につけるか、あるいはあっけにとられて決断のつかない状態にさせておくための手段のひとつは、新しい計画や新たな企てがどういう結果になるかと人びとにつねに注目させておくことによって、自分を大物と思わせることです」（一五一三年五月ごろ）。この見解はさらにもっと美的なものに変えられて『君主論』（第二一章）のなかにふたたび浮かびあがり、そこで決定的な表現を獲得する。すばらしい思いがけない企てが君主の名声を高めるように、突然の行動が政治の一般的必要条件であるのはたしかである。しかしそれにもかかわらず突然の行動は政治的戦術のひとつの方法にすぎず、本来の経国策および国家の制度は、このような突飛な行動とは根本的に異なる不変性のなかで整えられるものである。一方、表皮を事の核心と申したてることこそ、すべての美的態度の根本的特徴である。マキアヴェッリが失脚と追放によって心の均衡を失い、同時に、彼のルサンチマン的内面のなかで神秘にみちて輝く空中楼閣のごとくふたたび身近なものになっていた政治生活とのつながりを失ったあと、彼に残されているのは、事柄の外側にいておこなう省察だけである。それは、あっけにとられてみている者につねに開放されてはいるものの、もはや国家の仕事に直接かかわることのない場合にのみ開放される場所である。事柄の美的あらわれ方に対してきわめて敏感に反応する人間が、しかも政治生活から離れようとしない人間が、このような状況に置かれるとき、ひとつの政治美学が成立する条件がすべて整うことになる。マキアヴェッリがはじめて『君主論』について語る一五一三年一二月一〇日の有名な手紙のなかで、われわれはこの政治美学の誕生に立ち合うことができる。マキアヴェッリは、田舎での暮らしぶりについて生き生きとした記述をおこない、鳥もちを塗った小枝を仕掛けツグミをつかまえる様子を報告する。小さな森で木を伐らせ、きこりや近隣の者たちとおしゃべりをする。また静かな泉のほとりでダンテやペトラルカを読んだりする。その日の残りを宿屋で亭主、肉屋、粉屋それにふたりの煉瓦職人といった連中といっしょに過ごす。トリックトラック(4)をして賭けた小銭のことで争うが、その声はサン・カシアーノにまで聞こえるほどである。マキアヴェッリは愉しまずして下品さに身を置いているわけではない。「この下品さにつつまれてわたしはカビのなかから頭をもちあげ、自分の運命をものともせず、運命がこうしてわたしを踏みにじっていることに満足する。なぜなら運命がこのことを恥ずかしく思わないのかみてやりたいからです」。マキアヴェッリの禁欲のやり方は単調な日常生活のなかで欲望を押し殺すことである。あらゆる修道院生活に対してと同様、マキアヴェッリに対して、日常生活に辛抱し、この日常生活から、なにかかたちあるものを努力して手にいれることこそ神の意にかなう活動となりうるのだと異議を唱えることができる。ただし、日常生活には、社会的財を産出し増加するという点にその固有の価値があることをまったくべつにしてではあるが。ところがマキアヴェッリは生産的社会的労働の次元にボヘミアンのように対峙している。彼はフィレンツェから追放された。要するに不幸な目にあったあと——彼のいうように——フィレンツェにいること二〇日もせずに、ともかく運命は彼に領地である農場で生活することを許したのであった。だがいま彼はあらゆる点で異邦人である。薪商人あるいはワイン生産者としてのマキアヴェッリを想像するのはなんとひどいことだろう。とはいえ、ひょっとしたらそれは彼に実際の政治生活への道を開いたかもしれないのだ。畑からやってきて数多の戦闘をおこない、ふたたび畑へ戻ったキンキナトゥス(5)のように。根なし草の人文主義者には——そのお手本たちとは反対に——こうした行動のとり方はもはやできるものではない。むしろマキアヴェッリは自分を周囲の世界から引き離す魔法の輪をつくり——外からは近寄れない——気どった神殿を建て、そのなかに閉じこもる。そこで勝手気ままな美的夢にうっとりと酔い、はるかなユートピア帝国のかなたへいざなわれるのだ。「夕方になるとわたしは家に帰り書斎に入ります。敷居のところに埃と泥まみれの農民服を脱ぎ捨て、りっぱな礼服を身につけます。ふさわしい身仕舞いを済ませ、偉大な古代の人たちが集う円柱の広間に赴く。古代の人たちからやさしく迎えいれられ、そこで食事をとる。その食事はわたしだけのものであり、そのためにわたしが生まれたものなのです。そこでわたしは恥じらいで物怖じをすることもなく、彼らと話をし、彼らの行為の理由をたずねる。すると彼らはあいそ良くわたしに答えてくれるのです。四時間のあいだわたしはなんの苦痛も感じず、苦しみをすべて忘れ、貧乏を恐れず、死が怖いこともない。わたしは完全に彼らのなかにとけこむのです」。マキアヴェッリの語り口は、麻薬を吸ってこの世の平凡から逃れ空想的形象を追い求めるデカダンス詩人のようである。平凡を平凡以上のものにすることが、ルネサンスのような危機の時代における真の政治家に課されたこと、しかもできうる唯一のことであるのにもかかわらず。このような朦朧たる文学的気分のなかで『君主論』が成立する。その完成が同じ手紙の上述の文章のすぐあとで告げられている。

しかし、マキアヴェッリの作品が成立する雰囲気を記述すれば十分というわけではない。美的孤立状況というものは、たんにそのほかのまったく異なる作品のためのお膳立てにすぎない、と依然としているかもしれないからだ。つまり、どの作品も成功を得るためには作品固有の静寂と未踏のものを必要とする。われわれがマキアヴェッリに政治美学の概念を正当に適用しようとすれば、美的出発点というものが、自己そのものを意識する精神に付随する現象であるばかりではなく、作品をその構造において決定的に規定するということを明らかにしなければならない。一五一三年四月二一日、ヴェットーリは自問する。現在の政治状況をどうとらえるべきか、スペインとフランスは講和を結んだのだ。これをまともに受けとっていいのだろうか、この裏にはなにが隠されているのだろう。「もしこの条約と講和がまったくほんとうだとすれば、スペインのねらいがいったいどこにあるのかを探るために、わたしはあなたといっしょにヴェッキオ橋からバルディー通りを抜けてチェステッロへ行けたらよいのにと思ったのですが……」。すべてがフランス側に有利であるようにみえる。だがスペインがすすんで賛同したのなら、その裏にはスペインの隠されたねらいがあるはずだ。ヴェットーリは考えこんで、いつもより二時間長くベッドにいる。しかし答えは得られない。そしてこの謎を解く仕事をマキアヴェッリに依頼する。マキアヴェッリは貪るようにこの問題に飛びついて、膨大な書簡のうちに答えを送る。マキアヴェッリが事実に関してほとんど情報を得ていないことを考えれば、いま、まったく未知数の人びととの不気味なほどに抽象的なゲーム、すなわちほんとうの料亭政治がはじまるのだ。このさい、マキアヴェッリは提示された資料からスペインのねらいはなにかを読み解くためにきわめて特異な分析技術を発揮する。すなわち彼は提示された現実の状態を分割し、もっぱら両刀論法《ディレンマ》のまな板に載せるのである。スペインがこの条約を結んだとき、スペインは賢明であったか、それとも賢明でなかったかのどちらかである。この両刀論法的対立はつぎに現実と比較される。スペインが賢明であったなら、それはスペインのふだんの行動と関連しているはずだ。ところが実状は違っている。なにしろスペインは賢く利口であるというよりは、むしろつねに抜け目がなく運がよかったのだ。こんな具合にさらに先へ進んでゆく。このときマキアヴェッリの意見はたしかに正しかった。ヴェットーリもあとで（六月二七日）証言している。しかし、われわれは偶然の命中をつねに計算にいれなければならない。われわれにとってより重要なのは、マキアヴェッリの分析技術の原理を調べることであり、現実への適応可能性が原理的なものなのか、あるいはたんに偶然的なものなのかを問うことである。マキアヴェッリはスペインが――経験が教えるように――たいていの場合賢明というより、ただ抜け目なく反応するという前提のもとで決定をくだす。この経験は現実の関係から切り離され、現在と未来にわたるイメージとしてすえられる。そのさい、このイメージのおもな基調をなすのは、スペインは賢明ではないという部分的な経験である。「あなたが……このすべての出来事と事態への対処の仕方をよくご覧になれば、スペイン王には知識と賢明さよりも狡猾と幸運があるのがおわかりになるでしょう。しかしわたしがみるところ、まちがいをひとつおかす者は千のまちがいをおかすのだと思われます」。要するに、ひとつの際立った特徴から行動の法則を推論する行動の類型学が構成されるのだ。しかしまさにそれこそ、ばかはつねにばかであり、けちはつねにけちであり、寝取られ男はつねに寝取られ男であるといった具合に、とりわけ類型喜劇のなかに座を占めている美的普遍化のやり方であり、マキアヴェッリが彼のいくつかの喜劇のなかでみずから練習し成功した技術なのである。その性格的特徴から頑固に一歩もはみだすまいとする類型が現実と衝突するところから喜劇的効果が生まれてくる。しかし喜劇が非現実性の次元のなかで演じられ、たとえ観客が自分自身を舞台上にみているとしても、いっしょに笑うことが許されるのに対し、政治劇は生身の人間たちのもとでおこなわれる。そして役者たちがその行動をまったく予測できないきわめて複雑に絡み合う人物群であるところに、大きな不確実性が生じてくる。正解に出会える場合もあるかもしれない。しかし原則的に出会えるわけではけっしてない。未来に関するなんらかの言明がわれわれに許されるのは、社会秩序の制度的発展のゆくえについてだけである。しかしこれは、政治的戦術に固有の細部をまったく、あるいはほんのまれにしか含むことのない構造的問題である。生きた歴史の迂回路には、もっとも大きな懐疑が立ちふさがっていて、われわれが知ることができるのは、ただ普遍的構造についてのことだけである。しかしこの普遍的構造は歴史の奥で動いていて、現在の動向に対しては無関心である。無関心である結果、これらの構造は、役者たち自身が予測するのとはまったく異なる道を進むかもしれないのだ。そしてこれが歴史における理性の「狡智」なる言葉を生むのである。だが行動している者たちの「背後には」つねにこの構造が存在する。

両刀論法《ディレンマ》的弁証法は、マキアヴェッリにおいてすでに早くからその活用がみられ、作品にもその独自性を与えるものであるが、それは政治的書簡のやりとりすべてを占めている。これはしまいにはヴェットーリにすらうつってしまう。それを裏づけると思われるのが、教皇との会談を再現するヴェットーリのつぎのようなまさに独特の検討である。「フランスとスペインとの休戦は、われわれが耳にしておりますように、山の向こうの国々にのみかかわることなのか、それともあらゆる問題にかかわる講和すなわち条約であるのかのどちらかでありましょう。もし後者ならば、つぎのようになるでしょう。すなわちフランスはミラノをふたたび手にいれねばならない。だからスペインがもし聖下の関与なくしてそれを認めたならば、当然スペインはフランスにパルマとピアチェンツァの権利も認めてしまったのであります。それゆえ聖下は、フランスがやってくれば、パルマとピアチェンツァを無理やり、あるいは話し合いでフランスに明けわたさねばならないでしょう。なぜならスペインがそう望んだからであります。しかし、たんなる休戦であるならスペインはフランスがやってきても、ミラノを守ろうとしますし、フランスに抵抗しようとするでしょう。そうなるとスペインは勝つか負けるかのどちらかであります。スペインが勝てばこのように……負ければ……」(一五二三年七月一二日)。すべての分析が仮説的判断のなかでおこなわれ、こうしたやり方の非現実性があらわれている。「もしこれこれが起これば、結果はこれこれとなる」という具合にずっと繰り返される。出発状況を、さらにまた細分割されるまったく正反対の部分状況へと両刀論法的に分割することで、可能性の全体範囲が当然限定される。そこで最後に経験が投入され、ひとつの結論が可能となる。スペインは賢明ではない、したがって……という上述の例のようになるのである。すなわち、——スコラ的に——さらなる命題を導きだす規定された大命題から出発するのではなく、特定の条件がみたされればどういうことになるかを述べつづける、まったく正反対の仮説へ状況が分割されるのだ。その場合、それらの条件を述べることだけが重要なのである。これは、それ自体意義を認めないわけにはいかない、まったく正当なひとつのやり方である。ただ問題は、これらの条件がいかにどのような方法で投入されるのかということだ。これがマキアヴェッリの思考特有のむずかしいところである。なぜなら、まさしくここにマキアヴェッリの美的にして遊戯的なる普遍化がはじまるからだ。マキアヴェッリが彼の仮説的小枠のなかへ組みこむのは、彼がもはやまったく所有することのない実証的経験ではなく、ただ一般的なイメージだけである。これらのイメージは突然出しぬけの具象性を帯びる。あまり突然なので無邪気な読者はそれをほんとうの現実としてつい受けとってしまいがちである。そしてマキアヴェッリのスタイルの直接性によって彼のいうことは疑問に付されることなく、まずは受けいれられてしまう。しかし彼が現実のかわりに美的に蒸留したものを投入しただけなのだということはすぐにわかる。だがそれが見抜かれるときには、すでにマキアヴェッリ自身はさらに先へ進んでしまっていて、つぎつぎと推論を引きだしてしまっている。証明がなされる場合には、細部の討論に取りかかるまえに揺るぎない確固たるものとみなされる至高の原則を問い求めねばならないように、マキアヴェッリの両刀論法的対立の系列のなかで、ある一定の地点で現実との関係をつくりだすこの仮説的やり方がなされる場合には、このやり方がひとつのイメージを呼びだし簡単にすえつけるがゆえに、いかなる思考過程にもとづいてこのイメージが得られたのかを問わねばならない。それについてはすでに検討し、美的経験だけが問題になることを示したが、この美的経験は、画家が描写対象の輪郭と印象を省略によって強めることができるように、あらゆる現象の複合性を制限し「特性あるもの」にする。しかし芸術において許されることも、政治的なものにおいては浮薄な印象を免れない。

ところで、いまここで交されている手紙のなかでもっとも独特なのは、討論をおこなっている当人たちが、まやかしをしているにすぎないという意識をはっきりもっていることである。それはまた、美的人間の根本的特徴であって、つねに本気で受けとめねばならない生きた現実は、そうした人間にとって遊戯のかなたへ沈んでしまい、せいぜいのところ皮肉ないしは不満の対象でしかない。それでたとえばヴェットーリはいう。「したがって、あらゆる理由からわたしが望んでおりますのは……あなたのそばにいて、わたしたちが世界を秩序あるものにすることができるかどうかをみることです。世界とまではいかなくても、せめてわたしたちのところを。とはいえ、それは思考の段階ですでにむずかしいようにみえますので、いざ実行というときには、それこそ不可能であろうとわたしには思われます」。ヴェットーリはマキアヴェッリが「平和をペンで実現して」くれるのを望んでいるのだ（一五一三年七月一二日）。それに対するマキアヴェッリの返事はたいへん滑稽じみたものである。「大使殿！　あなたはロンバルディアを哀れなフランス王が取り返すのを望んではおられませんが、わたしはそれを望んでおります。あなたのそうしたくない思いと、わたしのそうしたい思いは、あなたに否といわせ、わたしに応といわせる自然の傾向ないしは情熱の同じ土壌の上にあるのではないかと案じております……」（八月一〇日）。このような思弁的遊戯を黙らせるためには、ローマの掠奪とイタリア全体の荒廃が必要であった。しかし、歴史的・社会的世界の根本的かつ美的変容という点を除けば、その遊戯に首尾一貫性がいかに欠けていたとはいえ、ひとつのべつのイメージが前面に強く出てくると、過去の行動から未来の行動を予測することのできる原理さえも、またくつがえされるということが明らかになるであろう。マキアヴェッリがドイツの脅威を呼びさます一五一三年八月一〇日の手紙の中身は、そういうものである。このときマキアヴェッリにとって、あらゆる障害を克服する流れのイメージのほうが、スペイン王の行動を説明するためにおよそ三カ月前にもちいた彼特有の原理よりも重要となる。「わたしの意見への反対は人間生来の欠陥からなされるということはわかっています。第一に、人はその日その日を送ろうとし、まだ起きていないことが起きるかもしれないということを信じようとはしません。第二に、人はつねにひとつのことを同じ方法で考えるのです」。

いかなる人間的・道徳的投入もなされずして、もっぱらイメージの次元においてもちいられるマキアヴェッリの弁証法とその奥底の疑わしさをわれわれが知ることができるのは、ヴェットーリが――この遊戯のなかでまずスペインの立場について問うたあと――この状況における教皇の立場を適切に表現するという課題をマキアヴェッリに出したときである。マキアヴェッリはこの問題に没頭し、正反対の側からひとつの戦略を立案し（一五一四年一二月中旬および一二月二〇日の手紙）、現在の状況のなかで教皇にもたらされる可能性の仮説的考量をおこなう。彼の論述の内容はわれわれにとって興味を引くものではない。彼はいったんは純粋に思弁的であるが、つぎにはまた歴史の細部にそれていってしまうからである。われわれにとって興味深いのは、ただ出来事それ自体であって、それはまたグイッチャルディーニを手がかりとして研究することもできる（『政治論集』I／II、V／VI、VIII／IX、XIII／XIV）。生きた内的関与なくして状況の美的中立化がなされるとき、それらの状況の方向を好みにしたがって逆転できるということを指摘する機会が、われわれにはすでにあった。その場合、どのような側から状況の吟味がなされるのかはまったく問題ではない。そうした吟味をおこなって、「友人としてのまた勝者としてのフランスは、ほかの国々にくらべ恐ろしくもないし我慢のならない国でもないので」というマキアヴェッリのフランス好みが明らかになるとしても、ヨーロッパ全体の力のゲームは、行きつ戻りつする関係というひとつの網に変えられてしまう。この網からは結局すべての魚、すなわち重い現実はとっくに抜けでてしまっている。重い現実は、個々の勢力それぞれにまず中心を与える。するとその中心から付随的に他者へ向かう関係が周辺部へ広がってゆく、というものなのである。それに対し、マキアヴェッリにおいてはこれらの勢力は重さや広がりをもたない点のようにヨーロッパの状況の座標系のなかで観察される。そこではどの点も他の点への関係によってしか認識がなされない。生きた現実にこの網が無理やり徹底的にかぶせられるので、マキアヴェッリには自己のなかにじっとしていることは納得のゆかないものであり、したがっていかなる中立性も理解しがたい。この結果マキアヴェッリは教皇が中立であることは不可能であると推論する。こうして、どの勢力もあらゆる他者との友好・敵対関係のなかにあるという周辺的かつ表面的現象が、ふたたび国家間の関係がもつ本質的特性へと変えられる。最後まで突きつめて考えると、まったく固有の重みをもつ偉大な国としてのイタリアですら、マキアヴェッリの故郷とはいえ、彼の視野から消えてしまうことになる。ただそれが首尾一貫しているのは、彼がイタリアの統一の可能性を笑うときだけである（一五一三年八月一〇日）。彼にとってイタリアですら実際はさまざまな勢力関係の交わる点にすぎない。この見方はそれ自体——こうした表現が原則的なものとみなされなければ——ある意味でイタリアの現在と合致していた。しかし問題はまさに逆で、イタリアがほかのヨーロッパの諸勢力のように独立した勢力として国家同士の協調に参加するために、どのようにイタリア固有の生の中心から革新をはかることができるのかという問いであった。われわれがルネサンスの危機構造を分析するさい指摘したのは、歴史的・社会的世界が当然ひきずっている付着物からのこのような新たなはじまりがおろそかにされ、それによってルネサンスの危機状態が決定的になったということである。それゆえ実際に残されているのは、美的・政治的関係図式を構成することへの逃亡だけだ。この図式は生きた中心をもたず、全体を、自由なイタリアに関する生きた現実の関係のなかで基礎づけられるイメージよりずっと熱狂的かつキリスト再臨論的イメージによって強調したものである。

当面の往復書簡のなかではそのことについてほとんど語られていない。ただイタリアが恐ろしい危機に揺れ動いているという意識がつねに行間ににじみでてくるにすぎない。「イタリア諸国の団結に関するあなたのご意見には笑わせせられます。といいますのも第一に、このイタリアでは団結の問題が良い目的のためになされることはけっしてないのですから。たとえ複数の頭がひとつになったとしても、ここではそれですむはずはないでしょう。なぜなら、ここにはスペインの武器以外すこしは役にたつという武器がありませんし、それも数が少ないので役には立たないからです。第二に、尾っぽが頭とひとつにならないのです。そしてかの無頼の徒がなにかある機会に乗じて一歩踏みだしてしまうやいなや、人は競ってその配下になるでしょう」（一五一三年八月一〇日）。繰り返しマキアヴェッリにはイタリアの没落と全般的隷属が近づいているのがみえてくる。「それは今日明日ではないにしても、われわれが生きているうちにかならずやってくるでしょう」（一五一三年八月二六日）。ヴェットーリもこの大きな流れを予感する。それはもう回避できないと感じる点ではマキアヴェッリ以上ですらある。「フランス人であれスイス人であれ、だれが勝とうとかまわない。それで足りなければトルコ人が全アジアを連れてやってきて、すべての予言をいっぺんに実現してしまえばいいのです。というのは、ほんとうのことをいいますと、わたしは起こるべきことが早く起これはいいと思っていたのです。そしてわたしがこれまでみてきた以上のことをみてやりたいものです」（一五一三年六月二七日）。残念ながらこの手紙に対するマキアヴェッリの返事はわれわれの手に入らない。ヴェットーリのほうは（一五一三年八月五日付で）、なお一段とあきらめた様子でこう書く。「わたしは、神が哀れなわれわれキリスト教徒を懲らしめるおつもりなのではないかと懸念しています。われわれの君主たちが互いに反目しあい、まとめることがだれにもできないでいるところへ、新しい大トルコが陸路水路でわれわれの背後に迫ってきて、ここの僧侶たちを贅沢の園から、またほかの連中を遊興の園から追い払うことでしょう。こうしたことが早く起これば起こるほど結構なことなのです。なにしろあなたには想像もつかないかもしれませんが、わたしは僧侶たちの吐き気をもよおす不快さになんと嫌々慣らされてきたことか。教皇のことをいっているのではありません。教皇がもし僧侶でないとしたら、偉大な君主であらせられるものを」。われわれは、この一般的危機意識がマキアヴェッリの著作のなかで包括的な危機分析へ発展するのをみることになるが、そのとき教皇や教会に対する非難がさらに激しさを増して浮かびあがってくる。それに関連して、つぎの点を強調しておけばよいであろう。たしかにマキアヴェッリは思考によって政治の世界に非現実的網を投げかける。それゆえ彼の思考はあらゆる現実から乖離する。しかしそれは明らかに、そうしたはじまりが無能や個人的気ままを意味するのではなく、そのまやかしのなかにこそ、ひとつのリアリティーがあらわれでるということなのである。それはまさしく、あらゆる秩序や尺度を解体してしまった危機のリアリティーであり、あきらめて無為に過ごすことを拒否する者に対して、政治という麻薬の煙のなかで、よりよい未来の幻想を信じこむ逃げ道しか開けておくことのない危機のリアリティーである。だが陶酔が死の直前に訪れるように、われわれが『君主論』と取りくむさいなお詳細に検討しなければならないこのような政治的陶酔も、迫り来る没落の嵐のしるしである。われわれがマキアヴェッリの作品を時代の一般的危機意識における一領域としてとらえるとき、彼の作品が正しく理解されるのだということをつぎに示さねばならないであろう。

ほかのことと関連してわれわれは、ルネサンスの思考態度が自由に浮遊する中間的知性にもとづくものであり、その知性は実践の思考にも哲学の思考にも同じように対立しているということを述べた。この自由に浮遊する中間的知性は、われわれがちょうどマキアヴェッリの例でみることができたように、それ自体きわめて美的になりやすいものであって、まさに美的なるものという媒体のなかの知性なのである。これはわれわれが最後にもう一度マキアヴェッリの両刀論法的《ディレンマ》弁証法に立ち返ってみればもっとも明らかとなる。この弁証法はマキアヴェッリが起こりうる政治的事件の核心に迫ろうとしてもちいたものであって、さらにある時点で、現実を蒸留したイメージを持ちこんで可能性の仮説的性格を論理必然的なものへ変えるためのものであった。プラトンも彼の弁証法において同じ道を歩んでいる——ようにみえる。ただ両刀論法が白と黒、生と死、正と不正というふうにつねに美的形態をとおしてあらわされる対立の性格によって対照的現象だけを相対置する段階をプラトンはすばやく克服し、これらの対立から原理的なるものを引きだす。すなわち単一性と差異性のイデアというロゴスの根本形式として示される諸理念である。さらに、真理のイデアによって支配されるロゴスの空間においてプラトンの弁証法の道が開かれる。たとえば対話篇『パルメニデス』[6]のなかで、仮説的方法における両刀論法ふう対照的弁証法が仮説的方法における矛盾的二分法へ高められる。この方法の終わりに、真理のイデアがそのカテゴリーの現象形式をもってあらわれる。それから最終的に、この真理のイデアの土台の上にロゴスからなる国家、すなわち本質的国家が築かれるのである。マキアヴェッリはイメージのなかにとどまりつづけ、概念あるいは理念へけっして到達することがないので、彼の努力の最後にあらわれるのは、真のないしは本質的国家の理念ではなく、美的なるものという中間的普遍性のなかにとどまる政治技術のパターンだけである。この技術はたしかに普遍的諸原則を知ってはいるが本来的意味において知っているのではない。なぜなら「原則」ないしは「原理」のもとでわれわれがプラトン以来理解するのは、ただロゴスの構造から拘束力を獲得する普遍的命題だけだからである。ところでマキアヴェッリは普遍的命題に向かっていくかのような印象をいだかせるので、これまでずっと国家学の祖とみなされてきた。しかし、ほんとうはマキアヴェッリの思考の普遍性は原理的なものではなく、ただ美的性質のものであって、自由に浮遊する中間的知性に起因し、政治美学のなかへ流れでる。これによってしかしまた、政治的知恵として生のなかにとどまるのでもなく、生を克服して真理へ向かうのでもない彼の思考の大いに不まじめな性格が決定する。生と真理からこうして無関心に離れたままマキアヴェッリの思考が復活をとげるのは、歴史的・社会的生が古来の秩序を失ったときであり、それとともに真理もまた人間のあらゆる努力の最後の消尽点としてしか生の上にはないときなのである。こうした危機のときにおいて賢者と哲学者はその役割を演じおわり、空いた場所を政治的著述家が占領する。そして政治美学の愚かでよそよそしい金ぴかの衣で世界を飾りたてる。このような作品が興味深いものとなるのは、それらの作品のなかに、危機から生まれ出たという意識が保たれている場合のみである。マキアヴェッリの作品がこの意味で危機の産物であり、危機分析の試みであることをつぎの章で明らかにするつもりである。

訳注

（1）ダンテは政治的党派争いにまきこまれ、フィレンツェから永久追放され、二度と帰ることはなかった。

（2）ペトラルカはフィレンツェを追放された一公証人の子としてアレッツォに生れ、晩年イタリアに定住するまで、南フランスのアヴィニョンはじめ各地を遍歴した。

（3）キツネとライオンの寓話については第一八章でより詳しく述べられている。

（4）すごろく遊びの一種。

（5）キンキナトゥス　前五世紀。ローマの政治家、農夫、伝説的英雄。ローマ軍を救うため農耕生活をすて、全権を与えられ出陣したが、危機が去ると進んで全権を手放し農園に帰ったと伝えられる。

（6）プラトンの著作「対話篇」のなかのひとつ。パルメニデス（前五一五頃―四四五頃）は古代ギリシア植民地エレア出身の哲学者。

『ローマ史論』あるいは危機分析の構想

マキアヴェッリの内的伝記を探る前章での試みをとおしてこれまでのところ、時代の一般的危機がもたらしたマキアヴェッリの内面的危機を視野に入れることができた。それによって、つい最近にいたるまで繰り返し描きだされた人間マキアヴェッリの古典的に集成されたイメージがまったく適切ではないことが明らかとなり、われわれはおのずからあのもっとロマン的なマキアヴェッリ解釈に駆りたてられる。それはすでにデ・サンクティスのマキアヴェッリ論に言及したさい概観したものであり、ルネサンスの一般的心的態度としてルネサンスの危機構造の章で接したものである。マキアヴェッリの代表作『ローマ史論』と『君主論』はそうした心的態度から成立した。したがってこれらの著作はその二重の——個人的そして時代史的な——危機構造を反映していると思われる。

『ローマ史論』と『君主論』はともに同じ時期に執筆された。『君主論』が実質的に一五一三年の末に書き上げられ、『ローマ史論』のほうは二〇年代に入っても執筆がつづけられていたとはいえ。すでに印刷史において述べたように、どちらの作品もマキアヴェッリの死後はじめて出版された。『君主論』のほうが『ローマ史論』より早く完成しているが、作品分析にあたって、まず『ローマ史論』から取りかかることにする。これには十分理由があり、それはあとで明らかになるであろう。『ローマ史論』は

――さしあたりわれわれはまったく自由に述べることにしたい――一部は混沌とした無秩序な工房であって、そこからまとまりのあるそしてあらゆる点で完結した芸術作品としての『君主論』が生まれたのである。マキアヴェッリの思考の完全な形式を眼前に思い浮かべてみるまえに、ひとつならず多くの観点からみて不可解である『君主論』よりも、ずっと明確にかぎりなく多くを読みとることのできる『ローマ史論』を考察しなければならない。

両作品が同じ時期に執筆されたという指摘がなされるのは、どちらの作品にも一方の作品を参照するよう指示がなされているからである（『ローマ史論』第二巻第一章、第三巻第一九、四二章、『君主論』第二章）。しかも『君主論』第二章における『ローマ史論』への指示はまったく特別な意味をもっている。というのは、この指示が両作品相互の関係を理解するのに決定的なやり方で長いあいだ誤った方向へ導いたからである。マキアヴェッリは『君主論』第一章で共和政と君主政における統治の一般的区分を暗示したあと、第二章の冒頭でつぎのように述べる。「ここでは共和政のことは問題にしない。それについてはすでに他の作品のなかで詳しくあつかったからである」。ここからマキアヴェッリは『ローマ史論』において共和政を、『君主論』において君主政を考察の対象としたのだという見解が成立した。とりわけ啓蒙主義の思想が、自由を求める共和政と、強制と暴力によって支配される君主政という硬直した区別しかみることができなかったので、問題はマキアヴェッリの自己矛盾にあると考えられたのであった。この見解をさらに支えたのは、マキアヴェッリが、失脚するまで共和政を支持する人民党に属していたのに、失脚後はあらゆる共和政体の敵であるメディチ家とのつながりを得ようとしたことである。マキアヴェッリのような意見を述べる男からは、党派をふくめ時に応じて自分の意見を変え、風見鶏のように支配的意見にしたがうということしか予想できないという、まったく単純に教訓めいた言い回しがなされた。こうして両作品の相違はますます大きなものにされてしまった。ようやく変化があらわれるのは、伝説の先入観をただ繰り返すのではなく、マキアヴェッリとの歴史的・写実的取り組みが開始されたときであった。まちがった見解を繰り返したところで正しいものになるわけではない。すでに述べられたことで正しいのは、両著作が異なった陣営の人物に献じられたということだけである。つまり『ローマ史論』はザノービ・ブオンデルモンティとコジモ・ルチェラーイに、『君主論』はロレンツォ・デ・メディチに献じられた。『君主論』はもともとジュリアーノ・デ・メディチに献じられたのだが、彼は一五一六年に死んでしまったのである。まえのふたりは共和主義者である。あとのふたりは教皇レオ一〇世が大きな計画を共にしていた者たちであった。レオ十世はイタリアをメディチ家の支配のもとに統一することに専念したが、その政策はまもなく挫折した。しかしこの両作品をもっと詳しくみれば、ふたつの作品のなかに働いている精神はまったく同じものであることがわかるだろう。ローベルト・フォン・モールがすでにそれを指摘した（そしてそれ以来この見解は繰り返された）。だがそれにもかかわらずモールは、相変わらず一方は共和政について他方は君主政についてあつかっているという言い古された文句に導かれている。そうして彼は、マキアヴェッリが両作品で意図したのはさまざまな助言の「連続」であるという少々冒険的解釈の構成へいたる。マキアヴェッリはメディチ家の専政が（『君主論』という手本どおり）一時的にはイタリアを唯一救うものとみなしたが、未来に対しては自由を求める政府を視野に入れている（『ローマ史論』）というのである。しかしより詳細にみれば、この補助的構成は明らかに不適切であることがわかる。なにしろ『ローマ史論』のなかに『君主論』と同様、専政のための同じ助言がみられるからだ。それでこの両作品に差異はまったくない、同じ幹に二本の枝があるにすぎないという対立する見方があらわれた（パスクアーレ・ヴィラリ）。あるいは『ローマ史論』は共和政について優先的に論じているもののそれだけをあつかっているのではない、そこにはマキアヴェッリ特有の助言はあちこち分散したかたちでしか含まれていない、それに対し、一人支配の君主の経国策を考察する『君主論』は「きわめて凝縮したかたちで」助言を与えているというものである（F・マイネッケ）。結局、問題の輪郭は完全にぼやけてしまった。問題が矛盾に還元されてしまったからである。学問のあらゆる始まりにさいして働くこうした矛盾はいかなる人間にもありうるし、テーマの豊かさにつきものなのである（H・フライアー）。

『ローマ史論』と『君主論』の関係を読み解くすべての試みに共通するのは、外側から対象に近づいていくということである。ある者は共和政と君主政という語の違いから両作品の内容の違いを推論する。ある者は『君主論』における君主たちへの特定の助言が『ローマ史論』のなかで文字どおり繰り返されるのをみて、両作品の方向の一貫性を推論する。しかしこのやり方はマキアヴェッリを研究する場合、取りかえしのつかないものとなるにちがいない。というのも、すでにみたようにマキアヴェッリは、歴史的・社会的現実全体を彼の内面に取りこみ、解任された書記官という自分の立場からすべてのイメージにルサンチマン的二重の意味を与えるのだから。それゆえ、たとえば殺されねばならない「ブルトゥスの息子たち」（『ローマ史論』第三巻第三章）という表現には、まずまったく現実的な意味がある。すなわちルキウス・ユニウス・ブルトゥスがしたように[1]、自由を復活させるためにタルクイニウス家を倒せばすむのではなく、ブルトゥス自身の息子たちがふたたび「もう一方の体制に復帰し」新しい専制政治を樹立することのないよう、自由を守るためには自分の息子たちをも殺さねばならないという意味である。しかし同時にこの表現には危険なもうひとつの意味がこめられている。ほんとうならピエロ・ソデリーニとフィレンツェ共和国はメディチ家を追いだすだけではなく、その復帰を断固不可能にするためにメディチ一族を根絶やしにしなければならなかったのだという意味である。こうしたやり方をみると、『ローマ史論』のマキアヴェッリの献辞の言葉を使えば、「贈られた物そのものより贈った者の心情のほうが考慮に値する」ということができる。しかしどの程度彼の個人的運命がこの心情を規定しているのかをマキアヴェッリ自身は、苦い思いとメランコリーを抜きにして告白することはない。「有徳な人間が時代と運命の悪意によってみずからは果たせなかった善を、多くの有能な人たちのなかで天がより多くの恩寵を与えた人が実行に移すことができるよう他人に教えることは、有徳な人間の義務である」(『ローマ史論』第二巻はしがき)。だがこうした事実は、これまでおこなわれたマキアヴェッリに対する文献学的方法を意味のないものにする。というのはマキアヴェッリがほんとうにいわんとした意味が、それらの言葉のなかにあるわけではないからだ。それはむしろ危機分析および心理学的方法によってまずは鮮明にされねばならない。そうすれば最終的に『ローマ史論』と『君主論』の関係がこれまでとはまったく違った光のなかにあらわれてくるであろう。

『ローマ史論』と『君主論』のあいだに一種の相違があることはまず事実なのだが、それは一見したところ『ローマ史論』では自由に統治される共和政について述べられ、『君主論』は専政の分析に取りくんでいるという意味においてである。しかし『ローマ史論』のなかで自由な共和政について述べられるのは現在の現実という意味においてでもなく、未来の可能性という意味においてでもない。むしろとっくの昔の過去についてという意味にほかならない。たとえマキアヴェッリが、黄金時代のことばかり述べる連中を嘲笑しているとしても(第二巻はしがき)。もっともマキアヴェッリ自身も実際はこの黄金時代の先入観にとらわれていて、自由を有する国家についての輝かしいイメージを描き、それにもとづいて現在を非難しはじめる。マキアヴェッリは時代の危機と彼自身の人生の転回点にあって足もとの地盤を失ったのであり、厳密な意味で根なし草の人間である。ただし根なし草の人間としてマキアヴェッリが属しているのはピエトロ・アレティーノをはじめその他多くの人文主義者のタイプにみられる落ちぶれただけの人間の系統ではなく、またベンヴェヌート・チェリーニ(2)のタイプの大言壮語する冒険的ボヘミアンの系統でもない。マキアヴェッリのなかにはよりよい生へのあこがれが生きている。彼は彼の現在においてそのような生の秩序を見いだすことができないので過去のなかへ逃避するのだ。しかし彼がそうするのは歴史家、うしろを向いた予言者としてではなく、まったく逆に、過去のイメージからまえを向いた予言の手段を獲得するためである。マキアヴェッリはロマン主義・静寂主義の古代研究家ではない。たぶん同じロマン主義的人間ではあっても、現在のところ見通しがつかないとはいえ、彼の故郷の至福を求めてはるかな過去から未来の生きる価値ある現存在のための新たな約束を汲みとる人間である。このときマキアヴェッリにはそうしたイメージと彼の現在との距離はけっして意識されない。その意味で『ローマ史論』のもっとも賢い批評家であるフランチェスコ・グイッチャルディーニと対照的である。グイッチャルディーニは、もしローマという手本が有効であるとするなら、現在は古代とまったく同じ構造をもたねばならない、しかし実情はそれとは違うということを完全にはっきり認識していた(『マキアヴェッリの「ローマ史論」に関する考察、第一巻第一四章に対して』)。したがって徹底した人文主義はロバに馬のように走れと要求する無鉄砲な希望にたとえられるというのである(『政治と市民に関する覚書』CX)。しかしながらマキアヴェッリにおいては、現在から古代ローマという過去の深みへ潜っていく彼のあらゆる論述の縁に、尺度としての自由な共和政のイメージが置かれている。この尺度のまえで彼の現在の下劣さといまわしさはようやく正しく見通されるようになる。現在に対する彼の不満はこのやり方で個人的な不満の念から原則的な分析へ高められる。古代ローマという尺度に照らせば現在が不十分なものであることが明らかとなるからだ。だがマキアヴェッリがこの尺度に立ち戻るのは、同じように現在を批判することから出発し、中世の神権政をふたたび取りいれたサヴォナローラの試みが腐敗した現在の状況において失敗したあと、マキアヴェッリの時代にはその他の尺度がもはや生きてはいなかったからにほかならない。したがってマキアヴェッリが古代ローマの自由な体制を称讃するとき、彼の意図は、二〇〇年後のフランス絶対主義の優れた批評家であるモンテスキューが『ローマ人盛衰原因論』(一七三四年)のなかでおこなったものと基本的には同じである。古代に関する論述には認識価値ではなく、おそらく美的な対照価値があるのだろう。この論述が、その固有の光によって現在という影を現在に固執してみるよりずっとはっきり目に見えるものにするからである。この対照するということはおりにふれて『ローマ史論』のなかで情熱的な論争に高められるが、その論争はマキアヴェッリの研究の副次的産物ではなく、彼の最大の関心事であり、まさにそのために他のすべてが着手されたのである。つまり自由な共和政は思考の「対象」として『ローマ史論』の中心にあるわけではなく、周縁にあって、現在の危機の性格を対照と論争によって明確化するというまったく特別な機能をもっている。それは影と輪郭を、現実の散光でみるよりもずっとはっきり目に見えるようにするために、画家がその絵に取りいれる人工の光源のようなものである。マキアヴェッリにとって関心は光そのものにあるのではなく、ただこの光のなかでみえてくる状況にある。『ローマ史論』の「対象」はしたがって自由な共和政ではなく現在の危機分析である。そしてこの分析の必然的な結果として、『君主論』が描く絶対的な専政のなかにしか救いは見いだせないということが『ローマ史論』の最後で明らかになる。すでに専政のための基礎は『ローマ史論』のなかに置かれていた。ただマキアヴェッリはそれをまだ完全に危機の観点から描いている。『君主論』において彼は専政をこの関係から解き放し、専制君主の芸術的かつ時間を超越したイメージをあらわす（『ローマ史論』第一巻に『君主論』と同じような自立した英雄が美化される章がみられるとしても［たとえば第一巻第二六章と第二七章］）。こうしてこそマキアヴェッリのふたつの主要著作の関係を解釈することが可能になるように思われる。この解釈によって現在に対する彼固有の不幸な立場およびルネサンスの危機的性格が、ひいては『ローマ史論』の内容が正しくとらえられるようになる。そのさい、マキアヴェッリの危機分析に対する関心は、若き日になされた、ヴァンダル族による迫害史に関する翻訳が示すとおり、ひじょうに深いところに根ざしていたにちがいないということを強調しておきたい。『ローマ史論』は『君主論』への危機分析に関する「序論」になっているが、それにはたんにもろもろの手段を準備するという以上の意味がある。すなわちマキアヴェッリが彼の君主の投入によってしか形成しかつ克服することができないと信じる歴史状況を分析するという意味である。そのためわれわれはまずはじめにマキアヴェッリの危機分析を追求しなければならない。そのあとに、『君主論』が危機克服の試みであることを示し、最後に、本書の前半で一般的な概要を示したルネサンスの危機構造がこうした構想をもちいてほんとうに克服されたのかどうか、あるいは彼の君主も結局はまたひとつの危機の徴候にすぎないのではないかということを問わねばならないであろう。

これから以下、たったいま一般的に輪郭を示した両作品の関係が明確になるよう『ローマ史論』と『君主論』の分析を試みるつもりである。この場合、作品の内容分析が問題なのではない。またマキアヴェッリの論述に対する古代の手本はどこに求められるのかを調べようとするものでもない（トリアンタフィリス、エリンガー、ブルト 等々）。むしろ『ローマ史論』から『君主論』への道筋の上で光を放っている一般的危機意識だけを指摘することにしたい。個々の事柄についてはこの危機意識に直接関係する場合にかぎり言及するつもりである。ここでもまたいわば内的な問題の展開を強調したいのであって、専門家がおこなっているような注釈者の仕事をしようとするものではけっしてない。ただマキアヴェッリの古代の原典に関しては一言述べておかなければならない。マキアヴェッリはポリュビオスを大いに利用するが、そのさいいちじるしい誤解がひとつ働いている。というのはポリュビオスがギリシア人に対してローマ人を政治的行動の手本にせよと説くのは教育的理由からなのではまったくない。ギリシアがローマの支配のもとに置かれたのち、ギリシアとローマの政治的和解を達成するためであったからにほかならない。したがってポリュビオスにおいて問題になるのは厳密な意味でのローマ人の「模範機能」ではない。ローマのやり方をギリシア人に熟知させるということが得策であるようにみえる、きわめて偶然的な歴史状況への適応が唯一問題なのである。

『ローマ史論』は三巻で構成され、それぞれの巻がまたいくつかの章に分けられている。第一巻においてマキアヴェッリは支配の内的形態をあつかい、第二巻で征服、植民地化等における支配の外的形態をあつかっている。最後の第三巻で国家の指導者に求められる事柄をあつかう。外見的には全体がティトゥス・リウィウスの『ローマ史』最初の一〇巻への豊かに膨らむ注釈になっている。そのさい注釈技術の関係上、大づかみにされた配列にときどき乱れがでることはどうしても避けられない——これも厳密に練りあげられた配列のなかで展開する『君主論』との違いのひとつである。このリウィウスへの依拠はつねに繰り返し解釈者たちを惑わし、彼らをして古代への関係（クセノフォン、プルタルコス、ポリュビオス等々）を個々に追求させ、またマキアヴェッリの見解や評価のための根拠をひとつひとつ探りださせる。たとえこうした試みに価値があり、当時の古代ローマ観への価値ある洞察を伝えるものであるとしても、細部にこだわるあまり全体の性格を見失い、また外的関係の分析にこだわるあまり『ローマ史論』の内的構造を見落とす危険がある。それに対してわれわれが試みたいのは、すでに確認されたマキアヴェッリの内的伝記の諸状況との関連において作品をいっきに連続的に読み通したときに生じる印象をたしかなものにすることである。ホメロス文献学において細部の研究のあまり『イリアス』と『オデュッセイア』が、互いに独立して成立した異なる一連の詩作品を組み合わせたものだという理論を排除するまったく独特の全体構造をもっていることが忘れられてしまうように、『ローマ史論』の内的形式もこれまでたいていの解釈者に見落とされていた。彼らはこの作品を巻としてあるいは章として読むことはあっても全体として読むことはけっしてなかったからである。『ローマ史論』を全体においてとらえるならば、それは危機意識を露呈する作品であることがはっきりする。その危機意識を明瞭にすることがわれわれの連関のなかでは、『ローマ史論』をマキアヴェッリの時代そしてまた彼のほかの作品と結びつけるまさに資料上の関連よりも重要である。

第一巻はしがきに記されているようにティトゥス・リウィウスにもとづくことはけっして偶然ではない。むしろマキアヴェッリの意図するところは、ほかの政治的人文主義者と同じように、新しい生に対する古代の模範機能を国家の生のなかにも呼び覚ますことにある。この機能がすでにほかにもたいへん実り豊かであることが明らかにされていたからだ。こうした企てに意義があるのは生の包括的な内的単一性が前提とされる場合だけである。つまり運動と体系における天、太陽、元素、人間——すべてが、昔も今も、同一であるという前提である。われわれがみたように、あらゆる人文主義のこの前提はマキアヴェッリにおいてすでに早い時期から表現され、さらに彼の全作品を貫いている。この決定的な前提によって実際すでに現在の危機状況が明白となっている。なぜなら現在はそれ自身のなかになんらの体系原理を生みださず、その結果、現在は過去へ逃亡していかざるをえないのだということが暗黙のうちにそこで語られているからだ。しかしながらこの逃亡はいつの時代も人間は等質であるという原理の言表によって隠蔽される。それ自体きわめて疑わしい原理であるが、この原理はのちに——マキアヴェッリが彼の時代の危機構造を見抜きかつはっきり表現したあと——別様なる時代が、その時代に応じた別様なる行動システムをもって存在するというはるかに的確な洞察によってふたたび制限され揚棄される。

マキアヴェッリのこの当面まだとてもあいまいな危機意識の輪郭は、すぐに第一巻第一章において古代ローマの支配の起源を問うとき、もっとはっきりとしたものになる。マキアヴェッリはいう（第一巻第一章および第二章）。元来人間は散らばってつながりをもたずに生活していた。人口が増え、いわば地上の空間の所有を互いに争うようになってはじめて結合したのだ。それとともに人間は自分たちのなかでいちばん強い者を支配者に任命した。この考え——これはひじょうに古くからある——をいまは追求することはしないが、この理論のなかに、またもや危機意識があらわれているということは強調しておかなければならない。なぜなら、現在が社会的にカオスの状態で展開するときにはいつも、社会の起源は結びつきをもたないひとりひとりの者たちが互いに集まることのなかに求められるからである。それはまた一〇〇年という長い年月を経たあとに偉大なトーマス・ホッブズがイギリス市民戦争の混乱を蒸溜し人間本来の原始状態に関する理論を取りだしたときも同様である。この原始状態においては各人が各人にとって狼であるが、やがて互いに対立するさまざまな利害を強制的に統一させるひとりの支配者があらわれるというものである。この理論と真に対立するのは、人間は本来的に社会的連関のなかにあるという、およそ中世を一貫して決定づけている理論である。すなわち人間はなにかがあってはじめて手を組まなければならないというのではなく、生まれついたときから共に生きているのであり、人間の本性は社会的なものだという理論である。ところがマキアヴェッリは中世が崩壊するなかで万人に対する万人の戦いを体験し、しかもそれは、おもにイタリアの地で荒れ狂ったがゆえに、彼にとって血を流して心に刻みこまれねばならぬものであった。マキアヴェッリは、ホッブズのように切迫する生の窮境を目に見えるものにするというよりはむしろ覆い隠す理論的学説を、人間のこの「自然状態」から立てるということはなく、ただ一時的にこうした考えに立っているにすぎない。しかしマキアヴェッリはそれによってまた彼の思考のひそかな原動力を証明する。彼の時代の人間は、共に生きるいかなる秩序もみずからもたないようにみえる。それが彼らによその見本にしたがって生きることを余儀なくさせるのだという思考である。

人間の社会的に結びつけられていない自然状態に関する理論はどこに登場しようと、すでに危機がはじまった徴候なのであるが、この理論がわずかに暗示するものは、マキアヴェッリの危機意識にとっての意味という点で誤解されるおそれがあった。それはマキアヴェッリがふつう一貫してこの自然状態のなかに秩序の起源を追求することは避け、すでに存在する歴史的秩序の枠内でしか支配の成立について述べることがないからであった。むろんマキアヴェッリにおいては、危機に揺れる時代が先行する場合にのみ新しい支配の成立が問題になるということがはっきりみてとれる。そしてこの危機的な中間の出来事は、古い秩序が崩壊したあと社会が置かれる一種の「第二の自然状態」とみなされ、そこから社会が新たに形成されるのである。これによってマキアヴェッリは、あらゆる社交性があらわれるまえの社会の自然状態を、ペストや飢饉そして洪水という重大な危機のあと人間を襲う自然状態と区別するポリュビオスの理論を継承する。ただマキアヴェッリは社会の最初の起源に関する抽象的議論をしりぞけ、具体的・歴史的破局の問題を取りあげる（たとえば『ローマ史論』第二巻第五章）。この破局は過去が記憶をふくめすべて消し去られるという、社会の必然的自浄作用とみなされる。二回どころか何回でも生じる社会の自然状態に関するこの理論は『ローマ史論』の危機分析の性格をとくにはっきりわからせるものであり、またマキアヴェッリがこのことに関連してポリュビオスにさかのぼるのも偶然ではない。ポリュビオス自身が、祖国に政治的独立を決定的に失わせたもっとも困難な社会的政治的激動の時代に生きた者なのである。マキアヴェッリのこうした見解に応じる普遍的歴史観とは、とぎれることのない歴史の進行をもはや素朴に信じるものではなく、歴史的空白と荒涼たる状態としての、世界を揺るがす恐ろしい破局によって再三再四発展が中断され、この破局において社会的連関が、そのつど歴史がはじまるときのように新しくつくられるというものである。人間の原始的自然状態に関する理論がこのやり方でいわば歴史の実定的連関のなかへ埋めこまれるにもかかわらず、マキアヴェッリの思考にある種の非歴史的な無理があり、それがおそらくきっかけとなってグイッチャルディーニもこの章（第一巻第一章）に対する彼の批判のなかで、マキアヴェッリにおける世のふつうのなりゆきに対置された、社会的連関の「哲学ふうの」叙述について述べることになったのであろう。もちろんこの批判は正しく理解されねばならない。それが、たとえば構成的方法に対して、もっと記述的方法を対置させるような方法論的性質のものでないことはたしかである。それどころか第二の自然状態の構成的性格とともに絶対的な要求が生のなかへ入りこみ（「区別することも比較することもなく世の中の事柄について語る」『政治と市民に関する覚書』VI）、もはや明らかになにものも歴史と伝統に媒介されることがない。すべてが——社会的連関や支配も——絶対的な無媒介性をもってそしていっさいの妥協なしにまったく新しく構成されねばならない。これはおそらく、原罪状態の完成すなわち社会の危機状態に対するもっともあからさまな表現となるものであろう。

同じ関連において、マキアヴェッリが支配の起源の問題を取りあげたあと、支配のさまざまな形式の分析をおこなうとき、彼の危機意識はいちだんと深いものになる。その形式は過去の手本にしたがって君主政、貴族政、民主政として彼のまえにあらわれる。マキアヴェッリはいう。これらの支配形式は、それだけで個々のものとしてもちいられるときわめて不安定である。君主政は専制政治へ、貴族政は寡頭政治へ、民主政は無政府状態へ堕落しやすいからだ。だから最高の政体とは、三つの形式をすべてひとつに合体させ、それぞれ個々の支配形式の危険な要素を他の長所によって補う政体である。その場合、異なる支配形式が乱用されることのないよう互いに監視しあうのである。ところで、もっとも純粋なかたちでこのような「混合された」支配を具現したのがローマであり、そのかたちがいまや共和国のもっとも完全な形式であるとみなされる。しかし混合された支配形式へのこうした回避的移行にはつぎのような前提がある。すなわち人間は生来きわめて悪であり、よっていかなる純粋な支配形式のなかでも身を守ることができない。むしろ法律がすべて、支配者と被支配者における邪悪な本能の出現に対抗する規定となるように形成されていなければならない。人間の根源悪は国家に原始的無政府状態から君主政、貴族政、そして民主政を経て、ふたたび無政府状態へという循環をたどらせる。その場合、この環を二度たどる運命を授けられた国家はごくまれにしかない。こうした普遍性のなかで開陳されたこの理論は、マキアヴェッリの意図が人間一般についてではなく、当時のイタリア人について述べるところにあるということをほとんど忘れさせてしまう。だがじつは、この文章のなかには彼の時代のひ弱さに対する激しい慷慨が流れこんでいて、理論的装いは彼の感情を表面的に覆っているにすぎない。それがとりわけはっきりとなるのは、ひとりでに善がおこなわれるところで法律は必要ないとマキアヴェッリが強調するときである。人間の共同生活はつねに法律のもとに置かれるが、法律は善悪となんのかかわりももたず、ただ社会秩序の表現でしかない。その秩序が失われるときになってようやく弾劾がはじまる。人間は生来悪であって、社会的および支配的諸制度によって強制される場合にのみ善をおこなうとマキアヴェッリはいう。人間は善であり、制度が人間をだめにするということになるルソーとは逆である。両者のいうことには、みたところ正反対な違いがあるにもかかわらず、人間性の表現と国家の形式は互いに適合しないという意識は共通している。マキアヴェッリは国家のない多数の小さな専制支配があるだけの時代に生きて、人間は悪であるという。ルソーは国家がすべてを呑みこんでしまう時代に生きて、人間は善であるという。しかしふたりとも、現状のままに進んではいかないという同じことをいっているのである。そのためマキアヴェッリは人間に秩序を強制しなければならない。一方ルソーは人間を古くさい秩序から解放する。どちらの道も危機が展開する典型的道であり、この道を駆りたてるものとして人間の善と悪に関するかくも絶対的な言い方が押しだされてくる。彼らは引きさかれた時代に上がった革命ののろしのような存在として、時代をもっとも深いところから揺さぶり、時代が自己崩壊するなかを、まえへ駆りたてていく。すなわち国家に「反対する」蜂起としての革命であるだけではなく、国家へ「向かう」蜂起としての革命でもある。その場合もちろん両方の事象の暴力的性格は、それらの革命が同じように危機の徴候であることを示している。法律の機能は人間を強制的にまとめるためのひとつの手段であるとみなす考え方は、ポリュビオスにおいてもみられるものであるが、マキアヴェッリにおいては古代の著述家たちから得たものであるだけではなく、ほんとうは危機をそのもっとも鋭い表現へ高めるために意識的に利用したものである。なぜならマキアヴェッリは、そのすべての理論にもっとも明らかに対立する法の成立に関する理論を、古典をとおして熟知していたからである。その理論によれば、法律はある一定の目的のためにつくられるものではなく、根源的に神の精神をともなっている、そしてこの精神が人間にも生まれつき社会的性質を与えたのである（キケロ）[6]。しかしマキアヴェッリは、危機における人間の社会的連関を問題にしたのでこの理論をしりぞけ、それに対して人間の根源的悪性に関する挑発的構成を対置しなければならなかった。この構成に対して現実的なグイッチャルディーニは抵抗を感じ、人間はまったく善であるわけでもなく、まったく悪であるわけでもない、ただ弱いのだと表明した（『「ローマ史論」第一巻第三章への覚書』）。ところがマキアヴェッリは彼の時代に対して人間の邪悪さと堕落をともかく大声で言いたててしまうと、彼にも——危機の緊張が弱まって——もっとも非構成的で現実的な意見があらわれてくる。すなわち人間はごくまれにしか、まったく悪であることも、まったく善であることもありえない（第一巻第二七章）、という命題があらわれる。この命題に対してグイッチャルディーニはもはやなにも述べてはいない。人間の根源的悪に関する構成は、現在の危機を照らし解明する機能を果たしおえると同時に、ふたたび揚棄される。ちょうど人間の根源的等質性が揚棄されるのとまったく同じように。

さて完璧な共和国の支配体制は、ローマにおいて貴族と平民の異なる権力の自由なやりとりのうえに築かれた。とくに護民官の制度は自由を監視する一種の見張り役となったが、それは支配権を乱用する貴族たちに対する自由な弾劾をおこなうところに威力を発揮した。批判のこのはけ口がつぶれてしまうと自由もおびやかされてしまう。そのため、だれでも自由に弾劾をおこない、また一方の者が自由に弁護できる訴訟期間が定められる。しかし正当な弾劾を述べたてる場が得られなければ、弾劾する側は非合法の手段に訴え、支配者側に対して武器を構える。そしてついには自分の意志を押し通すために外国に助力を求めてしまう。だがそうなるとたいていは外国の者によって自由がすっかり否定されてしまう。つまり自由を維持するためには陰険な中傷よりも自由な弾劾のほうがずっとましなのだ。こうした文章から現在との関係がはっきりと感じられる。たとえこの文章において古代の例が同時代のイタリアの例と混同されているわけではないとしても。ここでマキアヴェッリは、フィレンツェの悪しき秩序はフィレンツェ人の責任であるといってフィレンツェ人の中傷癖をはげしく攻撃する。したがってこの最初のまとまり（第一巻第一章から第八章）を全体的に考察すると、マキアヴェッリの危機意識が背景のなかでしだいに明確になってくる。実際またわれわれは、彼がこの危機意識を情熱的力のすべてを注いでいっきに表現するのをまもなくみることになろう。

ところでローマ共和国のこの自由な体制とローマの建国にまつわる伝説的殺人罪、すなわちロムルスによるレムスの殺害はどのように結びつくのであろうか。ここはまさに『君主論』を参照することが求められる有名な箇所のひとつである。目的ゆえにロムルスの行為が正当化されるからである。というのも、ただひとりの者によって建設がなされる場合にのみ、支配はしっかりと揺るぎないものになるからだ。「行為ゆえに非難されても、結果によって弁護されねばならない。ロムルスにみられるように、結果さえよければなにはともあれ許されるであろう。破壊するために暴力をふるい、建設するために暴力をふるわない者は非難されて当然なのだ」（第一巻第九章）。もちろんこの有名な文章は、国家の利益のために兄弟殺しが正当化される——それはまったく内容の文献学的解釈である——がゆえにわれわれにとって意味があるというわけではない。重要なのは、この文のなかにあらわされた純粋に目的だけを考察する原理である。道徳的にいかがわしいやり方にもかかわらず意味があるのは、マキアヴェッリが国家に対して目的・手段の考察をおこなうからであり、国家にとって人間の本源的・自然的連関はもはや残されていないという証明をふたたびおこなうからである。人間の本源的・自然的連関ということであれば、目的・手段の考え方ではなく、ある種の有機体的考え方のほうがふさわしいであろう。彼の考察の結果がどのようなものとなるのかはすぐにわかる。ロムルスの後継者であるヌマ・ポンピリウスが都市の法律を揺るぎないものにしたのは、ニンフと相談し人民になにを課すべきかを教えてもらったのだと偽ることによってであるとマキアヴェッリは述べる（第一巻第一一章）。こうして宗教も国家の権威を救うための手段となってあらわれる。それはまったく似たような状況から考察するホッブズに同じくみられる考えである。マキアヴェッリは、ほかにも国家目的のために宗教を意識して利用した数多くの例をあげる（第一巻第一三章、一五章）。そのさい彼は占い師たちの抜け目のない策略と聖なる鳥を彼らがずるがしこく利用する点に特別な注意を向ける。したがって、古代ローマの宗教が集団秩序に内在する権威を具体的に表現するものとして血族的な生の秩序から発達し、外的手段としてではなく内在的本質として社会を団結させるいわば接合剤であるということを——彼の現在の経験に規定されて——マキアヴェッリはもはや理解することができない。こうした集団秩序においては支配権も宗教的アウラをもっていて、のちにローマの絶対主義のなかで皇帝を神とする帝国にまで高まっていくことになる。このアウラは個人にではなく氏族にそなわっているので、支配権は世襲のかたちで渡される。しかも支配機構がしだいにこの世襲制によって伝統的なかたちに仕上げられていく。ところがマキアヴェッリは、すでにみたように彼の特徴としてまた必然としてそもそも世襲による継承権に反対であるのが認められる。そしてそれが『ローマ史論』を内的に『君主論』と結びつける特徴のひとつとなっている。なぜなら彼はまさに支配秩序をもはや有機体的・伝統的秩序としてではなく、多数の者を束ねる個人の目的を意識した企てとみているからだ。そのさい、ときおり純粋な目的の考察が前述した人文主義の同盟に似た秘密集会気質によってきわめて啓発的に高められることがある。彼は世襲の相続人による継承に、養子縁組による継承を対立させるのである（第一巻第一〇章）。だが、養子縁組の君主（ネルヴァからマルクス・アウレリウスまでの五人の皇帝のように）[9]が内的に大きくぐらついたローマ帝国を何度も安定させたということは事実であるとしても、やはりそうした人工的血縁関係には、きわめて疑わしく壊れやすい性格があることも見逃せない。このような血縁関係は――ブルクハルトの見解によれば――血脈的結びつきと氏族秩序がもつ力の不足を魔法・魔術的結合によって補うことができると信じるものである。血脈による相続権もたしかに起源的には魔術的諸関係のなかに基礎づけられるが、その関係は堅い集団秩序の枠組みのなかで形成される。ところが養子皇帝制の場合にはこの堅い集団秩序が欠けているので、さまざまな属州や国から、さまざまな社会的領域から無差別に養子皇帝が選ばれる。そのさい選択を決定づけるものは、かならずしもつねに個人的能力であるわけではなく、むしろ魔術的見徳であることのほうが多い。養子皇帝制の出現が疑いなく重要なのは困難な時代にそれが帝国の最高の威厳を守るきわめて厳粛な試みだからである。ただしこうした秩序が存続できるのは、ただ皇帝の血縁親族がすべて処刑されるか、あるいは選ばれた皇帝が僧侶のように自分の血統による継承の断念を強いられる場合だけだということはべつにして、養子皇帝制の出現はそれ自体明らかに危機の徴候である。なぜならそれはあらゆる社会にとって基本となる集団秩序が決定的に解体してしまったことを前提としているからだ。

ところでマキアヴェッリに独特なのは、社会的目的秩序の観念から社会契約や支配契約の明白な理論をつくりあげるのではなく、ヌマ・ポンピリウスにおけるニンフの召命も教えるように、それを美的イメージのままにしておくことである。彼にとってやはり問題は「理論」なのではなく、ただ危機分析という点にある。これまでマキアヴェッリの企ては、意図がはっきりしていなかったかもしれないが、それがここでいっきに顕現する。というのも彼はものすごい情熱でカエサルを攻撃し、カエサルを堕落の張本人とみなすからである――これは当時の一般的な解釈であって、本質的にはモムゼン[11]によってはじめて修正された。カエサルに対抗する人物としてブルトゥス[12]が出される。それからカエサルに連なってありとあらゆる支配者が登場するが、彼らは皆「戦争によってみるも恐ろしく、動乱によってさいなまれ、戦時平時に残虐な姿をさらしている」。観察者はこうした時代のなかに「……多くの君主が打ち殺されのを目にするであろう。また多くの内戦そして多くの外国との戦争を、すなわちイタリアがたえず新たな災難によって打ちのめされ憂いに沈むのを、そしてイタリアの都市が荒廃し掠奪されるのを目にするであろう。ローマは焼き尽くされ、カピトールの丘は市民たちによって、古い神殿は兵士たちによって破壊され、神聖な慣習はけがされ、家族は姦通によってはずかしめられるのを眺めるであろう。海は追放された者であふれ、岸壁は血に染まるのを眺めるであろう。終わることのない残虐さの数々——高貴な家柄や官職とりわけ美徳が死すべき犯罪とみなされる——その光景をローマにみるであろう。密告する者が報いられるのを、買収されて奴隷は主人に、解放された自由民は保護者に反抗するのを、そしていかなる敵ももたない者が友人によって殺されるのをみるであろう」(第一巻第一〇章)。皇帝時代のローマの危機についてのこの強烈な記述のなかには、明らかにマキアヴェッリ自身の現在に寄せる同じ思いが込められている(『ヴァンダル人の王ゲイセリクスによるアフリカ征討の書』の残酷な口調と同様に)。しかもそうした非難は思いがけなくも古代ローマの記述と、国家の建設における宗教の機能に関する分析とのあいだに出てくるものであり、その分析はすぐにカトリック教会と教皇に対する同じような激しい非難となる。そのためわれわれは、カエサル、カリグラ、ネロのなかに教皇制度の象徴をみてしまいたいほどである(この見方はほどなくプロテスタントの論争のなかで慣例となる)[13][14]。ともかくマキアヴェッリは有名な第一巻第一二章のなかで教皇制度が本来のキリスト教を歪曲し、それとともにイタリアの没落の原因となったといって厳しい告発の声をあげる。残虐なローマの掠奪を予言するごとく彼は書く。「したがって(教会の)基底に思いをめぐらし、現在の有様がいかにそこからはずれているかを目にする者は教会の破滅あるいは懲罰が迫っているという確信をいだくであろう」。さらに彼の厳しい打擲の嵐が容赦なく降りそそぐ。「したがって教会と僧侶のおかげで第一にわれわれイタリア人は宗教をもたず、よこしまである。第二にもっと深刻なもの、すなわちわれわれの没落の原因となるものがもたらされる。つまり教会がわれわれの国を分裂させてきたし現在もそうである」。イタリアはひとつになることができない。「なぜなら教会は、ここに座をしつらえ、世俗の支配権を握ったものの、残りのイタリアを征服してその君主におさまりえるほどの権力も能力もないからだ。また一面において教会の力はそれほど弱くはないので、世俗の事柄に関する支配権を失う恐れがあれば、どこかの勢力のある国を呼び寄せることができた。その国にイタリアで強力になりすぎた国から教会を守ってもらおうとするのである……このことが、かくも大きな分裂と、かくも大きな弱体化を招き寄せ、イタリアは力の強い野蛮人どもの餌食になるばかりではなく、イタリアを攻撃する者ならいかなる者にでもその餌食となるようにされたのだ。われわれにとってこれはひとえに教会のせいなのであって、それ以外のなにものでもない」。最後に彼は声を大にしてもう一度告発する。「まぎれもない経験によってこのことが真実であるのを確かめたい者は仮に力を行使して、ローマの教皇庁をイタリアでもっている権力といっしょに、今日なお古代人の定めにしたがって宗教と軍事のなかで生きている唯一の国民であるスイス人の国へ送ってみるがよい。そうすれば教皇庁の悪しき風習と陰謀が、ほかの考えられるかぎりの不幸な出来事以上の無秩序をかの国にもたらすのをみるであろう」（第一巻第一二章）。こうした言葉によってようやく『ローマ史論』固有の内なる対象が明らかになる。すなわち教会のせいでイタリアにもたらされた危機を指摘し分析することである。教会はイタリアに単一の支配権を確立するほど強力ではなかった。しかしほかの陣営がこうした単一の支配権を確立するのを阻止できないほど弱くもなかった。はじめから推測できるように、この場合マキアヴェッリにとって、たとえばサヴォナローラが教皇制の批判からはじめたような教会の改革が問題なのではけっしてない。マキアヴェッリにとって宗教の問題はまったくどうでもよいことであって、彼が宗教について述べるのはただ対照の手段としてであるにすぎない。結局は（教会ではなく）キリスト教それ自体が、人間の腐敗と惰弱の責任を負っているのだということを彼は確信している（第二巻第二章）。彼の関心はイタリアの分裂ということだけである。

この時点から理想的な共和政の理論はしだいに後退し、危機分析が中心となる。危機は自由の崩壊というかたちであらわれる。人民が他国の支配のもとで生きるとき（第一巻第一六章）あるいは人民の腐敗がある一定の度合いに達するとき（第一巻第一七章）、自由は崩壊する。古代ローマにおける王の支配はその腐敗が国家全体に蔓延してしまわないうちに終わりを迎えた。「胴体が……まだ無傷のうちに頭が落ちたので自由で秩序ある体制を復活することが容易にできたのである」。しかしのちにはブルトゥス(15)の名声と全オリエントの軍団もローマに自由をもたらすにはいたらなかった。一般化していた道徳の退廃に原因があった。それが不公平を生みだし、一致した行動をとるための基本的な前提を破壊してしまっていたのだ。このように腐敗した都市においては、たとえ自由な体制がある場合でもそれを維持することはほとんど不可能であるし、新しい体制を導入することはそれ以上に困難である。特別な手段——暴力と武器——を使ってということであれば事情によっては可能かもしれない。しかし、それにはひとりの非凡な君主が前提となるので、並外れた君主を生みだすことのない腐敗した状況のなかでそのような革新は不可能ということができる。けれども、そもそも堕落した状況のもとでそうした革新を考えてみるとすれば、それはただ君主政によってのみ成しとげられるのであって、けっして共和政によってではない。というのは一人支配者だけが特別のことを遂行する権力をもつからである（第一巻第一八章）。それとともに、これまではまだ外見的に『ローマ史論』の対象であった共和政は危機の要求のまえで押しのけられる。秩序ある支配体制は病んだ人民より健康な人民のなかで築くほうが簡単である。「ちょうど彫刻家が見事な立像を刻むのに、だれかべつな者によってへたに粗ぼりされた大理石より未加工の原石のままのほうが簡単であるように」（第一巻第一一章）。このあと『君主論』の君主が、現在のまさに腐敗した状況から新しい国家を建設するために呼びだされるのである。ちょうどミケランジェロがほかの者によって粗ぼりされた大理石の塊からダヴィデをつくりあげたように。この類比についてはまたべつのところで述べることになろう。

第一巻のこのあとの論述は、細部の点でわれわれにはもはや関心がないが、健全から腐敗へ転換する現象を例外なく分析している。強力な君主のあとでなら力の弱い君主ももちこたえることができよう、しかし弱い君主のあとにまた弱い君主がつづけば、いかなる帝国ももちこたえられずに滅んでしまう（第一巻第一九章）とマキアヴェッリは説く。自国の人民による軍隊をもたない君主は非難されて当然である（第一巻第二一章）。君主の正しい行動とは、全力を傾けてできうるすべてを実行することである（第一巻第二三章）。また征服するさいには、すべてが根底から新しくなされねばならず、いかなる妥協もはかってはならない（第一巻第二六章）。新しい君主は新しい都市を建設しなければならない。古い都市は破壊しなければならない。住民はある場所からべつな場所へ移さなければならない。要するになにひとつもとのままにしておいてはならず、きわめて残酷な支配がおこなわれねばならない。そうすればその君主は成功するであろう。一方、共和国にはこうした能力がない。なぜならあまりに決断がつきかねるからだ。共和国が決断をくだすのは、やむをえない事情から必要に迫られてそうするのであって、自由な意志からではない（第一巻第三八章）。それゆえローマにおいて臨時独裁執政官の制度を設立したのはよいことであり（第一巻第三三、三四章）、十大官の制度の設立は有害であった（第一巻第三五、四〇章）。そのほか転換する時代に対するたくさんの助言がつづく。最初に脅しておいて、つぎに暴力を行使する道具をよこせというべきではない。それは賢明ではない。「ある者から武器を取りあげるのにそれでお前を殺すぞといわずにおくことである。というのも、いったん武器を取りあげてしまえば、あなたの欲望を満足させる時間はずっとあるのだから」（第一巻第四四章）。法律をつくっておいて遵守しないのはよくないことである（第一巻第四五章）。意味もなく他人を侮辱するのもよくないことである（第一巻第四六章）。自由を守るための法律を得ることはローマのように自由を起源とする都市においてすらむずかしいとすれば、隷属を起源とする国々においてはほとんど不可能である（第一巻第四九章）。この脈絡でマキアヴェッリは直接フィレンツェを名ざしている。フィレンツェはローマに隷属しているあいだは生きていくことができた。自分たちで統治するようになったとたん脆弱になってしまった。要するに人民が腐敗していない都市の統治はたやすい。もともと平等が支配するところに無制限な君主政を導入することはできない。逆にもはや平等がないところでは共和政も生きることはできない（第一巻第五五章）。マキアヴェッリは彼の時代のドイツの諸都市が公正であり、それゆえに自由であるとみなしている。こうした都市に腐敗はただ貴族によってのみもたらされる。トスカーナにおいてもそうした秩序は基本的に可能であるはずなのだが、「トスカーナの不運の星が大きいばかりに、われわれの時代にいたるまで、それをなしえる人物をひとりも生みだすことがなかったのである」。なにもせずに所有地の収益で暮らしている封建君主たちについて言及するさいには、ときどきはっきりとした社会革命的調子があらわれる。しかしこの革命的情熱は、中央の権威のためにいつもただ貴族階級に対抗して向けられている。そのさい、この君主的絶対主義をまったく厳密な意味でヨーロッパ革命の最初のファンファーレとみなしてもよいということは、強調しておかなければならない。なにしろ多数の者が自由になるまえに、まずひとりが自由になる必要があったのだから。したがって『君主論』の君主政主義者マキアヴェッリに対して『ローマ史論』のマキアヴェッリを純然たる民主政主義者にする見解も正しく根拠づけられていない。マキアヴェッリは、たしかに人民の自己制御に対して楽観的である。人民は勝手に行動する群衆であるとしても腐敗した君主ほどひどいわけではない（第一巻第五八章）。しかしマキアヴェッリにとって、人間は根本的に悪であり、そのかぎりにおいて自由な共和国で堕落せずに生きることはできない存在だということを考えれば、共和国を——はじめに暗示したように——現在を糾弾するために必要な対比を生みだす架空の物差しとしてもちいているにすぎないことが明らかとなる。ただ輪郭でしかみえないが、かといって明確にとらえられないわけではない『君主論』の影がすでに全体を覆っている。

『ローマ史論』第二巻において国家の外部への拡張を分析するさいに問われているのが、健全な国家を促進する原理、そしてその原理の不足によって腐敗した国家を確実に没落へ駆り立てる原理とは、いったいどんなものなのかということである。べつな言葉でいえば、人間はつねに変わらないものであるのに、どうして国家は興隆と没落の不可解な周期運動を繰り返すのか、ということである。マキアヴェッリはすぐに解答する。歴史にはある力——ヴィルトゥと呼ばれる——が存在し、それが国から国へさすらうのである。最初それはアッシリアにあったが、つぎにメディア、それからペルシア、最後はローマに移った。ローマ崩壊後それは多くの国々に分散した。その力は健全な国々に驚くべき強さを与える。だからそうした国々はたたえられねばならない。しかしイタリアの現在は非難されねばならない。現在はヴィルトゥを所有していないからだ。「過去の歴史は（観察者を）感嘆と驚きでみたすにちがいない。今日では極度の惨めさ、屈辱、軽蔑を取りのぞくものはなにひとつ見いだせない。宗教も法律も守られず、軍事も整わない現在は、すべてが汚辱にまみれている。野獣の悪徳が風紀を乱している。しかもその悪徳は、司令官の席につきすべてのひとに命令し崇拝されたいと思う者たちのところにもっとも頻繁に居座るのであるから、いっそう嫌悪すべきものとなる」(第二巻はしがき)。明らかにここでもまた、第一巻と同じように、ローマ共和国と、新たにその生命原理としてのヴィルトゥが呼びだされ、まず対照がおこなわれ現在の欠点が指摘される。

ところで、たいそう高等な言葉で導入された、このヴィルトゥとはなんであろうか。まず第一に、イタリア語のヴィルトゥは「徳」を意味するものでもなければ、ギリシア語のアレテーを意味するものでもない。このことは、マキアヴェッリにとってたいへん重要なこの概念を考察するさいの基本的前提である。語源的にこの言葉は「ローマのヴィルトゥ」とまったく同じものであって、その意味は、ローマ人という手本を現代に役だてようとする彼の意図を繰り返しみせられたために、われわれの注意がまっさきに向けられたところにある。もちろんわれわれは、この概念も腐敗した現在(「堕落」)を写しだすための対照手段としてもちいられているにすぎず、その概念から「ローマのヴィルトゥ」の本来の意味が完全に失われ、新しいルネサンスの内容をもっているのをみるであろう。しかもヴィルトゥのもとに理解される意味の分析は、マキアヴェッリがこの語をまったく一定せずに使用しているのでいっそう困難である。そのため、この語に唯一の意味を固定するのではなく、異なる意味をひとつひとつみていくのがいちばんよい。「ヴィルトゥ」は、幸運や偶然と理解される「フォルトゥナ」といっしょにもちいられることがもっとも多い。その場合ヴィルトゥは、たんに思いがけずに与えられたこと、偶然手に入ったことという意味とは反対である功績をあらわす一般的表現の一種であろう。しかしマキアヴェッリにおいて、この功績とはいかなる意味をもつのだろうか。これがヴィルトゥという表現を説明するさいに取りくむべき問題である。

とりわけプルタルコスとリウィウスによれば、ローマ人はその帝国を拡張していくさいにむしろ幸運の恩恵にあずかったのであり、ローマ人の勇敢さがその偉大さの原因ではない、だからこそローマ人はほかの神よりもフォルトゥナに多くの神殿を建てたのだといわれている。マキアヴェッリはこの意見に断固として反対する（ポリュビオスをもって）。古代ローマ共和国の征服事業はその固有の功績に負っている。ローマの隣国の民衆は必死に自分たちの自由を守った。さらに民衆というものは自由を奪う者にいつも残酷に復讐しようとする。だから、他人を服従させるには大きな勇気が必要なのである。たしかに今日ではこうした気持ちはもはや理解されない。現在では自由への愛はほんのわずかしかないからだ。それはキリスト教のせいである。この世は女性的になってしまった。天にはもはや雷光がない、とマキアヴェッリはいう。しかしローマ人は攻略のさい、いたるところでとことん自由を守ろうとする手強い共和国にぶつかった。まれにみる勇敢さがなかったならローマ人はけっしてそれらの国々を屈服させることはできなかったであろう（第二巻第二章）。その場合とくにローマが利口だったのは自由に慣れた共和国を簡単に破壊したことである（第二巻第三章）。これは『君主論』でふたたび出会うことになるひとつの命題である。このような征服事業のさいローマがとった戦い方は総力をあげたすばやい攻撃であるが、とくに自分たちの力しか頼らず、けっして傭兵部隊すなわち雇い兵に任せることのないやり方であった。そのことで戦争は金銭だけでおこなわれるものではないということが示される。「金銭は身を守らないどころかあなたが掠奪されるのをいっそう早めてしまう。『金は戦争の要なり』という諺ほどまちがっているものはない」（第二巻第一〇章）。これによってわれわれはマキアヴェッリを繰り返し軍事学的問題に駆りたてたヴィルトゥという語の本質的意味を把握する。すなわちヴィルトゥとは自分の武器で防衛することなのである。この意味においてヴィルトゥは、のちに『君主論』のなかに、また『戦争の技術』のなかにふたたびあらわれる。マキアヴェッリが彼の時代にローマに似た軍隊組織を求めるとき、つねにスイスの国民軍をあげる。彼はスイスの戦闘力に大きな尊敬の念をいだいていた。

　軍事的戦闘力からまったく一般的に自己主張のエネルギーというヴィルトゥの意味が生まれる。この自己主張にとって、詐欺、偽装、計算ずくの偽善等々あらゆる手段が正当である。慎みが高慢を抑えるのではなく、暴力が高慢を打ちくだくのだ。だがこうした暴力にはすばやい決断と効果的な決断が必要となる。効果的なのは極端な決断だけであって、けっして中間の方法ではない。ここでマキアヴェッリの両刀論法《ディレンマ》的対立の技術が活動的なものに変わる。効果を見込めるのは一義的な行動の仕方だけである。マキアヴェッリは一義性をただ正反対の対立のなかで構成する。この対立だけが行動力を弱めずにおくのだ。ふたたび彼はキアーナ渓谷の反乱に言及する。フィレンツェ人はアレッツォ市を許すか、あるいは徹底的に破壊するかのどちらかにすべきであった。そうすればフィレンツェ人はアレッツォを確実に支配したであろうに。しかしフィレンツェ人は中間の方法をとった。一部の者を追放し、また一部の者を死刑に処したが、それ以上はアレッツォに手をつけなかった。成果をあげるには隷属民に恩恵をほどこすか、それとも滅ぼすかのどちらかである。これがあてはまるのは、かつて自由に生きていた国々を征服しようとする場合である。「自由に慣れた勢力ある国の運命を決定しなければならないとき、その国を根絶やしにするか機嫌をとるかのどちらかでなければならない。そうでなければ、いかなる決定も無益である。このとき中間の方法は絶対に避けねばならない。それは破滅的なものである」（第二巻第二三章）。したがって決定をじっと待っているよりも無理やり決定を迫るほうがましなのだ。なぜなら戦争を避けたいときにかぎって、かならず戦争におちいってしまうものだからだ。そして戦争を強いられると、主導権とともに自主性も失われてしまう。

こうした論述のなかでヴィルトゥとは、政治的戦闘力の完全に自立したエネルギーであること、すなわち自己の運命をつねにみずから決定し意のままにする荒々しい制御されない意志であることがしだいにはっきりとしてくる。これもまた最初は軍事に関して述べられる。軍隊組織はエネルギーの自由な展開をさまたげるものであってはならない。そうしてこそ司令官は戦闘においてフォルトゥナによる勝利を見込めるのである（第二巻第一六章）。ところでマキアヴェッリは奇妙なことに大砲を自由な力の展開を阻むものと感じていて（第二巻第一七章）、この点で彼の時代のなかでかなり孤立している。おそらく彼の人文主義的な模倣の欲求が彼の目を曇らせたのであろうが、このことについてはほかの箇所でまた取りあげることになろう。ともかくマキアヴェッリにとって大砲が役にたつと思えるのは軍隊がおのずから必要な戦闘力をそなえている場合だけである。その力がなければ大砲は役にたたない。この考えと同じように、マキアヴェッリは歩兵隊を最重要視し、小回りのきかない騎兵隊の戦闘価値に疑問をいだく。このとき彼の模範となっているのは中世的騎士制度の本来の破壊者となったスイス軍である。騎兵隊は贅沢なものでしかない（第二巻第一八章）。要塞も役にたつというよりむしろ有害である（第二巻第二四章）。すぐれた軍隊をもつ国民にとって要塞は必要ない。すぐれた軍隊をもたない国民にとって要塞は役だたない。この行動至上主義はヴィルトゥを認識するためにたいへん重要な章である第二巻第二九章のなかで極度に高められている。フォルトゥナすなわち運命は、自分の計画が妨害されるのを望まないとき、人間を盲目にする。人間の行動力を鼓舞するために懲らしめてみせる。個々の人間はしょせん運命に逆らえない。人間は運命を支持することはできても運命に背くことはできない。運命の糸をいっしょに紡ぐことはできるが、その糸を断つことはできない。しかしそれにもかかわらず人間は自分からけっしてあきらめてはならず、最後まで戦いつづけねばならない。「人間には運命の女神の目的はわからない。そしてフォルトゥナはくねくねとした見知らぬ道を歩き回る。だから人間は希望をもちつづけるべきだし、いかなる状況にあっても、いかなる困難や苦しみにあっても、けっして自分自身を見失ってはならない」。こうした文章でマキアヴェッリは真に古代の偉大さに到達する。なぜなら人間には、もはやすがることのできるものはないからだ。教会の信仰は滅び、国家や社会の秩序は崩れてしまった。人間は悪であり愚かである。残るのは荒々しく傲慢にも運命の力に立ちむかう、ただ自分ひとりを頼りとする個人だけだ。この陰鬱に描かれた像は、野性と反抗にみち、自立する存在の要素として放出されたエネルギーそのものである。人間がこうした意味での力と勇敢さを失うやいなや、フォルトゥナが優位を占める。ところがフォルトゥナは永遠に渡り歩き――『君主論』でいわれるように――勇敢な者にしか身をゆだねることのない女のごとく気まぐれである。あちらこちらで力の弱い者を引きさいて回る。共和政と王政は移り変わる、「やがて古代を尊ぶ国家があらわれて、幸運が思いのままにその力を発揮する機会をもたぬよう、幸運を抑制するときまで」(第二巻第三〇章)。

『ローマ史論』第二巻の内容は以上のようなものであるが、この巻には、すべて基本思想の表現に向かう無数の付論が織り交ぜられている。しかし一貫して決定的なのは、ヴィルトゥが古代にとってもマキアヴェッリ自身の時代にとっても結局は認識価値をもたないということである。マキアヴェッリの時代にもヴィルトゥはまずなによりも対照機能をもち、彼が同時代に欠けているものすべてを指摘する手引きとなっている。そのため肯定的に論述している箇所よりも論争的な箇所のほうが重要になる。しかしこのヴィルトゥがローマのヴィルトゥといかにかけ離れているかはつぎのことからわかる。すなわちヴィルトゥは完全に政治的戦闘力に自己を限定し、もはや秩序を視野におさめることがない。それに対しローマのヴィルトゥはこの秩序から生まれ、つねにそこに方向づけられているものである。ただその秩序は血縁的体制である。宗教は政治よりも上位にあり、社会の一般的生の枠に神聖な認可を与えるものとして個々の行動すべてを彩り規定しているため、宗教を政治の人為的道具であるとみなすことができないのと同じように、ヴィルトゥをこの生の枠から引き離すこともできない。本当にあらゆる絆が切れてしまえば、ヴィルトゥの相のもとで個人の運命との闘いを——そもそもそのような「個人」が存在すればであるが——ひょっとしたらみることができるかもしれない。しかしけっして民族の自己主張をみるのではない。ただしあらゆる秩序が消滅し、自分固有の運命との闘いのために民族という素材で武装した個人が、民族をその手で意のままにこねることのできるパン生地にするような状況を前提とするならべつである。だがまさしくこの状況によって危機の最大の可能性が描かれ、民族と社会の命が個人の大胆不敵さの細く壊れやすい先端に置かれることで、危機はありありと目に見えるかたちで切迫したものとなる。これはひとつの芝居でありその芝居がどんなに大がかりでややこしいものであるとしても秩序の内奥の構造を暴露するのだから、秩序が個々の民族をいわば広く分散させ、あらためて具体的なさまざまな秩序のなかに固定する、ということをけっして見逃してはならない。そしてこのように秩序づけられた個々の民族から発せられるさまざまな暴力は、どのようにみてもたんなる周辺現象にすぎない。形態をもった、意味を付与する中心の力によってのみ、その意味と意義を獲得する周辺現象にすぎない。しかしマキアヴェッリはそのことを彼固有の状況ゆえにみることができない。マキアヴェッリは力も彼の内面へ取りこんでしまう。彼の内面において力はカオスの暗闇から秩序を有する光へ向かう、形態をはらんだ衝動としてではなく、光と形態のかなたにある純粋なダイナミズムとして体験されるにすぎない。このように力を絶対的衝動へ変化させることが危機意識のさらなる契機なのである。

このことはつぎの第三巻の冒頭でもっと明確に述べられるが、われわれは第三巻のもつラプソディー的性格の内容をもっぱら内的な意味で分析するつもりである。第二巻はヴィルトゥにおけるいわば国家の生の内奥の原動力をあらわしていた。その原動力は征服という点で真価を発揮する。ヴィルトゥ自体はさしあたり純粋なダイナミズムの自由なエネルギーとしてあらわれる。ところでエネルギーは——ちょうど電気のように——平面作用的にではなくむしろ先端作用的に展開することを特徴とする。そのためヴィルトゥもけっして民族のなかにではなく民族の指導者という個人のなかでもっとも純粋に形成される。ヴィルトゥが民族において表現された場合は、どのヴィルトゥも社会的制度となり固定化し、またそうなることで反作用をおよぼしつつ、はじめて民族に民族固有の顔かたちを与える傾向があるということができる。ダイナミズムはただ指導者においてのみ完全に働きつづける。マキアヴェッリにしたがえば、まさに個人の腐敗だけが民族全体を腐敗させるように、個人の意志だけがまた反対に民族を腐敗の罪深い状態からふたたび引きもどすのだ。したがって征服するヴィルトゥに関する理論は結局、君主すなわち民族と軍隊を指揮する戦闘隊長《カピターノ》や傭兵隊長《コンドティエーリ》の記述にいきつくことになる。しかし『ローマ史論』第三巻がなによりも果たすべきことは、第一巻のテーマを終わらせることである。一方この終わりが『君主論』の始まりである。それによって両作品相互の内的方向が外的にも明らかになるであろう。

あらゆる経国策にとってひじょうに重要なのはヴィルトゥの原動力を眠りこませないことである。そういうと、通常の状態を前提とすれば単純に聞こえるかもしれないが、完全な危機の状態にある場合には——この作品におけるように——並外れた力の行使が必要なのだ。そのため『ローマ史論』第三巻は、歴史の秘められた深部へ潜入するという大胆な試みからはじまるが、それは、源泉への規則的な還帰（「革新」「原理への還帰」）による国家の生の革新を論じるきわめて独特な章のなかでおこなわれる。この理論はとくにジョヴァンニ・バッティスタ・ヴィーコの「回帰《リコルシ》」の理論を思い起こさせる。ヴィーコは歴史的生の自己への回帰性から政治的生命にその促進力を与えたのであるが、それによって彼はあらゆる政治的神話研究の父となった。この理論の先駆者がマキアヴェッリであるということは注目に値する。マキアヴェッリをその理論へ向かわせるものは内的論理である。なぜなら国家の生が自己を超える精神的ないしは道徳的本性という審判機能をもたずにまったくダイナミックなエネルギーへ還元されると、歴史的生は極端な腐敗から自己を救おうと試みて運動し、神話的跳躍によってあらゆる現実を越えていくからだ。この神話的跳躍は一方で伝説的過去——ここでは古代ローマ——へいきつく。それから現在を高く乗り越えつつ過去から神話的未来へとアーチを描いて進むのであるが、この未来は妥当する法則にしたがって生を積極的に形成するのではなく、果てしない権力の夢という強力で暴力的な神話を出現させる。しかしこれらの神話は意志を絶えざる運動の状態に置き、神話の現実の内容によってもまた真実の内容によっても拘束力をもつことなく、意志を刺激するものとしてのみ固有の重みをもつ。つまり神話は大きな動揺であり、この動揺が歴史をまえへ押し進める。マキアヴェッリにおいては、この権力の夢の中身がイタリアの統一であることをあとでわれわれはみるであろう。夢の力を彼はローマの神話的過去から引きだすが、その政治的神話の形成にとって特徴的なのは、最初の王たちの架空の伝説と歴史的かつ現実の出来事が同じようにリウィウスに対する彼の関心を呼び起こしていることである。

いかなる民族、いかなる国家も、依って立つ個有の価値（善《ボンター》）を自己のなかに具現する。しかし価値にはその価値を確立するさいに必要な努力が弱まると腐敗する特質がある。それで価値は必然的にときどき（現代ふうにいうと）新たに「統合」されねばならない。しかしこのような統合がなされるのは、外的圧力によるか、あるいは内的啓示によるかのどちらかである。たとえばローマはガリア人の侵入のあと生まれ変わった。統合は同じように「自己認識」すなわち内的革新によっても遂行されうる。だが、かくなる自己認識は現在の罪深い状態に関する知識を前提とする。それゆえにまたあらゆる革新の基盤として危機分析が登場する。そして全体としてマキアヴェッリの『ローマ史論』が、ルネサンスの自己認識のもっとも卓越した手段であることがわれわれにもまもなく明らかとなる。こうした特性が国家生命の起源への回帰による革新の理論と一体となって、『ローマ史論』が（共和主義的な国家形態を含む）なんらかの国家形態に関する「理論書」ではなく、ある行動のための危機分析的準備であるということをもう一度明らかにする。その行動の目的と方向は『君主論』において君主たちのイメージのなかに与えられている。両作品において部分的に同じような言葉で君主に同一の助言がなされている事実は、両作品のこの内的統一によって十分説明できるであろう。

したがって、ヴィルトゥの新たな獲得と維持が『ローマ史論』第三巻を貫くテーマである。しかし始まりのファンファーレが暴力的に鳴り響いたあと、そのねらいは、ほとんどアフォリズムふうに書き流された無数の所見に分散する。その所見には、君主が権力のインパルスを失わないよういかに策略をめぐらしてふるまわねばならないかという問題に関する、ありとあらゆる助言が含まれる。たとえば敵をゆだんさせるために、ときに応じて愚かなふりをすることが大事である（第三巻第二章）。君主は自分が追放した者たちの一族がひとりでも生きているかぎり安全ではない（第三巻第四章）。それからふたたび軍事的性質の助言がつづく。交戦国の君主は戦闘を避けようとするのではなく攻撃を加えるべきである（第三巻第一〇章）、君主はどんなことがあっても兵士たちを戦わせるために、せっぱ詰まった状況へ追いこまねばならない（第三巻第一二章）、君主は軍司令官として最高の指揮権や命令権を何人《なんぴと》たりとも分かち合ってはならない（第三巻第一五章）、君主は敵の決定を予見するよう努めなければならない（第三巻第一八章)、君主はやさしさと残酷さをやみくもにもちいるのではなく、入念に計画してもちいるべきである(第三巻第二一、二二章)、君主は敵の金銭を損ねたり妻や娘たちに危害を加えてはならない(第三巻第二六章)、君主はけっして中間の方法をとってはならない(第三巻第四〇章)、強要された約束は守らなくてもよい(第三巻第四二章)、交戦中は他のやり方で成果があがらなければ計略によって敵を欺くべきである(第三巻第四〇章)等々。君主は——一言でいえば——祖国を守るためにはなんでもすべきである(第三巻第四一章)、控えめであるよりは荒々しく大胆でなければならない(第三巻第四四章)。しかし最後の瞬間においてもなお敵を倒すために、つねに最後まで攻撃力を蓄えておかねばならない。これらすべての助言は君主に行動の自由を確保させることを主眼としている。

ところで君主がさらされるもっとも大きな危険は陰謀である。遠回しに述べられた他の助言がいずれも極端にアフォリズムふうであるのに対し、マキアヴェッリは『ローマ史論』第三巻第六章において、君主が国内の困難にかまけて国外に対する戦闘力を失うことのないように、陰謀および陰謀を防ぐ手段に関する、きわめて厳密に体系化された理論を提示する。マキアヴェッリの散文のなかで、おそらくもっとも不気味なこの章は、ほとんど仰天するほどのやり方でわれわれがすでに述べた戦術論の完全な可逆性を示している。陰謀に通じた者はまた対抗手段にも通じているのだ。陰謀は君主に対してなされるか(一)、祖国に対してなされるか(二)のどちらかである。(一)の部分で君主に対する陰謀があつかわれる。原因は君主が嫌われていることにあるので、君主は不人気を防がなければならない。しかしすでに人気をおびやかしかねない暴力的やり方をしている場合には、断じてただ脅すのではなく同じ暴力的行動をとりつづけるべきである。なぜなら「死んだ者は復讐をもくろむことが(できない)し、生き残っている者たちはたいていの場合死んだ者たちのことを考え(る)……」からだ。また、君主は臣下たちから奪ってはならない。ひとりの男からどんなに奪い取っても、復讐にもちいる短刀まで根こそぎ奪いとることはできないからだ。『君主論』では、臣下の財産にけっして手をつけてはならない、なぜなら彼らは父親が殺されたことより財産を失うことのほうを忘れないからだと述べられている。夫人たちにも手をつけてはならない。姦通と凌辱は悪しき復讐欲を生むのだ。ところで陰謀をめぐらす者は単独であるか複数であるかのどちらかである。単独でおこなう者はめったにいない。失敗がかならず死を招くことを恐れねばならないからだ。したがって、たいてい彼らは複数である。しかもおもに君主のごく身近にいる者たちである。そのため君主は身近にいる有力者たちに用心しなければならない。それにしても陰謀は陰謀をめぐらす者にとって危険である。危険はつぎのように分けられる。第一は陰謀の実行前、第二は実行中、第三は実行後である。しかもマキアヴェッリはそのつど、(イ)陰謀それ自体、(ロ)陰謀を防ぐ手段について考察し、このふたつを、はじめの箇所ではまったくべつべつに、あとの箇所では入り乱れて考察する。しかしつねに危険に対してはすべてそれを防ぐ手段が述べられている。祖国に対する陰謀をあつかった(二)の部分はずっと短い。なぜなら陰謀を開始するさいの危険はずっと少ないし、実行中と実行後はまったく危険がないからである。

君主にとって陰謀より大きな敵はない。君主は陰謀を耳にしたら、ただちにその正確な情報を手にいれるよう努めなければならない。陰謀を企む側の力が強力なものであるなら、君主は処罰するまえにまず実力をたくわえねばならない。そのあいだはなんとしても本心を隠しておかねばならない。さもないと陰謀が先に決行されてしまうからだ。逆に謀反人の力が弱い場合には、斟酌することなく押さえつけてしまうべきだ。要するに、ここに提供されているのは陰謀を企てる者と君主のための、陰謀戦術に関するすぐれたゼミナールなのである。そのさいマキアヴェッリはおりにふれて当時の背筋が寒くなるような話を持ちだす。そのひとつが、陰謀のあと復讐者がまだひとり生きていた場合の危険についての話である。陰謀を企てた者は何人《なんぴと》たりとも生かしておいてはならない。フォルリで幾人かの者が陰謀を企て、一四八八年四月一七日に君主ジローラモ・リアリオ伯爵を殺害した。それから彼らは伯爵の妻と子どもたちを捕らえた。この妻が、マキアヴェッリが最初の使節の仕事で赴いたカテリーナ・スフォルツァである。謀反人たちはそのとき城塞も手中にしなければ自分たちの命が危ないと思っていた。だが城代は城塞の明けわたしを拒んだ。そこで殺害された伯爵の妻は、自分を城内へ入れれば城代に命じて城塞を明けわたさせようと約束した。そのあいだ子どもたちを人質として謀反人たちにあずけてもよいというのだった。ところが彼女は城塞に入るやいなや謀反人たちに対して夫を殺害したことを非難し、恐ろしい復讐をしてやるといってすごんだ。そこで子どもたちがこれから殺害されようという場面となったが、そのとき彼女は哄笑しながら、自分の下腹部をあらわにし、まだ子どもを産む手だてのあることを見せつけたのだった。大胆不敵な復讐心がいちだんとまさっているルネサンスの熱狂的生の意志を表現した、じつに恐ろしくすさまじい光景である。ルネサンスの意味を検討した精緻で研ぎすまされたいかなる分析もマキアヴェッリの冷ややかで淡々とした筆によるこの逸話にはとうていおよばない。

これまでのすべての記述は依然として一般論に終始し、君主の行動に一般的な法則を与えているのだが、これはまた、マキアヴェッリのあらゆる論述と時代の危機との関係がいまひとつ明確にみえてこない原因のひとつである。ただ一章だけがこの一般性からはみ出し、われわれにとってまったく特別な意味をもっている（第三巻第九章）。この章は「つねに幸運たらんとする者は時代とともに変わらねばならない」という題名を帯びている。君主の行動の仕方は時代に合ったものでなければならない。つまり時代には決まった色があり、ある時は一方のことを可能にし、ある時はべつな行動の仕方を必要とする。

マキアヴェッリは時代構造のこうした特性を「時代の質《クアリタ・デイ・テンピ》」と呼ぶ。クィントゥス・ファビウス・マクシムス[16]はローマの一般的な戦略とは逆に用心深く慎重にことを進めた——これが彼に躊躇する男《クンクタトル》という異名を与えた。しかし彼のやり方は時代に合っていた。ハンニバルは若くそして大きな戦果をあげていた。すでに三度ローマを破りイタリアにいた。ローマは息をつくための時間が必要だった。状況が違えばファビウスの行動はまちがっていただろう。時代は変化する。時代とともに変わる者だけが幸運をつかむのだ。高名な男たちも、たいていはただひとつの性質において優れているにすぎないので、彼らの人生には幸運と不運が混ざり合う。ファビウスものちには躊躇したために、こんどは戦果をあげることができず、かわってスキピオ[17]が果敢にカルタゴへ遠征した。ピエロ・ソデリーニは、その人柄と忍耐強さで成果をおさめたが、それは当時の情勢にかなっていたかぎりにおいてであった。そのあと彼は同じ姿勢をとって失敗した。マキアヴェッリはピエロ・ソデリーニに宛てた一通の手紙（一五一四年一月末ごろか二月はじめ）のなかでクンクタトル・クィントゥス・ファビウスとハンニバルの話を繰り返しているが、そのとき彼はかつての上司を慎重なやり方でそれとなく批判しているようにみえる。さしあたりわれわれは、ただつぎのことだけを強調しておきたい。マキアヴェッリはその批判によってヴィルトゥとフォルトゥナを厳然と分かつことに対してここでもまた制限を加えている。大きな成功をおさめたいと思うなら、いかなる性格の人物も時代に適合しなければならないからだ。しかし、それは偶然に対する譲歩である。この問題にはあとでもう一度立ち入らなければならないであろう。

　ところで、この「時間の質」という概念の導入にはいかなる意味があるのだろうか。すでに述べたとおり、『ローマ史論』は内的にはつねにマキアヴェッリの現在の危機状況を描いている。彼の関心はローマ共和国そのものにあるのではない。彼にとってローマ共和国は現在の腐敗を描くための対照価値をもつにすぎない。イタリアの没落を悲しむ大きな嘆きの声こそがこの作品の意味である。そこには歴史的現在が描かれている。そして時代の質という概念において表現されているのは時代の現在性という性質である。われわれは、いまふり返ってみてもマキアヴェッリのいわば間接的なやり方の正当性を理解することができる。というのも観察する者はつねにその現在性のなかにいっしょに含まれているので、歴史的現在性は本質的にけっして客観的に把握されえないからだ。したがって『ローマ史論』はルネサンスの自己認識の作品である。ルネサンスは危機として認識される。彼の時代の時間の質は「ローマのヴィルトゥ」ではなく、とてつもなく大きな堕落の恐ろしい泥沼である。だが、この堕落の原因は主として君主たちにあるので、イタリアの人びとを堕落から救うことができるのも、またひとりの君主だけである。つまりすでにいわれていたように、そうした行為は、ただひとりの卓越した君主にしかできないのだ。そこで実際に、君主がどの程度卓越していなければならないかを推し量ってみよう。時代の質は時流にかなった態度と行動の仕方を要求する。イタリアを解放することができるのは建設的徳にみちた騎士的君主ではない。みずからこの堕落を身につけ、しかも権力を築くために必要な、不屈な意志をもつひとりの男だけである。この解放者は、腐敗した時代から出て行って遠い彼岸から新しい信仰をこの世にもたらす者ではなく、瞬間瞬間を生きる、信仰をもたない悪魔的子どもにほかならない。このとき突然チェーザレ・ボルジアの姿が恐ろしくそして不気味に、時代にふさわしい行為者として歴史の霧のなかからあらわれる。もちまえの彼の堕落、悪魔のずる賢さ、残忍な冷酷さと打算をともなって。堕落の支配者は瀆神的な魔術を使って現在の泥沼から未来の国家を創造する。堕落は究極の堕落によってさらに高められる。悪の力は解き放たれ、すさまじい凶暴さのうちに新しい国家を創造する。この黙示録のようなイメージが文学的現実となる作品の名前が、すなわち『君主論』である。

『ローマ史論』第三巻のはじめで述べられているように、この君主がイタリアを創設期の姿に戻すことによって国を救うことになる。こうした回帰にとって危機は外的なものではない。むしろ不幸がこの回帰の企てと、不幸から生じる自己認識をうながすのだ。この自己認識の試みをおこなっているのが、さきほど述べたように『ローマ史論』である。一方、古代のヴィルトゥへ立ち戻ることによって新秩序を生みだす手段を示すものが『君主論』である。しかし、『君主論』の影はすでに『ローマ史論』を覆っている。国家が最初に戻るのは、制度によってか、ひとりの男の力によるかのどちらかであると強調されているからだ。そのさい制度も「法を犯す者の勢力に対抗するために勇気をもって協力するひとりの男の市民的徳によってのみ（有効に働く）」（第三巻第一章）。したがって最終的に問題なのは個人の意志だけであって、その個人がフィレンツェ人がいうところの「国家の復興」を実行する。「彼ら（一四三四年から一四九四年までフィレンツェを統治した者たち）は『国家の復興』を唱えることによって、かつて政治の指導権を握り当時の法にしたがって不正を働いた者たちを処罰した初期のころと同じ恐怖と不安の念を市民たちにいだかせた。ところが人びとはそのような処罰をしだいに忘れ、あえて改革を企てたりまた現にあるものをののしったりするのだ。だから国家をその最初に戻すことによって事態への対策を講じることが必要である」。こうした文章のなかでマキアヴェッリは保守的で国家的なリアリストとしてあらわれる。それにもかかわらず、まさにその点にこそ政治的神話の根が隠れている。なぜなら彼は極端な保守主義者であって、修道僧のように現実全体をとびこえ、神話の最初をいわば歴史の最初に移しているからだ。ここにはまた「原理への還帰」（ridurre al principio）という言葉のもつ二重の意味が働いている。principio とは時間的始まりの意味における原始であるともいえるし、本質的基礎づけの意味での原理であるともいえる。だがそれとともに、マキアヴェッリが危機分析においてほとんど手中にしたかにみえる現実は彼の手からふたたび流れだし、あとに残るのはただ、対照価値として導入されたヴィルトゥを遠い美的目標として歴史のかなたへ掲げることだけである。この観点からみて特徴的なのは、マキアヴェッリが起源への回帰による国家の革新を、その敬虔な神秘主義がルネサンスの「新しい遁世」に決定的影響を与えた聖フランチェスコと聖ドミニクスの宗教的革新と比較していることである。国家は托鉢僧たちの熱狂的神秘主義宗派と同じ雰囲気のなかに成立し、そこから彼らと同じような非現実性と隠遁性を帯びる。しかもこの箇所はマキアヴェッリにおいてはとくにめずらしいものではない。彼は、カルピのフランチェスコ修道会へ使節として赴いたおりに、そこで多くの制度や組織を観察したと述べ、「これらの制度や組織には優れたものがありますので、わたしはなにかの機会に、とりわけ比較をするさいに、もちいようと考えています」（一五二一年五月一九日グイッチャルディーニ宛）といっている。驚くべきことに、政治的神話の近代の理論家ジョルジュ・ソレルがこの箇所を引き合いに出している（『マルクス主義の崩壊』結び）。さてわれわれはこうしてふたたびルネサンスの一般的危機分析のなかでなされた決定とのつながりを見いだし、同時にマキアヴェッリの思考における隠遁的構造を認識する。マキアヴェッリのこの隠遁的構造は宗教的教派の精神ではなく人文主義の秘密集会的気質に起因している。マキアヴェッリと聖フランチェスコが系統を同じくするとは、なんとばかげた考えであろう。しかし、神との神秘的合一と暴力の擁護は同じ根から萌えでたものであり、自己抹殺にいたるほどみずからの救いがたさに苦しむ時代の危機意識から生じたものである。一方は、どの花にも来世を映しだすことでその時代に耐え、一方は、暴力の同じように非現世的神話のなかへ隠遁することによってその時代に耐えるのである。

訳注

(1) ルキウス・ユニウス・ブルトゥス　前五〇〇頃。ローマの王政を廃して共和政を創始したと伝えられる。

(2) ベンヴェヌート・チェリーニ　一五〇〇—一五七一。イタリアの彫刻家、金工家、文学者、ミケランジェロの弟子。

(3) ポリュビオス　前二〇一頃—一二〇頃。ギリシアの歴史家。ローマがギリシアに実権を確立したのち人質としてローマに送られ、のちギリシアとローマとの調停に努めた。主著『歴史』(四〇巻) はローマの発展を基軸とした世界史で、政体循環の史観を打ち立てた。

(4) クセノフォン　前四三〇頃—三五四頃。ギリシアの軍人、歴史家、ソクラテスの弟子。

(5) プルタルコス　四六頃—一二〇頃。末期ギリシアの哲学者、歴史家。

(6) キケロ　前一〇六—四三。ローマの共和政最後の頃の政治家、雄弁家、文人。彼の文体は文芸復興期以後ラテン語の模範とされる。

(7) ロムルス　ローマ市の伝説的な建設者。レムスと双生児の兄弟。ローマ市を建設し城壁を囲んだが、城壁を飛び越えたレムスを殺したと伝えられる。

(8) ヌマ・ポンピリウス　ローマ第二代の王。伝承によれば在位前七一五—六七三。ザビニ族の生まれで、平和を好み、祭司職を設けたと伝えられる。

(9) 五人の皇帝　養子皇帝時代のネルヴァ、トラヤヌス、ハドリアヌス、アントニヌス・ピウス、マルクス・アウレリウスの五人。五賢帝とも呼ばれる。

(10) カエサル　前一〇二—四四。ローマの政治家。武人。ガリアを征服し、元老院派を破り独裁者となる。王位につく野心のためブルトゥスたちに暗殺された。

(11) モムゼン　一八一七—一九〇三。ドイツの歴史家。主著『ローマ史』。

(12) マルクス・ユニウス・ブルトゥス　前八五—四二。ローマの政治家。カエサルを暗殺した首謀者。

(13) カリグラ　一二—四一。ローマ皇帝。残酷と浪費によって人びとに恨まれ、自己の神性を主張するにいたりエジプトで殺害された。

(14) ネロ　三七―六八。ローマ皇帝。暴政によってローマを腐敗させ、自殺に追いこまれた。

(15) ブルトゥス　本章注12を参照。

(16) クィントゥス・ファビウス・マクシムス　前二六〇頃―二〇三。第二ポエニ戦争時代のローマの軍人。

(17) スキピオ　前二三六―一八四。ローマの政治家。ハンニバルと戦って大勝し、大アフリカヌスの称号を得た。

『君主論』あるいは自由なイタリアのユートピア

『ローマ史論』と『君主論』は、内容と構造がそれぞれどんなに異なってみえようと内奥において関連する作品である。『ローマ史論』は当時のイタリアの危機を描き、『君主論』はその危機を克服する使命を担っている。したがって『君主論』の影は——既述したように——はじめから『ローマ史論』を覆っている。

『君主論』、一冊の小さく薄いこの書物になんという運命が割りあてられていたことか。この作品だけで結局マキアヴェッリの名声の歴史が埋め尽くされている。この作品が伝説を形成する原因であったと同時に、この作品を手がかりとして解釈が模索され現実へ戻されていく。われわれはここで、『君主論』をいままで積みあげてきたマキアヴェッリの内面の伝記へ組みこむ必要がある。まずなによりもいえるのは、マキアヴェッリがこの作品において——『ローマ史論』とは逆に——外的なものへの依拠をいっさい排しているということである。彼は文学的道案内なしに自由に泳ぎ、張りつめ研ぎすまされた、比類なき彼の散文に完全に身をゆだねている。第二六章の見出しがあらわすように、ただひたすらイタリアを野蛮人から解放することのできる君主の像を描くという揺るぎない課題のもとに、二六からなる小さな章のなかで君主について論じている。

最近多くの論議を呼んだのは、外見上は終始一貫している『君主論』の内部構造に関する問題である。この作品にテーマの切れ目があることが解釈者の注意を引いたのだ。マキアヴェッリは、はじめの章でこの作品は君主政をあつかうものだと述べたうえで、最初は『君主政について』という題名のもとで論を進める。ところが第一五章から実際にあつかわれるのは君主政についてではなく君主の人物についてである。フリードリヒ・マイネッケは、この切れ目を一五一三年一二月一〇日のヴェットーリに宛てた手紙にあるマキアヴェッリの文言と関連づけた。手紙のなかでマキアヴェッリは、小冊子『君主政について』を書きおえ、なお推敲や加筆をおこなっていると書いている。マイネッケの意見によると、これにはふたつの意味が考えられる。すなわち、マキアヴェッリはすでに書き上がった章に挿入と補足をおこなったか、あるいは新しい章を書き加えたかのどちらかである。もしすでにできあがった原稿に挿入をおこなったのであれば、わずかな例外を除き、それとわからないぐらい巧みになされたはずだ。ところがこの切れ目は第一二章から認められるようになり、第一五章からとくにはっきりあらわれる。したがって作品の後半部分はあとから付け加えられたとみるべきだろう。これがマイネッケの見解である。この見解は今日では根拠に欠けるものであることが明らかにされている。しかもそれはたいへん納得のいく理由からである。すなわちテクスト・クリティックの問題だけではなく、マキアヴェッリの内的伝記に照らした考察も重要だという理由からである。したがってわれわれは少しばかりこの問題と取りくまなければならない。ほんとうにマキアヴェッリのいう手直しをマイネッケの推測する意味で理解すると、マキアヴェッリが文体的な修正をおこなわずに、ただ原稿を付け加えようとしたということになるのだが、それは理解しがたい。すでに早い時期から『君主論』とほかの作品、とりわけ『フィレンツェ史』との文体上の違いがはっきり指摘されていた。ほかの作品には文体的推敲が丹念に重ねられているのに対し、『君主論』にはいっきに書き上げられた作品がもつ、あらゆる特徴がみられるのだ。マキアヴェッリは各章のラテン語のタイトルをイタリア語に訳してもいないし、またラテン語ふうの表現が作品の随所にみられる。文体的には彼の手紙にもっとも近い。しかもそうした推敲がなされたとすれば、『君主論』の仕事は執筆がはじまったとみられる一五一三年七月から一五一四年、あるいは一五一五年までつづけられていたはずだろう。一方、当時を暗示する歴史的記述の分析によって、『君主論』は実際ヴェットーリへの手紙にあるように、一五一三年一二月に（遅くとも一五一四年一月には）実質的に完結していたはずだということが明らかにされている（F・シャボー）。したがって、おそらく『君主論』に丹念な手直しはなされなかっただろう。とりわけまるまる一部あるいは章全体を付け加えるという意味での修正はなかっただろう。この作品は「完全で内的な論理」（シャボー）でもって君主政の形式の分析（第一章―一四章）から、もっぱらこの形式に生命を与える君主の記述（第一五章―二六章）へと進むのである。われわれは、ここでようやく『ローマ史論』と『君主論』の内的統一に目を向けることができる。『ローマ史論』は国家の堅固な秩序の問題に取りくんでいるといわれてきた（L・ルッソ）。それは部分的には当たっている。しかしマキアヴェッリ自身は、秩序や制度が生きたものになるには、ただそれを実施する君主あるいはひとりの者によるのだと述べている（『ローマ史論』第三巻第一章）。それゆえ『ローマ史論』は、現在明らかに危機にさらされている秩序から世界をふたたび秩序へ無理にも引きもどすべき君主の姿へいきつくのだ。このまったく同じ道をマキアヴェッリは『君主論』においても歩んでいく。『ローマ史論』がはじまった同じところから『君主論』がもう一度はじまるのだ。ただ一段高いところからである。というのも彼は『ローマ史論』の道を進んできたことを前提に、もはや回り道をせず、これまでよりずっと強く体系的力で全体を決定的形式へ運んでいくからだ。したがって、『ローマ史論』は『君主論』への広大な序論であると同時に『君主論』が道具を取りだす工房である。

まず形式的観点から『君主論』を考察してみると、『君主論』は統一的構想としていっきに書き上げられたという結論が出てくる。そこから同時に、連続体という形式をとる思想の展開、すなわち、ただひとつの主題の表現を目的とする一種のラプソディーであるという解釈が生じてくるかもしれない。そうした解釈の歩みが当然だとしても、それはやはり『君主論』の内的形式にふさわしいとは思えない。なぜなら統一がさらなる細分化を排除するわけではないし、しかも前述したもろもろの推論が出されるほど第一五章での君主という新しいテーマが唐突に導入されるという事実に変わりはないからだ。そこでわれわれは結局、あのごく最近述べられた解釈を認めたい。すなわち、『君主論』はふたつの主要部分からなる統一的作品であり、最初の部分は君主政について、第二の部分は君主そのものについてあつかったものだが（M・ヴァイケルト）、やはり『ローマ史論』第三巻でも必然的に君主の人物にいたったのと同じ内的論理によって両部分が結び合わされているという解釈である。この問題の検討は、たんに文芸学的関心からおこなっているのではけっしてない。むしろここで生じている問題、すなわち『君主論』のふたつの部分のきわめて入念かつ——いずれ明らかになるように——まったく対称的な配置に関する問題から、マキアヴェッリも結局は時代の運命に屈し、芸術作品のなかでしか彼を動かすことについて述べることができなかったということがみえてくるのである。彼の世界観は『君主論』で完全な芸術作品へと高められる。したがって、この作品は芸術作品としての内容をもつものであって、ふつうみなされるような政治的行動の倫理学ではないことが明らかとなるだろう。しかも『君主論』の最大の魅力は、それが意図せずにいわば作者の「背後で」芸術作品になるというところにあるといえよう。なぜならマキアヴェッリは——献辞にあるように——対象の重要性だけをいっさいの修辞的味つけなしにあらわそうとしているからだ。それに対し、この作品をもっぱら倫理的・政治的視点からみるとすれば（その場合、倫理的とは即かつ対自的にまだ人倫的な意味である必要はない）、『ローマ史論』のなかでマキアヴェッリがみずから描いた危機の徴候や症状としてのみ重要なのであって、それ以上のものではない。だがそうした観点からみるとこの作品は、人びとがそもそも正しい国家について生きたイメージをもつかぎり、国家の建設になんら役だつわけではない。したがってマキアヴェッリの『君主論』は、内的には完全にべつな地平にあり、その成功は現実に救いがたく崩壊してしまったものを芸術作品として時代に再現してみせたということにある。

『君主論』は二六章からなり、その前置きとして教皇レオ一〇世の甥であり大ロレンツォの孫にあたるロレンツォ・デ・メディチ（一四九二―一五一九年）への献辞がある。この二六の章は、ぴったり一二章ずつのふたつのグループに分けることができる。このふたつのグループには、それぞれ短い前置きとして先行する一章がある（以下の論述は一部M・ヴァイケルトに拠る）。ただしこれは全体の荒削りな輪郭であって、さらに詳しく考察すれば、ふたつの主要部分に細部にいたるまで徹底した配置がほどこされていることがわかるだろう。しかも双方の配置はまったく対称的になっている。第一章で国家は――彼の両刀論法《ディレンマ》的対照弁証法の方法に忠実に――共和政と君主政に分けられる。共和政についての考察（第二章）はすぐに除外される。彼の言葉によれば、そのことは『ローマ史論』であつかったからという理由なのだが、われわれはこの文章の意味についてはすでに考察した。マキアヴェッリは、こう区切りをつけたうえで両刀論法《ディレンマ》の方法をもちいて君主政の国家形式の可能性を測る作業に取りかかる。すなわち、君主政は世襲のものか、あるいは新しく獲得された君主政かのどちらかである。新しい君主政は（世襲の君主政は第二章でごく簡単にあつかわれる）、ナポリ王国がスペイン王国にされたように既存の

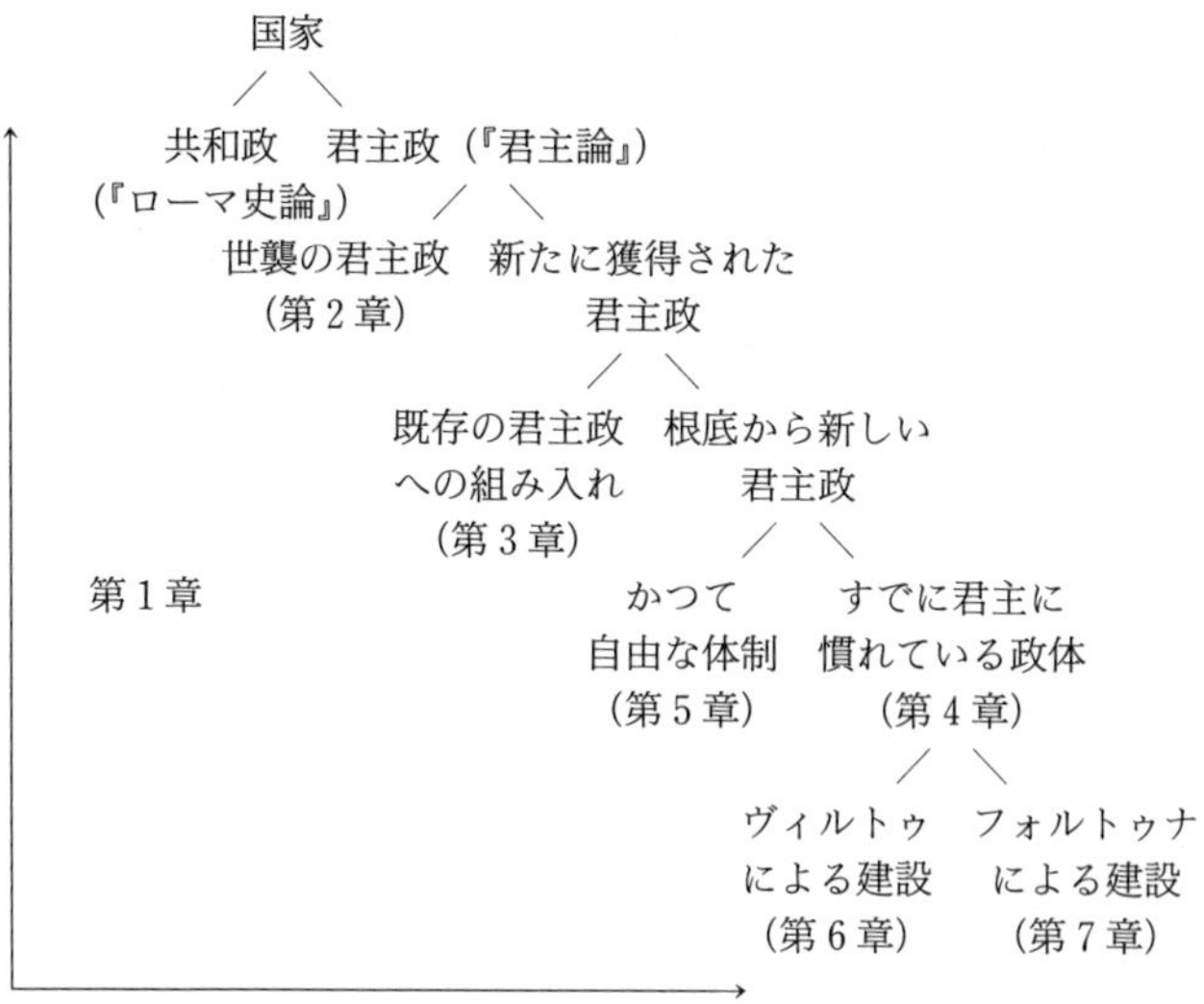

君主政に征服され併合されるか、あるいはイタリアの都市君主たちによる支配のように土台から新しいかのどちらかである。こうした新たに獲得された国家はかつて自由な体制にあったか、あるいはすでに君主の支配に慣れていたかのどちらかである。そして結局新しい国家の獲得は自前の武力によるか、あるいは外国の武力によるかのどちらかであり、またヴィルトゥによるか、あるいはフォルトゥナによるかのどちらかである。ここで両刀論法的弁証法は止まってしまう。勝手にではなくごく当然にである。なぜなら武力はいつもマキアヴェッリにとって、現実にぶつかったということのシンボルだからだ。同じようにフォルトゥナとヴィルトゥは彼の思考のそれ以上脇へそれていくことのできない根本思想である。弁証法は分岐点まで止まらずに高まるが、そのさい走り抜けるどの段階もつぎにつづく章のうちの一方の内容を写しだす。それらの章は内容に応じて（第三章―第七章）ひとつの単一グループを形成する。上の図式でこの厳密な配置を具体的に示してみよう。

こうした配列をみれば『君主論』のまさに細部の厳密さにこだわる形式の構造がじつによくわかる。また同時に、マキアヴェッリの関心がもっぱら新たに確立された支配、いわば不当に成り上がった者の支配だけに向けられていることも明らかになる。世襲の君主政に関してはたしかに計画どおり第二章で論じられるが、期待されるような両刀論法的展開はなされずに、枝はあっさり折られてしまう。世襲の君主政についてマキアヴェッリが一般的にいわんとすることはほんのわずかだし、またたいした意味もないので、彼がこの対象に(『ローマ史論』においてと同様)まったく興味も関心ももっていないということにわれわれはすぐ気づかされる。べつの関連のなかですでに強調したように、世襲の君主政の基礎は世襲のカリスマにあるのだが、これに関する言及はマキアヴェッリにはまったく見当たらない。世襲の君主政の生命原理として彼はただ「習慣」をあげるにすぎない。神聖な継承権の観念は彼にとってそのように意味のないものになっていた。同時にこの点で、マキアヴェッリの思想は民族国家の成立とほとんどかかわりがないと判断することができる。なぜなら民族国家はイギリスにおいてもフランスにおいても神聖な世襲君主政の理念から生まれたからであり、けっして不当な専制君主政からではないからだ。ところでこの第二章は単独の章を形成するには足りないので、前半の主要部分から取りのぞき、第一章と合わせてひとつの大きな序章にしてもよいほどである。そうすれば最初の主要部分は第三章から第七章までとなり、五つの章を含むということになるだろう。その根拠をわれわれは第三章の最初の文に読み取ることができる(「それに反して新しい君主政にはさまざまな困難が待ちうけている」Ma nel principato nuovo consistono le difficoltà)。この章は対照を示す冒頭の「それに反して」(ma)という語によって前章から明確に一線を画しており、世襲の君主政における支配の維持が容易なのに対し、新しい君主政の獲得と創設が困難なことをとくに強調する(第八、九、一九章もこのような目立つ「それに反して」ではじまるが、どれも最初の文の内的構成と区分のせいで効果が薄くなっている)。こうしてマキアヴェッリは結局また『ローマ史論』によって際立たせられた危機、伝統と正当性が消滅してしまった危機の枠のなかへ入っていく。新しい君主政を創設するむずかしさは、古くから存続する支配に新たに征服したものを組み入れる、いわゆる「複合された君主国」のところですでに示されはじめている(第三章)。征服したものをしっかり手中にすることはとりわけむずかしい。フランス人のミラノでの失敗がそのことを示している。このように獲得したものを確保するためには、みずから征服した国へ赴きそこに居城を構えるか、あるいはそこに植民都市や要塞を築くかのどちらかでなければならない。その場合征服された者たちの怒りを招くだけの威圧的な城を築くより植民都市を拓くほうがよい。肝心なのは、人間は機嫌をとって黙らせるか、それとも根こそぎ消してしまうかのどちらかにしなければならないというきまりである。それはローマ人の戦術であった。彼らは征服した都市にローマの市民権を与えるか、すっかり破壊してしまうかのどちらかであった。だからローマ帝国はひじょうに安全なものとなった。第四章では、アレキサンダー大王が征服したダリウスのペルシア帝国において、似たような状況のなかでアレキサンダーの死後その後継者に対する蜂起が起きなかったのはなぜかということが示される。ペルシア帝国は絶対的支配者の権力に慣れていて簡単に新しい支配者に服従したのである。すでに固有の支配がおこなわれていた人びとのところに新しい支配権を築くには、たしかになんらかの困難がある。しかしその支配が君主政であった場合、そうした征服を維持するのは簡単である。それに対し、征服者にとって維持が困難――ほとんど不可能――なのは、征服されるまえに自由な体制をもっていた国家である。結局は――第五章で詳述されるように――そのような国家を意のままにする手段は、たったひとつ、そうした国家を破壊するしかない。なぜならひとたび自由の恩恵を受けた人びとが自由の名前を忘れ去ることはけっしてないからだ。マキアヴェッリが彼の全作品のなかで――この箇所だけではない――敬意にみちた恥じらいをもって自由のなかで築かれた国家を避けて通るのはきわめて奇妙にみえる。けっして中間の道を歩まないという信条のもとに、彼が知るのは、ただひとつの助言、すなわち自由はかつて生きていたところではけっして消え去ることはない、かくなる民衆を支配するには民衆を絶滅する以外にないという助言だけである。そうして得られる唯一の秩序とは墓場の平安である。

第六章と第七章で、マキアヴェッリは、ようやく本来関心を寄せる問題の中心に突き進み、自前の武力とヴィルトゥによって獲得された支配（第六章）および外国の武力と幸運によって獲得された支配（第七章）を論究する。われわれはここでふたたびヴィルトゥとフォルトゥナの対立に出会う。それは『ローマ史論』におけるよりもずっと謎が深いので、本章の附論でこの概念を検討することにしたい。それに関連して、附論の手がかりとして役だちうる資料の検討だけは、まえもっておこなう必要がある。すでに『ローマ史論』において注意を引いたのは、一見したところヴィルトゥとフォルトゥナがそれほど厳しく対立させられてはいないということである。「ヴィルトゥを有する人」（ウオモ・ヴィルトゥオーゾ）でも成功を望むなら時代と折り合いをつけなければならないとマキアヴェッリは述べたからだ。この考えは『君主論』（第六章）において、ヴィルトゥによって君主となった者は、つねにフォルトゥナから少なくとも隆盛の引き金となるチャンスをもらわねばならないというふうに補完される。ヴィルトゥとフォルトゥナが厳しく対立しつづけるのは、ヴィルトゥがほんとうに徳と等しいものと措定される場合だけである。しかしそうした措定はできないということがすでに『ローマ史論』において示され、さらに『君主論』で追認される。というのは第八章で、ヴィルトゥと非道（シェッレラテッツァ）は互いに排除しないとはっきり述べられているし、また同じようにすでに『ローマ史論』第一巻第一〇章で、皇帝セウェルスが非道とじつに大きいヴィルトゥを併せ持っていたということが述べられているからだ。(1)『君主論』第七章では、ヴィルトゥとどう猛(フェローチャ)がひじょうにうまく共存できると述べられる。チェーザレ・ボルジアの最大のヴィルトゥとは、まさに大胆不敵などう猛である。第八章でまだマキアヴェッリは、残酷(クルデルタ)とヴィルトゥが、ある意味で排除しあうといえると考えているのに、第一七章でそれを取り消してしまう。ハンニバルの場合、残酷はひとつのヴィルトゥであった。死刑執行の手先ラミーロ・デ・オルコをとおして残酷さを示したチェーザレ・ボルジアの場合も同じである。ヴィルトゥが「どう猛」や「残酷」と近似するということから、ヴィルトゥとはなにを意味するのかが認識できる。すでに『ローマ史論』で示されたようにヴィルトゥとは、言葉の意味にしたがえば、まずなにものにもさまたげられない突進力であり、仲立ちするあらゆる秩序から解放されたエネルギーである。そこではヴィルトゥは民族と関係していたのに対し、『君主論』では新しい政権における支配の基礎を築くことに関係する。マキアヴェッリの場合、ヴィルトゥが個人にではなく民族に適用されると、ヴィルトゥ本来の意味がいくらか失われるということを強調する見解があるが、それは正当である(E・W・マイアー)。ここで、まったく新しい概念が成立する。それは、マキアヴェッリのなかで別個にあつかわれることはないが、いわば属音としてルネサンスの思考と同様マキアヴェッリの思考を覆う概念、すなわち、まったく特別なやり方で時代の構造(「時代の質」)にかなう「ヴィルトゥを有する人」という概念である。それはルネサンスにおける権力への意志の典型であり、運命との向こうみずな戦いをおこなう者である。その戦いが時代の混乱のなかで(自分自身にそして他人について)確信をもつ個人を人間の頂点へ持ちあげるのだ。この——附論で示すように確固とした世界像を自己のなかにもっている——「ヴィルトゥを有する人」は、マキアヴェッリの論述において真のそして自明であるがゆえに暗黙の上位概念であり、支配者たちは、この概念の枠組みのなかで、幸運、偶然によって高められるのか、あるいは固有の功績によって高められるのかというその度合いに応じて区別される。しかし、ヴィルトゥとフォルトゥナのあいだに（言葉の意味による）絶対的対立は生じていない。

この枠組みのなかでのみ、支配権を得るのにヴィルトゥによってか、それともフォルトゥナによってなのかという君主に関する第六章と第七章の区別は理解されねばならない。同時に――『ローマ史論』においてと同様――「純粋な」ヴィルトゥは従属的役割しか果たさないことがわかる。なにしろ、このふたつの章を一見するかぎりヴィルトゥとフォルトゥナの両原理は基本的に価値が等しく、したがってなによりも人間の可能性のふたつの根本形式であるように考えられるからである。しかし実際にはヴィルトゥによる支配の獲得については比較的簡単にあつかわれ、一方フォルトゥナによる支配の獲得はひじょうに長々と展開される。ヴィルトゥによる支配の獲得に関する章のなかでモーゼ(2)、キュロス(3)、ロムルス、テセウス(4)といった一連の伝説的英雄たちが紹介されるが、歴史的人物としてはシュラクサイのヒエロン(5)ただひとりである――しかもそれは付け足しのようなものだ。彼らの共通の手本が神自身を師としたモーゼであるが、そこでの描写にはかすかに皮肉な響きがこもっているように思われる（あとの教会の君主政に関する第一一章においてと同様）。たとえマキアヴェッリが『ローマ史論』で伝説上の人物に寄せるのと同じ仕方で歴史的に実在する人物に関心を寄せたにせよ、第六章全体が非現実的気配につつまれていて、マキアヴェッリの思考のなかで「純粋な」ヴィルトゥは、そもそもそれ自体のためではなく対比する手段でしかないということを想起させる。実際マキアヴェッリの関心は、フォルトゥナによる創設にのみ向けられている。それゆえ短編小説ふうに愛情をこめて練りあげられた第七章で、われわれがすでによく知っているチェーザレ・ボルジアの生涯の歴史が語られる。人物を美的に高めていく過程が完成し、チェーザレはふたたびまったく成功の視点からながめられ、不名誉な最後は付け足しのように述べられるにすぎない。それゆえこの章は前半のクライマックスになっている。チェーザレが支配を獲得したのは、たしかにフォルトゥナによる、つまり彼の父親がたまたま教皇であったという事実によるものだ。しかし彼は「賢くヴィルトゥを有する人」であり、支配の土台を固めるために、あとからあらゆる手を打った。したがって彼はフォルトゥナから自分を解放しようとする、フォルトゥナによる君主の典型となる。マキアヴェッリはヴェットーリへの手紙（一五一五年一月三一日）でも、彼自身がもし新しい君主だとすれば、つねにヴァレンティーノ公のように行動するだろうと語っているが、新しい君主に助言を与えるための例としてチェーザレより偉大な者はない。このときチェーザレがしだいに外国の武力から独立しようとしたことが特別な功績として強調される。それゆえ、自前の武力をもちいる軍事的戦闘力としてのヴィルトゥの特別な意味が、本来それが読み取られることが当然予想される第六章よりも、この第七章でずっと明瞭になる。

もちろんチェーザレはフォルトゥナからの解放に全面的に成功したわけではない。たしかに彼はすべてを計算していた。父親のアレキサンデル六世が死んだ場合のこともすべて考えに入れていた。ただ自分が同じ時に死の病につくことがあろうとは予想だにしなかった。病のせいでチェーザレは、自分がかつて——ローマの名門コロンナ家やオルシーニ家に対してとともに——不当な仕打ちを加えたユリウス二世を教皇に選べば必然的に彼のまわりになにが起こるかを認識できなかった。だからマキアヴェッリはいう。チェーザレのただひとつのまちがいは、スペインのボルジア家にとって好都合だと思われる同じスペインの枢機卿を教皇に選ばなかったことである。あるいは少なくともフランスの枢機卿を選ぶべきだったと。しかし、これはほんとうにチェーザレの唯一のまちがいだったのだろうか。歴史的に思弁することは危険であるが、作家としてよりも外交使節としてのマキアヴェッリの判断のほうが正しいと思えるのは、チェーザレが自分の約束より他人の約束のほうが確かだと信じ、そう信じたことで彼自身に災いを呼びこんでしまったといってチェーザレを非難するときである（一五〇四年の『十年史その一』においてと同じように）。しかもチェーザレ・ボルジアにプラトンのいう真のロゴスの一片でもあったなら、彼をローマへ迎えにきたアラゴンのフェルナンドの使者は信頼できないが、フランスのルイ一二世は十分信頼してもよいということがわかったにちがいない。ルイ一二世はチェーザレを救っていたかもしれないのだ。国家権力の行使についての考え方は、チェーザレもフェルナンドもルイもだいたい同じようなものだった。彼らはあらゆる手段を使って自分の権力を大きくすることにのみ尽力した。ただルイ一二世は、王位につくさい公爵のときに受けた仕打ちに対して王として復讐はしないと語らしめた彼の個人的エートスを失うことはなかった。だがチェーザレ・ボルジアには、まさにこのエートスの入る余地がなかった。彼は自分の性格となった「非道」の霧につつまれていたため、決定的瞬間に他人の嘘と真実を見抜くことができなかった。かくして彼を高みへ昇らせたフォルトゥナが彼の没落の原因となった。死後数百年がたってもチェーザレ・ボルジアの名前から汚点は消えていない。

さて、ヴィルトゥによる君主とフォルトゥナによる君主の違いは実際どこにあるのだろうか。すでにみたようにヴィルトゥによる君主はチャンスがなければ成果をあげることはない。また反対にマキアヴェッリにとってフォルトゥナによる君主の典型が重要なのは、フォルトゥナから自由になることに成功するという点だった。したがって両者とも運命と偶然に左右される。だが究極の意味でのヴィルトゥに到達するのは、ただ国家を持続させる者だけである。マキアヴェッリにとって国家の揺るぎない行く末を決定づけるのは持続だけであると結論することができよう。それによってマキアヴェッリは、偉大な目標へ向け帆を膨らませすでに出港した習慣という港（第二章）へきわめて日常的なやり方でふたたび入港する。国家はたしかに掠奪者の一撃という偶然によって成立することもある。だがその国家は持続してはじめて完成する。要するに、マキアヴェッリの国家とは、どんなに過激な革命家といえども蜂起が成功したあとバリケードの向こう側に身を置くように、安全をとりわけ必要とする掠奪者の国家である。しかしここで美的イメージが現実をどの程度覆ってしまったかについては、たいへん長々と分析されたチェーザレ・ボルジアの国家が結局五年以上はつづかなかったということから推し量れるであろう。

マキアヴェッリの国家は結局この安全への逃避のなかで完成するが、それについては、いわばフォルトゥナの災厄を断つ、古代を尊ぶ国家がいつの日か興ってほしいというあの希望に（『ローマ史論』第二巻第三〇章）かんがみていえば、純粋に個人的な彼の人文主義的平穏への欲求からだけでは十分な説明が得られない。むしろ歴史的事実においてもまた「新しい君主たち」は安眠への傾向をみせていたのである（一六世紀にはすでに）。危機の混乱のなかで誕生したルネサンスの非常国家が、機械的・静的なものへ固定していくのはルネサンスの発展リズムにぴったり合致している。そのことはすでに、建設されうる国家、すなわち統治する者たちとその支持者たち（シニョリーア）の協働による支配のダイナミズムと不動の状態とをあらわす「国家」（lo stato）という言葉がもつ二重の意味のなかに示されている。したがって、けた外れの費用で築かれたルネサンスの国家は、すぐにまぎれもない福祉国家へ発展する。そこでは大市民が新しい君主政と手を結ぶが、それは新しい君主政が大市民に経済的優位を保証するかぎりにおいてである（フォン・マルティン）。国家という時間的存在が、たんに「存続するもの」へと日常化するのは、明らかに、原理なくしてなされた国家建設の結果である。一方中世の国家は、超現実的秩序をとだえることなく実現するという意味での「持続」を保有していた。この意味での秩序に代わってあらわれるのが機械論であり、そのもっとも優れた、しかもマキアヴェッリに学んだ理論家として一〇〇年あとにトーマス・ホッブズが登場することになる。

第三章から第七章が前半主要部のクライマックスとみなされるのに対し、つぎの第八章と第九章はこの主要部の記述内容へのたんなる補充にとどまっている。しかもテクストにも記されているとおり、このふたつの章は一体のものである。第八章は国家を建設するさいの非道の機能について論じている。さまざまな制限をもってはいるが、非道はまったく肯定的に、ヴィルトゥと折り合いのよいものとみなされる。それゆえシュラクサイの僭主アガトクレス[6]については、非道な行為が、万人を感嘆させてしまうほどに大きな心身両面のヴィルトゥと結びついていたと述べられる。彼を高みへ昇らせたのは幸運以上のものである。それにもかかわらずマキアヴェッリはアガトクレスを傑出した人物だとみなそうとはしない。彼は——いつもの習慣にまったく反し——両刀論法から身を引いて、アガトクレスの偉大さについてヴィルトゥからもフォルトゥナからも説明を与えない。たとえ第三のものがあるとしても、それがなにかは明らかにされないままだ。この場合マキアヴェッリは、アガトクレスが——もうひとり引き合いに出されているオリヴェロット・ダ・フェルモの例とは逆に——残虐と穏便を巧みに使いわけて支配を継続的なものにすることができたという点は認めざるをえない。つまり、ほんとうならマキアヴェッリはアガトクレスを建設的な国家指導者のグループに加えねばならなかったということなのだが、実際にはそうしていない。この章はしばしば道徳的に解釈されたが、じつはマキアヴェッリのきわめて美的な考察のやり方をあらわすものにすぎない。なぜなら、アガトクレスのやり方では権力を得られても栄光は得られないとマキアヴェッリが強調するとき、彼の判断の秘密があらわになるからだ。つまり偉大さと卑小さを決定づける指標とは、じつは国家を建設することではなく、国家建設がなされるさいの輝きなのである。こうした輝きとアガトクレスの暗い真剣さはもちろん相容れるものではない。また、残虐のもちい方への注目すべき助言がなされる。「他者への加害行為はすべて、相手にあまり考えさせたり、深く苦痛を感じさせたりすることのないよう、いっきにおこなわなければならない。しかし恩恵は、人がそれにたえずあずかるようにするために、少しずつほどこさねばならない」。第九章では民衆からゆだねられた支配があつかわれる。その支配の根は「狡猾」が幸運に恵まれた結果生まれたもので、その特性は、のちに（第一八章）君主の「キツネの性質」というイメージのもとでふたたび言及される。なおこれに関連して民衆の判断能力に関するマキアヴェッリの楽観論がもう一度明らかになる。

前半主要部の第二の補足的箇所、すなわち組になっている第一〇章と第一一章のなかで、君主政にとって防衛力の基礎となる戦力はどのように計れるかという測定がなされる。第一一章では、神の恩寵に守られているので自衛する必要のない教会の君主政が、しんらつに皮肉られている。しかし支配が長つづきできるのは、ただ自前の軍隊によるのだという考えは固く保持される。したがって当然の帰結として前半の最後の部分、第一二章から第一四章において軍事上の問題がもう一度取りあげられる。だがそこには、すでに『ローマ史論』で明らかとなった見解に対して付け加えるべき本質的なことはなにもない。ところがここで、ただひとつテーマが変わる。真の君主とは最高司令官でもあるということが明らかにされ、それによって重点が、君主政からしだいに君主自体の姿へ移行する。この変化のクライマックスを示す第一四章は、前半の終了と同時に『君主論』後半への移行の章となっている。

第一五章は新しい始まりをあらわす特徴をすべて顕示している。まず最初の数行は、明らかに一般的に述べられた新しい前置きである。この章で、人間はいかに生きるべきかではなく、現実にいかに生きているかということだけを述べるつもりである、どのような理想の輝きもたんなるユートピア的空想にすぎないであろう。この文章につづいて、いよいよ決定的な言葉があらわれる。「万事において道徳的に善をなそうとする者は、善をかえりみない多数の者たちのあいだで破滅せざるをえない。したがって自己の安泰を望む君主は、必要に応じて不善をなすことに長けていなければならない。またそれは必然の求めに応じてなしたりやめたりしなければならない」。もともとヴィルトゥとフォルトゥナそしてチャンス（オッカジオーネ）のなかに嵌めこまれていた君主の存在全体が、このときついに、はっきり必然（ネチェシタ）という特徴のもとに置かれる。必然が、君主を邪悪で、うぬぼれが強く、ねたみ深く、野心的で、権勢欲の強いだけの人間たちと格闘させるのであり、君主はそうした者たちに合わせた行動をとらねばならない。ここで、黒か白かのどちらかしかない、けっして中間をみることのないマキアヴェッリの両刀論法《ディレンマ》的ラディカリズムがようやく本領を発揮する。たしかに君主への助言は彼の美的対照弁証法によって、冷静で部外者的分析がもたらす、じつに驚くべきかたちをとる。しかしけっして忘れてならないのは、マキアヴェッリがこの章のはじめで強調しているように、すでに国家の治め方を論じた「多くの人」が書いているのとは違うことを書きたいという点である。だがそのあとの、そのかわりに人間が現実にどう生きているのかを描くつもりだという文を真に受けてはならない。これまでの論述をみれば、それを理解するのに困難はないであろう。なぜなら、人間は完全に善良というわけではないが、だからといって完全に悪でもない、ただ中程度なのだ、ということに揺るぎない首尾一貫性があるからだ。したがって人間の根源的悪性に関するマキアヴェッリの前提は、ひとつの構成である。マキアヴェッリはリアリストではない。むしろ彼は逆さまのユートピアを示すのであって、その価値体系は「多くの人」との、まったく意図的な対照により決定される。あとの章を注意深く読んでいくと、前提となるべきバラ色の絵画にマキアヴェッリが一種の毀傷の喜びをもって暗黒の線を引くのを感じとることができるだろう。彼の的確な文章のほとんどすべてが「俗物の度肝を抜くために」という使命をもっている。しかし全体は、使節として派遣されたおりにマキアヴェッリがとらえたチェーザレ・ボルジアの美的イメージによってまとめられている。たしかにチェーザレの名前自体は『君主論』後半に、もはやほとんど出てこない（第一七章と第二〇章にあるように、たとえ名があげられるとしても副次的関連のなかでにすぎない）。しかし彼の姿は、数えられる君主の特性すべてをまとめるとらえがたい中心として、匿名のまま全体の上に浮かんでいる。君主の理想像が『君主論』後半部を覆うように浮かんでいるというこの事実は、マキアヴェッリがあつかうべき特性の配置を前半の厳密な配置よりもゆるやかにしていることを示す。しかし取りあげられた特性は相変わらず対照的に組み合わされている。気前がよいとみなされる君主に対して吝嗇とみなされる君主（第一六章）。残酷だといわれる君主に対して慈悲深いといわれる君主（第一七章）。信義を破る君主と信義を守る君主（第一八章）。「一方が女々しく臆病なのに対し、他方は荒々しく勇敢であり、親切に対して高慢、放埒に対して節制、正直に対して狡猾、粗暴に対して丁寧、まじめに対して軽薄、敬虔に対して瀆神、等々」（第一九章）。[7] この場合、前半主要部とぴったり同じ五章からなるこの後半主要部（第一五章から第一九章）のクライマックスは、五番目にあたる第一九章に置かれている。この第一九章は、前半の第七章とまったく同じように細部にわたって小説的愛着を込めて仕上げられ、前半部と正確な対称をなしている。緊密な対称的形式のうちに、この主要部は、それぞれ二章からなるふたつの補足と三章からなる結びをもって展開する。したがって『君主論』の全体構造の図式はおおよそ次ページ上のようになっている（M・ヴァイケルト）。

つねに重要なのは、君主が必要に迫られて悪行に手を染めなければならないとき、悪徳の「評判」を立てられないことである。そうした評判で国家は破滅しかねないのだ。そのほかの点では、君主は時に

	前　半		後　半	
導　　入	第1，2章		第15章の最初	
主要部分 （前半，後半それぞれ5章，そのうち5番目の章がもっとも長い）	第3－7章	計12章	第15―19章	計12章
第1補足	第8，9章		第20，21章	
第2補足	第10，11章		第22，23章	
結　　び	第12―14章		第24―26章	
（移　行）	第14章			

応じて必要が命じることをおこなってよい。これが、緊密につながる第一五章から第一九章までの五章を貫く共通の内容である。前半でアガトクレスの悪徳が唯一栄光の観点から査定されたが（第八章）、ここではすべて人文主義のレトリックによって規定される。所与の現実のかなたで「見せかけ」ておくことがレトリックの機能である。この見せかけという意味において第一六章で、君主は気前がよいのと吝嗇なのと、どちらがましかということが問題にされる。君主は気前がよいという評判だけで十分である。ただし、そのとき国家の富をうまく保持することさえできればの話である。さもないと臣民のものを奪うはめになり、有害である。君主が臣民の財産に手をつけることは、かまえて控えなければならない。「なにしろ人間は父親を失う痛みより財産を失う痛みのほうをなかなか忘れないものだから」（第一七章）。第一七章で残酷と慈悲があつかわれる。ここで残酷はまったく肯定的なものとなる。チェーザレ・ボルジアは、もちまえの残酷さによってロマーニャ地方に統一と平和と忠実な服従をもたらした――だが、服従させられたこの地にチェーザレからの解放という希望が生まれるやいなや、ロマーニャが最初の好機をとらえていっせいに分裂したことは述べられない。ハンニバルもただ非人間的残酷さだけで軍隊を統率した――この場合も、結局、勝利はハンニバルではなくローマのものになったことは語られない。つまりマキア

ヴェッリによれば、君主は支配権を握っていたいのなら残酷という評判を恥じる必要はない。そしてここで有名な争点、君主は恐れられるより愛されるほうがよいのか、それとも愛されるより恐れられるほうがよいのかという問題があつかわれる。「私は両方とも望むべきだと答えたい。しかし両方を互いに結びつけることは難しいので、もし片方が欠けるとなれば、愛されるより恐れられるほうがずっと安全である」。彼の言葉はつづく。「なぜなら人間について一般にこういえるからだ。人間は恩知らずで、移り気、偽善的で、危険に対し臆病、利益に対し貪欲である。あなたが恩恵をほどこしているかぎり、まったく従順で、あなたのために血や財産を投げ出し自分の命も子どもの命も捧げるつもりでいる。それは……危険が遠くにあるかぎりのことで、危険がだんだん迫ってくれば、裏切り行為におよぶのである」。基本的には、まったくありきたりの「警句」とともに、人間に対するマキアヴェッリの軽蔑がここにあらわれでる。それは後続の章のなかでもたえず前面に出てくる態度である。とりわけ悪名高い第一八章「君主はどのように約束を守るべきか」において。君主が約束を守るのは、たしかに称讃に値する。しかし経験が教えるところでは、約束を守らない君主が大いに成果をあげ、誠実な君主に打ち勝っている。そこで、戦うためにはふたつのやり方がある。法によるやり方と暴力によるやり方である。暴力は獣の戦い方である。法がおよばないところでは暴力に訴えねばならない。「したがって君主はあるときには人間を、あるときには獣を演じることができなければならない」。だからギリシア人はアキレウスをはじめ英雄たちを、半分は人間、半分は獣であるケンタウロス族のケイロンに教育させたのだ。法はまさに暴力なくして存続しえない。この箇所でマキアヴェッリが展開するのが、広範囲な影響を与えることになったライオンとキツネの寓話である。君主はキツネとライオンの両方から学ばなければならない。ライオンは罠から逃れられないし、キツネは狼から身を守れないからだ。「したがって罠を知るためにキツネの姿が必要であり、狼を追い払うためにライオンのマスクが必要である」。そしてマキアヴェッリはこう結ぶ。「だから賢明な君主は、約束を果たすことでかえって自分の不利になる場合や、約束しなければならなかった原因がなくなった場合には、約束を守らなくてもよいし、また守ってはならない。人間が全員そろって善良であれば、この助言は、ほとんど役にたたないであろう。しかし人間はほとんど信用できず、相手のほうであなたへの約束を守らないのだから、あなたも守る必要はない。それに君主は約束を破棄する弁解のための口実に不自由することなどけっしてない」。いま、われわれはまさにマキアヴェリズムという悪魔の厨房の真っ只中にいる。重要なのは信義を守ることではない。そのように見せかけねばならないのだ。君主が発するものはすべて慈悲、信義、人間味、誠実、敬虔の息吹につつまれていなければならない。とりわけ敬虔にみせることほど必要なことはない。人間は外見からしか判断しないからである。それに対し、ごまかしや約束違反など、いかなるかたちの卑劣さでも国家に勝利をもたらすなら、そうした卑劣さは正当で名誉あることだ。ただそのとき――第一九章で述べられているように――軽蔑と憎しみを受けることだけは避けなければならない。ここでふたたび評判に話が戻される。たとえマキアヴェッリが、君主は悪評の立つ行為を恐れてはならないというにしても――すでに述べたように――それがあてはまるのは緊急の場合だけである。生の断面は、あくまでも修辞的見せかけによって規定される。

こうして後半の主要部が締めくくられる。つづいてそれぞれ二章からなるふたつの補足部分がくる。最初の補足部第二〇章で、君主が自分自身を守れないなら、城塞はなんの役にもたたないという指摘がふたたびなされる。第二一章では支配を維持するために君主は電撃的な企てを華々しく遂行するよう勧められる。それは、マキアヴェッリ的君主が根本的にきわめて美的であることをもっとも鮮明に表現する助言である。なぜなら突然性は、凝集したエネルギーの表現であるばかりではなく——突然性がつくるコントラストによって——見る者に感嘆とともに一般的な期待感を呼びおこす、じつに美的な要因だからである。期待は英雄神話を構築するための肥沃な大地である。第二二章と第二三章からなる二番目の補足は、よい秘書官を選びだすこと、そして追従者に用心することを君主に助言する。つぎの第二四章から、いよいよ不気味な興奮を与える結びの部分がはじまる。ここでマキアヴェッリは突然現在のほうを向き、「イタリアの君主たちがなぜ支配権を失ったのか」を示す。彼らはみんな自分の力を信じずに——こういってよければ——現在の腐敗をもっと大きな腐敗によって克服するという大きな行動に出ることがなかった。まさにここから、マキアヴェッリにおいて危機は価値の逆転によって効果を発揮しはじめる。これまで欺瞞は欺瞞と呼ばれ、残酷は残酷と呼ばれた——それは道徳的には完全に中立的態度であり、秩序の基盤をそこなうことはない。なにしろマキアヴェッリは、まだ(『君主論』第八章)残酷の肯定的利用について語ることはためらっていたのだから(「悪について善という言い方がもし許されるならば」)。それに引きかえここでは、これまで述べてきた助言にしたがう君主なら、世襲の君主との差はないであろうし、その支配は世襲によって得た場合よりもはじめからずっと安泰なものとなろうと語るのである。チェーザレ・ボルジアのようにマキアヴェッリの助言の模範となった君主たち、あるいはマキアヴェッリの助言どおりに生きた数えきれぬほど多くの君主たちが、たちまちのうちに沈没し姿を消していったのに対し、フランスのルイ一二世やフランソア一世、イギリスのヘンリ八世やエリザベス一世等々の世襲君主たちが世界のほんとうの新秩序の開始を告げたということはべつとして、ここから価値の体系的転覆がはじまる。約束破棄を弁解するための正当な理由に君主が困ることはけっしてなかったとマキアヴェッリが述べる場合(第一八章)、秩序の諸原理はこれまでも背後では少なくとも基本的に承認されていた。たとえその秩序にふさわしい行動がなされるとはかぎらないとしても、この付け足しの弁明という態度そのものが人倫的秩序の有効性を前提としている。それに対しここで状況は根本的に異なってあらわれる。『ローマ史論』で描かれた危機の状況は避けて通ることのできない状態とみなされる。「武器をもたない予言者」サヴォナローラの例が証明するように（第六章）、世界を楽園的状態に戻すことは不可能である。たったひとつ残っている可能性は、政治的錬金術をもちいて危機状況を、自己自身のなかでの高揚と、危機状況において有効に働く力の放出とによって克服することだけである。それはきわめて異常な手段を必要とする大胆な試みである。黒魔術の巨匠が召使いを全員操るだけではなく自分自身も日常生活の外へ出て魔法の輪のなかへ入らねばならないように、マキアヴェッリはここで突然べつな口調で語りはじめる。これまでの分析論は呪文に席をゆずり、『ローマ史論』の情熱的現代批判のとなりへ政治的陶酔が歩みでて、不安定に揺れ動く文体で同時代人たちを熱狂させようと試みる。イタリアの君主たちに対するマキアヴェッリの告発の声が大きく鳴り響く。「長年守りとおしてきた支配権を失ったわれらが君主たちは、運命だけではなく彼ら自身の意気地のなさをとがめるがよかろう。天気のいい日に嵐のことを思わないのは人間によくある過ちであるが、平時にあって君主たちは変転の起こりうることをけっして考えることがなかった。そしていざ危急存亡のときを迎えると、彼らはただ逃げることだけを考え、抵抗への思いもなく、民衆が征服者に嫌気を起こしふたたび彼らを呼び戻してくれるよう期待したのだ……だれかが助け起こしてくれるのをあてにして自分から倒れる者はいないであろう……われわれ自身とわれわれ固有のヴィルトゥにもとづく防衛だけが有効であり確実であり持続するのである」。決定的なこの箇所にヴィルトゥという一語がいちじるしく高められてふたたびあらわれる。この言葉について第二五章でもう一度そして最後の考察がなされる。ヴィルトゥがふたたび導入されるこのやり方こそ、マキアヴェッリが入りこんだ陶酔的高揚状態の表現である。『君主論』の解釈者たちはこの箇所で大いに当惑し、こう推測した。つまり全体的にみれば、マキアヴェッリは結局イタリアの救出をただ君主のヴィルトゥに託しているのだと。その場合ヴィルトゥの意味は、ほんの少し「徳」の方向へ向けられた。しかしほんとうはこのヴィルトゥは、過剰な感情の高揚によってもたらされた、これまですべての全体相でしかない。それはいわば第一五章から第一九章でなされたすべての助言を現実化するものであり、行為への憑かれた意志、すなわち自己のイメージに陶酔し、より美しい未来への狂おしい希望をいだいて絶望的現在から脱出しようとする意志の表現にほかならない。

おぼろげな陶酔的高揚が、もう一度呼びだされたヴィルトゥの分析のなかではっきり認識される。このときヴィルトゥは、ルネサンスの大胆不敵な傲慢のなかで運命それ自体に対する人間の戦いへと高まってゆく。世界は運命が支配する、戦うことは徒労であると、多くのひとはいう。マキアヴェッリは違う。彼にとってこのような見解と対立するものとして意志の自由がある。この場合意志の自由は、トマス・アクイナスやダンテの場合とは違って、善悪の判断にかかわる人間の能力ではない。この自由は自由そのものであり（F・エルコレ）、大胆不敵な誇大妄想から幸運の星をつかもうとする、解き放たれて自由に浮遊する意志の自由である。この意志は、なんらかの秩序観念よりもむしろチェーザレ・ボルジアの原初的どう猛（フェローチャ）によって規定される。そのときこのどう猛はいきすぎたものとなるので、どう猛によってなしえることとはなにか、幸運に帰するものとはなにかということをいわば決算のかたちであらわす。それゆえマキアヴェッリはいう。運命はたぶん人間の出来事の半分を決定するのであろう。しかしもう半分、「あるいはほとんど半分ぐらい」は人間にゆだねられている。運命は岸辺を越えて野や畑を破壊する激しい川の流れのようなものである。だれもが逃亡してしまい、だれも抵抗することはできない。しかし人間は、なすすべがないということにならないよう、平穏な時代に運命の猛威に対し堤防を築くことができる。意志のないところには運命の流れを阻むための力もない。イタリアは惨めで荒廃した野原である。もはやフォルトゥナだけを頼っていてはならない。フォルトゥナが見捨てた者は破滅してしまうからである。だからひとりひとりが自分の運命を自分の手でつかまなければならない。成功したいと思うなら、時代とともに行動しなければならない。君主の本性は変わらないのに、今日勢力があっても、明日は打ちのめされて地に倒れる。それは、たんにフォルトゥナの仕業であるだけではなく、むしろ時代の変化のせいである。人は時代とともに行動しなければならない。時代が変われば行動の仕方を変えなければならない。時代が慎重さを求めるなら慎重にするがよい。時代そのものが野蛮な変化のなかにあるのなら猛々しくするがよい。突然チェーザレ・ボルジアがユリウス二世の様相を帯びてあらわれる。両者はもはや互いに区別がつかず、ともにどう猛で傍若無人にふるまう者であり、時代にかなった行動の手本となる。なぜならいつもひとつのことが正しいからだ。慎重で控えめな態度をとるより勇敢に襲いかかるほうがよい。「なぜならフォルトゥナは女だからだ。彼女を支配しようとする者はたたいたり突いたりしなければならない。彼女は、そうふるまう男に征服されるほうが穏やかで冷静に事を進める男に征服されるよりも好ましいのだ。だからフォルトゥナは、ほんとうの女のように若者に好意をいだく。若者は慎重さに欠け、勇敢に物怖じせず彼女を支配するからだ」。

大胆さという点では、まったく前代未聞のイメージをもってマキアヴェッリは最後の第二六章へ移行する。この最終章で、彼はイタリアを野蛮人から解放するために、これまでの論述すべてを燃え上がる声明として一本化する。外敵からイタリアを解放するこれほど有利な時機はかつてあったためしはない。イタリアの奴隷的状態は、新しい君主が立ち上がるべきチャンス（オッカジオーネ）である。「……それゆえイタリアは、ひどく落ちぶれ、かつてのユダヤ人以上に奴隷的状態に置かれ、ペルシア人以上に弾圧され、アテナイ人以上に引きさかれ、指導者もなく、法秩序もなく、打ちのめされ、掠奪され、引き裂かれ、打ち滅ぼされねばならなかった――イタリアの民はありとあらゆるやり方で破滅の淵に追いこまれることが必要だった」。イタリアを救うことができる者はまだあらわれないが、マキアヴェリはメディチ家にこの運動の先頭に立つよう呼びかける。いまや時が来た。「そのためにすべての準備ができている。したがって、わたしがあげた例を手本となしさえすれば、大きな困難など生じるはずはない」。イタリアの惨状への絶望によってマキアヴェッリは時代から大きく飛躍し自由なイタリアの未来像へ突き進む。しかし冷静な観察者ならば、この飛躍のいきつく先はローマの掠奪であることに気づく。君主たちがマキアヴェッリの願いを聞きいれなかったからではなく、その逆であったからだ。君主たちはマキアヴェッリをきわめてよく理解していた。君主たちはまたマキアヴェッリの教師でもあったのだから。

たしかに自由にまさるものはない。しかし善と悪を区別する技である意志を簡単に捨て去ることによって、「自由意志」を維持できるのだろうか。腐敗に腐敗を積み重ねることによって、自由を得ることができるのだろうか。人間の卑劣さに対し冷静で計算ずくの卑劣さで競り勝つことによって、自由は得られるのだろうか。泥から金をつくることができるのだろうか。マキアヴェッリのものすごい情熱は感嘆に値する。だが、たいていの解釈者は感嘆のあまり、この最後の呼びかけの病的な大声を聞きもらした。マキアヴェッリはここでもきわめて不幸な人間である。彼は深淵から、もはや存在しない神に向かって叫ぶのだ。彼の声は掠奪されたローマの角材がメリメリと崩れるごう音にかき消されてしまう。彼の情熱は、腐った大地から生えでる奇妙な花々のごとく、かたちは奇異にして、しかもぎょっとする香りを放っている。マキアヴェッリがなににもましていわなければならないことは、時代の堕落を怪物的に高めることで克服しようとする狂信的魔術師の試みである。歴史は、あらゆる秩序から解放された人間のこの絶望的構想に対し、もう判決をくだしている。イタリアは、内的および外的荒廃からふたたび目覚めリソルジメントの若々しい春に向かうまでおよそ三〇〇年を必要とした。

ヴィルトゥとフォルトゥナに関する附論

『君主論』の具体的連関は、きわめてはっきりしたものにみえる。だがヴィルトゥとフォルトゥナの概念が明確にならないかぎり、すべては空虚な図式にとどまっている。概念が、なによりもまずこれらの言葉に意味を、つまり具体的叙述に奥行きの深い意味を与えるのだ。マキアヴェッリにおいて、ヴィルトゥとフォルトゥナの概念は、最初際立った対立のなかに浮かびあがる。君主が支配権を握るのは、ヴィルトゥによるか、フォルトゥナによるかのどちらかである。この対立はまたべつな対立によって強められる。すなわち、ヴィルトゥはあってもフォルトゥナのない君主が支配権を握ることは、とりわけむずかしいが、いったん支配権を握れば、長く維持しつづける。一方、フォルトゥナだけで支配権を握った者は、勢いにのって速やかに上昇するものの、それを維持するのはむずかしい（『君主論』第六章、第七章）。それゆえ両方の支配形式のあいだに、はっきりとした対立があるようにみえる。だがもう少し詳しく観察してみれば、両概念が対立をあらわすというよりも、むしろ単一な生領域のなかで、つまり両概念を併せもつ「ヴィルトゥを有する人」の生領域のなかでの異なる傾向を意味していることがわかる。要するに、どちらの概念もそれぞれ一方の領分に入りこんでいるのである。

まだまったく仮定的なこの論述がまちがっていないことは、ヴィルトゥとフォルトゥナの対立をもっと詳しく分析してゆけば明らかになるだろう。まず第一に判明するのは、フォルトゥナによらないヴィルトゥだけの君主も、ヴィルトゥによらないフォルトゥナだけの君主も同じようにほとんど存在しないということである――存在するにしてもせいぜい掠奪者の隊長だけである。フォルトゥナは、ヴィルトゥによる君主たちが支配権を確立できるように少なくともチャンス（オッカジオーネ）を与えなければならないと第六章で、はっきりと述べられている（F・エルコレもそう指摘している）。このチャンスが欠けていれば彼らの苦労はすべて徒労におわるだろう。したがって、『ローマ史論』でいわれているように、ある意味でヴィルトゥによる君主は偶然に左右され、しかも彼らの性格は時代構造と合致していなければならない。「それゆえ、イスラエルの民がモーゼにすすんで従うようになるためには、モーゼの目のまえで彼らがエジプトで奴隷の状態にある必要があった。ロムルスが捨てられねばならなかったのは、ローマを建国し王になるという考えをいだくためであった。キュロスは、ペルシア人がメディアの支配に不満をもっていることや、メディア人が長いあいだの平和によって軟弱で女々しくなっているのをみる必要があった。テセウスは、アテナイ人が散り散りになるのを目のあたりにしなかったなら、彼の能力を発揮することはできなかった」。この男たちにチャンスをもたらしたのはフォルトゥナである。彼らは自分固有のヴィルトゥと偉大な精神によってそのチャンスを「認識」し利用した。同じ見解が『ローマ史論』（第二巻第二九章）のなかにも見いだされる。運命はときどき、利用してほしいと思うチャンスを認識するだけの大きな精神と豊かなヴィルトゥをもつ男たちを選びだすと述べられている。こうした男たちが支配権を握るには困難がともなうかもしれない。しかし、ひとたび手にいれれば長期にわたり支配を維持することができる。ただし、認識の必要があるこのチャンスはあくまでも、マキアヴェッリがヴィルトゥとフォルトゥナの表面上の対立をもちいて説明した、ほとんど神話的ともいえる潜在力の領域に属している。チャンスは一篇の詩（「チャンスについて」）のなかで女神として描かれる。彼女は見抜かれないように髪を顔のまえに垂らしている。また頭のうしろを剃っていて、彼女が通り過ぎてしまったあとでは捕まえられないというのが特徴である。認識されなければ「後悔」だけが残される。このような孤立的観察だけでは、いつまでたっても状況はつかめないことをマキアヴェッリは、詩の最後でチャンスについて考えているあいだにチャンスはさっさといってしまうというジョーク（すべてアウソニウス[8]の格言詩による）で説明している。ひとはチャンスをつかんでも意のままにはできない。チャンスは、ほんとうの偶然（テュケー）であり、謎のようなとらえがたい生であって、子どものようにフォルトゥナの車輪のあいだをあちこち飛び跳ねている（「フォルトゥナについて」）。ここで生の大きなパラドックス、すなわち、行動が開始されるまえに認識されねばならないチャンスは、分析を旨とする認識からつねに逃れでてしまうというパラドックスが浮かびあがる。その結果、生の総決算においては成果よりチャンスを逃した損失のほうが大きい——このアンバランスがある程度耐えられるものとなるのは、ただ生そのものの豊かさによる。

したがって、フォルトゥナを欠いたヴィルトゥだけによる支配者は存在しない。同じように、ヴィルトゥを欠いたフォルトゥナだけによる君主も存在しない。なぜなら——第七章で述べられるように——支配権を握ればこと足りるのではなく、それを維持できなければならないからだ。国家の征服と維持はふたつのべつな事柄であって、それぞれ異なる手段を要求する（第一九章）。フォルトゥナだけで支配権を握った者は、それを維持するために大きなヴィルトゥをふるわなければ、また姿を消すことになろう。このときヴィルトゥの範囲は少し拡大する。ヴィルトゥは、幸運によって一度獲得したものを積極的に維持するための行動の一形式としてあらわれる。フォルトゥナによって支配の座へ飛翔したあと、このヴィルトゥによって、最初にはまだなかった国家の礎が築かれる。ヴィルトゥのこの新しい形式は、ときたまヴィルトゥ・オルディナータ（秩序づけられたヴィルトゥ）、すなわち秩序の力と呼ばれ、束縛を解かれたエネルギーを制度の枠のなかへふたたび戻すようにみえる。それは「盲目的な狂暴」がなんらかの規律によって制御されなければ、なんの成果もうまないということでもある。制度が生かされるのは、ただヴィルトゥを有する個人によってだけだということはべつにして、幸運によって獲得した国家のそのあとの基礎づけは秩序よりも組織にかかわっているといわなければならない。とりわけヴィルトゥ・オルディナータが軍隊組織の問題と関連して浮上するということがそれを示している（『ローマ史論』第三巻第三六章）。われわれは、マキアヴェッリの軍事学をあつかうさいに、この問題にもう一度ふれることになろう。ヴィルトゥ・オルディナータを組織と解釈することは、マキアヴェッリが元来はばらばらな人間の自然状態から出発し、「秩序」は、人間にあとからはじめてもたらされるものだと考えている事実とも合致するであろう。しかし、秩序や制度が厳密な意味で人間本来の社会的共存から生まれる生の形式であるとみなすべきなのに対し、このようにあとからなされる共同生活の編成や国家の基礎づけは、どうしても組織と機構のタイプにしたがって形成されてしまう。この場合、制度は「構築物」にすぎない（これは、マキアヴェッリがときどき社会的身体の連関を特徴づけるために生物の領域からイメージをもちいるときですら、いえることである）。それは――すでに強調したように――マキアヴェッリの描いているのが本来的自然状態からの社会構築ではなく、すでに与えられた歴史的基盤に載った国家建設であるがゆえに目にふれなかっただけだ。だがこの構築は、たとえそこに自然法的抽象の特徴がないとしても、同じように人工的である。その抽象の形式はこの場合も美的なものであって、成立する国家は有機体としての国家ではなく、芸術作品としての国家である。

フォルトゥナによって君主になった者は、みずからの支配権にもともとなかった土台をヴィルトゥによってあとから築こうとする。そうした君主について叙述するなかで、チェーザレ・ボルジアに対する独特な讃美の仕事が完成する。その美的な変容はかつてマキアヴェッリがチェーザレ・ボルジアのところへ使節として赴いたときからすでにみられていたものである。たしかにチェーザレは、もっぱらフォルトゥナによって君主の座についたが、同時に彼は「賢くヴィルトゥのある人」であった。それにもかかわらず失脚したのは、チェーザレ自身のせいなのではなく「運命の異常なまでの悪意」のせいであった。この言葉からマキアヴェッリのこの英雄に対する剝きだしの讃美が感じられる。チェーザレは——そもそもフォルトゥナによって上昇しただけなのに——マキアヴェッリの目には結局正真正銘の君主に映りはじめる。だがフォルトゥナの概念は、まさに偶然から運命に変わることによって、新たなより高い意味を獲得する。運命は主として、ひとを一方で高みへ押し上げ、また一方で打ちのめす偶然のなかにあらわれるが、運命それ自体は、個別現象のなかというよりもむしろ生全体を支配する必然としてあらわれる。それゆえマキアヴェッリは、この意味で必然《ネチエシタ》（あるいは運《ラ・ソルテ》）という言葉を使うのであろう。それに対するほんとうの反対語が人間の自由意志である（第二五章で述べられるように）。魔女フォルトゥナ——詩（「フォルトゥナについて」）のなかでそう呼ばれている——は、おだやかな顔と猛々しい顔をもっているので、自由意志すなわちヴィルトゥは必然の法則にしたがいながら自己主張することができるし、あるいはまたフォルトゥナと戦うこともできる。そのときつぎこまれる力の程度によって、形成をさまたげる力にどれほど打ち勝つことができるのかが決まる。しかしいずれにせよ運命という必然のまえで認識は無力である。必然に張り合うのは成功と失敗のふたつの可能性をもつ行為だけだ。絶大な力をもつこの運命のまえでふたたびヴィルトゥとフォルトゥナはほとんど入り交じってしまう。フォルトゥナはいわばヴィルトゥの影のなかで歩きまわり、ヴィルトゥがある場所からべつな場所へ移れば、フォルトゥナは双子の姉妹のようにヴィルトゥにくっついてゆく。そしてこの世の大きな権力を寿命が尽きるごとに奈落の底へ投げこんでしまうのだ。それゆえマキアヴェッリにとって人間はヴィルトゥとフォルトゥナのあいだに立っているだけではなく、人間の上昇を決めるチャンスと人間を全体的に支配する必然とのあいだにも立っているのである。したがって「ヴィルトゥを有する人」の生の大きさはヴィルトゥとフォルトゥナによってのみ決められるわけではない。その人間は、必然という楯と、ヴィルトゥとフォルトゥナを結びつけるものとしてのチャンスのもとに置かれてはじめて全体を獲得する。

　ヴィルトゥとフォルトゥナの問題、「必然」と「チャンス」の問題は、これによって汲み尽くされたとはとうていいえない。とりわけマキアヴェッリがつきつめていった問題の最深部がまだとらえられていない。さしあたり明らかになるのは、マキアヴェッリにおいてフォルトゥナは、ただ盲目的な偶然にすぎないのか、それとも運命の必然なのかという古くからの論争問題だけである。それはまたポリュビオスにおいてもあらわれた問題である。人間の生の形式としてのフォルトゥナは、まさにふたつの方向へ光を放ち、世界の二種類の潜在的力との関係を開くのだ。すなわち、運命（「運」、「必然」）という高いほうの力と、まったくの偶然、盲目的偶然（「チャンス」）という低いほうの力との関係である。しかも行為に関するフォルトゥナのこの二種類の方向づけは、けっして恣意的な決定なのではなく、それ自体がまた典型的な危機の徴候である。フォルトゥナによるこの二種類の方向づけは、古代にアレキサンダーが登場する原因となった世界の恐ろしい動乱の時代に同じかたちであらわれた。アレキサンダーと後継者たちが社会のあらゆる秩序とその価値を容赦なく自分たちの意志にしたがわせ、人びとを不可解な運命のもとへ無理やり追いやったように、まさにそのとき、世界の支配はすべて、運命《テュケー》の女神に具現される神性の意地悪で予測できない遊戯にすぎないという考えが優勢となった。また同時に、無情ななりゆきによって、すべての出来事が固定された必然の法則、定められた運命、すなわちヘーマルメネーのもとにあるという考えがはぐくまれた。これに相当する状況のなかでマキアヴェッリは似たような考えをいだく。その連関は、もちろん『君主論』からのみ読みとれるわけではないので、この問題において働く諸関係を決定的に解明するために他の作品も参照しなければならない。

ヴィルトゥとフォルトゥナの場合とまったく同じように運命とチャンスのあいだにも謎にみちた結びつきがある。運命がときどき日常の偶然的状況のなかにあらわれるからだ。この示現の法則性と意味を解明しようとするのが卜占術やあらゆる神秘学（予言術、占星術など）という特殊な分野である。ルネサンス人の大きな不確実性は、あらゆる種類の前兆に対してきわめて耳ざとく敏感であった。それゆえすでにみたように、マキアヴェッリは『フィレンツェ史』の終わりで、大ロレンツォ・デ・メディチの死の直前、大聖堂の丸屋根が落雷にあったことを指摘する。それを来るべき災厄のしるしだとみなしているのである。マキアヴェッリにとってこの記述は、けっして無意味なものではない。なにしろ、すでに『ローマ史論』のなかでこれと同じ出来事が述べられているし、またフランスのイタリア侵攻についてのサヴォナローラの予言もすぐ真に受けられているのだ。「わたしの考えでは、こうした現象の原因については自然や超自然の事柄を見通した者によって検討や説明がなされるべきだ。われわれには無理なのだ。ある哲学者が主張するように、大気には未来を予見する能力をもつ知的存在がみちていて、その存在が情け深くも人間に災いを防ぐ準備をするよう、そうしたしるしをとおして警告を発することはたしかにありうるかもしれない。しかしたとえそうであれ、ものごとは、きちんと定められたとおりに運ぶということ、そしてこのような現象のあとにはいつも国々に予期せぬ異常な災いが降りかかるということは明らかだ」（『ローマ史論』第一巻第五六章）。たとえ天がその目的と力を人間に知らしめるためにひそかに準備を進め、ときとしてすべてを実行に移すとはいえ（『ローマ史論』第二巻第二九章）、世論（民の声は神の声）にはときどき、隠された能力（「隠されたヴィルトゥ」）から生じてくるすばらしい認識力がある（『ローマ史論』第一巻第五八章）。チャンスやフォルトゥナとまったく同じように運命もたえず変化する。したがって——もし成功を望むなら——新しい認識によってつねに行動を変えねばならない。マキアヴェッリが『君主論』を書きあげた直後ピエロ・ソデリーニに宛てた手紙（一五一四年一月、二月）にあるように、運命を完全に見通す賢者であれば、運命とともに幸運の星ですら支配するだろう。こうした文面からもう一度はっきり見てとれるのは、マキアヴェッリが、過去を観察して形成した概念にしたがって未来を明らかにしようとするのではないということである。むしろ彼は——占星術や前兆をときどき拒否するにもかかわらず——イメージ豊かな魔術にとことん身をゆだねる。ただ彼は自分の人生を星の運行にしたがわせるのではなく、大胆にも運命にくれてやるのだ。ルネサンス時代に流行した魔術は美的イメージが現実に入りこむ点である（まさに唯一の点である）。そのイメージが単純な魔術的イメージとしてであれ、あるいは——かつて過去を支配し——いまは未来のかなたに置かれる模範としての古代のイメージという崇高なかたちをとったものであれ。すでにルネサンスの危機構造に関する章で言及したように、これはまたルネサンス人文主義と魔術とが深い内的親縁関係にあることを決定的に示している。ほんとうの意味での「魔術からの世界の解放」は、事実性と多くの妥協をした人文主義者たちによってもたびたび叫ばれたにもかかわらず、まったくべつの人びとによってなされた。マキアヴェッリの思考は概念的ではないが、かといって「教育的」でもない。彼は歴史の教師なのではなく、幸運の星を大胆にもつかむことによって現在の不幸から自分たちを救おうとする魔術師といえるだろう。イタリアの不幸は現在の悪い「教育」のせいなので、よりよい未来をつくるためにもイタリアに教育組織が望まれるということを『ローマ史論』のはじめ（第一巻はしがき）にたしかに読みとることができる（E・W・マイアー）。しかしほんとうは印刷業者がここで勝手な変更を加えたようである。原稿ではイタリアの敗北の責任は宗教に負わされているからだ（O・トマシーニ）。したがって未来のまえにあるのは教育的に「応用された科学」ではなく、ひとつの新しい「奇跡」なのであり、その輪郭はすでに『ローマ史論』最後の巻で聖フランチェスコと聖ドミニクスが引き合いにだされるなかで明らかとなった。それはまた『君主論』の最後（第二六章）でも全力で繰り返されるが、このときマキアヴェッリはもはや分析をおこなわず、イタリアを救う者をおごそかに魔術で呼びだすのである。

この関連からひとつの確固とした生領域、すなわち「ヴィルトゥを有する人」の生領域があらわれる。そこでは、ぴったり互いに寄り添っていかざるをえないヴィルトゥとフォルトゥナとのあいだに置かれた人間のさまざまな可能性が、運命と、生の予測できない偶然のチャンスとのあいだに組みこまれるが、そのさい運命は秘密にみちたやり方で機会あるごとに自分を知らせるので、人間にはこの秘密の解読によって奇跡的に運命を支配するチャンスが与えられる。マキアヴェッリの暗示は、分散し、しばしば互いに矛盾しているが、このイメージには驚くべきまとまりがある。マキアヴェッリの作品には世界像全体が含まれているという点にこそ固有の重要性がみられる。そのことは、それと関連して野心に関する詩（「野心について」）を引き合いにだしてみればもっと明らかとなろう。この詩は、『君主論』『ローマ史論』「フォルトゥナについて」「チャンスについて」といっしょにしてようやく全体の決着がつく。最近ようやく注目されるようになったとはいえ、まだその意味の精確な考察がなされていない（F・エルコレ、L・F・ベネデット）このきわめて重要な詩は、出来事の究極的動機を明らかにする。これまで問題となったのは、この動機についてではなく、固い枠のように運命とチャンスのあいだに嵌めこまれた行為のさまざまな原型についてだけであった。だからそうした原型の可能性は見渡せても、どうして全体が動くのかの認識はなされなかった。途方もない衝撃を受けて、いまマキアヴェッリは、ダンテふうテルツィーネで彼の内奥にある平穏の欲求を、そして世界のとどまることのない不気味な変転をまえにした、ほとんど子どものような驚愕を告白する。これまで明らかになったあらゆる関係の十字路という区分されない交差空間のなかに、突然牧歌的オアシスがあらわれる。このオアシスから人類が追われたのは暗い「隠れた力」、飽くことのない「人間の欲望」のせいであった。人がつねに幸福でいることをさまたげるのも、これと同じ未知なる力である（「フォルトゥナについて」一一八―一二〇行）。それは、エリスの娘としてときどき登場する、災いを引きおこす狂気の発作というギリシア語の「アテー」といちばんよく比較できるかもしれない。この力はふたりの災いの女神を地上へ送る。「野心」と「貪欲」である。彼女たちは魅惑をたたえて裸で人間に近づき、人間をまどわせる。彼女たちの力はとてつもないものである。ふたりとも四つの顔と八本の手があり、人間が向きをどこへ変えようと見逃さず捕まえてしまう。ふたりにつづいて「ねたみ」、「怠惰」、「憎しみ」、「高慢」、「残酷」、「悪巧み」がやってきて空気を汚染する。彼らは、まず「平穏」と「和合」を破壊して、アダムの家を見守っていた「平和」と「慈愛」を追い払う。彼らの欲望は飽くことを知らず、その証拠に底のない壺を手にしている。なんの不足もない満ち足りた楽園は彼らの息吹のまえで消え失せる。彼らはカインに弟のアベルを殺すための武器を渡す。アベルの胸から苦痛にみちた叫びがもれる。

　おお、人間の心よ、飽くことなく変化し、
　　陰険で移り気、そしてなにごとにつけ

よこしまで非道、猛々しく野蛮なるものよ、
おまえの野心にみちた欲望により
この世に最初の暴力による死がもたらされることとなり、
かくして最初の草が血に染められてしまった。

悪の種がまかれ、成長し、ものすごい勢いで繁茂する。人はもはや悪事を悔いる必要すらない。いよいよ大きな芝居がはじまる。上昇する者もいれば、転落する者もいる。法も秩序もなく、永遠の変転がすべてを襲う。フランスとスペインがイタリアをめぐって争い、ヴェネチアの力は失墜し、イタリアは踏み荒らされ、苦しみだけが沸きたつ海となる。残されているのは、ただ平穏への、そして失われた「甘い生活」への絶望的あこがれだけだ。ヴィルトゥとフォルトゥナの対立、「必然」と「チャンス」の対立のすべてが、また邪悪な分裂の暗い力ももはや働かないところへのあこがれである。平穏を求めるルネサンス人文主義の一般的欲求が、この「野心について」のなかで感動的に表現されている。あらゆる対立が止揚される生の絶対的静止と、人間の欲望や傲慢の遠心的な力とのあいだにあるこの一組の対立を、『君主論』との関連において明らかにすることもまた重要だと思われる。なぜなら、マキアヴェッリの世界像全体が、そのように対立したままでいったん完結するからであり、またそこからマキアヴェッリにおける『君主論』の英雄的飛翔が生まれる精神的基盤もみえてくるからだ。マキアヴェッリの平穏への欲求が、国家に継続の保証を与えようとする彼の労苦にいかに影響を与えているかは、すでにみたとおりである。しかし全体として『君主論』が、政治の世界になんらかの助言を与えるためでもなく、また行動を鼓舞するためでもなく、むしろ反対に、彼を取りまくこのまったく地獄のような現実を、芸術作品のなかで時間を超える形式と平穏へ変えるためのひとつの大胆な企てであることが、本書の最後

で明らかとなるだろう。これは病んだ心をいやすためにマキアヴェッリに残された、たったひとつの道かもしれない。なぜなら楽園は二度とつくりだすことはできないからだ。マキアヴェッリが辛らつな皮肉を込め、キルケーの動物園の豚小屋で幸せに暮らしながら自然の慎ましさという世界観を説く豚のエピソードで描いたように（『黄金のロバ』第八章）、たとえ人間がみないっせいに動物へ変えられたとしても、あとに残るのは、ただうつろな安楽だけであろう。

人間の野心と貪欲はともかく世界に存在し、世界から追いだすことはもはやできない。野心と貪欲がイタリアにもたらした災禍は恐ろしいものであり、ふたたび平穏を取りもどすことは不可能である。国家や都市は、小さかったときは城壁で境界を囲むドイツの都市のように幸せで強力だった。しかし大きくなるにつれ、もっと大きくなろうとする欲求が生じ、結局互いの闘争へと駆りたてられてしまう。こうしたカオスのなかにあっても多少は持ちこたえることのできる唯一の道が、状況の健全な認識にしたがい、「どう猛」によって秩序を混乱した世界に強制することである。最後の方策としてふたたびあらわれる規律ある秩序は、ヴィルトウ・オルディナータとして、すでにわれわれが出会ったものであり――『君主論』の終わりで述べられるように――人間の現存在の少なくとも半分は形成することができる。ただし、もう半分は否応なく運命とフォルトゥナの支配下にある。ところで、このヴィルトゥの究極的目的もまた平穏である（なぜならすでに述べたように掠奪者の国家は明らかに安全を必要とするからだ）。ただしこの場合それは絶対的静止の平穏ではなく、嵐のさなか往々にしてつかの間凪が訪れるように、ふたつの運動期間に挟まれた中間の状態である。秩序はつねに平穏を生む。だがこの平穏から育ってくるのは無為だけであり、この無為からは新たな無秩序しか生まれない（『黄金のロバ』第五章、『フィレンツェ史』第五巻冒頭）。さまざまな体制のはてしない循環は、秩序構築がなされるたびに新たにはじまる。『君主論』は全体としてこのような秩序構築の試みである。ただし、この秩序は政治の領域ではなく、ただ芸術の次元においてしか形成できないということがやがて明らかになるだろう。『君主論』のなかには包括的な世界像が含まれていて、それこそが芸術作品に対して、幾時代にもわたって継続しうる深みを与えることができるのだ。この世界像の大きさゆえに、マキアヴェッリの思考はその背景からしか見通せないことがあらためて明らかとなった。したがって『君主論』は、もはやなによりも活動的な世界形成のための道具としてではなく、反対に——混沌とした現在のなかへ置かれた——つねに平穏にあこがれる、ひとりの男の作品としてあらわれてくる。同時にこの平穏が二度とめぐってくることはありえないということもマキアヴェッリにはわかっていた。それゆえにこそ、平穏への彼のあこがれから大胆な冒険が生まれてくる。世界にふたたび平穏がもたらされるよう、イタリア解放のヴィジョンと規律ある構成によって彼の世界に新しい秩序を与える冒険である。だが彼の内奥にある絶望の度合いを唯一測ることのできるこの大胆な構想によって、彼は世界をまるごと飛び越えてしまう。大胆不敵などう猛を組織することでマキアヴェッリは彼の時代の傷をいやすことができると信じるのだが、結局、たとえ逆さまのユートピアであるにせよ、新しいユートピアを創造するにすぎない。政治的現実に対する『君主論』の関係にかぎっていえばそうなる。しかし一方、幸福と平穏への大きなあこがれが彼の背後でひとつの芸術作品をつくりだした。ひとつの時代がとっくに過ぎ去ったあとも時代の苦しみと営みが生きつづける、死にゆくイタリアの物語である。『君主論』は政治技術の教科書として役にたつものではなかった。なぜなら絶望的な跳躍をすることで、その時代の堕落を怪物的なものへ高めることしかできなかったからだ。だがそれは、時代をもっとも深く苦悩する男が形成した表現としてフィレンツェやイタリアの生の上方に芸術作品として存在する。マキアヴェッリは行動を拒まれた男である。しかしそれゆえにこそ、作品のなかで現在のカオスを、過ぎ去りゆく一瞬のあいだだけではなく、永遠に平穏へいたらしめることに成功したのだろう。おなじような実験をべつなやり方で試みた、引きさかれた時代からのもうひとりの亡命者のように、この新しい魂の人は――語るのではなく――歌えばよかったのだというべきではなかろうか。マキアヴェッリの『君主論』も最後はペトラルカの「我がイタリアよ」ではじまるカンツォーネの詩句で終わる以外にない。

ヴィルトゥは狂暴に抗し武器をとるであろう、
戦いはたちまちのうちにやむであろう。
いにしえからの勇気が
イタリアの人びとの心にいまだ滅びざるがゆえに。

訳注

(1) セウェルス　一四六―二一一。ローマ皇帝。アフリカに生まれる。部下軍隊によって皇帝に推された。

(2) モーゼ　ユダヤの大立法者。イスラエル民族の出エジプトと荒野の遍歴を指導した。シナイ山で神から十戒を受けたといわれる（旧約）。

(3) キュロス二世（大王）前六〇〇頃―五二九。ペルシアのアカイメネス王朝の王。二〇〇年間にわたるペルシア帝国の基礎をつくったといわれる。

(4) テセウス　ギリシア神話の英雄。マラトンの牡牛を退治し、また迷宮に入り怪牛ミノタウロスを退治したと伝えられる。

(5) ヒエロン二世　前三〇六頃―二一五。シュラクサイの僭主。第一次ポエニ戦争でローマと結んだ。海上の治安維持のため艦隊を保有し、またアルキメデスの知能を市の防衛に利用した。

（6）アガトクレス　前三六一―二八九。シュラクサイの僭主。父は陶工。富豪の寡婦と結婚した。傭兵を率いてシュラクサイに帰り僭主となった。

（7）引用の文言は第一五章にある。

（8）アウソニウス　三一〇頃―三九五頃。ローマの詩人、修辞学者。

イロニーと武器

高揚はどのようなものであれ挫折した現実意識を表現する。それゆえ『君主論』の結びの呼びかけの興奮も、マキアヴェッリが使節を務めはじめたころに発現し、さらに追放によって強められた彼固有の心的状態に起因する。マキアヴェッリがまだ実務経験を積む日々をおくっていたとき、この特異性は政治的出来事の美的中立化というかたちをとってあらわれ、そこから政治的駆け引きの理論と大胆な行為者のイメージが導きだされた。世界と形成された彼の内面とのあいだにある本来の緊張は、その時点ではっきり認められたわけではなかった。チェーザレ・ボルジアの運勢が下り坂になったとき、マキアヴェッリは素朴な不実さでチェーザレを無視したが、セニガリアで深い感銘を受けたチェーザレのイメージを忘れることはなかった。マキアヴェッリにおける内面と世界との緊張は、追放を経験したあと、はじめて表面化する。だがそのときには、この緊張が、失職という現実と大きな行動という夢のあいだで不幸なマキアヴェッリを引きさくほどのきわめて危険な仕方であらわれる。彼の遁世が以前はとりすました遊戯のうちにあったとしても、追放のあいだに彼の心にルサンチマンが忍び寄り、素朴な唯美主義は大きな絶望のまえで砕け散ってしまった。このときはじめて——深い危機意識に燃えたって——政治的世界の一貫した美的変容がはじまった。変容を加えることで、彼は官職を与えようとしない平凡な現代に、いわば復讐をしたのである。このことは『君主論』のなかでその頂点に達する。興奮があまりに激しいので、人びとは、その情熱のまえで金縛りにあったように立ちつくしてしまい、自由なイタリアのイメージを生みだした暗い苦悩の響きに耳を傾けることがない。今日の観察者だけが、病的な陶酔状態の特徴をすべてそなえるこの絶望的高ぶりの深い意味について想像をめぐらすことができる。なぜなら、われわれは『君主論』の結びの呼びかけとローマの掠奪をひとつの同じ地平の視点からみることができるからだ。われわれは『君主論』が終わりの始まりであることを承知している。

しかし、マキアヴェッリのほかの作品がたとえわれわれをべつな方向へ向けることになろうとも、マキアヴェッリにおける挫折した現実意識を検討するためには、これまでの論述ではまだ十分とはいえないであろう。ロマン的・美的人間の特徴として昔から現実に対するふたつの基本的態度がみられる。すなわちイロニーと暴力である。イロニーのなかでイメージと現実のあいだの隔たりは笑みのうちにやわらげられ調停される。それに対し暴力はあらゆる緊張を剣で打ち砕き、激しい怒りとなっておびえた世界にくだされる。それゆえすべてのロマン主義の始めには皮肉な遊戯があり、終わりには野蛮な自然主義がある。われわれがマキアヴェッリとはじめて出会ったときそれは口もとの笑みにあらわれていた。『君主論』でマキアヴェッリは解放されたイタリアの神話でもってすべての現実を高々と飛び越えるが、神話の霧のなかからときどき（『ローマ史論』でも同じく）剣の光をちらつかせていた。だがほかの作品では始まりと終わりがそれ自体いわばべつべつの生をおくっている。喜劇その他の小品では笑み、『戦争の技術』では剣という具合に。したがって最後には、外見上は正反対のすべての作品が同一の根から生じていることが明らかになる。喜劇と戦術に関する作品こそ、世界を内面に取りこんで生への道をもはや見つけることのないマキアヴェッリの心底挫折した現実意識をもう一度証明する資料となるものである。中心には解放されたイタリアの神話が、そして周辺にはいつも皮肉な笑みか剣が置かれている。

イロニー

マキアヴェッリは喜劇作品において――とりわけ独創的な『マンドラーゴラ』で――『君主論』が悲劇としてつくりあげたものを喜劇として描いているといわれてきた。たしかにそれはあたっている。『マンドラーゴラ』と『クリツィア』にみられるフランスのシャルル八世のイタリア侵攻への当てこすりが示すとおり、イタリアの危機は影のように喜劇を覆っているからだ。しかしそのように時代と直接関連づけることですべてを語るわけにはいかない。これらの喜劇が帯びている内面的関連を追跡することのないまま、これまでもっぱらマキアヴェッリだけに取り組み、そこから一歩も外へ出ないのが外面的伝記の特徴である。それゆえこれらの喜劇は、たいてい副次的に文学的珍品としてあつかわれ、マキアヴェッリの一般的な精神状態と喜劇作品との内的関係が解明されることはなかった。この内的関係を解明するためにより重要なのは、他の作品と同じく喜劇において、人間の根源的悪性の原理およびあらゆる歴史的時代における人間の不変性の原理が述べられているという点を理解することであろう。それゆえ古代の喜劇を現在にぴったり合うように改作できるのだ(『クリツィア』プロローグ)。だが人間のこの根源的悪性は、いかにもマキアヴェッリらしく、たとえばモリエールの場合とは異なり、道徳的に描かれてはいないし、暗黙のうちに非難されているわけでもない。むしろ悪性はいわば乗り越えられない状態として置かれている。それは現実そのものなのだ。『君主論』は同じ事実状況から出発したが、君主がこの悪性を解放されたイタリアの未来像のために権力によって克服した。それに対し、喜劇のなかで人間の根源的悪性は美的に高められる。イロニーは目のまえの出来事を不条理にまで高める。すると喜劇的効果が平凡な現在と登場人物たちの途方もない腐敗とのあいだの緊張のなかに生まれてくる。だれもが誇張だと感じ、そのように成立する逆さまな世界を安心していっしょに笑うことができる。神話の笑いの形式は逆さまな世界である。それゆえアヴェマリアを唱えながら、管区への布施をほしさに買収され男女の取り持ち役を演じる神父ティモーテオへの笑いが生じるのだ。しかもこの好色な僧は、けっして大笑いを引きおこすのではなく、こともあろうに徳の番人が悪の道具になる、こうした戯画化ゆえにかすかな笑みだけを誘うのだ。この逆さまな世界のなかで不幸なマキアヴェッリも朗らかな気分のうちに追放の苦しみを忘れるのだが、それにもかかわらず意識のなかの分裂は克服されることはない。

逆さまな世界のおもな登場人物は、跡継ぎの子どもを熱望する紳士ニチア、どんなに努力しても彼に子どもを産めないでいる貞淑で若く美しい妻ルクレツィア、パリでその美貌についての評判を聞いただけで愛に身をこがす恋するカッリーマコ、そして海千山千の僧ティモーテオである。カッリーマコは医者の役に扮し、妊娠できないこの若い夫人にマンドラーゴラの根を処方し、その薬を服用した直後のルクレツィアと交わる男はすぐ死ぬことになるという話をでっちあげる。解決策は明らかだ。カッリーマコは――浮浪者の変装をし――自分を捕まえさせ、これまで情愛をこめて近づくことがかなわなかった美しいルクレツィアのもとへ、その夫によって無理やりつれていかせる。そこまでは『マンドラーゴラ』は聖コキュによって決められた図式をはみ出すことはない。ただし最後の瞬間に、たいへん大きなじゃまが入らなければの話である。すなわちルクレツィアの美徳である。彼女は一度神への誓願をやめさせられたことがある。彼女が祈りを捧げに通う教会の僧たちが彼女に迫って――子どもをほしがっている彼女の望みを、どうやら世間の自然なやり方でかなえるためであったらしい——彼女を怒らせたのだ。しかし今度は美徳を支配するために名案が見いだされる——ここからマキアヴェッリの皮肉な芝居がはじまる。ティモーテオ神父は、見知らぬ男を受けいれれば、それが神の好まれる行為を果たすことになるのだといって、この貞淑な女性を説き伏せなければならない。彼女が天国に席を占めるためにはそうするしかないのだ。そして「神は善と同じく悪に」報いるのだと、このでしゃばりな神のしもべは述べるのである。こうして世界は逆転する。ティモーテオは、二時間書物を読みふけり事例を研究したうえで、聖書の論拠をもちいて若いルクレツィアの抵抗を打ち破る。そして芝居の顚末はどうなるのかと好奇心にかられ一晩中起きている。結局大きな奇跡が起きる。貞淑なルクレツィアは「神の好む」行為に喜びを見いだしたのだ。彼女は取り持ち役のティモーテオにたくさんの布施で感謝する。カッリーマコのほうは感激した彼女の夫から家の鍵を受けとり、今後なんの妨害もなく家庭医の役を演じることができる。浮浪者に死は訪れないだろう、最初の夜のあとにまだ多くの夜がつづくだろう、紳士ニチアは自分の手柄ではないにせよ息子を手にいれるだろう、かくしてルクレツィアもほんとうに幸せになるだろうと、われわれは笑いながら推測する。

「逆さまな世界」に関する表現をどの程度まじめに受けとるべきかは、タルクイニウス・スペルブスの息子が力ずくで辱めたルクレツィア(1)に関するリウィウスによって語られた話(マキアヴェッリはまちがいなく知っていた)と対比してみると明らかになる。凌辱を受けたあと、このローマの淑女は夫と父親を呼びよせ、そのことを報告するやみずから短刀で胸を刺したのである。この伝説は、ほかの似たような物語と結びつきながら、古代と中世を通じて遠方にまでわたる反響を呼んだ。ルクレツィアの自殺に押しつけられたモチーフ(およびその行為の正当性に関する判断)はさまざまであったが、ルクレツィアの美徳に対する尊敬はルネサンスにいたるまでかなり一貫して保たれていた（G・フォークト）。たとえばボッカッチョもこの女性について物語っている（『烈女列伝』四六番）。それとはべつに注意すべきは、ボッカッチョが『デカメロン』において、力ずくで誘惑される女性のモチーフをアルガルヴィアの王に娘を嫁がせたバビロニアのサルタンの話のなかで彼らしいやり方で滑稽化していることである。サルタンの娘は旅の途中九人の男の手に落ちる。彼女は、たくさんの涙を流しながらではあれ、多少は自分の意志もともなって、男たちの脅しにそのつどしたがうが、やがて処女として父親のもとへ帰る（『デカメロン』二日目第七話）。この皮肉な結末でマキアヴェッリ以上にあらゆる現実が揚棄されている。マキアヴェッリのほうは『マンドラーゴラ』のなかで、崇高な領域の古代の素材を好んで正反対のものに変える茶番劇の遊戯的テクニックにならいながらも、彼特有の粗野と卑わいさでもって、ある程度現実の要素を芝居のなかへふたたび取りいれるのだ。

　短編小説『大悪魔ベルファゴール』もこの関連のなかにある。この悪魔は、地上で人間の情欲に感染し虚栄心が強くなり金銭を使いはたしたあげく、地上で娶っている彼の妻が迎えにくるや恐れをなして地獄へ逃げ帰るはめとなる。これによりプルトン[2]は、たいていの人間はただ妻のせいで地獄へ堕ちるのだという決定的な確証を得る。この短編小説の特徴もまた逆さまな世界である。従来の秩序は、人間が悪の誘惑から逃れることを期待するのに、悪魔のほうが人間の悪質さに逃げだしてしまうのだ。皮肉な滑稽化は、謝肉祭の冗談を思わせる、まったくすべてがあべこべになった『遊び仲間の規約』において頂点に達する。口の軽さ、誹謗、毒舌、偽善、不親切、ねたみがこの団体の会員の義務である。表決のさいには少数派が決定をくだす。ばかげたおしゃべりがとぎれてはならない。多言を労してなにも伝えないすべを心得ている者が報われる。それぞれの男女は相手を変えてひと月に二週間いっしょに寝なければならない。違反すれば二カ月間ぶっ通しで寝なければならない等々。これもまた、一連の魅力的な詩『謝肉祭の歌』と同様、たんなる愉快な気晴らし以上のものである。秩序のない現実は、それ自体美的に変形され、やがてひとつの芸術作品が成立する。そのカーニバル的パラドックスは笑みとともに受けいれられる。そのときイロニーは、そうした眩惑と生とのあいだの緊張をやすやすと遊戯的にやわらげる。しかし効果をあげるために大事なのは、あくまでも両者のあいだの緊張がことさら強調されているということである。マキアヴェッリはけっして非現実なおとぎの国の世界で満足することはない。彼は薄笑いを浮かべつつ、おとぎの国越しに生をぬすみ見る。『謝肉祭の歌』のひとつ、「松の実売り」のように往々にして無類にいかがわしく。だからマキアヴェッリがときどき手がける牧歌では結局成功していない。まさしく彼は素朴な羊飼いではなく世界からの逃亡者である。しかもなお生を捨てることのできない逃亡者なのだ。明朗な気分のときは、芸術世界と生とのあいだに感じられる隔たりの上で皮肉に戯れる。しかし憤懣に襲われると剣を引き抜き、驚く世界の上に振りかざしてみせる。世界には刃の輝きにうっとりする者もいれば、また不安に駆られて平凡という洞穴のなかへ身を隠す者もいる。

武器

マキアヴェッリが必然的に戦術論へ向かわねばならなかったことを理解するのは重要である。というのは君主を強力なものにする彼のヴィルトゥとは、なによりも戦争における戦闘力であるからだ。それゆえ、われわれは彼のこれまでの作品すべてが軍事学的見解で貫かれているのをみた。マキアヴェッリはその見解を一五二〇年にひとつの作品にまとめる。一五二一年に早くも印刷される『戦争の技術』全七巻である。そのさい、彼がとくにスイスで実施されているのをみた徴兵による国民軍（常備軍《オルディナンツァ》）の思想をはじめてあらわしたこと、そして指揮官を含め傭兵による軍隊（傭兵隊《コンドッタ》）を排除しようとしたことが彼のおもな功績であり、当時としてはじつに斬新な改革である。この思想はつぎの時代にいったん姿を消す。そしてあらたに大きく蘇るのは、一七八九年のフランス革命のあとヨーロッパの反動勢力が若い共和国に対して戦いを開始したときであった。ナポレオンの軍隊となってヨーロッパ中を進軍した「国民総動員《ルヴェ・アン・マス》」や、「武装した国民」に関するシャルンホルスト(3)とグナイゼナウ(4)の考えはフィレンツェ人マキアヴェッリの先駆的構想を三〇〇年後に実現したものである。長年にわたってマキアヴェッリがふだんの仕事のかたわらフィレンツェ人民軍の創設にたずさわったことは（ホーボーム第一巻を参照）、われわれもすでにおりにふれて耳にしてきた。ただし、それが首尾よく効力を発揮できたかどうかの判断には異論のあるところだ。バンデロ(5)の説話が語るところによれば、マキアヴェッリは、あるときミラノの名高い傭兵隊長に彼の新しい軍事演習のひとつを披露しようとした。人びとは長時間埃と灼熱の太陽のなかに立っていた。マキアヴェッリはいつまでたっても彼の隊形を整えることができなかった。それどころか、すでに訓練を積んでいた三千人の兵隊たちともども、いわゆる烏合の衆と呼ばれてもしかたのないことだけを――ただしめったにないほど完璧に――遂行したのだった。そのとき傭兵隊長はマキアヴェッリを押しのけ、口笛で合図を数回送り隊形を立て直した。もっとも軍事学者自身が実戦の経験者でなくてもかまわない。しかし、この説話にはもっと深い意味がある。マキアヴェッリは、ひじょうに本質的な根本思想の持ち主であるにもかかわらず、戦争の理論家としても奇妙な道を歩んだということなのだ。その道はまさしく彼の人文主義的遁世に由来し、したがって彼の戦争理論をもっともよく知る専門家なら「天才と素人芸の奇妙な産物」と呼びうるものであった（ホーボーム）。

『戦争の技術』は、コジモ・ルチェラーリのオリチェラーリの園で交された討論のかたちで書かれている。この討論に参加するのは当主コジモのほか、傭兵隊長ファブリツィオ・コロンナ、ザノービ・ブオンデルモンティ、バッティスタ・デッラ・パッラ、ルーイジ・アラマンニという教養豊かな男性たちである。彼らは親しく晩涼に座し、選び抜かれためずらしい木々の下で、ファブリツィオ・コロンナの命題に論議を尽くす。その命題によれば、イタリアの軍事制度の改革と改良は古代の軍隊組織にならう以外にありえないというのだ。マキアヴェッリは古代の軍隊組織を模倣して市民の武装化という構想を得るのだが、それは既述したようにマキアヴェッリがスイスで実現されているのをみて、明らかに傭兵部隊を凌駕しているとみなしたものだった。そのため軍隊はローマの軍団形式を完全にまねて召集される。スイスの連隊はローマの軍団の現代的なかたちである。こうしたすべてに大きな意味があるとしても（とりわけ傭兵募集にかわる当番兵の召集制度）、マキアヴェッリは古代の軍隊組織の模倣に努めるうちに、たとえば大砲の役割を最小限に抑えるときなど――その当時ですら――まったくばかげている結論へいざなわれてしまう。この大砲こそ彼の時代およびすぐつぎの時代に、もっとも大きな意味をもつべきものであった（ラヴェンナ、ノヴァーラ、マリニャーノの戦い）。ここでも浮き世離れした人文主義がすべての現実を跳びこえる。マキアヴェッリにとっては現状への適応より古代の徹底的模倣のほうが重要なのだ。この作品のなかで生命を保ちつづけ後世にも影響をおよぼしたのは、国民軍の創設が国家の統一を促進するのに対し、傭兵制度はイタリアをみればいちばんよくわかるように統一をさまたげるという思想である。したがって国家を建設するために、どんな手段も役にたたなければ、最後は剣に訴えることになる。ロマン的遁世は結局自分の武器で防衛するものとしてのヴィルトゥに強くしがみつく。また国家は独立を守るために、いつの時代にもたしかに武器を必要とする。だが問題は、どのようにして人は自分の武器で防衛せよという要求にいきつくのかということである。マキアヴェッリの国家は現実のはるか上方に描かれた遠くの美的イメージから生みだされる。彼が述べる国家とは、すべて現実的な意味で政治的というよりはむしろ美的なものである。ところがマキアヴェッリはここでもたえず現実のほうへ視線を送る。それゆえ彼はみずからの政治美学の体系から突然武装してあらわれ、夢が現実のものとして彼に約束したすべてに対し広大な戦場でもういちど決着をつけるのだ。マキアヴェッリの武器への最終的要請は、彼が称讃したローマやスイスの武装した市民の秩序とは正反対のものである。その市民たちは平和なときは日常の活動に従事し、平和がおびやかされるや武器をとる。それにはとりわけ、鋤や帳簿のかわりに武器をとれる態勢を有する、血縁的あるいは村落的共同体秩序という固い集団秩序が前提となる。だがマキアヴェッリの時代には、そうした秩序はもはや存在しなかったし――われわれがすでにみたように――彼自身にも秩序を実現するための手段が欠けている。それゆえ彼は――言語によって民族の統一を成し遂げようとする者のごとく――あべこべなことをしてしまう。民衆の戦争態勢を活性化することによって民衆の秩序をつくりだそうと試みるのだ。しかしそれは不可能である。確固とした秩序のなかに生が再建されていないかぎり、自前の武器をもちいた防衛も意味がない。その証拠に、マキアヴェッリによって再組織されたフィレンツェ市民軍はプラートで敗北し、彼の時代のイタリア全土が軍事的に無力だった。民衆を無理やり軍隊の秩序にしたがわせても秩序の構築はなされない。秩序があってはじめて軍隊に安定が与えられる。それゆえ、フランス革命やドイツ解放戦争の軍隊が勝利することができたのは、民衆の幅広いそして深く浸透した新秩序が軍隊に先行していたからである。それに対してマキアヴェッリに残されているのは抜き身の剣だけである。その剣は、きわめて深い衝撃を受けた現実意識のシンボルである。なぜなら、その細い刃の上に命運をかけて置かれているのは、持続する制度によって生のエネルギーを揺るぎない形式に結びつける、広く水平な秩序のなかでしか実際には繁栄することができないものだからだ。

終　焉

サン・カシアーノで不本意な暇をかこつマキアヴェッリから話がそれてしまったが、この地でマキアヴェッリは財産の管理をするかたわら、サイコロ遊びやいくつかの恋の冒険、そしてとりわけ『ローマ史論』と『君主論』の執筆に没頭していた。ロレンツォとジュリアーノ・デ・メディチに捧げた『君主論』こそ——彼の意図した——新しい政治的経歴を彼に開くはずであった。彼はこの作品を、教皇のもとにいる友人のフランチェスコ・ヴェットーリに頼んでいた任官の推薦に役だてるつもりだった。しかしそれにもかかわらず彼の努力は実を結ばない。なんらかの好意が彼に示されることがあっても、それ以上の進展はない。マキアヴェッリは一五一九年と一五二三年の二度にわたってフィレンツェの政治体制について意見を求められるが、それにもたいした意味がない。意見を求められたのは彼のほかにも大勢いるからだ。そのさいできあがった覚書は、あまりに詳細すぎて実践的には使えないものだった。それに比べ、フランチェスコ・グイッチャルディーニの構想ははるかに現実的かつ実践的であった。また、マキアヴェッリがそのころ命じられた使節の仕事も重要なものではなかった。たとえば一五二一年にカルピのフランチェスコ修道会へ派遣されるが、そのおりマキアヴェッリは、ふざけて「フランチェスコ修道会駐在大使」という肩書きでグイッチャルディーニに手紙をしたためる。グイッチャルディーニは、かならずしも思いやりがあるとはいえない返事を送る。「親愛なるマキアヴェッリ。修道坊主団駐在共和国大使なるあなたの肩書きを読み、あなたがかつていかに多くの王侯君主と交渉を重ねたかを思いますと、リュサンドロス(6)のことが念頭に浮かびます。彼は多くの勝利と戦利品をもたらしたあと、誉れ高く指揮した同じ兵士たちに肉を分配する仕事を依頼されたのです」。それに対してマキアヴェッリは、グイッチャルディーニから遣わされた使者たちを農民や僧侶たちにひけらかしている様子を、少しふざけながら、しかしかすかな苦しみの響きをこめて報告する。「明日、わたしの用件に関するあなたの助言をいただけるものと期待しています。あなたは石弓兵をひとり遣わしてくださるでしょうけれど、この連中が死ぬほどびっくりするように、兵士には早馬で汗まみれになってここに到着してもらいたいものです。そうなれば、あなたはわたしに名誉をもたらすことになりますし、同時に石弓兵たちの運動にもなります。それにこの春の季節、馬のためにとてもいいことです」(一五二一年五月一七日)。マキアヴェッリが手紙を書いているあいだ農民たちは口をぽかんとあけ帽子を手にして立っている。彼らには長々と書くことができるのが驚きなのだ。もっとびっくりさせるためにマキアヴェッリはときどき羽根ペンの手を休め、せきばらいをする。そうすると彼らは感激を抑えきれない。こんな具合にマキアヴェッリは我が身をなぐさめて、つらい境遇を忘れるのだ。

こうした状況にあってもマキアヴェッリは、ときどきすばらしい仕事をする。たとえば、債権取りたての用件でルッカへ派遣された機会を利用して、政治体制を研究し、とりわけ一四世紀の波瀾万丈に生きた軍事指導者でルッカの支配者でもあったカストルッチョ・カストラカーニについて小品を執筆する。この著作は君主を美的に高めるもうひとつの『君主論』であるが、こちらは短編小説としてまとめられている。この作品は歴史半分、創作半分で、シュラクサイのアガトクレスの話に由来する人文主義的回想によって効果が高められている。同時にマキアヴェッリはこの作品のなかで、ちょうどかつてチェーザレ・ボルジアに対してそうしたように、故郷の都市をもう一度美的に裏切るのだ。彼の故郷はカストルッチョ・カストラカーニによって攻撃され多くの損害をこうむって敗北したのだった（一方『フィレンツェ史』のなかではカストルッチョ・カストラカーニに対する評価はこれほど肯定的なものではない）。ここで描かれた君主については、マキアヴェッリ自身の言葉で紹介してもらうのがいちばんよい。「カストルッチョ・カストラカーニは、したがって……その時代だけではなくそれ以前の多くの時代のなかでも類いまれな男だった。身の丈はふつう以上で、均整のとれた体格をしていた。容貌は魅力的で、しかも親切に人びとと接したので、彼と言葉を交した者はだれでも満足して彼のもとを辞した。彼は赤みがかった髪を耳のうえあたりで切っていた。雨が降ろうと雪が降ろうとどんな天気のときでも頭にかぶり物をつけずに出かけた。彼は友にとってかけがえのない存在であり、敵にとって恐ろしい存在であった。臣下に対しては公正で、よそ者に対しては信義を守らなかった。あざむいて勝てる場合にはけっして暴力に訴えようとはしなかった。なぜなら勝ち方ではなく勝利だけが栄光をもたらすと彼はよくいっていたからだ。身を危険にさらすのに彼ほど勇敢な者はいなかったし、危険から逃れるのに彼ほど巧みな者もいなかった。彼がつねに口にしていたのは、人間はなんでもやってみるべきだし、なにごとも恐れてはならない、神は強い者を愛する、なぜなら、だれでもわかるとおり、神はたえず無力な者を力の強い者によって懲らしめるのだからということだった」。カストルッチョ・カストラカーニはチェーザレ・ボルジアの一種の弟であるばかりではない。われわれはこのきわめて具体的なイメージを手がかりに『君主論』がどこへ向かうのかということもはっきり認識できる。すなわち、ルネサンスにおいてとくにめずらしくはなかった人間のひとつの典型を純粋に芸術的に形成することへ向かうのである。その場合、国家建設の諸問題はこうした生の形式をより豊かに飾るための引きたて役にすぎない。ところがこの作品の最後に、まったく新しい種類の調子があらわれる。われわれはそれを老いゆくマキアヴェッリの声と呼びたい。カストルッチョ・カストラカーニは最期を迎えたとき、後継者を呼び寄せ政治的遺言をじつにおごそかで諦念のこもった言葉で伝える。ルッカがいまのように大きくなれたのはただ彼の並外れた勇敢さによること、しかし後継者は今後ルッカのかつての敵、とりわけフィレンツェと折り合うよう努めねばならないことが彼にはわかっている。人はみなおのれの力を知り、おのれの力でできることだけを求めねばならない。彼自身も運命を見通すことができず、自分が比較的早く死を迎えるはめになることを推し量ることができなかった。だが、もし彼がそのことをまえもって知っていたなら、これほどがむしゃらになることもなく、後継者にはもっと小さな国を、だがもっと安全な国を残したであろう。この文章にはいつもとは違った疲労感が漂っている。マキアヴェッリは運命との闘いにおいて彼の要求を引きさげたのだ。死に瀕した傭兵隊長がみずから控えめであることを認める様子は、ほとんど感動的である。たしかに、事業が完成するまえの予測できない瞬間に神に召されることもあるただひとりの者の力に依存した大きな帝国より、小さくても基盤の安定した国を建設するほうがよい。

このあとマキアヴェッリに託されたもっとも重要な課題は、一五二五年フィレンツェ市民軍の新たな再編成の問題である。この年、来るべき不幸の暗雲が不気味にイタリアの上を覆っていた。マキアヴェッリは教皇に接見され、彼の提案が検討される。だが彼に示されるのは、市民の武装化という彼の考えは、イタリアに統一的秩序が打ち立てられないかぎり実現不可能だということである。現状のままなら、さまざまな党派が武器を使って互いに攻撃しあうだけで、イタリアの自由を守ることなど、だれひとり考えないだろう。この判断はイタリアの実情へのきわめて深い洞察から引きだされたもので、マキアヴェッリが提案していたものよりずっと現実政策的な精神にみちている。イタリアの没落はまさに将来にあるのではなく、以前からすでに内部では明白なことだった。ローマの掠奪は、イタリアの没落を防ぐために、ただ軍隊を編成するだけではどうにもならない状態が、とっくの昔からつづいていることを証明したにすぎない。この状態に対するフランチェスコ・グイッチャルディーニの感覚は正しいものだった。一五二五年八月七日、彼はマキアヴェッリに宛てこう書いている「われわれはみな、殴打をかわすことができないよう両手をうしろで縛られ、闇のなかをさまよっているのだと思います」。一方マキアヴェッリは心を高ぶらせたままである。興奮のやり場のなさが、もっぱらグイッチャルディーニとの手紙のやりとりのなかで明らかになる。マキアヴェッリがときどき「歴史家、喜劇作者、悲劇作者」と署名するように、話の対象はじつにいろいろである。マキアヴェッリは『マンドラーゴラ』の運命やグイッチャルディーニの娘の結婚の件まで気にかける。彼は、ペスカーラに皇帝軍を裏切らせようと画策して逮捕されたモローネについて書きとめる一方、著作活動に引きこもり、そうすることで彼の苦しみを解消する。それゆえマキアヴェッリはこう書き送る――『フィレンツェ史』執筆の助成金が増額されたあと――「執筆を再開しました。われわれを現在の状態へ追いやるのに、全力を尽した君主たちを告発して、溜飲を下げるのです」(一五二五年一〇月から一一月ごろ)。また彼は同時代人たちのふがいなさを嘆く。「ペスカーラ公が死んでしまったので、だれもがまたしても熱意をなくしてしまいました。公が死ぬまえは、みな新たな統一のことを話題にしていたのに、公が亡くなったとたん安心してしまったようにみえます。人びとは時間があると思っているのですが敵に時間を与えているのです。自分たちを救うため、あるいはりっぱな最期を遂げるために、なんらかの名誉ある行為または力強い働きがこちら側からなされることはけっしてないだろうというのがわたしの結論です。市民たちがどれほど臆病で、いずれ自分たちを呑みこんでしまう敵に立ち向かうのがいかにいやなのかが、わたしにはわかります」

(一五二五年一二月一九日)。グイッチャルディーニの返事にあるように、嵐は近づき、人びとは無防備のまま路上でそれを待ちうけている。そうした事態にマキアヴェッリは皇帝側がどう出るのかと、あらためてひたすら想をめぐらすが、このときの彼の推測は完全に的をはずれ、誤謬に陥っている。ただひとつ正しいのは戦争になるという見方だけである。それゆえ再度マキアヴェッリは国民軍創設を要求し、(黒隊の)ジョヴァンニ・デ・メディチをこの軍隊の統帥者にすえることを夢想する(一五二六年三月一五日)。このときマキアヴェッリは、ジョヴァンニ・デ・メディチが彼がつねづね反対していた冒険的傭兵隊長をもっとも純粋なかたちであらわす典型だということを見逃している。国民軍の計画を耳にした教皇は、その実現を恐れて身を引いてしまう。マキアヴェッリが任されたのはフィレンツェの城壁を強化することだけであるが、イタリアの解放は成功するにちがいないという希望を捨てていない。「……あらゆる面からみて、こうした悪党どもを国から追い払うのは、ほんとうは簡単なはずなのです。なんとしても、この機会は失われないでほしい……。これまでいかに多くの機会が失われたかはあなたがご存じのとおりです。今回の機会を逃してはなりません。もはや幸運と時間をあてにしてじっと待っている場合ではありません。なぜなら時間はいつも同じ事態をもたらすわけではありませんし、幸運がつねに同じとはかぎらないからです……。イタリアを長年の苦しみから解放し、声と姿のほかには人にあらざる、このいまわしい怪物を退治してください」(一五二六年五月一七日)。イタリア人のなかでも炯眼の者たちには、皇帝軍が動けば、なにがイタリア人を待っているかはよくわかっている。それゆえヴェットーリはこう報告する。「ミラノとクレモナから幾人かがこちらに到着しました。彼らが皇帝軍、すなわちスペイン人やドイツ人について述べるところでは、そこには悪魔のほうがましだと思われない者は、だれもいないということです」(一五二六年八月五日)。

いまならまだイタリアを野蛮人から解放できるという希望にみちた調子にもかかわらず、不満の念と悲壮感がこの数年マキアヴェッリを重くつつんでいる。死をまえにしたカストルッチョ・カストラカーニの暗く沈鬱な気分が彼のなかで残響し、運命に積極的に挑んでゆく意義に対して懐疑的になっている。マキアヴェッリは『カストルッチョ・カストラカーニ伝』に取りくんでいたちょうどこの時期に、かつての上司ピエロ・ソデリーニの勧誘を受けていた（一五二一年四月一三日）。ソデリーニは、高い給料で仕事につき反メディチの陰謀に手をかすよういってきたのだ。しかしマキアヴェッリは『フィレンツェ史』の執筆をつづけるほうを選んだ。もし陰謀に加わりなどすれば財産を没収されるだろうという恐怖からだったかもしれない。数年前なら彼にとってなんらかの取引の可能性があれば、すぐにペンを置くのがつねだった。いま彼はおびえ、世の中の出来事とかかわらなくてもいい著作活動の安全性のなかに引きこもる。彼は美的抽象に心身をすりへらし、もはや生に目をやろうとすらしない。それでもなおこの数年彼が国家の生を気にかけていたとしたら、政治思想家としてではなく、ただ絶望に駆られた愛国者としてである。彼は、あらゆるユートピア的計画と殊勝で美的な願望の向こう側で、フィレンツェとイタリア全体が外国による侵略の洪水に首までつかっているのをあっさり了承する。そしてこの瞬間にマキアヴェッリは多少悲劇的趣をそなえた真の偉大さの外見につつまれる。なぜならマキアヴェッリは結局カストルッチョ・カストラカーニの最期の言葉で『君主論』を葬ったからだ。自由なイタリアへの大きく輝かしい希望もすべて葬られた。いまマキアヴェッリは、フィレンツェがとにかく存続できるよう、そして――すぐあとの誇り高いローマのように――すべてをなめつくす恐ろしい炎の廃墟と化すことのないよう、ながめていなければならない。全体としてみれば思想家マキアヴェッリは、運命とチャンスに挟まれたヴィルトゥとフォルトゥナの力比べを離れ、あらゆる対立が止揚される、楽園的平穏と安全の交わる地点に引きこもらずにはいられない。一方愛国者が目覚めるのは、教皇が――ローマのコロンナ家による蜂起のあと――進撃してくる皇帝軍と前後の見境もなく無謀にも守るつもりのない休戦協定を結んでしまうときである。マキアヴェッリのみるところ、いまはふたつの可能性しかない。平和か最悪の戦争である。皇帝軍の力と数が豊富でも、勇敢に立ち向かう者たちをみれば、彼らはどんなに小さな巣のような場所ですら占領することはないだろうと彼はヴェットーリに宛てて書いている（一五二七年四月五日）。だがなによりも重要なのは、あいまいな協定ではなく、はっきりとした協定を結ぶということである。そこでマキアヴェッリはいかなる「マキアヴェリズム」も放棄する窮地のどん底へ追いこまれる。なぜならこのとき明確な決定と命を救う決定が同一になったからだ。「和平と戦争の両方にそなえなければならない、あいまいな協定を結んでいれば、そのどちらにもそなえることはできないでしょう。その結果われわれにとって不利、敵にとって有利になるのです。敵はわれわれめがけて進軍していて戦争を念頭においています。あなたの方は戦争と平和のあいだで身動きのできないようにされているのです」（四月一四日）。これは、協定の遵守が勧められるのはそれ自体のためではなく、ただ目的にかなうからだという意味に解することができる。それにしてもこの文章には、チェーザレ・ボルジアが没落するときになって友情と信義に訴えたように、信義への逃走も同じく感じられる。そうだとすれば、すべてはマキアヴェッリ的唯美主義の降伏というに等しい。それは彼の内面的終焉だということになってしまうだろう。君主への大胆不敵な助言者はおびえた愛国者となって、戦争の決心がつかない教皇にどんなことがあっても協定を遵守するよう勧めるのだ。多くの事柄がこうした解釈へいざなうとしても、もちろんそれはきわめて慎重に論じられねばならない。とりわけ――すべてが絶望的にみえる――いまこそ『君主論』の結びと同じようにマキアヴェッリが新たな高揚につつまれるのは事実であって、そこから生じる個人的口調は、修辞的活気を帯びる『君主論』結びのフィナーレより感動的かもしれない。彼はヴェットーリを戦争へ駆りたてる。ブルボンが進軍をつづければ戦争しかないと思わなければならない。彼が動かなければ和平を考えねばならない。「この北風であなたも船出しなければなりません。戦争を決意し、すべての和平交渉を打ち切るべきです。同盟軍が容赦なく進軍するやり方で。ここでよろめいている場合ではありません。決然と進むべきです。絶望はしばしば選択が手にいれることのできない手段を見つけることがあるのです。敵は大砲をもたずに難所へ近づきつつあります。われわれに残っているわずかな活力と、現在もっている同盟軍の戦闘力で速やかに進撃すれば、敵はぶざまにこの国から退却するか、それとも正当な条件を呑むかのどちらかです。わたしは愛します、フランチェスコ殿、わたしは祖国を愛します。わたしの六〇年の経験からいえば、これほどむずかしい状況はいままであったためしがありません。平和が必要でありながら、戦争が避けられないのです……」(四月一六日)。二日後(四月一八日)、いくつかのフランスの部隊が支援のためフィレンツェへ向かっているとき、マキアヴェッリは同盟軍に感銘を与えるためにできるだけ早く交渉を打ち切るようながしている。それは彼が待っていた奇跡であり、だからこそ、この手紙が大急ぎでしたためられたのだ。だがあまりに遅すぎた。八日後、皇帝軍はすでにフィレンツェの領域を掠奪し、刻々とローマへ進軍した。それとともに四月二六日、フィレンツェでメディチ家に対する反乱が起きるが、このときは平和的な調停によっておさまった。傷つけられたのはミケランジェロのダヴィデ像だけだった。しかし、五月六日にはじまったローマの掠奪が五月一一日フィレンツェに伝えられると、メディチ家の体制は崩壊し、五月一六日、共和政が復活する。マキアヴェッリはグイッチャルディーニが教皇を救出しようと構えていたローマに近い陣営からフィレンツェへ帰国する。そして彼はイタリアが運命に打ち砕かれたのみならず彼自身の存在が破壊されたことを知る。およそ一五年間彼が奮闘したのはメディチ家の注目をふたたび自分に向けさせるためだった。ようやく彼の運命が変化するようにみえたこのとき、再度メディチ家はフィレンツェを追われたのだ。新しいフィレンツェ共和国は押し寄せる皇帝軍に対する防衛に取りくむなかで、もはやマキアヴェッリを顧みる者はだれもいなかった。友人たちですら彼を避けた。そのうえ奇妙な歴史的皮肉にも、ひょっとしたらマキアヴェッリが人生においてはじめて無条件にそしてルサンチマンのない愛国者であったこのとき、彼の最後の行動と要請にもはや信頼が寄せられることはなかったのである。生涯にわたって傭兵隊長をののしっていながら、こんどは突如黒隊のジョヴァンニにイタリアの解放を期待した男にどうして信頼を寄せることができようか。城塞は役にたたないと繰り返し述べておきながら、みずからフィレンツェの城壁強化委員会の長を務めた男を。慈悲深い運命は、祖国が崩壊し彼の内面が終焉した直後彼に死を贈った。一五二七年六月二二日、ローマの掠奪から約六週間後ニッコロ・マキアヴェッリは世を去った。そしてフィレンツェのサンタ・クローチェ教会に葬られた。

マキアヴェッリ晩年の成果は『フィレンツェ史』だった。一五二〇年末に依頼され、枢機卿メディチ、のちの教皇クレメンス七世から報奨金を何倍か増額して与えられた作品である。近代のあらゆる歴史編修の始まりに置かれるこの個性的な作品は極度に分裂した性格を示している。まず一方で、『ローマ史論』でなされた危機分析が、この『フィレンツェ史』に応用され繰り返されるが、そのさいおもにフィレンツェにおける党派の争いが分析される。それはフィレンツェに比較的あとになって発現しただけに、いっそう国家の成立にとって危険なものだった。他方、彼はこの猛烈な危機分析の矛先をくじいてしまう。たくさんの「色あせた擬古典主義の形式的文章」や「陳腐な決まり文句」を表現にしみこませるからだ（E・フォイエター）。またメディチ家の支配下にあるフィレンツェをあつかう最後の巻でも同様にメディチ家の教皇に配慮して、しばしば持って回った表現をあえてもちい、描写の筆づかいをはなはだしくそこねている。また以前と同じようにマキアヴェッリは、ひょっとしたらイタリアを泥沼から救うことができたかもしれない市民社会が新たに成立してくる徴候を見逃し、すべてを最終的に、さらなる不幸を予感させる包括的な没落の歴史へ方向づけてしまう。貴族支配から市民支配への交代にともなって都市の防衛力は消滅した。小君主や傭兵隊長たちが戦争を仕事にしてしまい、「戦争をあさましいものにした。どんな凡庸な隊長でも古代の勇敢さがほんのわずかでも目覚めさえしたら、かくなる小君主や傭兵隊長たちを無分別にあがめていたイタリア中があきれるほど、彼らを侮辱しただろう」（第一巻終章）。市民たちの側にも進行する都市の腐敗をくいとめる能力のないことは明らかだった。「商取引のなかで成長した」男たちは、みずから武器をとるより報酬目当ての者たちに戦わせた。それによって都市の政治的無能力が決定的となった。同時に大市民は民衆を苦しめ、都市に新しい党派争いを引きおこす耐えがたい高慢さをたちまちのうちにあらわにした。またこの没落の歴史を貫いているのは、『ローマ史論』とまったく同じく——諸民族の循環する没落と上昇の理論どおりに——国家の新生というユートピア的構想である。マキアヴェッリはそれを第五巻の冒頭でほかの作品にはない決定的な言葉によって表現した。「国家が変動するときには、たいてい秩序から無秩序へ向かい、それから新たに無秩序から秩序へ移行するのがつねである。この世のものごとが静止していることは自然が許さない。したがってそれは、最高の完成に達し、もはや上昇できなくなるや下降せざるをえない。同じように沈没し無秩序によって最低に達し、それ以上沈むことができなくなると、必然的に上昇せざるをえない。それゆえ人はつねに善から悪へ下降し、悪から善へ上昇する。なぜなら勇敢は平穏をもたらし、平穏は安逸を、安逸は無秩序を、無秩序は没落をもたらすからだ。同じように没落から秩序、秩序から勇敢、勇敢から栄光と幸福が生まれる」。ところで同じ関連のなかで、没落する時代における学問の機能に関する意見が述べられる。それはすべて、マキアヴェッリを相も変わらず理論的国家学の創始者と呼ぶ人びとに一考をうながす主張である。そこでは、武器のあとに学問が、軍人のあとに哲学者がやってくるといわれている。「秩序あるすぐれた武力が勝利をもたらし、勝利が平穏をもたらすと、尚武の気風に富む人びとの力を腐敗させることができるのは、ただ学問の安逸という高尚な安逸以外にない。かくしてこの安逸は、それ以上にはない大きく危険な罠とともに、よく制度の整った共和国に忍びこむことができるのだ」。ジョルジュ・ソレルにもみられそうなこの文は、ほとんどマキアヴェッリを国家理論家とみなしてはならないことをもう一度示している。マキアヴェッリは『フィレンツェ史』のなかでも政治的神話学を展開しているのだ。したがってこの作品の内的評価をおこなうには、マキアヴェッリが――最終目的にいざなわれて――陥った判断の一面性と誤謬をすべて取りだすことのできる歴史家が必要であろう。それに対してこの作品にあらわれた危機意識の分析をおこなっても、すでに検討された問題の繰り返しになるであろう。したがってこの関連における検討の繰り返しはやめ、そのほかの検討は歴史文学にゆだねることができる（とりわけヴィラリを参照されたい）。

たとえたくさんののしりの言葉をフィレンツェに浴びせているにしても、マキアヴェッリは『フィレンツェ史』によって当然フィレンツェ人という名を受けるにふさわしい。なぜなら、その批判にはこのすばらしい都市への深く敬虔な愛が込められているからである。マキアヴェッリは、まぎれもなくこの都市の息子であったし、息子でありつづけた。自分の魂より祖国を重んじる人びとに関する文は、まさにこの愛の産物である。『フィレンツェ史』を最初のページから最後のページまで貫く、自分の魂より祖国を重んじるというこの一文は、『フィレンツェ史』のモットーとしてもマキアヴェッリ全生涯のモットーとしても掲げることができる。だが真に愛する者はつねに不幸を覚悟しなければならない。マキアヴェッリは愛の幸福と不幸の両方を生きた。彼の人生における大きな断層はつぎのところにある。すなわち、彼は不幸に駆られて思考へ向かったが、その内容には結局内的尺度が欠けている。一方、彼の幸福は彼が作品に与えることのできた形式のなかにしっかりと生きつづけている。

訳注

（1）ルクレツィア　前六世紀のローマの女性。タルクイニウス・コラティヌスの美貌で貞淑な妻。古代ローマの最後の王タルクイニウス・スペルブスの王子セクストゥスにより凌辱され夫に復讐を求めて自殺した。

（2）プルトン　ギリシア神話の冥界の支配者ハデスの別名。

（3）シャルンホルスト　一七五五―一八一三。プロイセンの軍人。ナポレオンに敗退後プロイセン陸軍の改革に着手し、国民的軍隊に改編した。

（5）グナイゼナウ　一七六〇―一八三一。プロイセンの軍人。シャルンホルストとともに軍制改革に努めプロイセン軍の指揮をとった。

（5）マッテーオ・バンデロ　一四八五頃―一五六一。カトリックの聖職者、短編作家。

（6）リュサンドロス　前三九五没。スパルタの将軍。ペロポンネソス戦争後半に活躍した。

形式の問題

マキアヴェッリを総合評価するためのむずかしさは彼が現実に対して挫折した者だというところにある。マキアヴェッリはたしかにその名声の歴史のなかでますます正真正銘の政治的リアリストになっていった。その反面、彼の作品を分析してみればマキアヴェッリがロマン主義的夢想家であることが明らかとなる。『君主論』最後の呼びかけだけが唯一この夢想家という解釈からはみ出し、マキアヴェッリを一挙に当時の現代史の生に引きわたしているようにみせている。夢想家からリアリストへのこの移行は、『ローマ史論』最後で導入される「時代の質」の概念にすでに生じている。この概念はまさしく『君主論』の最後（第二五章）でふたたび取りあげられるが、そのときマキアヴェッリは時代にかなった行動を説き、教皇ユリウス二世のもつ若者の血気（「果敢な行動」）について語る。さらに最後の結論的言説（第二六章）は時代への呼びかけの性格をいっそう強めるものとなる。なぜならマキアヴェッリはもはやたんに君主にではなく、きわめて具体的にメディチ家、それもピエロの息子であるロレンツォ・デ・メディチに助言を与えるからだ。したがって、これまでの章を分析してみればそれは抽象的で道徳的にはきわめていかがわしいものだが、イタリアの解放という最後の偉大な目的をみるかぎり容認できると繰り返し主張されてきたのである。そしてこの最終目的によって実際またマキアヴェッリは、一九世紀のリソルジメントで国家統一を進めたイタリアすべての愛国者たちの心のなかに生きつづけた。しかしわれわれは——これまでおこなった分析の結果から懐疑的にならざるをえないのだが——マキアヴェッリの全貌を最終的に総合解釈するには、彼の助言がほんとうに政治的現実への介入を意味していたのか、また意味することができたのかをもう一度問わねばならない。そこにはまだ、政治的現実への介入という見解を少なくともじつに疑わしいものにみせざるをえない無数の疑問と問題が隠されている。

まず第一に『君主論』最後の呼びかけは、だれに向けられているのだろうか。かつての強力な一族の弱々しいふたりの後裔、メディチ家のロレンツォとジュリアーノである。答えはこれでいいのかもしれない。ふたりの延長上にはチェーザレ・ボルジアの像が浮かんでいて、マキアヴェッリがメディチ家を頼んだのも、だれか匿名の後継者のなかにチェーザレ・ボルジアの勇敢で大胆不敵な精神をふたたび蘇らせるため、あるいはマキアヴェッリみずからが『フィレンツェ史』終章で壮大な記念碑を建てた大ロレンツォ・デ・メディチの政治的賢明さを蘇らせるためであったといえるからだ。これは、『君主論』後半でチェーザレ・ボルジア自体がしだいに匿名性を帯びて高められてゆき、君主そのものに成長するという点を考えれば納得はいく。そうだとすればロマーニャをめぐるチェーザレの戦いは新しいイタリアの基礎を築くという意味をもつことになるだろう。ドイツにおけるプロイセンあるいはのちのイタリア・リソルジメントにおけるサヴォイ家がそうであったように。だがその点にこそもっと詳しい考察が必要である。チェーザレ・ボルジアがロマーニャの国家建設に成功したのは結局だれのおかげだったのか。悪名高い「野蛮人」、フランスのルイ一二世にほかならない。彼のおかげでチェーザレ・ボルジアはヴァレンティーノ公爵となった。そのためマキアヴェッリは『君主論』のなかで、チェーザレ・ボルジアが成果をあげることができたのも、ただフランスの助けによるのだということをいわざるをえない。

だが彼は、チェーザレ・ボルジアが結局はフランスからふたたび独立しようとしたという点を強調し、この援助の意味をできるだけ小さくみせようとする。しかもチェーザレ・ボルジアのフランスからの独立がただスペインの支持によるものであったことは付け足しのようにしか述べられず、その事実に十分光が当てられてはいない。同じくボルジア家が結局はスペイン人の血筋をひいているということもはっきり述べられるわけではない。それはすべてチェーザレ・ボルジアが実際には冒険を求めるほかのイタリアの都市君主たちや根なし草の傭兵隊長たちと同じレベルにあり、イタリア統一を外国人に売りわたしても良心の呵責を感じない点では彼らにひけはとらないことを示している。こうしたすべてが事実であるとしても、チェーザレ・ボルジアが成功したという点で、そのイメージをイタリアの解放者にまで美化することは正当とみなしてもよいかもしれない。しかしチェーザレを美化するさいのマキアヴェッリの現実に対する盲目の度合いはまさに驚くべきものとなっている。あとから国家の基礎を固め、国家の存続を確実にした偉大な行為者と称されるチェーザレ・ボルジアが支配したのは、最初の登場からイタリア出国までの期間を計算すれば、わずか五年間(一四九八―一五〇三年)にすぎない。盲目なのか、それとも美的自己欺瞞なのか。決定をくだすのはむずかしくはないだろう。しかしマキアヴェッリが「リアリスト」であるところでは、イタリア統一など笑止千万だというヴェットーリへ宛てた所見(一五一三年八月一〇日)が示すとおり、彼自身イタリアの統一をまともに信じることはできないのだ。この絶望的告白に比べて『君主論』(第二六章)でのイタリア的武芸者の称讃はお粗末な印象を与える。結局のところ軍隊はヴィルトゥを有する武芸者たちの集まりではないし、軍隊の戦闘力とは個人の手腕から生じるのではなく、個人を世界のなかで管理する堅固な秩序から生じてくるからだ。また『わが祖国の言葉についての談話もしくは対話』は、マキアヴェッリが共通のイタリア語を信じることすらできない、徹底的な地方分権主義者かつトスカーナ地方主義者であることを示している。外国人との関係に関しマキアヴェッリがチェーザレ・ボルジアを唯一非難したのは、父親であるアレクサンデル六世の死後フランスびいきのユリウス二世を教皇の座にすわらせてはならなかった、またしても外国の権力に頼ることになるのだが、スペインの枢機卿を選ぶやり方を押し通すべきだった（『君主論』第七章）という点である。マキアヴェッリの考えはすでに述べられたように（H・バウムガルテン）、ここでも全体としてまったく非歴史的抽象にとどまっている。なぜなら、もしマキアヴェッリがほんとうに『君主論』でロレンツォ・デ・メディチにチェーザレ・ボルジアを手本として、イタリアの統一がどうしたら実現できるかを説明するつもりであったなら、マキアヴェッリ自身が故郷の都市フィレンツェの破壊を望んでいたことになるからだ。自由に慣れた国家を広範な連合国家へ併合するときには根底から破壊してしまうのがいちばん安全であると、『君主論』（第五章）やそのほかの作品のなかでも述べられている。しかも『君主論』執筆の年（一五一三年）こそまさしくそうした状況にあって、ソデリーニの支配のもとで自由に慣れていたフィレンツェにメディチ家がふたたび帰還した時期であった。したがって『ローマ史論』にも『フィレンツェ史』にもダンテの発言そっくりな調子でマキアヴェッリがフィレンツェ人への大きな怒りをあらわにする箇所が見いだされる。だが亡命者のルサンチマンから生じるマキアヴェッリのこの無理からぬ怒りに、フィレンツェへの彼の内奥の言語的文化的結びつきが対峙している。それゆえ彼の作品は、どんなに多様にみえようとも、あらゆる行間から彼がフィレンツェ人であることをうかがわせるものとなっている。国の統一を自分の故郷の都市を否定することではじめようとしているとすれば、なんと奇妙な愛国主義であろうか。結局われわれが『君主論』終章の言葉の意味を文献学的に求めれば、明らかに問題は、イタリアの統一国家ではなく「蛮族」に対抗してすべてのイタリア人が当面力を合わせることなのである。しかもそのあとどうなるのかという点については一言も述べられていない。したがってすでに暗示されたあらゆる状況にもとづき、われわれは『君主論』第二六章はルネサンス人文主義に特有な修辞的空想であると結論づけてもよいであろう。同時にまたマキアヴェッリが心の奥底では本気で述べているのではないと推測してよいだろう。なにしろマキアヴェッリは、「イタリアを蛮族から解放せよ」という声明が彼自身の作品の枠内でそして彼自身の時代の枠内で遭遇する内的および外的困難についての説明を自己に対してまったくしていないからだ。病的高揚がマキアヴェッリをあらゆる現実の問題の向こう側へ運び去る。追放によってマキアヴェッリは彼の故郷だけではなく世界一般において、可能性と現実を区別できない、夢を現実と取りちがえる異邦人になったのだ。

したがって『君主論』を最後の章から解釈する試みにはきわめて問題があるようにみえる。さらに、『君主論』は——歴史の考察という点はべつにして——はたしてわれわれに少なくとも基本的な形で国家論を提供しているのだろうかという疑問がもう一度生じてくる。われわれは前章で自分の魂より祖国のほうを重んじる人々のことを話題にしたが、祖国とはマキアヴェッリにおいてさまざまにかたちを変えて繰り返される言葉である。われわれが祖国をもっとも厳密な意味で受けとるなら、その意味はすでに話題にした、イタリアを蛮族から解放すべしという声明のなかにあると解することができるだろう。しかしマキアヴェッリが述べる祖国に関する諸命題にはもっとべつな意味がありうる。すなわち国家である。マキアヴェッリが彼の君主に与える奇妙な助言をすべて正当化するためにもちいられるのが国家の建設ということであり、そこから導きだされる「国家理性」である。だがマキアヴェッリが政治的リアリストでないとすれば、その解釈には最初から無理があると思わねばならない。事実また「国家理性」という思想はずっとのちの反宗教改革の流れのなかではじめて成立したものである。国家理性の思想がその流れのなかでたとえとくに好んでマキアヴェッリの名前と結びつけられたとしても、その関係はやはり伝説にとどまっており、この伝説の覆いはむろん反宗教改革の政治思想をさらに詳しく分析しなければ取り除くことができないだろう。したがってマキアヴェッリと直接関係するのは、自分の魂より祖国を重んじる人びとに関する命題だけである。しかしこの連関において人はいつ国家を魂あるいは精神以上に愛することができるのだろうか。国家自体が魂の実現、精神の現実態としてあらわれる場合だけである。そのとき国家は民衆の魂および精神のエネルギーの総合貯水槽となり、魂はやすやすと個人的領域から共和国《レース・プーブリカ》の領域、すなわち公の理念の領域へ流れていく。けれどもここではこうした国家を意味しているのだろうか。否である。反対にマキアヴェッリは、のちにフランシス・ベーコンが指摘したように、人間のあるべき姿（すなわち人倫的個人）ではなく実際にあるがままの姿を記述しようとしたのであり、そのことを自慢にしていた。だがマキアヴェッリにとって人間とはなんであろうか。人間は無頼の徒であって、劣悪で腐敗した者なのである。こうした根底の上にどうやって真の国家、すなわち自分の魂より愛することのできる国家を建設せよというのだろうか。しかもたとえば政治的「リアリスト」フリードリヒ大王がいつも目を離さなかった、国家にできる教育活動をも排除したあとにである。通常の数学によれば人間の卑しさを累乗しても卑しさだけが増大し、ほかにはなにも生まれない。どんな政治的錬金術を使っても乗り越えることはできないのである。それについてマキアヴェッリ自身もなにか思うところがあったにちがいない。彼は『君主論』終章の呼びかけで突然、現在の腐敗しきったこの世界を純粋な黄金に変えるべく「奇跡」を求める。マキアヴェッリはメディチ家に向かっていう。「(イタリアの解放のために）すべての準備ができている。したがって、わたしがあげた例を手本とすれば大きな困難はありえない。しかもこれまで例のない、神から発せられるしるしや奇跡が起こっている。

海は分かれ、雲はあなた方に道を示した。岩は水を噴出し、マンナの雨が降り注いだ。万物があなたがたの偉大さのもとへ結集した。そのほかのことはあなた方自身がおこなわなければならない」(『君主論』第二六章)。このような時代にふつうの手段で事の成就はありえない。それにしてもはじめに奇跡を置くとはなんという「リアリズム」であろうか。プラトンが思い描いたような正しい国家がこうした仕方でいつか成立できるのだろうか。しかもマキアヴェッリは、運命と闘って新しい国家を建設すべき意志の自由を叫ぶのだ。だがこの意志の自由は、人倫的に自由な諸精神の国をひとつにまとめ正義の国家を築き上げる人倫的エネルギーなのだろうか。もちろん違う。すべてがそれとは逆のことをあらわしている。マキアヴェッリの「自由意志」は「意志」のない自由である(F・エルコレ)。それは、善と悪を区別する可能性をもたず自由に浮遊しているということであって、あらゆる秩序からとびだした個人の自由である。その個人は自分が自分自身の生命力へ投げ返されたように感じ、完全な孤立という光のない深い孤独のなかで不安におののき、たったひとり時代にいる。事実マキアヴェッリは——ルネサンスのすべての偉大な人びとと同じく——執拗な生の不安に駆りたてられ、不安のあまり必死で秩序を求めようとする。奇跡のためにたとえ魂の至福を代償に支払わなければならないとしても。ほかの人びとにとってこの秩序が、大アルベルティが形式へのあこがれを象徴させた、支えそびえ立つという機能を果たす円柱であったり、あるいはまた単純きわまりない比例から生まれガラスのように澄んだ透明さのなかでほとんど飾り気のない印象を与えるブルネレスキの厳格な集中式建築にみられる幾何学的図形であったとすれば、駆りたてられた精神の憩いの場であるこの秩序はマキアヴェッリにとって君主や国家のイメージであった。このイメージのために彼はすべてを犠牲にした。魂の至福でさえも犠牲にしたのだ。したがってこの国家は、個人の意志を積極的に結集して達成される正義の国家ではない。また国家に関する当時の混乱しきった観念を反映する国家でもない。それは生の一般的な緊急事態をただ切り抜けるためにだけ役だつもっとも深い意味での非常国家である。だが非常国家と正義の国家は同じではない。それゆえマキアヴェッリがわれわれに示すのは国家論ではなく、せいぜい非常国家に関する論、すなわち『ローマ史論』の危機分析のなかで基礎づけられた生の危機状態における国家論である。しかし同時にこの国家の「イメージ」は、ルネサンスの生という全体的地平においてアルベルティの円柱やブルネレスキの集中式建築と同じ役目を引きうける。このイメージのなかで生のごとく抑制のきかないものが内的に和解する。その結果、国家という言葉が芸術作品としてこのときから芸術と現実、すなわち形式と生のあいだで奇妙な両義性を帯びてあいまいになりはじめる。マキアヴェッリの国家論は生へ向けられた理論ではない。それはむしろイメージとして芸術作品になるのであって、そのさいあらゆる現実がもっとも決定的なやり方できっぱりと揚棄され、形式へのまったく違った要求のために抹殺される。

最近、形式の問題に対して『君主論』は「論文《シュリフト》」か「書物《ブーフ》」か（M・ヴァイケルト）という両刀論法《ディレンマ》が展開され、たいへん有益な問題提起となった。「論文」とは、態度を明らかにすること、すなわち作品を生に即して読み解くことを世界に要求する著作であると理解される。論文は理論あるいは綱領としてもそもそも論文自身を越える方向を指し示す。たとえそのほかの点でどんなに完全に仕上げられているとしても。それは生にもとづいて理解されることを欲し、特定の目的に向けられ、証明し、記述し、解明し、認識しようとする。そのため論文をふたたび目的からさえも取りだし測定し、調査し、記述し、討論し、認識することが可能となる——われわれ自身がそうしたすべてをこれまで試みてきた。そのときわれわれが前提にしたのは、マキアヴェッリの『君主論』がそれ自身を越えて具体的な生の状況を指し示すということである。ただそのさい幾度も奇妙な食い違いにぶつかり、それによって結局マキアヴエッリの挫折した現実意識を追跡しなければならなかった。一方「書物」はまったく異なる次元に生きていて、それにふさわしいまったく異なる考察方法を要求する。たしかに書物も読み解かれることを求めるが、自分から世界に歩みよることはない。それは自己自身のなかに閉じこもっている。朽ち果てた廃墟のなかにあろうともプラクシテレス[1]の彫像の美が保たれつづけるように、書物はたとえ人びとによって読み解かれることがないとしても内在的意味をもちつづける。その発展航路は理念から出発し、不幸なオデュッセウスのように世界中を周航することができるが、オデュッセウスもふたたびイタカへ帰郷したように、この航路は最後にはふたたび自己自身へ戻ってくる。書物は生のリズムのなかでこれほどまでに自立してゆくので、世界に対しても著者に対しても殻を閉ざしてしまい、完結後は驚くばかりの内的首尾一貫性をもって著者に対峙する。いかなる書物もこの意味でつねに多かれ少なかれ鍵の失われた象牙の塔のなかにある。これまでマキアヴェッリの作品、とりわけ『君主論』はもっぱらその超越的目的および目標にしたがって考察されてきた。しかしわれわれが指摘したように、マキアヴェッリのすべての行為と思想は美的特徴に貫かれているのであり、それによって『君主論』が美的なものから芸術へもう一度高まったあと、求心的に自己へ戻っていく作品のひとつであるとみなすことができるのだ。これはまた『君主論』のきわめて厳格な形式的構造と合致する。それは『君主論』を政治的傾向をもった論文としてよりも古代の彫像に近いものにしている。『君主論』は芸術作品であり、芸術作品としてしか考察できないし、またそう考察しなければならない。国家を問題にしつつマキアヴェッリは芸術へ到達する。みずからをもっとも深く苦しめるものを芸術作品のなかでしか語ることができないのはルネサンスの一般的宿命であるからだ。生と国家の危機状態によって引きおこされたマキアヴェッリの不安に内的均衡がもたらされるのは、マキアヴェッリにとって現実全体が国家のなかではなく、ただ芸術のなかで美的に変形したあとである。国家はたしかに『君主論』の外的「素材」、すなわち「材料」であって、ほかの人間にとって目に見える世界のようなもの、あるいは形式を求めて訴えかけてくる石のようなものである。だが『君主論』の内的対象は形式となった体験であり、国家や社会そして歴史の向こう側で固有の法則にしたがって固有の生をおくっている体験である。

このことをはっきりさせるために、もう一度『君主論』の構成の問題に戻らなければならない。最初、『君主論』の前半部と後半部のつながりが外見にすぎないことを示す「切れ目」のことが問題になった（F・マイネッケ）。それに対し内的論理にしたがって、はじめにあつかわれた君主政から君主の人物へ移行する『君主論』の切れ目のない連続体という命題が立てられた（F・シャボー）。この見解をふまえて作品を内的に分析すると、ふたつのまったく対称的な部分になっていて、それをさらに細分化しても互いにぴったり対応することが指摘された（M・ヴァイケルト）。だがそれも、（M・ヴァイケルトが証明するように）もし新たな内的高まりが生じていなければ、あくまでも『君主論』は学術論文でしかないということになってしまうだろう。この内的高まりによって、すでに第七章からはっきりと目に見えるかたちで、前半と後半の両部分がチェーザレ・ボルジアの形姿という全体相のもとに置かれている。そのなかでしだいにチェーザレ・ボルジアの姿は行為者そのものの形姿としてあらわれてくる。それゆえ『君主論』の二部構成は、最終的にふたたび一本の単一な線へ戻らないわけにはいかない。なぜなら芸術作品である『君主論』は英雄を、すなわちある特定の状況のなかでフォルトゥナに対する戦いを開始し、運命を含めこの世のあらゆる権力に対抗し、最終的にはいっさいの現実の向こう側で勝利をおさめる英雄を示すからだ。チェーザレ・ボルジアを手本としたこの英雄は、『君主論』のなかで現実とはまったく違う視点で成長する。したがって、このうえもなく哀れに破滅したにもかかわらずマキアヴェツリがチェーザレ・ボルジアの形姿をめぐって『君主論』を組み立てることができた秘密はこれで明らかになる。マキアヴェッリにとって現実は完全にどうでもよいものとなった。彼にとって重要なのは、行為者という形姿が混乱したこの世を生き抜き、やがて最終的に運命そのものの進行を阻み、それによって絶大な力をもつ時間を停止させることだけだ。だが時間が停止したなかで成長するのは芸術である。『カストルッチョ・カストラカーニ伝』でマキアヴェッリが物語へ突き進むのをわれわれはすでにみた。『君主論』もひとつの「物語《ロマーン》」である。そのさいあらゆる物語と同じように『君主論』の場合も、すべての現実から引き離す芸術的形式のなかに、ある一定の現在へ向かう素材の構成要素がふんだんに含まれている。芸術とルポルタージュの区別が生じるのは、形式がすべての素材を自己のなかへ取りこみ、新しい種類の意味へ結晶させたことが証明される瞬間である。この証明がもたらされたと思えるのは、M・ヴァイケルトの研究に負うところが大きいが、本書でもその研究成果をもう一度確認し、マキアヴェッリの最初の登場の瞬間から発現した、世界を美的形式の規律に嵌めこむ、いわばマキアヴェッリ生来の唯美主義を明らかにしたことを付言しておきたい。現実を美的形式に練り上げた結果、最後に『君主論』が芸術作品として生みだされる。『君主論』は死にゆくイタリアの物語である。たとえばイタリアの歴史の断片を『フィレンツェ史』と比較してみれば、現在という原料を形式的にこね上げてしだいに芸術への道を開いてゆく工房の様子を如実に見て取ることができる。できあがった作品から、なお残されている人間マキアヴェッリおよび彼の時代の現実と唯一結びつくのが、危機という現実、すなわち追放のなかで頂点に達した彼の個人的危機と、『ローマ史論』で分析された時代の危機という現実である。しかし、世界や自己との救いがたい亀裂という人間の苦しみは、芸術の根本的動因のひとつである。世界の内的な不安と無秩序が個人的な苦しみを不滅のものへ高めるからだ。芸術は完全な形式でもって絶望的な現在にも、現実のなかではけっして得られない正当化を与えるのである。

ここで、ルネサンスの危機状況の認識という新しい問題が生じる。その危機状況は中世的統一世界が崩壊したあと、秩序のないカオスの感情から生まれたもので、いまや新しい秩序は歴史的・社会的世界のなかにではなく、芸術のなかに求めるしかない。それゆえルネサンスとつぎの時代の国家は市民社会が加わった固有の道を歩んだ。芸術はたしかに美の観察と芸術の必要性のなかで生きつづける幸福をもたらすが、この幸福はうつろいやすく、残るのは美だけなのだ。美はその精神の孤独と孤立のなかで生きつづける。どの芸術作品も枠によって世俗世界から際立つように、美はつねに人間から離れている。しかし人間はどうしても働きかけようとする。そこで、たとえ美が失われた世界における唯一の秩序であるにせよ、人間はふたたび美を見放し、美を保護しているあらゆる枠を破壊する。それによって結局芸術も無力なものにならざるをえない。芸術ですらばらばらになった世界をもはや復活させることはできない。それゆえ、のちの世代の人びとは、現実が彼らに提供するもの、およびマキアヴェッリの『君主論』で「理論的に」正当化されたと信じたもの、すなわち狡智と暴力を受けいれたのだ。それとともに近代の人間の荒廃した歩みがはじまる。すでにブルクハルトがルネサンスのなかに出発点をみた、束縛を解かれた生の蛮行がはじまるのだ。マキアヴェッリが混乱した時代のまわりにめぐらした芸術の輪は、ほとんど聞き取ることのできない音とともにふたたび砕け散ってしまい、生において救いがたく破滅してしまったものを形式において救うという希望は失われてしまった。

『君主論』の芸術的性格によって、すでに幾度も言及したマキアヴェッリの思考のべつの特徴を明らかにする道が開かれる。マキアヴェッリの方法的道具は、あらゆる状況を極端なものへ分解する両刀論法的対照弁証法《ディレンマ》である。まさしくこの方法がルネサンスの一般的な美的感覚ときわめて内的に関係する。その感覚は極端で明晰な諸形式のなかでしか生きることができず、生をその感覚固有の典型のなかにいわば釘づけにするまで静まることはない。それゆえルネサンスの生および芸術のさまざまな形式が厳しく、ときに苦痛なほどに対照をなして対立する。フィエーゾレ(2)からフィレンツェを見おろせば、街のなかからこのうえなく心なごませる大聖堂の丸屋根が厳しく孤独に空中にそびえている。そこには魅力的に霧にかすむヴェネチアの雰囲気とは違って、仲介となる架け橋がない。レオナルドのほとんど真空の空間のなかで人物群が冷然と対立して立っている。そこでは線と色彩が極端を制御して芸術家と観察者を逃れられない規律のなかへ連れていく。そのさいときには、フィレンツェのサン・ロレンツォ教会の壮大なメディチ家礼拝堂におけるように、全体が冷たく凍結した壮麗なものへ高まることがある。マキアヴェッリにおいて極端なものがまさしくそのようにじかに並んで置かれている。彼は人間世界にまったく極端な決定という苦痛を強いる。この苦痛から『君主論』は、われわれの生に対して不気味に興奮させる親密さと、同時に唖然とするほど首尾一貫した弁証法が生みだす対照化の近寄りがたさを獲得する。この特徴はマキアヴェッリの散文作品のなかにまで認められる。完璧な思考のアラベスクというクリスタル状の網でできた散文作品は、そうした精神の力に対する感嘆の念をわれわれにいだかせるかもしれないが、温かみや愛情の念をいだかせることはない。しかし芸術の輪のなかに呪縛されていたこの精神が歴史的・社会的現実のなかへ踏みだしてくるとき、予測のつかないいかなる破局が訪れることか。このとき歴史的・社会的現実は、もはや自立した有機体にまとまったかたちでみられるのではなく、きわめて極端な決定しか知らない両刀論法的対照弁証法のなかで暴力的に引きさかれる。マキアヴェッリの時代にとって破局とは、すなわち反宗教改革である。極端という急進主義《ラディカリズム》において、いかなる生も破滅するということは確実にいえるのだ。それを経験することになったトーマス・ホッブズは、マキアヴェッリと同じような危機感から、しかもマキアヴェッリに学んで、イギリス市民戦争のあと絶対王政の統一的支配秩序を彼の『リヴァイアサン』の緊密な構成のなかで救おうと急進的《ラディカル》な跳躍を試みたのであった。まさしくこの急進性のなかで、神聖な王権という生きた理念は消え失せてしまった。その理念は、もともと概念的構成なのではなく――生と同じように――急進的な緊張に耐えられない生きた有機体である。したがって、ホッブズが生涯にわたって努力したステュアート家の王政復古がやはり結局は彼に執筆をつづけることを禁じたのも当然だった。支配契約を規定する、自由に浮遊する理性という急進主義でもって、ホッブズはあらゆる神聖な秩序のもっとも危険な敵を彼のシステムのなかに組み入れてしまっていた。その結果、大きなリヴァイアサンに鼻輪をつけ引き回し、おとなしくさせ意のままに操るためには、もはや「自由な《リベラル》」批判は無用だった。リヴァイアサンはすでに死の胚芽を自己のなかに宿していた。それゆえホッブズの死後まもなく、彼固有の絶対主義国家の構成にもとづいて、絶対君主政は崩壊することになった。生きのびた立憲君主政が神聖な王権の生命力の遠い反照をかろうじてなお示しているにすぎない。マキアヴェッリにおいて急進主義のこの破壊力はホッブズほど直接的に認められるわけではない。マキアヴェッリは国家のイメージを芸術作品という形式へ高めるからだ。ホッブズのほうは、この道が閉ざされているのを知っていた。彼の偉大な敵対者ジョン・ミルトン(3)もただ「失われた」楽園としてその道を形成できたにすぎない。それゆえホッブズに残されているのは――具象的造形の代わりに――合理的構成の道だけである。しかしすでに述べたように、マキアヴェッリにおいても社会契約や支配契約の要素が初歩的なかたちですでに置かれている。社会および権力の秩序は、解消することももとにもどすこともできない連関としてそれ自体動かすことができないというものではなく、まずは人工的に基礎づけられうる契約とみなされるという事実は、社会と権力秩序の生の連関がもうとっくの昔に内的に解消していることをまさに証明する。生の連関の解消は、理論形成によって促進されこそすれ、けっして克服されることはない。しかしながらマキアヴェッリの場合、社会契約および権力契約の抽象的構成は、君主のイメージが形成されることで覆い隠されるというあくまでも初歩的なものにとどまった。だが他方、人びとの心をつねに惹きつけたのは——あらゆる芸術作品と同様——まさしくこの君主のイメージだった。その結果必然的にマキアヴェッリは名声の歴史という形式をとって影響を与えつづけることになった。ホッブズのほうは——思想的にマキアヴェッリときわめて密接な関係にあるにもかかわらず——つねに不気味な畏怖の念につつまれたまま、理論的国家学の歴史のなかで生きつづけたにすぎない。

　こうした形式に関する冒険に原動力を与える不安とは、なんと偉大なものであろうか。ここにルネサンスの危機状況へのわれわれの最後の展望が開かれる。ルネサンスの芸術作品がどんなに華麗に屹立していても、ルネサンスはどこまでもいまわしい時代である。人間は内なる深い闇のなかから立ち上がり、色彩と言葉と石によって黄金の夢を建設する。だがそれは幸せな夢ではない。ミケランジェロによるユリウス二世の墓廟のためにつくられた未完成の奴隷像が目覚めるような夢、すなわち被造物の苦しみにあがく人間が、二度と目覚めることができないのではないかという息をのむ不安に一瞬おののき、目覚める夢である。この不安の剝きだしの顔をフィレンツェのウッフィツィ美術館にあるミケランジェロの自画像にみることができる。ひとりの苦痛に満ちたファウヌス(4)、ミケランジェロが詩に書いているように、たえず仕事を求め——仕事を終えれば——モデルをつとめた軽薄でおしゃべりな少女を抱擁する。このファウヌスは、立像にではなく少女に恋をしてしまったらしい、あべこべのピュグマリオン(5)であり、滑稽な老人である。彼はとどまることのない生への渇望から魔法のような一打ちでダヴィデ像の氷のように冷ややかな完璧さを出現させる。するとそのとき、マキアヴェッリによって叫ばれた「奇跡」がほんとうに起こる。もともと失敗した大理石の塊をついに形式にすることをやり遂げたからである。

ところでこうした夢は急進性《ラディカリテート》へ駆りたてる。政治的急進性ならびに形式の急進性へである。ミケランジェロのダヴィデも——ブルトゥス胸像と同じように——ひとつの政治的警告であり、おびやかすようにマキアヴェッリの君主に立ち向かい、急進的共和主義を象徴する。だが美的急進性は芸術において形式となり、創造という自由奔放な愛の行為のあとでその固有の完全性のなかへ閉じこもりうるとしても、政治の次元では、つねにそして必然的に、たとえば反宗教改革の時代を支配したような狂信的暴力性に変わっていく。それゆえそうした始まりはいつも破局に終わるのだ。なぜならわれわれは政治の次元において形式ではなく、生すなわち人間の生とかかわらなければならないからである。極度の両義性が芸術家の場合正当化されるとしても、つまりそれが作品のなかでのみ完成されるとしても、人間を自分の狂った名誉欲の材料のために使う政治的急進性の始まりは——たとえ国家理性からであれ——つねに冒瀆的なものである。たしかにとてつもない冒瀆的行為が栄える時があるかもしれない。それどころか、ひとつの時代をまるごと支配することもあるかもしれない。しかし冒瀆的行為は神と歴史のまえで自分を証明する作品をもたない。それは、どんな時代にも通用する見事なやり方でひとつの形式に完成されるのではなく、一瞬ただ保護や恩寵を求める人間を狂暴な大波のごとく呑みこんで高々と巻きあがる。やがてふたたびこの妖怪じみた現象全体が崩れ落ちるのだが、砕け散る激しさはひょっとしたら発生したときよりもさらに暴力的になるのかもしれない。極端のなかにしか生きられない解き放たれた意志の非人間的かつ瀆神的急進性は、まさしく歴史の夜の風景である。危機が必然的であるように、危機から生まれる夜は必然的である。しかし夜は昼によって境界づけられている。ここでわれわれは、こうした危機に揺れる時代に政治的行為や思考にとって極端のなかでしか展開することのない、ひとつの道だけしかないのだろうかという問いを立て、おそらくマキアヴェッリがかつて受けた批判のなかでいちばん決定的であるかもしれないフランチェスコ・グイッチャルディーニによる批判を書き添えておきたい。混乱の時代は存在する。しかし人びとは混乱を極端な分裂にまで至らしめるというかたちで、そうした時代にいつも立ち向かわねばならないのだろうか。ここで救いとなるのはほんとうに意欲の急進性だけなのだろうか。われわれにはそうとは思われない。その急進性に対抗するものとして、アリストテレスの中庸が両刀論法的対照弁証法に対して置いた政治的知恵がある。それはまた、ときには妥協の技術にもなりうる中道の知恵であり、ときどき二番目によい解決で満足しなければならないことを知っていて、現在生じている災いを取り除く折衷案が見つかれば感謝する知恵である。ヨーロッパの過渡期のもっとも偉大な支配者や政治家はつねにそうした中間の道を歩んだ者たちだった（グイッチャルディーニの「抑制のきいた調和」）。彼らのまわりへ地獄が放った野蛮な妖怪が押し寄せるなかを、彼らは中間の方法によって時代をある程度共存させたのであって、文筆家の故郷喪失を行動によって怪物的非正当性へ変えたのではない。ミシェル・ド・ロピタルやいわゆるフランスの「政治派」、あるいはまたイギリスのセシル卿のごとく中道の人の名声は低いものかもしれないが、生の栄光がすべてではない。精神の深みからそして人倫的な新しい世界秩序から国家を復興できる時代がふたたびやってくるまで、ぼろぼろになった企業体をある程度の見通しをつけ後継者に残すことに成功すればよしとしなければならないときもある。二等級の解決という技術は崩壊する危機の時代における正当性の最高の所産である。きわめて決然たる態度でグイッチャルディーニはマキアヴェッリに、予測のつかない大きな危険を引き起こすだけの大変革より、わずかでも幸福を確実に達成するほうがよいといって反論する。「大いなる危険をともなった大いなる幸せよりも安全でわずかな幸せのほうが害が少ない」(『「ローマ史論」第一巻第二章に関する考察』)。こうした立場は、なにもしないで流されているという意味では断じてない。グイッチャルディーニは、たしかに憂鬱な懐疑家ではあったが、うまずたゆまず活動し、政務を適度さという知恵でこなし抜いた。一方、マキアヴェッリは追放によって強いられた閑暇のうちにイタリアの解放をめざす幻想的計画を構想した。そのさい彼がたえずあこがれたのは、活動的知恵を内面の消耗ゆえに張りのないうつろで無気力な状態のなかで窒息させてしまう平穏だった。活動的知恵は、人間がまったく善であるわけでも、まったく悪であるわけでもなく、たいていは中くらいの心で行動するのを知る知恵であり、また大きなジェスチャーを恐れる知恵である。なぜならそうしたジェスチャーはすでに不安定になっている建物を結局倒壊させるだけであり、その跡には空虚な時代へ荒涼かつ殺伐として入りこんでくる大げさな言葉と野蛮な決断だけしかすえないからだ。グイッチャルディーニはこの知恵を行使した。ニッコロ・マキアヴェッリはその知恵をひとかけらももたなかった。彼にはおそらく芸術家としての偉大な瞬間があったかもしれないが、政治家としてはまったく賢明ではなかった。そのかわり彼はもっと大きな名声を手にいれた。イタリアのリソルジメントは、ルネサンスのなかに自己自身を表現する手段を探したとき、名声の光に眩惑され、グイッチャルディーニに対し、よく知られた不当な判決をくだした。それは今日まで修正されていない。しかしこの判決は、芸術作品のなかに閉じこめられた君主を生のためにぜひまた解放したいという美的眩惑の表現にすぎない。それゆえ『君主論』は芸術作品として、ミケランジェロのダヴィデのようにあらゆる時代を通じてトスカーナ精神の記念碑でありつづける。しかしながら政治にはべつな道がふさわしい。たしかに名声は魅惑的な力である。だが名声の隣には用心深く行動する慎重な誠実さが並んで立っている。それは世界が引き裂かれることのないよう、そして継承された形式ができるかぎり多く保持されるよう長いあいだたゆまぬ努力をつづけるのだ。そうした誠実さや用心深さにも危険はある。きわめて急進的《ラディカル》な決断をおこなう若者たちから、いつの時代にも真の「マキアヴェリズム」だという非難を浴びるからだ。中道にいて決断しないまま辛抱することは昔からいかがわしいことだった。だが辛抱は不屈で不動なものにもする。それは引き裂かれた時代のセイレンの声に対抗する道徳的抵抗を呼びさます。引き裂かれた時代にはだれもが勢力を維持しようとし、また付和雷同しようとするだけなのだ。それゆえ最後に眼差しは、マキアヴェッリを越えて中道の知恵に到達する。中道の知恵は、生や国家や社会の湧き上がる力を結集し文化のかたちにまとめ上げることができるただひとつのものである。

一九四〇年三月六日起稿
一九四〇年五月六日脱稿　ローマの掠奪から四一三年目の日にあたって

訳注

（1）プラクシテレス　前四世紀中頃。前四世紀の神像彫刻を代表する古代ギリシア最大の彫刻家のひとり。
（2）フィレンツェの北八キロに位置する、美しい景観とフィレンツェへの眺望できこえる町。
（3）ジョン・ミルトン　一六〇八―一六七四。イギリスの詩人。クロムウェルの共和政府を擁護した。王政復古後、詩作に没頭。叙事詩『失楽園』を著す。
（4）ファウヌス　ローマの古い田園の神。やがてギリシアのパン神と同一視される。
（5）ピュグマリオン　ギリシア神話のキュプロス島の王。理想の女がいなかったので、象牙像をつくり、その像に恋したとされる。

本書の成立について——一九七九年復刻版へのあとがき

書物は真空空間のなかで書かれるものではなく、ひとつの状況のなんらかの挑戦に対する答えとして書かれるので、いまから三八年前に世に出た本を手にする読者は、そもそもいかなる動機でこのマキアヴェッリの伝記が書かれたのかという説明を著者に求めるであろう。

このきわめて正当な質問は、われわれの場合ふたつの次元へ向けて明らかにされねばならない。ひとつは当時の学問の立場へ向けて、もうひとつは歴史的・政治的時代状況、すなわちナチズムの台頭と第二次世界大戦の勃発へ向けてである。当時のマキアヴェッリ研究の方法は、ほんのわずかな例外を除いて国民性と権力国家の思想に合わされていた。つまりマキアヴェッリは国家理性のリアリストとして理解されていたのである。また、その点で実際に適用されたマキアヴェリズムはナチズムやファシズムと本質的特性を同じくしているようにみえた。ベニート・ムッソリーニがマキアヴェッリへの手引きを著し、それによって彼固有の政治を哲学的に正当化しうると考えたことを思い起こしていただきたい。またヒトラーは、リッベントロープがポーランド侵攻直前にスターリンと締結した不可侵条約のなかで、マキアヴェリズムを実行するための手本を示してみせた。ヒトラーもスターリンも条約を結びはしたが、おそらくそれを遵守するつもりなどなかったのだ。以上のようなことから、まったく現代史的にマキアヴェッリと取り組む誘因が十分にあったのである。

こうした意味で、わたしは当時私講師を務めていたチューリッヒ大学で一九三九年の夏学期にマキアヴェッリに関する講義をおこない、その機会に原典および歴史的資料と詳しく取り組んだのである。わたしは、おおよそこの歴史的資料をフィヒテ、ランケ、フリードリヒ・マイネッケ、ハンス・フライアーによって展開されてきたやり方であつかった。ただ当時すでに、ある疑問がわたしのなかに生じていた。マキアヴェッリに関する伝統的な叙述方法がほんとうにマキアヴェッリの中心をとらえているのか、少なくともマキアヴェッリその人とマキアヴェリズムとを切り離す必要があるのではないかという疑問である。この疑問の裏づけとなったのは、とくにフランスで書かれたいくつかのどちらかといえば周辺的論文であった。そこにはマキアヴェッリの作品において現実主義的だと誤解されている契機とならんでマキアヴェッリが真に表現したものが浮き彫りにされていた。戦争がはじまったとき、わたしはロンドンでイギリス社会学との関係からイギリス国王論の発展の問題と取り組むなかで、イギリス国王論が――とくに宗教改革以降典型的に世界的な国民国家思想と結びついていたにもかかわらず――マキアヴェリズムに対して根本的に拒絶的態度をとったということを認識した。それによってわたしが取り組んでいた問題はまるごと決定的に修正された。本書はこの新しい方向づけの所産なのである。

フランシス・ベーコンはマキアヴェッリをたたえたが、それはマキアヴェッリがわれわれに人間のあるべき姿ではなく現実にあるがままを示したという理由からである。これは、マキアヴェッリがなんらかの「道徳的」生の秩序を問うことなくルネサンスの君主たちに――あたかも彼らがそうした指導を必要としたかのように――権力を拡大することだけを考えるよう教えた、偉大なリアリストであるとするこれまでの叙述方法と合致している。ヤーコプ・ブルクハルトがそれについてさりげなく述べているように「彼らの行為は天人ともに許さぬものであったが、歴史はそれらを詳細に記録した」のだ。それに対してわたしは危機分析から出発した。その分析をとおして明らかになったのは、マキアヴェッリの作品が危機克服の試みであるということだった。しかしマキアヴェッリは、古い世界がすでに解体してしまったのに新しい世界はまだ輪郭しかみえていないという時代の変わり目に生きていたので、立つことのできるたしかな地盤をもたなかった。しかも社会的にはまだ場所の定まらない小役人の階級に属していた。そのため、彼は時代の出来事を外側からながめただけであって、時代の権力者に直接つながる道を歩むことができなかった。彼の置かれている状況は、ジョウゼフ・シュンペーターが「知識人たち」に対する批判の中心にすえたものとぴったり一致する。それゆえ、マキアヴェッリの居場所を社会学的に分析すれば、彼が歴史的運命を具現する根なし草の人間であることが明らかになる。マキアヴェッリはフィレンツェに起こった政変ゆえに突然共和国書記官の地位を追われた。それが彼の来るべき思想に役だち、『君主論』をはじめ『フィレンツェ史』や『ローマ史論』すなわち『ティトゥス・リウィウスの初篇十章にもとづく論考』が生みだされることになった。

彼のこうした特別な生の状況という地盤の上に当時の君主たちの恐ろしく救いがたい格率がひとつにまとまって大胆な行為者の美的イメージとなる。マキアヴェッリがその生きた手本と考えたのがチェーザレ・ボルジアである。ここにすでに都合しだいで現実を大胆に無視する、マキアヴェッリの一種の表現上の誇張癖があらわれはじめる。なぜならチェーザレ・ボルジアの場合、華やかに登場したのに、みじめな最期を迎えたというのが現実だからである。そのことは結局、現実が大幅に揚棄されたあと、その上をイメージが覆うという、出来事の徹底した美的変容を意味している。このイメージはひとつの芸術作品、すなわち『君主論』のなかで形成され、まさしく死にゆくイタリアの物語として描きだされる。

けっして政治の「教科書」としてではない。わたしの仮説は、『君主論』をその内的形式法則にしたがって分析したマリアネ・ヴァイケルトの研究によって十分裏づけられた。つまり、マキアヴェッリの作品はルネサンスの偉大な芸術創造、およびちょうど彼の没年に起きたスペイン・ドイツ軍によるローマの掠奪と同じひとつの地平に置かれている。マキアヴェッリが世を去るこの年に復職を求める彼の個人的希望といっしょに、作品も政治の教科書として埋葬される。しかし、それは芸術作品として、たえず移り変わる時代の向こう側に位置している。

したがって、マキアヴェッリを伝統的に叙述したものとは違い、本書はひとつの「内的伝記」であって、その主役はサン・カシアーノでの強いられた閑暇のなかで、恋のもめごとや農民たちとの賭事で時を過ごす不幸なマキアヴェッリである。このとき彼は絶望した愛国者であり、故国の没落が近いことを予見しているが、自分には不幸を回避するためになにもできないことがわかっている。実際またマキアヴェッリはリアリストではなく、反対にその社会的（そして政治的）浮遊状態に起因するきわめて深く挫折した現実意識をもっていた。この意識のなかで結局神話が彼にとって現実より高い現実度を獲得しはじめる。この解釈には、もちろんジョルジュ・ソレルの政治的神話の理論から受けた影響がある。ソレルは彼の作品のひじょうに決定的な箇所でマキアヴェッリとその「回帰《リコルシ》」の理論を問題にする。すなわち未知なる未来から現在へやってくる約束にもとづく社会の革新である（『マルクス主義の解体』結び）。

わたしが本書を書いたとき、ヒトラーのポーランド侵攻がすでに完了し、ドイツ帝国とソビエト連邦のあいだでおこなわれた新たなポーランド分割が完全な事実となっていた。それとともに第二次世界大戦は、フランス人が「奇妙な戦争」と呼んだ一時的な小康状態にあった。一九四〇年二月末にはじめた執筆とともに、わたしにとって現実の戦争開始とのほんとうの競争がはじまった。ほかの多くのヨーロッパ人と同じく当時わたしをとらえていた緊張が本書に結実し、それが最後に激しい律動的加速をともなって表出している。そのさいわたしにとって、ローマの掠奪とヨーロッパで待ち望まれる戦争の終息というふたつの出来事が交じり合いひとつになっていたが、そのことをわたしは本書の終わりに記してある日付で強調しようと思ったのである。わたしはそれを抵抗のつもりで書いたのであり、実際また抵抗として受けとられた。その結果、本書は一九四〇年末に出版されるとすぐナチスによって禁止された。すばらしいことに一部が監視網をくぐり抜け、ベルリンのブーフホルツ書店でひそかに売られ、わたしの友人の幾人かは一冊手にいれることに成功した。

本書を発禁に追いやった原因は、わたしが今日でも重視する政治的信条を最終章で歴史の衣を着せて表明したということにあるのかもしれない。わたしはその信条をマキアヴェッリとフランチェスコ・グイッチャルディーニの関係を叙述するなかで展開した。わたしはフランチェスコ・グイッチャルディーニをいわゆる「政治派」、すなわちフランスのミシェル・ド・ロピタルやイギリスのセシル卿と同列に置いているが、彼らは当時のさまざまに対立する党派の暴力的かつ暴力を煽動するイデオロギーに同調することを拒否し、固有の手段で当時の惨憺たる状況をそのつど小刻みに改善することに努めたがゆえに、まさしくマキアヴェリズムそのものだと糾弾されたのだった。そのころわたしはマキアヴェッリにつづく二冊目の本を書く計画をいだいていた。グイッチャルディーニ、ロピタル、セシル卿に関する一種の三枚折り祭壇絵《トリプティク》であるが、断念したのは、戦争の展開によって、フィレンツェのグイッチャルディーニ邸の私家文庫の優秀な管理者であり、フランチェスコ・グイッチャルディーニの数多くの未完の著作や、もはや入手できない著作の編集者であるパオロ・グイッチャルディーニ伯爵家を訪問することが決定的に不可能になったからだ。しかしながら再読してみると、わが『マキアヴェッリ』の最後の数ページは計画していた補足的説明がなくても十分明快で、今日でもなおよしとすることのできるものであると思われる。

まさしくいま言及したグイッチャルディーニに関して、ここで少なくとも簡単にふれねばならない最後の問題がある。グイッチャルディーニに関する研究はこの二、三〇年間で決定的に変化したからだ。しかし、そうした変化のなかでもマキアヴェッリに関する本書を書きかえずに公刊することには正当性が認められると思う。自分自身のことしか考えないと誤解され、またイタリアのフランチェスコ・デ・サンクティスによってたいへん有名になり、(同時にひどく嫌われることになった) 愛すべき享楽主義者という覆いがはがされ、とりわけ右に述べた多くの新版にもとづいた歴史家グイッチャルディーニのまったく新しい像がしだいにみえてきた。その成果がロベルト・リドルフィによる見事な叙述である。(『フランチェスコ・グイッチャルディーニの生涯』一九六〇年および『グイッチャルディーニ論』一九七八年)。わたし自身、本書においてリドルフィとよく似た解釈方法をとったといっておきたい。彼の本は、わたしがマキアヴェッリという事例に試みたのと同じ「内的伝記」を叙述している。リドルフィはグイッチャルディーニをイタリアの自由が失われたことを悲しむ最後の英雄としていわば新しく描写する。これはまた、リソルジメント以来きまりとなっていた愛国的修辞をグイッチャルディーニのなかに見つけられない後継者たちに彼をいかがわしいと思わせたものであった。それに対し、今日グイッチャルディーニは、その明晰で冷静なまなざしと並外れた知性によって当時の状況を見通していたにもかかわらず、自己にゆだねられた政治家としての任務をまえにして、みずからの感情やあこがれを心の奥底へ押しこめねばならなかった男とみなされている。それゆえ彼の『フィレンツェ史』は真に古代の悲劇へ成長する。イタリアの自由の滅亡という逃れられない必然性と運命性を具象的に描きだすからだ。したがって、ある意味でマキアヴェッリとグイッチャルディーニは真の兄弟である。その場合、マキアヴェッリがどちらかといえば心底絶望しているのに対し、グイッチャルディーニの強力なリアリズムは明らかにときどきシニシズムの印象を与える。だが両者とも同じようにイタリアの運命に苦しんでいる。

比較的新しい研究や最新の研究をみれば本書を書き改めるのが当然だったかもしれない。たいへん長い時間がたったあとで、たいした準備もせずにそうすることはできなかったが、その点はべつにして、あえてわたしは書き改めたいという誘惑を抑えた。それはおそらくわたしの不利にはならないであろう。たぶんわたしはマキアヴェッリの固定したイメージを無視し、そのかわりに彼の作品の心理学的成立史に光を当てた最初のひとりである。むろん結果は完全なものではない。しかしわたしは自分が歴史家ではなく、今日よく知られるようになった歴史的人間学を時代に先駆けて本書で展開した社会学者であると心得ている。それはもちろん今日われわれが当時よりずっと優れた分析方法をもっているという意味でもある。それにもかかわらず、本書は歴史的挑戦に対する答えとして、また新しい種類の分析論の表現として価値を失ってはいないであろう。なぜなら本書は直接現在にまでつながっている問題の糸を当時すでに取りあげたからである。

なお、本書を執筆するまえにパウル・ケルンというペンネームでトーマス・マンとコンラート・ファルケ編集の雑誌『尺度と価値』に発表した、わたしのふたつの論文をあげておきたい。「ハンス・フライアー、マキアヴェッリ、カール・シュミット」「トーマス・ホッブズの国家論におけるリヴァイアサン。政治的シンボルの意味と失敗」(一九三九年七月/八月刊　第二巻第六号、一九四〇年九月/一一月刊第三巻第五/六号)。

一九七八年八月一七日　ジェンツァーノ・ディ・ローマにて

ルネ・ケーニヒ

訳者あとがき

本書は René König: Niccolo Machiavelli. Zur Krisenanalyse einer Zeitenwende. Carl Hanser Verlag 1979の全訳である。

著者のルネ・ケーニヒ（一九〇六―一九九二年）は、わが国での知名度はそれほど高いとはいえないかもしれないが、社会学および文化人類学の分野で輝かしい業績を残した、現代ドイツを代表する巨人的な社会学者、評論家である。マクデブルクに生まれ、ウィーンで東洋語学を、ベルリンとパリで社会学、民族学、哲学を修めた。パリ留学から戻ったあと著わした『ドイツの大学制度について』（三五年）がナチスの反感を買ったため、その弾圧を逃れてスイスへ亡命し、チューリヒ大学で大学教授資格を取得している。

戦後はドイツへ戻り、一九四九年から一九七四年までの二六年間、レオポルト・フォン・ヴィーゼの後任としてケルン大学社会学研究所の所長をつとめ、いわゆるケルン学派を創出する。この学派の経験的、分析的研究方法が、八〇年代の社会学に決定的な影響を与え、現代ドイツの社会学を主導することになったのである。そのためケーニヒの仕事はかならずといってよいほどケルン学派の演じた歴史的役割とともに語られる。彼はまた国際社会学協会（International Sociological Association）の会長としても社会学に大きく貢献した。

本書は、末尾の日付が強調するように、一九四〇年三月六日から五月六日にかけて、亡命先のチューリヒで執筆されたものである。ドイツ国内ではナチスによる恐嚇政治がいよいよ強まり、対外的にもドイツは前年のポーランド進撃につづき、一九四〇年四月九日にはスカンジナビアへの侵攻を開始、デンマーク、ノルウェー、オランダ、ベルギーをつぎつぎに攻撃していた。隣国のスイスにあって、おそらくケーニヒの脳裏には、重苦しい漆黒の闇にこだまする荒々しいドイツ軍の足音が鳴り響いていたことだろう。その戦慄を克服し、ナチスの挑戦に敢然と立ち向かうために、この本が書かれたのである。マキアヴェッリの生きた時代と、自分の置かれた時代を、同じ「危機の時代」として重ね合わせながら、著者はあたかも何かに取り憑かれたかのように、わずか二ヶ月のあいだに一気にこの本を仕上げている。若き日の天才の仕事によくみられることだが、ここでも、一冊の本という枠に収まりきれない怒濤のエネルギーが、いまにもその枠を破壊しそうになりながら、才能のきらめきを隠しきれずにいる。ルネサンス時代の膨大な歴史的資料とマキアヴェッリの諸作品はいわずもがな、フィヒテ、ランケ、マイネッケ、ブルクハルト、ハンス・フライアー等々と展開する思想の流れを自家薬籠中のものとして縦横無尽に取り出してみせるスケールの大きさと、マキアヴェッリの思考を分析するさいの容赦ない鋭さと徹底性には、ほとんど啞然とさせられる。それでいて少しも衒学的なところがなく、畳みかけるような劇的な文体が、小気味よい緊迫感をともなって読者をぐいぐい引っ張ってゆく。著者のあとがきによれば、本書はナチスによる発禁後も一部の人びとによってひそかに読み継がれたという。テーマの現代性と徹底的に真理を追究する論理性をかんがみれば、いかにもと納得させられる逸話である。

本書はマキアヴェッリのいわゆる評伝ではない。また政治思想家としてのマキアヴェッリの偉業を称えるものでもなければ、マキアヴェッリの名声に付着した悪評高きマキアヴェリズムを洗い落とそうとする名誉回復の試みでもない。たしかに著者は、マキアヴェッリという名前に惑わされることなく、伝説と現実を分離することから出発するが、それは政治思想家マキアヴェッリを救いだすためではない。著者の眼中にあるのはむしろ、政変によって職を奪われ、片田舎で不本意な隠遁生活を強いられた一介の小役人、閑暇ゆえに執筆活動に専念するほかはなかった失意の文学者である。著者は、マキアヴェッリの人生がフィレンツェ共和国書記官の地位を解雇された時点を境にして大きく二分されることに注目する。そこでまずマキアヴェッリが人生の前半に書記官として体験した政治的、社会的状況の変転と混乱を俯瞰する。つぎに追放後のマキアヴェッリの内面に分け入り、豊かな多様性と峻烈な葛藤ゆえにこれまで「謎」とされてきた彼の思考をひとつひとつ明るみに出してゆく。その結果浮かびあがってくるのは、従来考えられていたような国家を論じるリアリストとしてのマキアヴェッリではなく、「いかなる事実とも、またいかなる解釈の試みとも真っ向から食い違っているようにみえる」ユートピアンとしてのマキアヴェッリである。古い秩序が消滅した不安定な危機の時代に、みずからの徹底的に美的な世界観を芸術にまで高め、時代が創出しえなかった秩序を「遠いイメージ」として芸術作品のなかに描きだした芸術家としてのマキアヴェッリ――このはっとするような仮説には、最初は違和感をおぼえる読者もいるかもしれない。しかし著者がいかにしてこの仮説を立証し、いかにして従来のマキアヴェッリ解釈と現実政治へのマキアヴェッリの応用を糾弾するにいたるのか、厳密な知識に裏づけられたその鮮やかな論証の過程を実際にお読みいただければ、本書のもつ強烈なエネルギーの奔流と分析の鋭さによって、違和感は十分に払拭されるであろう。むしろ目から鱗が落ちるような切れ味のよい読後感を堪能できるのではなかろうか。

以下、翻訳上の事柄について簡単に述べておきたい。本書の翻訳は「事実性の実践」までを小川さくえが、「追放」以降を片岡律子が担当したが、それぞれの訳稿を事前に幾度も読み合わせたので、翻訳の責任はひとしく両者にある。訳注の作成には主として『西洋人名辞典』(岩波書店)を、またマキアヴェッリの諸作品の翻訳に関してはとくに以下の訳書を参照させていただいた。

『マキアヴェッリ全集』全六巻、筑摩書房、一九九八年―二〇〇〇年
『君主論』河島英昭訳、岩波文庫、一九九八年
佐々木毅『マキアヴェッリと「君主論」』講談社学術文庫、一九九四年

ただし、本書に引用されているマキアヴェッリの著作の翻訳にあたっては、ケーニヒが原文をほとんど掲載せず彼自身のドイツ語訳で通しているので、そのドイツ語訳にしたがって和訳した。また著者が、イタリア語やラテン語の単語をドイツ語訳と併記している場合は、訳語に「　」をつけ、必要があると思われるものにかぎり、ルビをふるか原語を併記した。

本書の翻訳にあたっては多くの方々に貴重な助言と教示を仰いだ。なかでもギリシア語、ラテン語、イタリア語に関しては嘉野坦道氏(鹿児島大学)に、また哲学的、思想的背景に関しては高橋進氏(日本女子体育大学)に、そして難解なドイツ語に関してはウルズラ・リヒター氏(宮崎大学)に度重なる助言をいただいた。微力な訳者のために快く時間を割いてくださったそれらの方々に心から謝意を表したい。そのほかにもここで名前を一人ひとりあげることはできないが、貴重な教示をいただいたすべての方々に心から感謝したい。

末尾ながら、本訳書の完成を辛抱強く待ってくださった法政大学出版局前編集長の稲義人氏と現編集長の平川俊彦氏、そして長いあいだ編集でたいへんお世話になった秋田公士氏に深い感謝の意を捧げたい。

小川さくえ

Georg Voigt, Die Wiederbelebung des klassischen Altertums oder das erste Jahrhundert des Humanismus. 2 Bde. 3. Aufl. Berlin 1893
– Über die Lucretia-Fabel und ihre literarischen Verwandten. – In: Berichte über die Verhandlungen der königl. sächs. Gesellschaft für Wissenschaften. Leipzig 1883
Marianne Weickert, Die literarische Form von Machiavellis Principe. Eine morphologische Untersuchung. Leipziger Diss. Würzburg 1936

Friedrich Meinecke, Weltbürgertum und Nationalstaat. 7. Auflage. München und Berlin 1928
– Die Idee der Staatsraison in der neueren Geschichte. München und Berlin 1929
Edward Meyer, Machiavelli and the Elizabethan Drama. Weimar 1897
Robert von Mohl, Die Geschichte und Literatur der Staatswissenschaften. 3 Bde. Erlangen 1855/58 (vor allem Band 3)
Benito Mussolini, Preludio al Machiavelli. – In: Gerarchia 1925
Napoleone Orsini, Elizabethan Manuscript Translations of Machiavellis Prince. – In: Journal of the Warburg Institute. London I (1937)
– Studi sul rinascimento Italiano in Inghilterra. Firenze 1937
Mario Praz, Machiavelli and the Elizabethans. – In: Proceedings of the British Academy 1928. London 1929
Leopold von Ranke, Geschichten der romanischen und germanischen Völker von 1494 bis 1535. Leipzig und Berlin 1824
– Zur Kritik neuerer Geschichtsschreiber. Leipzig und Berlin 1824
Paul Sabatier, Vie de S. François d'Assise. 44e édit. Paris 1920
Francesco de Sanctis, Storia della letteratura italiana. Nuova ediz., 2 voll. Milano 1920/21
Michele Scherillo, Le prime esperienze politiche del Machiavelli. – In: Rivista d'Italia. 1927
Jean Thévenet, Les idées économiques d'un homme d'état dans la Florence des Medicis: Machiavel Economiste. Thèse de l'Université de Grenoble. Villefranche 1922
Henri Thode, Franz von Assisi. 2. Aufl. Berlin 1904
Giuseppe Toffanin, Machiavelli e il „Tacitismo" (La politica storica al tempo della controriforma). Padova 1921
– Storia dell'Umanesimo (dal XIII al XVI secolo). Napoli 1933
Oreste Tommasini, La vita e gli scritti di Niccolò Machiavelli nella loro relazione col Machiavellismo. 2 Bde. Torino 1883 u. 1911
Adolf Trendelenburg, Machiavell und Antimachiavell. Berlin 1855
Paolo Treves, Il realismo politico di Francesco Guicciardini. Firenze 1931
Pasque Villari, La storia di Girolamo Savonarola e de' suoi tempi. 2 voll. n. ediz. Firenze 1910 (deutsche Übersetzung, Leipzig 1868)
– Niccolò Machiavelli e i suoi tempi. 3 voll. 2. ediz. Milano 1895 bis 1897 (deutsche Übersetzung 1877/83)

Adolph Gerber, Niccolò Machiavelli. Die Handschriften, Ausgaben und Übersetzungen seiner Werke im XVI. und XVII. Jahrhundert. Eine kritisch-bibliographische Untersuchung, 3 Bände und 1 Faksimile-Band. Gotha 1912/13

Antonio Giustiniani, Dispacci, publicati da Pasquale Villari, 3 voll. Firenze 1876

Eberhard Gothein, Platos Staatslehre in der Renaissance. – In: Sitzungsberichte der Heidelberger Akademie. Heidelberg 1912

– Die Renaissance in Süditalien. 2. Auflage. München und Leipzig 1924

Percy Gothein, Francesco Barbaro. Früh-Humanismus und Staatskunst in Venedig. Berlin 1932

Edwin A. Greenlaw, The influence of Machiavelli on Spenser. – In: Modern Philology VII (1909)

Ferdinand Gregorovius, Geschichte der Stadt Rom im Mittelalter. Stuttgart 1859–72 (vor allem Band VII und VIII)

Martin Hobohm, Machiavellis Renaissance der Kriegskunst. 2 Bde. Berlin 1913

Jan Huizinga, Herbst des Mittelalters. München 1924

Max Kemmerich, Die Charakteristik bei Machiavelli. Ein Beitrag zur Geschichte des literarischen Portraits. Leipziger Diss. 1902

Hans E. Kinck, Machiavelli. Seine Geschichte und seine Zeit. Aus dem Norwegischen übersetzt. Basel 1938

Karl Knies, Niccolò Machiavelli als volkswirtschaftlicher Schriftsteller. – In: Zeitschrift für die gesamte Staatswissenschaft VIII (1852)

Heinrich Leo, Die Briefe Machiavellis an seine Freunde. 1826

Alfred von Martin, Coluccio Salutatis Traktat „Vom Tyrannen". Berlin 1913

– Coluccio Salutati und das humanistische Lebensideal. Berlin 1916

– Peripetien in der seelischen Entwicklung der Renaissance. Petrarca und Machiavelli. – In: Deutsche Vierteljahrsschrift für Literaturwissenschaft und Geistesgeschichte V (1927)

– Petrarca und die Romantik der Renaissance. – In: Historische Zeitschrift Bd. 138 (1928)

– Soziologie der Renaissance. Stuttgart 1932

Eduard Wilhelm Mayer, Machiavellis Geschichtsauffassung und sein Begriff virtù. Studien zu seiner Historik. München und Berlin 1912

Guido Mazzoni, Il Machiavelli drammaturgo. – In: Rivista d'Italia 1927

Hans Baron, Leonardo Bruni Aretino. Humanistisch-philosophische Schriften. Leipzig und Berlin 1928

Hermann Baumgarten, Geschichte Karls V., Bd. I: Anhang über Machiavelli. Stuttgart 1885

Hans Beck, Machiavellismus in der englischen Renaissance. Bonner Diss. Duisburg 1935

Karl Brandi, Renaissance. – In: Pflugk-Harttung: Weltgeschichte Bd. IV. Berlin 1907

– Das Werden der Renaissance. Göttingen 1908

Jacob Burckhardt, Die Kultur der Renaissance in Italien. Gesamtausgabe Bd. V. Basel 1929 ff.

Konrad Burdach, Vom Mittelalter zur Reformation. II. Band, erster Teil: Rienzo und die geistige Wandlung seiner Zeit. Berlin 1913

– Reformation, Renaissance, Humanismus. 2. Auflage. Berlin und Leipzig 1926

Delio Cantimori, Rhetoric and Politics in Italian Humanism. – In: Journal of the Warburg Institute I, 2 (1937)

Federigo Chabod, Sulla composizione de „Il Principe" di Niccolò Machiavelli. – In: Archivum Romanicum XI (1927)

Vittorio Cian, Machiavelli e Petrarca. – In: Rivista d'Italia 1927

Wilhelm Dilthey, Auffassung und Analyse des Menschen im XV. und XVI. Jahrhundert. – In: Gesammelte Schriften Band II. Leipzig und Berlin 1913

Jean Dubreton, La disgrâce de Nicholas Machiavel. Paris 1913

Paul van Dyke, Renascence Portraits. London 1906

Albert Elkan, Die Entdeckung Machiavellis in Deutschland zu Beginn des XIX. Jahrhunderts. – In: Historische Zeitschrift Band C XIX (1919)

G. Ellinger, Die antiken Quellen der Staatslehre Machiavellis. – In: Zeitschrift für die gesamte Staatswissenschaft Band 44 (1888)

Francesco Ercole, La politica di Machiavelli. Roma 1926

Richard Fester, Machiavelli. Stuttgart 1900

Hans Freyer, Über Fichtes Machiavelli-Aufsatz. – In: Verhandlungen der sächsischen Akademie der Wissenschaften. Leipzig 1936

– Machiavelli. Leipzig 1938

Eduard Fueter, Guicciardini als Historiker. – In: Historische Zeitschrift Bd. C (1908)

– Geschichte der neueren Historiographie. München u. Berlin 1911

参考文献

以下の文献は，マキアヴェッリに関する文献を完全に網羅したものではない．また，著者が参照したすべての文献を列挙したものでもない．ここに掲げてあるのは，マキアヴェッリ研究にとって不可欠な文献，および最新の著作物のなかから入手できたもの，そして重要だと思われたものだけである．古い資料に関しては，基本的に重要な文献でありながら不当に忘れ去られたもの，および著者にとってとりわけ役だったものだけを掲げた．

1. Die Machiavelli-Ausgaben

Niccolò Machiavelli, Opere. Italia 1813
- Tutte le opere storiche e letterarie, a cura di Guido Mazzoni e Mario Casella. Firenze 1929
- Lettere familiari, a cura di E. Alvisi. Firenze 1883
- Lettere, a cura di Giuseppe Lesca. Firenze 1929

Kommentierte Einzelausgaben des „Principe" von besonderer Wichtigkeit:

L. Arthur Burd (Oxford 1891), Giuseppe Lisio (Firenze 1899; ediz. scolastica, nuova tiratura Firenze s. d.), Friedrich Meinecke (Berlin 1923), Federigo Chabod (Torino 1924), Luigi Russo (Firenze 1931, vom selben Verfasser auch: Antologia Machiavellica. Firenze 1931)

Niccolò Machiavelli, Operette satiriche, introduzione e note di Luigi Foscolo Benedetto. Torino 1926
Deutsche Ausgabe:

Niccolò Machiavelli, Gesammelte Schriften, herausgegeben von Hanns Floerke. München 1925

2. Literatur über Machiavelli, seine Fortwirkung, seine Zeit und über einzelne Probleme seines Werkes

Edoardo Alvisi, Cesare Borgia, Duca di Romagna, Notizie e Documenti. Imola 1878

Willy Andreas, Die venezianischen Relazionen und ihr Verhältnis zur Kultur der Renaissance. Leipzig 1908

メディチ，ロレンツォ・デ（大ロレンツォ） 51,64,78,102,118,154,296,329
メディチ，ロレンツォ・デ（小ロレンツォ） 25,57,59,223,268,315,328,329,331
モーゼ 274,291
モムゼン 239
モリエール 307
モール，ローベルト・フォン 32,33,53,223
モローネ，ジローラモ 87,88,319
モンテスキュー 124,227
モンテセッコ，ジョヴァンニ・バッティスタ・ダ 102
モンテーニュ 31

ヤ 行

ヤコービ 56
ユリアヌス（ローマ皇帝） 69
ユリウス2世（教皇） 83,85,86,154,183,184,186,187,275,288,328,331,342
ヨアキム（フロリスの） 67
ヨハネス23世（教皇） 94

ラ 行

ライプニッツ 60
ラヴァヤック 7,29
ラミーロ・デ・ロルカ（オルコ） 175,176,273
ランケ，レオポルト・フォン 6,56-60,75,76,81,84
リアリオ，ジローラモ 257
リアリオ，ラファエロ（枢機卿） 102
リウィウス，ティトゥス 5,166,229,230,247,253,309
リエンツォ，コラ・ディ 66,67,76,103,115,117
リシュリュー 7
リッチァ 198
リバデネイラ，ペドロ 21
リュサンドロス 316
ルイ12世（フランス王） 80,81,83-85,160,161,164,276,285,329
ルーイス，P. ウィンダム 27
ルクレツィア 309
ルソー，ジャン＝ジャック 29,31,235
ルッソ，L. 266
ルター 87,89
ルチェラーイ家 133
ルチェラーイ，コジモ 223,313
ルッケジーニ 22
レオ10世（教皇） 67,86,91,192,223,268
レオ，H. 155
レオナルド・ダ・ヴィンチ 340
レッシング 60
レムス 237
ロヴェレ（枢機卿） →ユリウス2世
ロピタル，ミシェル・ド 30,344
ロムルス 237,274,291

王） 97
ヘンリ8世（英王） 26,30,42,48,90,97,101,285
ホイジンガ，J. 66
ホークウッド，ジョン 96
ボダン，ジャン 27,28,30,31
ボッカッチョ 10,51,121,310
ボッカリーニ，トライアノ 9
ポッジョ・ブラッチョリーニ 118,119,121
ポッセヴィーノ，アントーニオ 21,25,26
ホッブズ，トーマス 99,231,232,238,278,340-342
ボナヴェントラ 66
ボニファチウス8世（教皇） 54
ホーボーム 312
ホメロス 69,230
ボール，ジョン 76
ポール，レジナルド（枢機卿） 21
ポリュビオス 229,232,233,235,247,295
ボルジア家（ボルジア一族） 7,82,83,85,169,170,172,275,330
ボルジア，チェーザレ（ヴァレンティーノ公） 7,8,34,43,48,59,81-85,88,164-166,168-188,206,259,273-277,281,282,285,287,288,294,305,316,317,322,329-331,337,338
ボルジア，ルクレツィア 172
ボルマン，K. 49

マ 行

マイアー，E. W. 273,298
マイネッケ，フリードリヒ 44,45,47,61,224,265,337
マキアヴェッリ，ベルナルド・ディ・ニッコロ（マキアヴェッリの父） 149
マクシミリアン1世（神聖ローマ皇帝） 78-80,85,86,94,189,190
マコーリ 6
マラテスタ，カルロ 60
マルクス・アウレリウス 238
マルツッピニ，カルロ 121
マルティン，アルフレート・フォン 110,117,122,152,277
ミケランジェロ 2,3,5,10,103,104,243,323,342,343,345
ミルトン，ジョン 341
ムッソリーニ，ベニート 52
メッテルニヒ 7
メディシス，カトリーヌ・ド 7,25,42
メディチ家（メディチ一族） 2,18,19,86,104,112,118,133,150,151,155,162,165,192,195,199,222-225,289,323-325,328,329,331,333,340
メディチ，オッタヴィアーノ・デ 18
メディチ，コジモ・デ 118,125,133
メディチ，ジュリアーノ・デ 102,223,315,329
メディチ，ジョヴァンニ・デ（枢機卿） →レオ10世
メディチ，ジョヴァンニ・デ（黒隊） 320,324
メディチ，ピエロ・デ 162,165,328
メディチ，ロレンツォ・デ（コジモの弟） 131

ス　258
フィチーノ，マルシーリオ　71,118,131
フィヒテ　44-49,55,109
フィリップ2世（フランス王）　42
フェスター，R.　182
フェラーリ，ジョヴァンバッティスタ（枢機卿）　172
フェルナンド（アラゴン王）　78,79,81,84,85,276
フォイエター，E.　324
フォークト，G.　66,130,135,310
フォスコロ，ウーゴ　50
ブオナッコルシ，ビアジョ　151,188
ブオンデルモンティ，ザノービ　223,313
フォンドロ，ガブリーノ　94
フゴ（サン・ヴィクトルの）　66
フッテン　89
フライアー，ハンス　47,48,159,224
プラクシテレス　336
プラズ，M.　27
ブラド，アントーニオ　20,24
プラトン　59,69,71,102,113,118,219,276,334
ブランカッチョ　198
フランソア1世（フランス王）　86,101,285
聖フランチェスコ（アッシジの）　2,4,6,10,66,261,298
フリードリヒ2世（神聖ローマ皇帝，ナポリ・シチリア王）　66,92,93
フリードリヒ2世（大王）（プロイセン国王）　7,32-37,40-43,45,48,55,57,333
フリードリヒ3世（神聖ローマ皇帝）94,127
フリードリヒ・ヴィルヘルム3世（プロイセン国王）　49
ブルクハルト，ヤーコプ　64-66,92,93,95,96,99,102,103,106,108,112,121,122,239,339
ブルダッハ　66,67,70,108
プルタルコス　168,229,247
ブルチョリ，アントーニオ　133,134
ブルッカー　31
ブルト　228
ブルトゥス，マルクス・ユニウス103,104,239,242,343
ブルトゥス，ルキウス・ユニウス224
ブルーニ，レオナルディ（アレティーノ）　112,118,121,128
ブルネレスキ，フィリッポ　2,5,112,334,335
ブルボン　77,89,90,323
フルンツベルク　77,88,89
ブレンターノ，ルーヨ　97,111
ヘーゲル　40,42-44,48,55
ベーコン，フランシス　60,114,333
ペスカーラ　88,319
ペトラルカ　61,65-67,69,105-108,115,117,118,122,126,128,129,194,207,303
ベーネ，トマーソ・デル　197
ベネデット，L. F.　192,298
ベール，ピエール　31
ヘルダー　37,41,42,55
ベルナルディーノ・ダ・シエーナ126
ベルナルドゥス　66
ヘンリ7世（ヘンリ・テューダー，英

ソレル，ジョルジュ　67,261,326
ゾンバルト　100,119,120

タ　行

ダイク，P. ファン　21
タイラー，ワット　76
ダリウス　271
タルクイニウス家　224
タルクイニウス，スペルブス　309
ダン，ジョン　29
ダンテ　2-4,10,17,51,54,55,61,66,69,70,73,86,108,113,126,136,149,194-196,207,287,299,331
チェリーニ，ベンヴェヌート　226
チャールズ1世（英王）　29
ディドロ，デニー　31
ディルタイ，ヴィルヘルム　98,111,113,114,157
テヴネ，J.　105
テオフラストス　114
テセウス　274,291
デチェムブリオ，ピエール・カンディド　59
テーヌ　64
テューダー家　27
デュブルトン，ジャン　53,150,151,180
トゥディフム，Fr.　49
トッファニン　129,133
トーデ，H.　66
ドナテッロ　98
トマシーニ，オレステ　25,49,298
トマス・アクイナス　113,287
聖ドミニクス　6,261,298
トライチェケ，ハインリヒ・フォン　49
トリアンタフィリス　228
トレンデレンブルク，A.　34,45

ナ　行

ナポレオン1世　7,41,49,50,52
ニーチェ　55,56,63-65,130
ニッコーリ3世（エステ家）　96,122
ヌマ・ポンピリウス　237,239
ネルヴァ　238
ネルリ，フィリッポ・デ　197
ネロ　240

ハ　行

ハインリヒ7世（神聖ローマ皇帝）　54
バウムガルテン，H.　331
パウルス4世（教皇）　20
パッツィ家　102
パッラ，バッティスタ・デッラ　313
ハドリアヌス6世（教皇）　87
バリオーニ，ジャンパオロ　177
バルバロ，エルモラオ　134
バルバロ，フランチェスコ　124-128,131,133
バロン，H.　118,133
バンデロ　312
ハンニバル　258,273,282
ピウス2世（教皇）　123
ピウス3世（教皇）　83,183
ヒエロン　274
ピコ・デラ・ミランドラ　134
ピンニャ，ジャンバッティスタ　110
ファビウス，クィントゥス・マクシム

90, 91, 324
クロムウェル，トマス　21
ゲイセリクス　140, 240
ゲルバー，A.　24
ゴッズクラフト，デーヴィッド・ヒューム・オブ　29
ゴートハイン，E.　71, 94
ゴートハイン，P.　124
コミーヌ，フィリップ・ドゥ　137
コルノ，ドナート・デル　197
コレオーニ，バルトロメオ　98
コロンナ家　77, 83, 88, 275, 322
コロンナ，ファブリツィオ　313
コロンナ，ポンペオ　88
コロンブス　110
ゴンサルヴォ　84
コンスタンティヌス大帝　121
コンラディン　75
コンリング，ヘルマン　60

サ　行

サヴォイ家　329
サヴォナローラ，ジローラモ　10, 78, 80, 133, 149, 150, 155, 156, 227, 241, 286, 296
サバティエ，P.　66
サルターティ，コルッチョ　116-119, 122, 128, 129, 131
サンクティス，フランチェスコ・デ　51, 52, 133, 157, 221
ジェームズ1世（英王）　28
ジギスムント（神聖ローマ皇帝）　94
ジナンミ，マルコ　24
シャボー，F.　266, 337
シャルル（ブルゴーニュ，勇胆公）　111
シャルル8世（フランス王）　78, 79, 80, 307
シャルンホルスト　312
ジャンチエ，イノサン　25, 26
ジャンパオロ　→ジャンパオロ・バリオーニ
ジュスティニアーニ，アントーニオ　83, 84, 179, 184, 193
シュリ　30
ジュンタ，ベルナルド・ディ　18
ジョット　2
ショッペ（シュッピウス），カスパル　60
シレン，カール　49
ジンメル　100
スキピオ　258
スタンダール　52
スチュアート家　341
スフォルツァ，カテリーナ　159, 257
スフォルツァ，ガレアッツォ・マリア　102
スフォルツァ，フランチェスコ　97, 126
スフォルツァ，ロドヴィーコ（イル・モーロ）　78, 79, 80, 81
スペンサー　27
セウェルス　273
セシル　30, 344
セネカ　27
センニ　113
ソデリーニ，ピエロ　171, 172, 191, 192, 195, 196, 224, 258, 297, 321, 331
ソデリーニ，フランチェスコ（司教）　169, 171, 172

ウィリアム1世（英王） 92
ヴェスプッチ，アメリーゴ 110
ヴェットーリ，フランチェスコ 113, 196, 198, 199, 201-205, 209-211, 214, 215, 217, 265, 266, 275, 315, 320, 322, 323, 330
ウェルギリウス 3, 70
ヴェロッキオ 98
ヴェロネーセ，グアリーノ 131
ヴォルテール 32, 37
ウルジ 90
ウルフ，ジョン 24
エッチェリーノ・ダ・ロマーノ 66, 93
エドワード4世（英王） 97
エリザベス1世（英女王） 25, 27, 30, 285
エリンガー 228
エルカン 33, 44
エルコレ1世（エステ家） 96
エルコレ，F. 287, 291, 298, 334
オッカム 67, 73
オリヴェロット・ダ・フェルモ 81, 82, 178, 181, 278
オルシーニ家 77, 83, 275
オルシーニ，グラヴィーナ（グラヴィーナ公） 81, 82, 181
オルシーニ，パオロ 81, 82, 177, 181
オルシーニ，ジャンバッティスタ（枢機卿） 177

カ 行

カエサル 239, 240
カーサ・ヴェッキア，フィリッポ・デ 198
カスティリョーネ 21, 71, 123, 137
カストラカーニ，カストルッチョ 316-318, 321, 338
カティリナ 103
ガッタメラータ 98
ガッディ，ジョヴァンニ（枢機卿） 18
ガードナー，ステファン 90
カミルス，ルキウス・フリウス 166
カリグラ 240
カール4世（神聖ローマ皇帝） 94
カール5世（スペイン王，神聖ローマ皇帝） 6, 42, 48, 86, 87
カンティモリ，D. 131, 133
キケロ 235
キャサリン（アラゴンの） 90
キュロス 274, 291
キンキナトゥス 208
キンク，ハンス・E. 32, 133, 161, 187
グイッチャルディーニ，フランチェスコ 113, 139, 197, 215, 226, 233, 236, 261, 315, 316, 319, 320, 323, 344, 345
グイッチャルディーニ，ルイージ 198
グイードバルド・ダ・モンテフェルトロ 170
クセノフォン 229
グナイゼナウ 312
クニース，K. 105
グラヴィーナ公 →グラヴィーナ・オルシーニ
クリスティーナ（スウェーデン女王） 7
グレゴローヴィウス 85, 88, 90
クレメンス7世（教皇） 17, 87, 88,

人名索引

ア　行

アウグスティヌス　66
アウグストゥス（ローマ皇帝）　70
アウソニウス　292
アガトクレス　278,279,282,316
アッコルティ，ベネデット　121
アラマンニ，ルイージ　136,313
アリストテレス　58,59,68,71,113,118,344
アルテフェルデ，ジャコブ　76
アルテフェルデ，フィリップ　76
アルフィエーリ，ヴィットーリオ　3,5,32,50
アルフォンソ・デステ（エステ家）172
アルベルティ，レオン・バッティスタ 119,120,121,124,128,334,335
アレキサンダー大王　271,295
アレクサンデル6世（教皇）　34,79-81,83,85,164,169,172,183,188,275,331
アレティーノ，ピエトロ　27,113,114,226
アンリ3世（フランス王）　7,22
アンリ4世（フランス王）　7,30
イグナティウス・デ・ロヨラ　27,29
イサベル（カスティリア女王）　78
ヴァイケルト，マリアネ　267,268,281,335,337,338
ヴァザーリ　3,33
ヴァッラ，ロレンツォ　121,123
ヴァルキ　113
ヴァレンティーノ公　→チェーザレ・ボルジア
ヴァローリ，ニッコロ　161
ヴィクリフ，ジョン　75
ヴィーコ，ジョヴァンニ・バッティスタ　67,253
ヴィスコンティ，ガレアッツォ　117
ヴィスコンティ，ジョヴァンニ・マリア　60
ヴィスコンティ，フィリッポ・マリア 60
ヴィテロッツォ・ヴィテッリ　81,82,170,175,181
ヴィラリ，パスクアーレ　49,157,159,161,166,171,187,223,326

《叢書・ウニベルシタス　730》
マキアヴェッリ——転換期の危機分析
2001年11月22日　初版第1刷発行

ルネ・ケーニヒ
小川さくえ／片岡律子 訳
発行所　財団法人　法政大学出版局
〒102-0073 東京都千代田区九段北3-2-7
電話03(5214)5540/振替00160-6-95814
製版，印刷　平 文 社／鈴木製本所

Printed in Japan

ISBN4-588-00730-0

著　者

ルネ・ケーニヒ（René König）

1906年，マクデブルクに生まれる．ウィーンで東洋語学を，ベルリンとパリで社会学，民族学，哲学を修めた．パリ留学から戻ったあと，1935年に著わした『ドイツの大学制度について』がナチスの反感を買ったため，弾圧を逃れてスイスに亡命し，チューリヒ大学で大学教授資格を取得している．戦後はドイツへ戻り，1949年から74年まで，レオポルト・フォン・ヴィーゼの後任としてケルン大学社会学研究所の所長を務め，いわゆるケルン学派を創出した．また，国際社会学協会の会長としても社会学に大きく貢献した．1992年没．

訳　者

小川さくえ（おがわ さくえ）

長崎県に生まれる．大阪市立大学大学院博士課程修了．ドイツ文学専攻．現在，宮崎大学教授．訳書に，ヴォルフガング・シヴェルブシュ『闇をひらく光』，『光と影のドラマトゥルギー』，ヴォルフ・レペニース『十八世紀の文人科学者たち』，カール・フォン・リンネ『神罰』（以上，法政大学出版局）がある．

片岡律子（かたおか りつこ）

東京に生まれる．学習院大学大学院修士課程修了．ドイツ文学専攻．現在，日本女子体育大学教授．共訳書に，『モーツァルト オペラ人物事典』（柏書房）がある．

叢書・ウニベルシタス

No.	書名	著者／訳者		(頁)
1	芸術はなぜ必要か	E.フィッシャー／河野徹訳	品切	302
2	空と夢〈運動の想像力にかんする試論〉	G.バシュラール／宇佐見英治訳		442
3	グロテスクなもの	W.カイザー／竹内豊治訳		312
4	塹壕の思想	T.E.ヒューム／長谷川鉱平訳		316
5	言葉の秘密	E.ユンガー／菅谷規矩雄訳		176
6	論理哲学論考	L.ヴィトゲンシュタイン／藤本，坂井訳		350
7	アナキズムの哲学	H.リード／大沢正道訳		318
8	ソクラテスの死	R.グアルディーニ／山村直資訳		366
9	詩学の根本概念	E.シュタイガー／高橋英夫訳		334
10	科学の科学〈科学技術時代の社会〉	M.ゴールドスミス，A.マカイ編／是永純弘訳		346
11	科学の射程	C.F.ヴァイツゼカー／野田，金子訳		274
12	ガリレオをめぐって	オルテガ・イ・ガセット／マタイス，佐々木訳		290
13	幻影と現実〈詩の源泉の研究〉	C.コードウェル／長谷川鉱平訳		410
14	聖と俗〈宗教的なるものの本質について〉	M.エリアーデ／風間敏夫訳		286
15	美と弁証法	G.ルカッチ／良知，池田，小箕訳		372
16	モラルと犯罪	K.クラウス／小松太郎訳		218
17	ハーバート・リード自伝	北條文緒訳		468
18	マルクスとヘーゲル	J.イッポリット／宇津木，田口訳	品切	258
19	プリズム〈文化批判と社会〉	Th.W.アドルノ／竹内，山村，板倉訳		246
20	メランコリア	R.カスナー／塚越敏訳		388
21	キリスト教の苦悶	M.de ウナムーノ／神吉，佐々木訳		202
22	アインシュタイン ゾンマーフェルト往復書簡	A.ヘルマン編／小林，坂口訳	品切	194
23 24	群衆と権力（上・下）	E.カネッティ／岩田行一訳		440 356
25	問いと反問〈芸術論集〉	W.ヴォリンガー／土肥美夫訳		272
26	感覚の分析	E.マッハ／須藤，廣松訳		386
27 28	批判的モデル集（I・II）	Th.W.アドルノ／大久保健治訳	〈品切 品切〉	I 232 II 272
29	欲望の現象学	R.ジラール／古田幸男訳		370
30	芸術の内面への旅	E.ヘラー／河原，杉浦，渡辺訳	品切	284
31	言語起源論	ヘルダー／大阪大学ドイツ近代文学研究会訳		270
32	宗教の自然史	D.ヒューム／福鎌，斎藤訳		144
33	プロメテウス〈ギリシア人の解した人間存在〉	K.ケレーニイ／辻村誠三訳	品切	268
34	人格とアナーキー	E.ムーニエ／山崎，佐藤訳		292
35	哲学の根本問題	E.ブロッホ／竹内豊治訳		194
36	自然と美学〈形体・美・芸術〉	R.カイヨワ／山口三夫訳		112
37 38	歴史論（I・II）	G.マン／加藤，宮野訳	I・品切 II・品切	274 202
39	マルクスの自然概念	A.シュミット／元浜清海訳		316
40	書物の本〈西欧の書物と文化の歴史．書物の美学〉	H.プレッサー／轡田収訳		448
41 42	現代への序説（上・下）	H.ルフェーヴル／宗，古田監訳		220 296
43	約束の地を見つめて	E.フォール／古田幸男訳		320
44	スペクタクルと社会	J.デュビニョー／渡辺淳訳	品切	188
45	芸術と神話	E.グラッシ／榎本久彦訳		266
46	古きものと新しきもの	M.ロベール／城山，島，円子訳		318
47	国家の起源	R.H.ローウィ／古賀英三郎訳		204
48	人間と死	E.モラン／古田幸男訳		448
49	プルーストとシーニュ（増補版）	G.ドゥルーズ／宇波彰訳		252
50	文明の滴定〈科学技術と中国の社会〉	J.ニーダム／橋本敬造訳	品切	452
51	プスタの民	I.ジュラ／加藤二郎訳		382

				(頁)
52 53	社会学的思考の流れ（I・II）	R.アロン／北川, 平野, 他訳		350 392
54	ベルクソンの哲学	G.ドゥルーズ／宇波彰訳		142
55	第三帝国の言語LTI〈ある言語学者のノート〉	V.クレムペラー／羽田, 藤平, 赤井, 中村訳		442
56	古代の芸術と祭祀	J.E.ハリスン／星野徹訳		222
57	ブルジョワ精神の起源	B.グレトゥイゼン／野沢協訳		394
58	カントと物自体	E.アディッケス／赤松常弘訳		300
59	哲学的素描	S.K.ランガー／塚本, 星野訳		250
60	レーモン・ルーセル	M.フーコー／豊崎光一訳		268
61	宗教とエロス	W.シューバルト／石川, 平田, 山本訳	品切	398
62	ドイツ悲劇の根源	W.ベンヤミン／川村, 三城訳		316
63	鍛えられた心〈強制収容所における心理と行動〉	B.ベテルハイム／丸山修吉訳		340
64	失われた範列〈人間の自然性〉	E.モラン／古田幸男訳		308
65	キリスト教の起源	K.カウツキー／栗原佑訳		534
66	ブーバーとの対話	W.クラフト／板倉敏之訳		206
67	プロデメの変貌〈フランスのコミューン〉	E.モラン／宇波彰訳		450
68	モンテスキューとルソー	E.デュルケーム／小関, 川喜多訳	品切	312
69	芸術と文明	K.クラーク／河野徹訳		680
70	自然宗教に関する対話	D.ヒューム／福鎌, 斎藤訳		196
71 72	キリスト教の中の無神論（上・下）	E.ブロッホ／竹内, 高尾訳		234 304
73	ルカーチとハイデガー	L.ゴルドマン／川俣晃自訳		308
74	断　想　1942—1948	E.カネッティ／岩田行一訳		286
75 76	文明化の過程（上・下）	N.エリアス／吉田, 中村, 波田, 他訳		466 504
77	ロマンスとリアリズム	C.コードウェル／玉井, 深井, 山本訳		238
78	歴史と構造	A.シュミット／花崎皋平訳		192
79 80	エクリチュールと差異（上・下）	J.デリダ／若桑, 野村, 阪上, 三好, 他訳		378 296
81	時間と空間	E.マッハ／野家啓一編訳		258
82	マルクス主義と人格の理論	L.セーヴ／大津真作訳		708
83	ジャン=ジャック・ルソー	B.グレトゥイゼン／小池健男訳		394
84	ヨーロッパ精神の危機	P.アザール／野沢協訳		772
85	カフカ〈マイナー文学のために〉	G.ドゥルーズ, F.ガタリ／宇波, 岩田訳		210
86	群衆の心理	H.ブロッホ／入野田, 小崎, 小岸訳	品切	580
87	ミニマ・モラリア	Th.W.アドルノ／三光長治訳		430
88 89	夢と人間社会（上・下）	R.カイヨワ, 他／三好郁郎, 他訳		374 340
90	自由の構造	C.ベイ／横越英一訳		744
91	1848年〈二月革命の精神史〉	J.カスー／野沢協, 他訳		326
92	自然の統一	C.F.ヴァイツゼカー／斎藤, 河井訳	品切	560
93	現代戯曲の理論	P.ションディ／市村, 丸山訳	品切	250
94	百科全書の起源	F.ヴェントゥーリ／大津真作訳	品切	324
95	推測と反駁〈科学的知識の発展〉	K.R.ポパー／藤本, 石垣, 森訳		816
96	中世の共産主義	K.カウツキー／栗原佑訳		400
97	批評の解剖	N.フライ／海老根, 中村, 出淵, 山内訳		580
98	あるユダヤ人の肖像	A.メンミ／菊地, 白井訳		396
99	分類の未開形態	E.デュルケーム／小関藤一郎訳	品切	232
100	永遠に女性的なるもの	H.ド・リュバック／山崎庸一郎訳		360
101	ギリシア神話の本質	G.S.カーク／吉田, 辻村, 松田訳	品切	390
102	精神分析における象徴界	G.ロゾラート／佐々木孝次訳		508
103	物の体系〈記号の消費〉	J.ボードリヤール／宇波彰訳		280

				(頁)
104	言語芸術作品〔第2版〕	W.カイザー／柴田斎訳	品切	688
105	同時代人の肖像	F.ブライ／池内紀訳		212
106	レオナルド・ダ・ヴィンチ〔第2版〕	K.クラーク／丸山, 大河内訳		344
107	宮廷社会	N.エリアス／波田, 中埜, 吉田訳		480
108	生産の鏡	J.ボードリヤール／宇波, 今村訳		184
109	祭祀からロマンスへ	J.L.ウェストン／丸小哲雄訳		290
110	マルクスの欲求理論	A.ヘラー／良知, 小箕訳		198
111	大革命前夜のフランス	A.ソブール／山崎耕一訳	品切	422
112	知覚の現象学	メルロ=ポンティ／中島盛夫訳		904
113	旅路の果てに〈アルペイオスの流れ〉	R.カイヨワ／金井裕訳		222
114	孤独の迷宮〈メキシコの文化と歴史〉	O.パス／高山, 熊谷訳		320
115	暴力と聖なるもの	R.ジラール／古田幸男訳		618
116	歴史をどう書くか	P.ヴェーヌ／大津真作訳		604
117	記号の経済学批判	J.ボードリヤール／今村, 宇波, 桜井訳	品切	304
118	フランス紀行〈1787, 1788&1789〉	A.ヤング／宮崎洋訳		432
119	供　犠	M.モース, H.ユベール／小関藤一郎訳		296
120	差異の目録〈歴史を変えるフーコー〉	P.ヴェーヌ／大津真作訳	品切	198
121	宗教とは何か	G.メンシング／田中, 下宮訳		442
122	ドストエフスキー	R.ジラール／鈴木晶訳		200
123	さまざまな場所〈死の影の都市をめぐる〉	J.アメリー／池内紀訳		210
124	生　成〈概念をこえる試み〉	M.セール／及川馥訳		272
125	アルバン・ベルク	Th.W.アドルノ／平野嘉彦訳		320
126	映画　あるいは想像上の人間	E.モラン／渡辺淳訳		320
127	人間論〈時間・責任・価値〉	R.インガルデン／武井, 赤松訳		294
128	カント〈その生涯と思想〉	A.グリガ／西牟田, 浜田訳		464
129	同一性の寓話〈詩的神話学の研究〉	N.フライ／駒沢大学フライ研究会訳		496
130	空間の心理学	A.モル, E.ロメル／渡辺淳訳		326
131	飼いならされた人間と野性的人間	S.モスコヴィッシ／古田幸男訳		336
132	方　法　1. 自然の自然	E.モラン／大津真作訳	品切	658
133	石器時代の経済学	M.サーリンズ／山内昶訳		464
134	世の初めから隠されていること	R.ジラール／小池健男訳		760
135	群衆の時代	S.モスコヴィッシ／古田幸男訳	品切	664
136	シミュラークルとシミュレーション	J.ボードリヤール／竹原あき子訳		234
137	恐怖の権力〈アブジェクシオン〉試論	J.クリステヴァ／枝川昌雄訳		420
138	ボードレールとフロイト	L.ベルサーニ／山縣直子訳		240
139	悪しき造物主	E.M.シオラン／金井裕訳		228
140	終末論と弁証法〈マルクスの社会・政治思想〉	S.アヴィネリ／中村恒矩訳	品切	392
141	経済人類学の現在	F.プイヨン編／山内昶訳		236
142	視覚の瞬間	K.クラーク／北條文緒訳		304
143	罪と罰の彼岸	J.アメリー／池内紀訳		210
144	時間・空間・物質	B.K.ライドレー／中島龍三訳	品切	226
145	離脱の試み〈日常生活への抵抗〉	S.コーエン, N.テイラー／石黒毅訳		321
146	人間怪物論〈人間脱走の哲学の素描〉	U.ホルストマン／加藤二郎訳		206
147	カントの批判哲学	G.ドゥルーズ／中島盛夫訳		160
148	自然と社会のエコロジー	S.モスコヴィッシ／久米, 原訳		440
149	壮大への渇仰	L.クローネンバーガー／岸, 倉田訳		368
150	奇蹟論・迷信論・自殺論	D.ヒューム／福鎌, 斎藤訳		200
151	クルティウス-ジッド往復書簡	ディークマン編／円子千代訳		376
152	離脱の寓話	M.セール／及川馥訳		178

				(頁)
153	エクスタシーの人類学	I.M.ルイス／平沼孝之訳		352
154	ヘンリー・ムア	J.ラッセル／福田真一訳		340
155	誘惑の戦略	J.ボードリヤール／宇波彰訳		260
156	ユダヤ神秘主義	G.ショーレム／山下,石丸,他訳		644
157	蜂の寓話〈私悪すなわち公益〉	B.マンデヴィル／泉谷治訳		412
158	アーリア神話	L.ポリアコフ／アーリア主義研究会訳		544
159	ロベスピエールの影	P.ガスカール／佐藤和生訳		440
160	元型の空間	E.ゾラ／丸小哲雄訳		336
161	神秘主義の探究〈方法論的考察〉	E.スタール／宮元啓一,他訳		362
162	放浪のユダヤ人〈ロート・エッセイ集〉	J.ロート／平田,吉田訳		344
163	ルフー，あるいは取壊し	J.アメリー／神崎巌訳		250
164	大世界劇場〈宮廷祝宴の時代〉	R.アレヴィン,K.ゼルツレ／円子修平訳	品切	200
165	情念の政治経済学	A.ハーシュマン／佐々木,旦訳		192
166	メモワール〈1940-44〉	レミ／築島謙三訳		520
167	ギリシア人は神話を信じたか	P.ヴェーヌ／大津真作訳	品切	340
168	ミメーシスの文学と人類学	R.ジラール／浅野敏夫訳		410
169	カバラとその象徴的表現	G.ショーレム／岡部,小岸訳		340
170	身代りの山羊	R.ジラール／織田,富永訳	品切	384
171	人間〈その本性および世界における位置〉	A.ゲーレン／平野具男訳		608
172	コミュニケーション〈ヘルメスI〉	M.セール／豊田,青木訳		358
173	道　化〈つまずきの現象学〉	G.v.バルレーヴェン／片岡啓治訳	品切	260
174	いま,ここで〈アウシュヴィッツとヒロシマ以後の哲学的考察〉	G.ピヒト／斎藤,浅野,大野,河井訳		600
175 176 177	真理と方法〔全三冊〕	H.-G.ガダマー／轡田,麻生,三島,他訳		I・350 II・ III・
178	時間と他者	E.レヴィナス／原田佳彦訳		140
179	構成の詩学	B.ウスペンスキイ／川崎,大石訳	品切	282
180	サン=シモン主義の歴史	S.シャルレティ／沢崎,小杉訳		528
181	歴史と文芸批評	G.デルフォ,A.ロッシュ／川中子弘訳		472
182	ミケランジェロ	H.ヒバード／中山,小野訳	品切	578
183	観念と物質〈思考・経済・社会〉	M.ゴドリエ／山内昶訳		340
184	四つ裂きの刑	E.M.シオラン／金井裕訳		234
185	キッチュの心理学	A.モル／万沢正美訳		344
186	領野の漂流	J.ヴィヤール／山下俊一訳		226
187	イデオロギーと想像力	G.C.カバト／小箕俊介訳		300
188	国家の起源と伝承〈古代インド社会史論〉	R.=ターパル／山崎,成澤訳		322
189	ベルナール師匠の秘密	P.ガスカール／佐藤和生訳		374
190	神の存在論的証明	D.ヘンリッヒ／本間,須田,座小田,他訳		456
191	アンチ・エコノミクス	J.アタリ,M.ギヨーム／斎藤,安孫子訳		322
192	クローチェ政治哲学論集	B.クローチェ／上村忠男編訳		188
193	フィヒテの根源的洞察	D.ヘンリッヒ／座小田,小松訳		184
194	哲学の起源	オルテガ・イ・ガセット／佐々木孝訳	品切	224
195	ニュートン力学の形成	ベー・エム・ゲッセン／秋間実,他訳		312
196	遊びの遊び	J.デュビニョー／渡辺淳訳	品切	160
197	技術時代の魂の危機	A.ゲーレン／平野具男訳	品切	222
198	儀礼としての相互行為	E.ゴッフマン／広瀬,安江訳	品切	376
199	他者の記号学〈アメリカ大陸の征服〉	T.トドロフ／及川,大谷,菊地訳		370
200	カント政治哲学の講義	H.アーレント著,R.ベイナー編／浜田監訳		302
201	人類学と文化記号論	M.サーリンズ／山内昶訳		354
202	ロンドン散策	F.トリスタン／小杉,浜本訳		484

				（頁）
203	秩序と無秩序	J.-P.デュピュイ／古田幸男訳		324
204	象徴の理論	T.トドロフ／及川馥, 他訳		536
205	資本とその分身	M.ギヨーム／斉藤日出治訳		240
206	干　渉〈ヘルメスII〉	M.セール／豊田彰訳		276
207	自らに手をくだし〈自死について〉	J.アメリー／大河内了義訳		222
208	フランス人とイギリス人	R.フェイバー／北條, 大島訳	品切	304
209	カーニバル〈その歴史的・文化的考察〉	J.カロ・バロッハ／佐々木孝訳	品切	622
210	フッサール現象学	A.F.アグィーレ／川島, 工藤, 林訳		232
211	文明の試練	J.M.カディヒィ／塚本, 秋山, 寺西, 島訳		538
212	内なる光景	J.ポミエ／角山, 池部訳		526
213	人間の原型と現代の文化	A.ゲーレン／池井望訳		422
214	ギリシアの光と神々	K.ケレーニイ／円子修平訳		178
215	初めに愛があった〈精神分析と信仰〉	J.クリステヴァ／枝川昌雄訳		146
216	バロックとロココ	W.v.ニーベルシュッツ／竹内章訳		164
217	誰がモーセを殺したか	S.A.ハンデルマン／山形和美訳		514
218	メランコリーと社会	W.レペニース／岩田, 小竹訳		380
219	意味の論理学	G.ドゥルーズ／岡田, 宇波訳		460
220	新しい文化のために	P.ニザン／木内孝訳		352
221	現代心理論集	P.ブールジェ／平岡, 伊藤訳		362
222	パラジット〈寄食者の論理〉	M.セール／及川, 米山訳		466
223	虐殺された鳩〈暴力と国家〉	H.ラボリ／川中子弘訳		240
224	具象空間の認識論〈反・解釈学〉	F.ダゴニェ／金森修訳		300
225	正常と病理	G.カンギレム／滝沢武久訳		320
226	フランス革命論	J.G.フィヒテ／桝田啓三郎訳		396
227	クロード・レヴィ=ストロース	O.パス／鼓, 木村訳		160
228	バロックの生活	P.ラーンシュタイン／波田節夫訳		520
229	うわさ〈もっとも古いメディア〉増補版	J.-N.カプフェレ／古田幸男訳		394
230	後期資本制社会システム	C.オッフェ／寿福真美編訳		358
231	ガリレオ研究	A.コイレ／菅谷暁訳		482
232	アメリカ	J.ボードリヤール／田中正人訳		220
233	意識ある科学	E.モラン／村上光彦訳		400
234	分子革命〈欲望社会のミクロ分析〉	F.ガタリ／杉村昌昭訳		340
235	火, そして霧の中の信号—ゾラ	M.セール／寺田光徳訳		568
236	煉獄の誕生	J.ル・ゴッフ／渡辺, 内田訳		698
237	サハラの夏	E.フロマンタン／川端康夫訳		336
238	パリの悪魔	P.ガスカール／佐藤和夫訳		256
239 240	自然の人間的歴史（上・下）	S.モスコヴィッシ／大津真作訳		上・494 下・390
241	ドン・キホーテ頌	P.アザール／円子千代訳	品切	348
242	ユートピアへの勇気	G.ピヒト／河井徳治訳		202
243	現代社会とストレス〔原書改訂版〕	H.セリエ／杉, 田多井, 藤井, 竹宮訳		482
244	知識人の終焉	J.-F.リオタール／原田佳彦, 他訳		140
245	オマージュの試み	E.M.シオラン／金井裕訳		154
246	科学の時代における理性	H.-G.ガダマー／本間, 座小田訳		158
247	イタリア人の太古の知恵	G.ヴィーコ／上村忠男訳		190
248	ヨーロッパを考える	E.モラン／林　勝一訳		238
249	労働の現象学	J.-L.プチ／今村, 松島訳		388
250	ポール・ニザン	Y.イシャグプール／川俣晃自訳		356
251	政治的判断力	R.ベイナー／浜田義文監訳		310
252	知覚の本性〈初期論文集〉	メルロ=ポンティ／加賀野井秀一訳		158

				(頁)
253	言語の牢獄	F.ジェームソン／川口喬一訳		292
254	失望と参画の現象学	A.O.ハーシュマン／佐々木,杉田訳		204
255	はかない幸福—ルソー	T.トドロフ／及川馥訳		162
256	大学制度の社会史	H.W.プラール／山本尤訳		408
257 258	ドイツ文学の社会史（上・下）	J.ベルク,他／山本,三島,保坂,鈴木訳		上・766 下・648
259	アランとルソー〈教育哲学試論〉	A.カルネック／安斎,並木訳		304
260	都市・階級・権力	M.カステル／石川淳志監訳		296
261	古代ギリシア人	M.I.フィンレー／山形和美訳	品切	296
262	象徴表現と解釈	T.トドロフ／小林,及川訳		244
263	声の回復〈回想の試み〉	L.マラン／梶野吉郎訳		246
264	反射概念の形成	G.カンギレム／金森修訳		304
265	芸術の手相	G.ピコン／末永照和訳		294
266	エチュード〈初期認識論集〉	G.バシュラール／及川馥訳		166
267	邪な人々の昔の道	R.ジラール／小池健男訳		270
268	〈誠実〉と〈ほんもの〉	L.トリリング／野島秀勝訳		264
269	文の抗争	J.-F.リオタール／陸井四郎,他訳		410
270	フランス革命と芸術	J.スタロバンスキー／井上尭裕訳		286
271	野生人とコンピューター	J.-M.ドムナック／古田幸男訳		228
272	人間と自然界	K.トマス／山内昶,他訳		618
273	資本論をどう読むか	J.ビデ／今村仁司,他訳		450
274	中世の旅	N.オーラー／藤代幸一訳		488
275	変化の言語〈治療コミュニケーションの原理〉	P.ワツラウィック／築島謙三訳		212
276	精神の売春としての政治	T.クンナス／木戸,佐々木訳		258
277	スウィフト政治・宗教論集	J.スウィフト／中野,海保訳		490
278	現実とその分身	C.ロセ／金井裕訳		168
279	中世の高利貸	J.ル・ゴッフ／渡辺香根夫訳		170
280	カルデロンの芸術	M.コメレル／岡部仁訳		270
281	他者の言語〈デリダの日本講演〉	J.デリダ／高橋允昭編訳		406
282	ショーペンハウアー	R.ザフランスキー／山本尤訳		646
283	フロイトと人間の魂	B.ベテルハイム／藤瀬恭子訳		174
284	熱　狂〈カントの歴史批判〉	J.-F.リオタール／中島盛夫訳		210
285	カール・カウツキー 1854-1938	G.P.スティーンソン／時永,河野訳		496
286	形而上学と神の思想	W.パネンベルク／座小田,諸岡訳		186
287	ドイツ零年	E.モラン／古田幸男訳		364
288	物の地獄〈ルネ・ジラールと経済の論理〉	デュムシェル，デュピュイ／織田,富永訳		320
289	ヴィーコ自叙伝	G.ヴィーコ／福鎌忠恕訳	品切	448
290	写真論〈その社会的効用〉	P.ブルデュー／山縣熙,山縣直子訳		438
291	戦争と平和	S.ボク／大沢正道訳		224
292	意味と意味の発展	R.A.ウォルドロン／築島謙三訳		294
293	生態平和とアナーキー	U.リンゼ／内田,杉村訳		270
294	小説の精神	M.クンデラ／金井,浅野訳		208
295	フィヒテ-シェリング往復書簡	W.シュルツ解説／座小田,後藤訳		220
296	出来事と危機の社会学	E.モラン／浜名,福井訳		622
297	宮廷風恋愛の技術	A.カペルラヌス／野島秀勝訳		334
298	野蛮〈科学主義の独裁と文化の危機〉	M.アンリ／山形,望月訳		292
299	宿命の戦略	J.ボードリヤール／竹原あき子訳		260
300	ヨーロッパの日記	G.R.ホッケ／石丸,柴田,信岡訳		1330
301	記号と夢想〈演劇と祝祭についての考察〉	A.シモン／岩瀬孝監修．佐藤,伊藤,他訳		388
302	手と精神	J.ブラン／中村文郎訳		284

				(頁)
303	平等原理と社会主義	L.シュタイン／石川,石塚,柴田訳		676
304	死にゆく者の孤独	N.エリアス／中居実訳		150
305	知識人の黄昏	W.シヴェルブシュ／初見基訳		240
306	トマス・ペイン〈社会思想家の生涯〉	A.J.エイヤー／大熊昭信訳		378
307	われらのヨーロッパ	F.ヘール／杉浦健之訳		614
308	機械状無意識〈スキゾ-分析〉	F.ガタリ／高岡幸一訳		426
309	聖なる真理の破壊	H.ブルーム／山形和美訳		400
310	諸科学の機能と人間の意義	E.パーチ／上村忠男監訳		552
311	翻　訳〈ヘルメスIII〉	M.セール／豊田,輪田訳		404
312	分　布〈ヘルメスIV〉	M.セール／豊田彰訳		440
313	外国人	J.クリステヴァ／池田和子訳		284
314	マルクス	M.アンリ／杉山,水野訳	品切	612
315	過去からの警告	E.シャルガフ／山本,内藤訳		308
316	面・表面・界面〈一般表層論〉	F.ダゴニェ／金森,今野訳		338
317	アメリカのサムライ	F.G.ノートヘルファー／飛鳥井雅道訳		512
318	社会主義か野蛮か	C.カストリアディス／江口幹訳		490
319	遍　歴〈法,形式,出来事〉	J.-F.リオタール／小野康男訳		200
320	世界としての夢	D.ウスラー／谷　徹訳		566
321	スピノザと表現の問題	G.ドゥルーズ／工藤,小柴,小谷訳		460
322	裸体とはじらいの文化史	H.P.デュル／藤代,三谷訳		572
323	五　感〈混合体の哲学〉	M.セール／米山親能訳		582
324	惑星軌道論	G.W.F.ヘーゲル／村上恭一訳		250
325	ナチズムと私の生活〈仙台からの告発〉	K.レーヴィット／秋間実訳		334
326	ベンヤミン-ショーレム往復書簡	G.ショーレム編／山本尤訳		440
327	イマヌエル・カント	O.ヘッフェ／薮木栄夫訳		374
328	北西航路〈ヘルメスV〉	M.セール／青木研二訳		260
329	聖杯と剣	R.アイスラー／野島秀勝訳		486
330	ユダヤ人国家	Th.ヘルツル／佐藤康彦訳		206
331	十七世紀イギリスの宗教と政治	C.ヒル／小野功生訳		586
332	方　法　2．生命の生命	E.モラン／大津真作訳		838
333	ヴォルテール	A.J.エイヤー／中川,吉岡訳		268
334	哲学の自食症候群	J.ブーヴレス／大平具彦訳		266
335	人間学批判	レペニース,ノルテ／小竹澄栄訳		214
336	自伝のかたち	W.C.スペンジマン／船倉正憲訳		384
337	ポストモダニズムの政治学	L.ハッチオン／川口喬一訳		332
338	アインシュタインと科学革命	L.S.フォイヤー／村上,成定,大谷訳		474
339	ニーチェ	G.ピヒト／青木隆嘉訳		562
340	科学史・科学哲学研究	G.カンギレム／金森修監訳		674
341	貨幣の暴力	アグリエッタ,オルレアン／井上,斉藤訳		506
342	象徴としての円	M.ルルカー／竹内章訳		186
343	ベルリンからエルサレムへ	G.ショーレム／岡部仁訳		226
344	批評の批評	T.トドロフ／及川,小林訳		298
345	ソシュール講義録注解	F.de　ソシュール／前田英樹・訳注		204
346	歴史とデカダンス	P.ショーニュー／大谷尚文訳		552
347	続・いま,ここで	G.ピヒト／斎藤,大野,福島,浅野訳		580
348	バフチン以後	D.ロッジ／伊藤誓訳		410
349	再生の女神セドナ	H.P.デュル／原研二訳		622
350	宗教と魔術の衰退	K.トマス／荒木正純訳		1412
351	神の思想と人間の自由	W.パネンベルク／座小田,諸岡訳		186

				(頁)
352	倫理・政治的ディスクール	O.ヘッフェ／青木隆嘉訳		312
353	モーツァルト	N.エリアス／青木隆嘉訳		198
354	参加と距離化	N.エリアス／波田, 道籏訳		276
355	二十世紀からの脱出	E.モラン／秋枝茂夫訳		384
356	無限の二重化	W.メニングハウス／伊藤秀一訳		350
357	フッサール現象学の直観理論	E.レヴィナス／佐藤, 桑野訳		506
358	始まりの現象	E.W.サイード／山形, 小林訳		684
359	サテュリコン	H.P.デュル／原研二訳		258
360	芸術と疎外	H.リード／増渕正史訳	品切	262
361	科学的理性批判	K.ヒュプナー／神野, 中才, 熊谷訳		476
362	科学と懐疑論	J.ワトキンス／中才敏郎訳		354
363	生きものの迷路	A.モール, E.ロメル／古田幸男訳		240
364	意味と力	G.バランディエ／小関藤一郎訳		406
365	十八世紀の文人科学者たち	W.レペニース／小川さくえ訳		182
366	結晶と煙のあいだ	H.アトラン／阪上脩訳		376
367	生への闘争〈闘争本能・性・意識〉	W.J.オング／高柳, 橋爪訳		326
368	レンブラントとイタリア・ルネサンス	K.クラーク／尾崎, 芳野訳		334
369	権力の批判	A.ホネット／河上倫逸監訳		476
370	失われた美学〈マルクスとアヴァンギャルド〉	M.A.ローズ／長田, 池田, 長野, 長田訳		332
371	ディオニュソス	M.ドゥティエンヌ／及川, 吉岡訳		164
372	メディアの理論	F.イングリス／伊藤, 磯山訳		380
373	生き残ること	B.ベテルハイム／高尾利数訳		646
374	バイオエシックス	F.ダゴニェ／金森, 松浦訳		316
375 376	エディプスの謎（上・下）	N.ビショッフ／藤代, 井本, 他訳		上・450 下・464
377	重大な疑問〈懐疑的省察録〉	E.シャルガフ／山形, 小野, 他訳		404
378	中世の食生活〈断食と宴〉	B.A.ヘニッシュ／藤原保明訳	品切	538
379	ポストモダン・シーン	A.クローカー, D.クック／大熊昭信訳		534
380	夢の時〈野生と文明の境界〉	H.P.デュル／岡部, 原, 須永, 荻野訳		674
381	理性よ，さらば	P.ファイヤアーベント／植木哲也訳		454
382	極限に面して	T.トドロフ／宇京賴三訳		376
383	自然の社会化	K.エーダー／寿福真美監訳		474
384	ある反時代的考察	K.レーヴィット／中村啓, 永沼更始郎訳		526
385	図書館炎上	W.シヴェルブシュ／福本義憲訳		274
386	騎士の時代	F.v.ラウマー／柳井尚子訳		506
387	モンテスキュー〈その生涯と思想〉	J.スタロバンスキー／古賀英三郎, 高橋誠訳		312
388	理解の鋳型〈東西の思想経験〉	J.ニーダム／井上英明訳		510
389	風景画家レンブラント	E.ラルセン／大谷, 尾崎訳		208
390	精神分析の系譜	M.アンリ／山形賴洋, 他訳		546
391	金《かね》と魔術	H.C.ビンスヴァンガー／清水健次訳		218
392	自然誌の終焉	W.レペニース／山村直資訳		346
393	批判的解釈学	J.B.トンプソン／山本, 小川訳		376
394	人間にはいくつの真理が必要か	R.ザフランスキー／山本, 藤井訳		232
395	現代芸術の出発	Y.イシャグプール／川俣晃自訳		170
396	青春　ジュール・ヴェルヌ論	M.セール／豊田彰訳		398
397	偉大な世紀のモラル	P.ベニシュー／朝倉, 羽賀訳		428
398	諸国民の時に	E.レヴィナス／合田正人訳		348
399 400	バベルの後に（上・下）	G.スタイナー／亀山健吉訳		上・482 下・
401	チュービンゲン哲学入門	E.ブロッホ／花田監修・菅谷, 今井, 三国訳		422

				(頁)
402	歴史のモラル	T.トドロフ／大谷尚文訳		386
403	不可解な秘密	E.シャルガフ／山本,内藤訳		260
404	ルソーの世界〈あるいは近代の誕生〉	J.-L.ルセルクル／小林浩訳	品切	378
405	死者の贈り物	D.サルナーヴ／菊地,白井訳		186
406	神もなく韻律もなく	H.P.デュル／青木隆嘉訳		292
407	外部の消失	A.コドレスク／利沢行夫訳		276
408	狂気の社会史〈狂人たちの物語〉	R.ポーター／目羅公和訳		428
409	続・蜂の寓話	B.マンデヴィル／泉谷治訳		436
410	悪口を習う〈近代初期の文化論集〉	S.グリーンブラット／磯山甚一訳		354
411	危険を冒して書く〈異色作家たちのパリ・インタヴュー〉	J.ワイス／浅野敏夫訳		300
412	理論を讃えて	H.-G.ガダマー／本間,須田訳		194
413	歴史の島々	M.サーリンズ／山本真鳥訳		306
414	ディルタイ〈精神科学の哲学者〉	R.A.マックリール／大野,田中,他訳		578
415	われわれのあいだで	E.レヴィナス／合田,谷口訳		368
416	ヨーロッパ人とアメリカ人	S.ミラー／池田栄一訳		358
417	シンボルとしての樹木	M.ルルカー／林 捷 訳		276
418	秘めごとの文化史	H.P.デュル／藤代,津山訳		662
419	眼の中の死〈古代ギリシアにおける他者の像〉	J.-P.ヴェルナン／及川,吉岡訳		144
420	旅の思想史	E.リード／伊藤誓訳		490
421	病のうちなる治療薬	J.スタロバンスキー／小池,川那部訳		356
422	祖国地球	E.モラン／菊地昌実訳		234
423	寓意と表象・再現	S.J.グリーンブラット編／船倉正憲訳		384
424	イギリスの大学	V.H.H.グリーン／安原,成定訳		516
425	未来批判 あるいは世界史に対する嫌悪	E.シャルガフ／山本,伊藤訳		276
426	見えるものと見えざるもの	メルロ=ポンティ／中島盛夫監訳		618
427	女性と戦争	J.B.エルシュテイン／小林,廣川訳		486
428	カント入門講義	H.バウムガルトナー／有福孝岳監訳		204
429	ソクラテス裁判	I.F.ストーン／永田康昭訳		470
430	忘我の告白	M.ブーバー／田口義弘訳		348
431 432	時代おくれの人間（上・下）	G.アンダース／青木隆嘉訳		上・432 下・546
433	現象学と形而上学	J.-L.マリオン他編／三上,重永,檜垣訳		388
434	祝福から暴力へ	M.ブロック／田辺,秋津訳		426
435	精神分析と横断性	F.ガタリ／杉村,毬藻訳		462
436	競争社会をこえて	A.コーン／山本,真水訳		530
437	ダイアローグの思想	M.ホルクウィスト／伊藤誓訳		370
438	社会学とは何か	N.エリアス／徳安彰訳		250
439	E.T.A.ホフマン	R.ザフランスキー／識名章喜訳		636
440	所有の歴史	J.アタリ／山内昶訳		580
441	男性同盟と母権制神話	N.ゾンバルト／田村和彦訳		516
442	ヘーゲル以後の歴史哲学	H.シュネーデルバッハ／古東哲明訳		282
443	同時代人ベンヤミン	H.マイヤー／岡部仁訳		140
444	アステカ帝国滅亡記	G.ボド,T.トドロフ編／大谷,菊地訳		662
445	迷宮の岐路	C.カストリアディス／宇京頼三訳		404
446	意識と自然	K.K.チョウ／志水,山本監訳		422
447	政治的正義	O.ヘッフェ／北尾,平石,望月訳		598
448	象徴と社会	K.バーク著,ガスフィールド編／森常治訳		580
449	神・死・時間	E.レヴィナス／合田正人訳		360
450	ローマの祭	G.デュメジル／大橋寿美子訳		446

			(頁)
451	エコロジーの新秩序	L.フェリ／加藤宏幸訳	274
452	想念が社会を創る	C.カストリアディス／江口幹訳	392
453	ウィトゲンシュタイン評伝	B.マクギネス／藤本,今井,宇都宮,髙橋訳	612
454	読みの快楽	R.オールター／山形,中田,田中訳	346
455	理性・真理・歴史〈内在的実在論の展開〉	H.パトナム／野本和幸,他訳	360
456	自然の諸時期	ビュフォン／菅谷暁訳	440
457	クロポトキン伝	ピルーモヴァ／左近毅訳	384
458	征服の修辞学	P.ヒューム／岩尾,正木,本橋訳	492
459	初期ギリシア科学	G.E.R.ロイド／山野,山口訳	246
460	政治と精神分析	G.ドゥルーズ,F.ガタリ／杉村昌昭訳	124
461	自然契約	M.セール／及川,米山訳	230
462	細分化された世界〈迷宮の岐路III〉	C.カストリアディス／宇京頼三訳	332
463	ユートピア的なもの	L.マラン／梶野吉郎訳	420
464	恋愛礼讃	M.ヴァレンシー／沓掛,川端訳	496
465	転換期〈ドイツ人とドイツ〉	H.マイヤー／宇京早苗訳	466
466	テクストのぶどう畑で	I.イリイチ／岡部佳世訳	258
467	フロイトを読む	P.ゲイ／坂口,大島訳	304
468	神々を作る機械	S.モスコヴィッシ／古田幸男訳	750
469	ロマン主義と表現主義	A.K.ウィードマン／大森淳史訳	378
470	宗教論	N.ルーマン／土方昭,土方透訳	138
471	人格の成層論	E.ロータッカー／北村監訳・大久保,他訳	278
472	神　罰	C.v.リンネ／小川さくえ訳	432
473	エデンの園の言語	M.オランデール／浜﨑設夫訳	338
474	フランスの自伝〈自伝文学の主題と構造〉	P.ルジュンヌ／小倉孝誠訳	342
475	ハイデガーとヘブライの遺産	M.ザラデル／合田正人訳	390
476	真の存在	G.スタイナー／工藤政司訳	266
477	言語芸術・言語記号・言語の時間	R.ヤコブソン／浅川順子訳	388
478	エクリール	C.ルフォール／宇京頼三訳	420
479	シェイクスピアにおける交渉	S.J.グリーンブラット／酒井正志訳	334
480	世界・テキスト・批評家	E.W.サイード／山形和美訳	584
481	絵画を見るディドロ	J.スタロバンスキー／小西嘉幸訳	148
482	ギボン〈歴史を創る〉	R.ポーター／中野,海保,松原訳	272
483	欺瞞の書	E.M.シオラン／金井裕訳	252
484	マルティン・ハイデガー	H.エーベリング／青木隆嘉訳	252
485	カフカとカバラ	K.E.グレーツィンガー／清水健次訳	390
486	近代哲学の精神	H.ハイムゼート／座小田豊,他訳	448
487	ベアトリーチェの身体	R.P.ハリスン／船倉正憲訳	304
488	技術〈クリティカル・セオリー〉	A.フィーンバーグ／藤本正文訳	510
489	認識論のメタクリティーク	Th.W.アドルノ／古賀,細見訳	370
490	地獄の歴史	A.K.ターナー／野﨑嘉信訳	456
491	昔話と伝説〈物語文学の二つの基本形式〉	M.リューティ／高木昌史,万里子訳　品切	362
492	スポーツと文明化〈興奮の探究〉	N.エリアス,E.ダニング／大平章訳	490
493 494	地獄のマキアヴェッリ（I・II）	S.de.グラツィア／田中治男訳	I・352 II・306
495	古代ローマの恋愛詩	P.ヴェーヌ／鎌田博夫訳	352
496	証人〈言葉と科学についての省察〉	E.シャルガフ／山本,内藤訳	252
497	自由とはなにか	P.ショーニュ／西川,小田桐訳	472
498	現代世界を読む	M.マフェゾリ／菊地昌実訳	186
499	時間を読む	M.ピカール／寺田光徳訳	266
500	大いなる体系	N.フライ／伊藤誓訳	478

			（頁）
501	音楽のはじめ	C.シュトゥンプ／結城錦一訳	208
502	反ニーチェ	L.フェリー他／遠藤文彦訳	348
503	マルクスの哲学	E.バリバール／杉山吉弘訳	222
504	サルトル，最後の哲学者	A.ルノー／水野浩二訳	296
505	新不平等起源論	A.テスタール／山内昶訳	298
506	敗者の祈禱書	シオラン／金井裕訳	184
507	エリアス・カネッティ	Y.イシャグプール／川俣晃自訳	318
508	第三帝国下の科学	J.オルフ＝ナータン／宇京頼三訳	424
509	正も否も縦横に	H.アトラン／寺田光徳訳	644
510	ユダヤ人とドイツ	E.トラヴェルソ／宇京頼三訳	322
511	政治的風景	M.ヴァルンケ／福本義憲訳	202
512	聖句の彼方	E.レヴィナス／合田正人訳	350
513	古代憧憬と機械信仰	H.ブレーデカンプ／藤代，津山訳	230
514	旅のはじめに	D.トリリング／野島秀勝訳	602
515	ドゥルーズの哲学	M.ハート／田代，井上，浅野，暮沢訳	294
516	民族主義・植民地主義と文学	T.イーグルトン他／増渕，安藤，大友訳	198
517	個人について	P.ヴェーヌ他／大谷尚文訳	194
518	大衆の装飾	S.クラカウアー／船戸，野村訳	350
519 520	シベリアと流刑制度（I・II）	G.ケナン／左近毅訳	I・632 II・642
521	中国とキリスト教	J.ジェルネ／鎌田博夫訳	396
522	実存の発見	E.レヴィナス／佐藤真理人，他訳	480
523	哲学的認識のために	G.-G.グランジェ／植木哲也訳	342
524	ゲーテ時代の生活と日常	P.ラーンシュタイン／上西川原章訳	832
525	ノッツ nOts	M.C.テイラー／浅野敏夫訳	480
526	法の現象学	A.コジェーヴ／今村，堅田訳	768
527	始まりの喪失	B.シュトラウス／青木隆嘉訳	196
528	重　合	ベーネ，ドゥルーズ／江口修訳	170
529	イングランド18世紀の社会	R.ポーター／目羅公和訳	630
530	他者のような自己自身	P.リクール／久米博訳	558
531	鷲と蛇〈シンボルとしての動物〉	M.ルルカー／林捷訳	270
532	マルクス主義と人類学	M.ブロック／山内昶，山内彰訳	256
533	両性具有	M.セール／及川馥訳	218
534	ハイデガー〈ドイツの生んだ巨匠とその時代〉	R.ザフランスキー／山本尤訳	696
535	啓蒙思想の背任	J.-C.ギユボー／菊地，白井訳	218
536	解明　M.セールの世界	M.セール／梶野，竹中訳	334
537	語りは罠	L.マラン／鎌田博夫訳	176
538	歴史のエクリチュール	M.セルトー／佐藤和生訳	542
539	大学とは何か	J.ペリカン／田口孝夫訳	374
540	ローマ　定礎の書	M.セール／高尾謙史訳	472
541	啓示とは何か〈あらゆる啓示批判の試み〉	J.G.フィヒテ／北岡武司訳	252
542	力の場〈思想史と文化批判のあいだ〉	M.ジェイ／今井道夫，他訳	382
543	イメージの哲学	F.ダゴニェ／水野浩二訳	410
544	精神と記号	F.ガタリ／杉村昌昭訳	180
545	時間について	N.エリアス／井本，青木訳	238
546	ルクレティウスのテキストにおける物理学の誕生	M.セール／豊田彰訳	320
547	異端カタリ派の哲学	R.ネッリ／柴田和雄訳	290
548	ドイツ人論	N.エリアス／青木隆嘉訳	576
549	俳　優	J.デュヴィニョー／渡辺淳訳	346

			(頁)
550	ハイデガーと実践哲学	O.ペゲラー他,編／竹市,下村監訳	584
551	彫　像	M.セール／米山親能訳	366
552	人間的なるものの庭	C.F.v.ヴァイツゼカー／山辺建訳	852
553	思考の図像学	A.フレッチャー／伊藤誓訳	472
554	反動のレトリック	A.O.ハーシュマン／岩崎稔訳	250
555	暴力と差異	A.J.マッケナ／夏目博明訳	354
556	ルイス・キャロル	J.ガッテニョ／鈴木晶訳	462
557	タオスのロレンゾー〈D.H.ロレンス回想〉	M.D.ルーハン／野島秀勝訳	490
558	エル・シッド〈中世スペインの英雄〉	R.フレッチャー／林邦夫訳	414
559	ロゴスとことば	S.プリケット／小野功生訳	486
560 561	盗まれた稲妻〈呪術の社会学〉(上・下)	D.L.オキーフ／谷林眞理子,他訳	上・490 下・656
562	リビドー経済	J.-F.リオタール／杉山,吉谷訳	458
563	ポスト・モダニティの社会学	S.ラッシュ／田中義久監訳	462
564	狂暴なる霊長類	J.A.リヴィングストン／大平章訳	310
565	世紀末社会主義	M.ジェイ／今村,大谷訳	334
566	両性平等論	F.P.de ラ・バール／佐藤和夫,他訳	330
567	暴虐と忘却	R.ボイヤーズ／田部井孝次・世志子訳	524
568	異端の思想	G.アンダース／青木隆嘉訳	518
569	秘密と公開	S.ボク／大沢正道訳	470
570 571	大航海時代の東南アジア (I・II)	A.リード／平野, 田中訳	I・430 II・
572	批判理論の系譜学	N.ボルツ／山本,大貫訳	332
573	メルヘンへの誘い	M.リューティ／高木昌史訳	200
574	性と暴力の文化史	H.P.デュル／藤代,津山訳	768
575	歴史の不測	E.レヴィナス／合田,谷口訳	316
576	理論の意味作用	T.イーグルトン／山形和美訳	196
577	小集団の時代〈大衆社会における個人主義の衰退〉	M.マフェゾリ／古田幸男訳	334
578 579	愛の文化史 (上・下)	S.カーン／青木,斎藤訳	上・334 下・384
580	文化の擁護〈1935年パリ国際作家大会〉	ジッド他／相磯,五十嵐,石黒,高橋編訳	752
581	生きられる哲学〈生活世界の現象学と批判理論の思考形式〉	F.フェルマン／堀栄造訳	282
582	十七世紀イギリスの急進主義と文学	C.ヒル／小野, 圓月訳	444
583	このようなことが起こり始めたら…	R.ジラール／小池,住谷訳	226
584	記号学の基礎理論	J.ディーリー／大熊昭信訳	286
585	真理と美	S.チャンドラセカール／豊田彰訳	328
586	シオラン対談集	E.M.シオラン／金井裕訳	336
587	時間と社会理論	B.アダム／伊藤,磯山訳	338
588	懐疑的省察 ABC〈続・重大な疑問〉	E.シャルガフ／山本,伊藤訳	244
589	第三の知恵	M.セール／及川馥訳	250
590 591	絵画における真理 (上・下)	J.デリダ／高橋,阿部訳	上・322 下・390
592	ウィトゲンシュタインと宗教	N.マルカム／黒崎宏訳	256
593	シオラン〈あるいは最後の人間〉	S.ジョドー／金井裕訳	212
594	フランスの悲劇	T.トドロフ／大谷尚文訳	304
595	人間の生の遺産	E.シャルガフ／清水健次,他訳	392
596	聖なる快楽〈性,神話,身体の政治〉	R.アイスラー／浅野敏夫訳	876
597	原子と爆弾とエスキモーキス	C.G.セグレー／野島秀勝訳	408
598	海からの花嫁〈ギリシア神話研究の手引き〉	J.シャーウッドスミス／吉田,佐藤訳	234
599	神に代わる人間	L.フェリー／菊地,白井訳	220
600	パンと競技場〈ギリシア・ローマ時代の政治と都市の社会学的歴史〉	P.ヴェーヌ／鎌田博夫訳	1032

			(頁)
601	ギリシア文学概説	J.ド・ロミイ／細井, 秋山訳	486
602	パロールの奪取	M.セルトー／佐藤和生訳	200
603	68年の思想	L.フェリー他／小野潮訳	348
604	ロマン主義のレトリック	P.ド・マン／山形, 岩坪訳	470
605	探偵小説あるいはモデルニテ	J.デュボア／鈴木智之訳	380
606 607 608	近代の正統性〔全三冊〕	H.ブルーメンベルク／斎藤, 忽那 佐藤, 村井 訳	I・328 II・390 III・
609	危険社会〈新しい近代への道〉	U.ベック／東, 伊藤訳	502
610	エコロジーの道	E.ゴールドスミス／大熊昭信訳	654
611	人間の領域〈迷宮の岐路II〉	C.カストリアディス／米山親能訳	626
612	戸外で朝食を	H.P.デュル／藤代幸一訳	190
613	世界なき人間	G.アンダース／青木隆嘉訳	366
614	唯物論シェイクスピア	F.ジェイムソン／川口喬一訳	402
615	核時代のヘーゲル哲学	H.クロンバッハ／植木哲也訳	380
616	詩におけるルネ・シャール	P.ヴェーヌ／西永良成訳	832
617	近世の形而上学	H.ハイムゼート／北岡武司訳	506
618	フロベールのエジプト	G.フロベール／斎藤昌三訳	344
619	シンボル・技術・言語	E.カッシーラー／篠木, 高野訳	352
620	十七世紀イギリスの民衆と思想	C.ヒル／小野, 圓月, 箭川訳	520
621	ドイツ政治哲学史	H.リュッベ／今井道夫訳	312
622	最終解決〈民族移動とヨーロッパのユダヤ人殺害〉	G.アリー／山本, 三島訳	470
623	中世の人間	J.ル・ゴフ他／鎌田博夫訳	478
624	食べられる言葉	L.マラン／梶野吉郎訳	284
625	ヘーゲル伝〈哲学の英雄時代〉	H.アルトハウス／山本尤訳	690
626	E.モラン自伝	E.モラン／菊地, 高砂訳	368
627	見えないものを見る	M.アンリ／青木研二訳	248
628	マーラー〈音楽観相学〉	Th.W.アドルノ／龍村あや子訳	286
629	共同生活	T.トドロフ／大谷尚文訳	236
630	エロイーズとアベラール	M.F.B.ブロッチェリ／白崎容子訳	
631	意味を見失った時代〈迷宮の岐路IV〉	C.カストリアディス／江口幹訳	338
632	火と文明化	J.ハウツブロム／大平章訳	356
633	ダーウィン, マルクス, ヴァーグナー	J.バーザン／野島秀勝訳	526
634	地位と羞恥	S.ネッケル／岡原正幸訳	434
635	無垢の誘惑	P.ブリュックネール／小倉, 下澤訳	350
636	ラカンの思想	M.ボルク=ヤコブセン／池田清訳	500
637	羨望の炎〈シェイクスピアと欲望の劇場〉	R.ジラール／小林, 田口訳	698
638	暁のフクロウ〈続・精神の現象学〉	A.カトロッフェロ／寿福真美訳	354
639	アーレント＝マッカーシー往復書簡	C.ブライトマン編／佐藤佐智子訳	710
640	崇高とは何か	M.ドゥギー他／梅木達郎訳	416
641	世界という実験〈問い, 取り出しの諸カテゴリー, 実践〉	E.ブロッホ／小田智敏訳	400
642	悪　あるいは自由のドラマ	R.ザフランスキー／山本尤訳	322
643	世俗の聖典〈ロマンスの構造〉	N.フライ／中村, 真野訳	252
644	歴史と記憶	J.ル・ゴフ／立川孝一訳	400
645	自我の記号論	N.ワイリー／船倉正憲訳	468
646	ニュー・ミメーシス〈シェイクスピアと現実描写〉	A.D.ナトール／山形, 山下訳	430
647	歴史家の歩み〈アリエス　1943-1983〉	Ph.アリエス／成瀬, 伊藤訳	428
648	啓蒙の民主制理論〈カントとのつながりで〉	I.マウス／浜田, 牧野監訳	400
649	仮象小史〈古代からコンピューター時代まで〉	N.ボルツ／山本尤訳	200

			(頁)
700	マリア〈処女・母親・女主人〉	K.シュライナー／内藤道雄訳	678
701	マルセル・デュシャン〈絵画唯名論〉	T.ド・デューヴ／鎌田博夫訳	350
702	サハラ〈ジル・ドゥルーズの美学〉	M.ビュイダン／阿部宏慈訳	260
703	ギュスターヴ・フロベール	A.チボーデ／戸田吉信訳	470
704	報酬主義をこえて	A.コーン／田中英史訳	604
705	ファシズム時代のシオニズム	L.ブレンナー／芝健介訳	480
706	方　法　4．観念	E.モラン／大津真作訳	446
707	われわれと他者	T.トドロフ／小野，江口訳	
708	モラルと超モラル	A.ゲーレン／秋澤雅男訳	
709	肉食タブーの世界史	F.J.シムーンズ／山内昶監訳	
710	三つの文化〈仏・英・独の比較文化学〉	W.レペニース／杉家，吉村，森訳	548
711	他性と超越	E.レヴィナス／合田，松丸訳	200
712	詩と対話	H.-G.ガダマー／巻田悦郎訳	302
713	共産主義から資本主義へ	M.アンリ／野村直正訳	242
714	ミハイル・バフチン　対話の原理	T.トドロフ／大谷尚文訳	408
715	肖像と回想	P.ガスカール／佐藤和生訳	232
716	恥〈社会関係の精神分析〉	S.ティスロン／大谷，津島訳	286
717	庭園の牧神	P.バルロスキー／尾崎彰宏訳	270
718	パンドラの匣	D.&E.パノフスキー／尾崎彰宏，他訳	
719	言説の諸ジャンル	T.トドロフ／小林文生訳	
720	文学との離別	R.バウムガルト／清水健次，他訳	406
721	フレーゲの哲学	A.ケニー／野本和幸，他訳	308
722	ビバ　リベルタ！〈オペラの中の政治〉	A.アーブラスター／田中，西崎訳	478
723	ユリシーズ　グラモフォン	J.デリダ／合田，中　訳	210
724	ニーチェ〈その思考の伝記〉	R.ザフランスキー／山本尤訳	440
725	古代悪魔学〈サタンと闘争神話〉	N.フォーサイス／野呂有子監訳	844
726	力に満ちた言葉	N.フライ／山形和美訳	466
727	法理論と政治理論〈産業資本主義における〉	I.マウス／河上倫逸監訳	
728	ヴァーグナーとインドの精神世界	C.スネソン／吉水千鶴子訳	270
729	民間伝承と創作文学	M.リューティ／高木昌史訳	
730	マキアヴェッリ〈転換期の危機分析〉	R.ケーニヒ／小川，片岡訳	
731	近代とは何か〈その隠されたアジェンダ〉	S.トゥールミン／藤村，新井訳	